李守孔著

中國近百餘年大事述評

——中國近代現代史論文集

（三冊）

臺灣學生書局印行

二七　清季之立憲運動

——兼論梁啓超、張謇之立憲主張——

引言

甲辰日俄之戰，日本國力遠遜俄國，而竟獲勝利，論者咸謂日本立憲而强，其後遂激起中國之立憲運動，爲中國近代史上之大事。向之解釋，以清廷缺乏立憲誠意，頒布九年預備之期以緩和人心，國人憤懣之餘，遂多傾向革命。而事非盡然，以當時一般國人之知識水準，非僅不及歐美立憲各國，即較之民國相去亦不可以道里計，陡然實施憲政，人民未收實益，先添弊害，對於此點，未可斷然非議。故　國父於同盟會宣言中，有六年約法之治之規定，其用意在使人民有充分時間接受政權運用之訓練也。可知立憲之難，非一蹴而可及。惟以腐敗之滿清政府，即是果有立憲誠意，或斷然召開國會，或縮短預備期限，仍不能挽救其滅亡。蓋國人久處專制統治之下，初聞歐美立憲强國之說，有識之士乃群起爲請，而革命黨人乘機鼓動，清廷慮政權之旁落，但求皇室之集權，不肯作政治上之根本改革，徒增人民之惡感，未能有補於大局。清室既顛覆，而民智仍未開，政局爲軍閥政客操縱者十餘年，北伐幸告完成，而遠東形勢已變，建國機會已失，國運竟難扭轉，其影響於後來者可謂大矣！茲逐次討論其事如後：

一、清季憲政思想之起原

中國歷代無憲法之制，亦無憲政之說，對於歐美立憲諸國之政法，茫然無知也。鴉片戰爭期後，粵人梁廷枬始著「合衆國說」，其自序中盛道美國之政治曰：「余觀於美利堅之合衆爲國，行之久而不變，然後知古者可畏，非民之末爲虛語也。彼自立國以來，凡國之賞罰禁令，咸於民定其議，而後擇人以守之，未有統領，先有國法，法也者民心之公也。……其（統領）舉其退，一公之民。」❶頗致傾慕之意。同治五年（一八六六）正月，總稅務司英人赫德乞假回國，恭親王奕訢奏請朝廷，命前任山西襄陵知縣，辦理總理各國事務衙門文案斌椿，率同其子廣英，及同文館學生鳳儀、德明、彥慧等，隨同赫德前往；其用意在「令其沿途留心，將該國一切山川形勢，風土人情，隨時記載帶回中國，以資印證。」❷同月十九日斌椿等起程，自越南經印度入地中海，遍歷法、英、比、荷、丹麥、瑞典諸國，然後經俄國、

❶ 清史列傳，卷七十三「梁廷枬傳」。
❷ 同治朝籌辦夷務始末，卷三十九。

朝鮮，於同年九月十八日返京覆命❸。以其所見所聞，撰之日記，報告於朝廷，對於英國議會政治頗感興趣。謂英人每議公事，「意見不合，聽其辯論，必俟衆論僉同，然後施行，若君若相，不能强也。」又曰：「倫敦屋宇器具，製造精巧，甚於中國。至一切政事，好處頗多。」❹此種議論爲國人對西方憲政思想之初步認識，惟於整個全局，尚缺乏進一步之瞭解。

同、光年間，馮桂芬爲提倡自强運動之第一人，亦爲清季重視民權之倡導者，桂芬號景亭，道光進士，官至詹事府右春坊右中允，爲林則徐門生，通西算之學，因英法聯軍之禍，自北方避居上海，感觸時事，復受外國傳教士影響，於咸豐十一年（一八六一）十月著成「校邠廬抗議」一書，除列舉各種自强救世要策外，引古證今，公開提出民權政治之重要。同書卷上「公黜陟議」載：

堯典曰：「師錫」，師者衆也。禮曰：「爵人於朝，與衆共之。」孔子曰：「舉直錯諸枉，則民服。」民者亦衆詞也。孟子曰：「國人皆曰賢，然後察之，見賢焉然後用之。」三代上固自有善取衆論之法，經傳文簡不可考，而孟子之言獨彰明較者，則其事可意會也。新唐書趙憬傳：「憬曰：『宜采士譽，以譽多先用。』」即此意。

❸ 同治朝籌辦夷務始末，卷四十六。

❹ 小方壺齋輿地叢鈔，第十一帙，斌椿著「乘槎筆記」。

又同書卷下「製洋器議」曰：「人無棄材不如夷，地無遺利不如夷，君民不隔不如夷，名實必符不如夷，四者道在反求，惟皇上振刷紀綱一轉移間耳！」而於實現民權之方法，不曾具體提出。

其時平民中最早富改良思想者爲王韜。韜初同情於太平天國，曾於同治元年（一八六二）上書太平軍忠王李秀成部將，詳論攻取上海及對付外人之策略。天京失陷後，避走英國，致力於西方科學之研究。後居香港，主編「循環日報」，鼓吹改革，其「上當路論時務書」曰：「治民之要，在乎因民之利而導之，順民之志而通之，即如泰西諸國，亦非徒馳域外之觀者也。」對於英國政治倍加推崇。謂：「善於治民者莫如英國，入其國中，無不優游暇豫，自樂其天，而不尚操切之政，束縛馳驟以爲能者，夫如是然後行之久遠。」❺亦未明白道出立憲之主張。

光緒初年，馬建忠奉派遊學法國，習政治法律之學，其「上李伯相（鴻章）言出洋工課書」，對歐洲各國立憲政治多所讚揚：

竊念忠此次來歐，一載有餘，初到之時，以爲歐洲各國，富强專在製造之精，兵紀之嚴，及披其律例，考其文事，而知其講富者以護商會爲本，求强者以得民心爲要。護商會而賦稅可加，則蓋藏自足；得民心則忠愛倍切，而敵愾可期。他如學校建而智士

---

❺ 皇朝蓄艾文編，卷一，「通論」。

日多，議院立而下情可達。其製造軍旅水師諸大端，皆其末焉者也。

並批評英美法立憲政治之缺點曰：

英之有君主，又有上下議院，似乎政皆出此矣，不知君主徒事簽押，上下議院陡託空談，而政柄操之首相與二三樞密大臣，遇有難事，則以議院爲藉口。美之監國（總統）由民自舉，似乎公而無私矣，乃每選舉之時，賄賂公行，更一監國，則更一番人物。凡所官者皆其黨羽，欲望其治得乎？法爲民主之國，似乎入官者不由世族矣，不知互爲朋比，除智能傑出之士如點、耶諸君，苟非族類，而欲得一優差，補一美缺，戞戞乎其難之。❻

其言多有可採，然此非立憲本身之弊，乃實行方法之偏差耳！建忠此論在當時確有其過人之處。故梁啓超於甲午戰後讚揚建忠曰：「每發一論，動爲數十年以前談洋務者所不能言，每建一議，皆爲數十年以後治中國者所不能易。嗟夫！使向者而用其言，寧有今日？使今日而

---

❻ 馬建忠：適可齋記言記行，「記言」卷二。

用其言，寧有將來？」❼

甲午戰爭前後，外患日逼，朝野人士對於國是多有改良意見之提出，立憲主張討論者日多，亦漸趨於具體。光緒十八年（一八九二）三月，鄭觀應著「盛世危言」，其自序曰：「治亂之源，富强之本，不盡在船堅砲利，而在議院上下同心，教養得法。」又曰：「西人立國具有本末，雖禮樂教化遠遜中華，然其馴至富强，亦具有體用。育才於學堂，論政於議院，君民一體，上下同心，移實而戒虛，謀定而後動，此其體也。輪船火砲，洋鎗水雷，鐵路電線，此其用也。中國遺其體而求其用，無論竭蹶步趨，常不相及，就令鐵艦成行，鐵路四達，果足恃歟！」同書卷一「議院篇」，對君主立憲政治之優點論列尤詳。認爲：「議院者公議政事之院也。集衆思，廣衆益，用人行政，一秉至公，法誠良，意誠美矣。無議院則君民之間勢多隔閡，志必乖違，力以權分，權分而力弱，雖立乎萬國公法之中，必有公不公，法不法，環起交攻之勢。故欲藉公法以維大局，必先設議院以固民心。」並比較歐美立憲各國，以「美國議院民權過重，因其本民主也。法國議院不免叫囂之風，其人習氣使然。斟酌損益適中經久者則莫如英、德兩國議院之制。」故力主君民共主。謂：「君主者權偏於上，民主者權偏於下，君民共主者權得其平。凡事雖有上下院議定，仍奏其君裁奪。君謂然，即簽名准行。君謂否，則發下再議。其立法之善，思慮之密，無逾於此。此制既立，實合億萬人爲一心矣。」

---

❼ 梁啓超：適可齋記言記行序。另載「飲冰室文集」第一集卷三，乙丑重編，民國十五年九月中華書局聚珍倣宋部鋟版。

同年冬，陳虬著「治平通議」，其「救時要議」篇「議目」條載：「何以立國？曰富。何以禦夷？曰强。何以致富强？曰在治人。人不自治，治之以法。」而以開議院爲首務。「泰西各國有議院以通上下之情，顧其制繁重，中國猝難倣行。宜變通其法，令各直省分扎飭州縣，一例剏設議院。可即就所有書院或寺觀歸併改設，大榜其座，國家地方遇有興革事宜，依官依事出題，限五日議繳，但陳利害，不取文理。」所論比較更趨具體，頗似今日之省縣議會，所不同者僅非出自民選而已。

湯震所著之「危言」，亦認爲歐美立憲各國，民選議員，設立國會，中國仿行並不恰當。因中國「方苦官冗，另籌歲俸，方虞饟絀，亟切未易行也。莫如採西法而變通之，自王公至各衙門堂官翰林四品以上者，均隸上議院，而以軍機處主之。堂官四品以下者，均隸下議院，而以都察院主之。每有大利之當興，大害之當替，大制度之當沿革，先期請明諭，得與議者殫思竭慮，斟酌古今，疏其利害之所以然。屆期分集內閣及都察院，互陳所見，由宰相覈其同異之多寡，上之天子，請如所議行。在外省府州縣事有應議者，自巨紳以至舉貢生監，皆令與議而區其等❽。其自上而下之政治見解，仍不脫官僚政治之範圍。

公開提出選舉之法者爲陳熾。其所著「庸書」，力主自下而上之選舉，以爲：「必列薦紳方能入選，縣選之達於府，府選之達於省，省保之達於朝，皆仿泰西投匭公舉之法，以舉主多者爲準，設院以處之，給俸以養之，有大利弊，會議從違，此下議院之法也。閣部會議本

❽ 湯震：危言，卷一「議院條」。

有舊章，惟語多模稜，事無專責，亦宜特建議院，以免依違，此上議院之法也」❾。至於地方，主張應重鄉官之權。「各府州縣則仿外洋議院之制，由百姓公舉鄉官，每鄉二人，一正一副，其年必足三十歲，其產必及一千金，然後出示曉諭，置匭通衢，期以三月，擇保人多者用之。優給俸薪，寬置公所，置賢者一人爲之首，開會散會具有定期，每任二年，期滿再舉。邑有大政疑獄，則聚而咨之，興養立教，興利除弊，有益國計民生之事，則分而任之。毋厲民，毋抗官，毋亂政，貪婪專愎者，官得隨時撤之，檄令再舉。其或縣官貪虐，大失民心，合邑鄉官亦可會同赴省，白之大府，查有實蹟，照例撤參」❿。與今日省縣議會更趨接近。

何啓、胡禮垣合著之「新政真詮」，書成於甲午戰後，對中國至弱之由，維新變法之不可緩，議論特詳。其立憲主張及民權思想之傳播，對於後世影響甚大，可謂集上述諸人之大成。關於各級議會之設立與組織，議員候選條件，選舉人資格，均有明白規定。其法如下：

> 縣設六十議員，是謂縣議員，府設六十議員，是謂府議員。省設六十議員，是謂省議員。縣議員於秀才中選擇其人，公舉者平民主之，凡不願爲議員之秀才，可以舉願爲議員之秀才也。府議員於舉人中選擇其人，公舉者秀才主之，而凡不願爲議員之舉人，可以舉願爲議員之舉人也。省議員於進士中選擇其人，公舉者舉人主之，而凡不願爲

---

❾ 陳熾：庸書外篇，卷下「議院條」。

❿ 陳熾：庸書，內篇卷上「鄉官條」。

議員之進士，可以舉願爲議員之進士也。天子命官以三年爲任，公舉之議員以幾年爲限，隨時酌定，遇有缺出，則以公舉法擇人補之。公舉法凡男子二十歲以上，除喑啞盲聾，以人能讀書明理者，則予以公舉之權。向縣署所標秀才諸名，取其平日最心悅誠服者，書其名以獻於有司，有司將多人書名者取之以爲縣議員也。秀才之舉舉人以爲府議員，舉人之舉進士以爲省議員，法皆如之。⑪

其議會分縣、府、省三級，除縣議員爲直接選舉外，餘皆行間接選舉法。至於國會，主張「各省議員一年一次會於都會，開院議事，以宰輔爲主席。議畢，各員將其本省來歲應行之事，如公項出入，選取人員等件記明畫押，公奏主上御筆書名，以爲奉行之據。如有未洽，則再議再奏，務期盡善而已。」⑫

何啓等特別重視民權。謂：「橫覽天下，自古至今，治國者，惟有君主，民主，以及君民共主而已。質而言之，雖君主仍是民主。何哉？政者民之事，而君辦之者也，非君之事，而爲民辦之者也。事既屬乎民，則主亦屬乎民。」並引孟子「得乎邱民而爲天子」一語，以爲「王者欲保世滋大，國祚綿長，則必行選舉以同好惡，設議院以布公平，若是者國有萬年之

---

⑪ 何啓、胡禮垣：新政真詮，第二編。

⑫ 同上。

民，則君保萬年之位，所以得民莫善於此。」⓭

以上所舉諸人，僅是少數在野關心國是人士之見解，清政府初固未加注意也。加以君主專制行之既久，帝王神聖不可侵犯思想深入人心，故初期之立憲主張，始終不脱君民共治之範圍，而對於當時腐敗國政殊少抨擊。且行君主立憲，必製定憲法，限制君主權限，保障人民利益，始能兼及其他，此又諸人之所未能道及也。

二、梁啓超早年之政治主張

梁啓超爲清季立憲運動之指導者，其言論足以影響當時之輿論。梁氏廣東新會人，字卓如，號任公，生於同治十二年（一八七三）。十七歲（光緒十五年、一八八九年）舉於鄉，明年入京會試，下第歸，道經上海，「從坊間購得瀛環志略讀之，始知有五大洲各國，且見上海製造局譯出西書若干種，心好之，以無力不能購也。」❶是爲梁氏接受西方知識之始。同年八月，始識康有爲，授以陸、王心學，並及史學西學之梗概。自謂：「生平知有學，自茲始。」❷光緒十七年（一八九一），康有爲講學於廣州長興里之萬木草堂，啓超從學焉。明年

⓭ 同上。

❶ 飲冰室文集，第二集，卷四十四「三十自述」。

❷ 同上。

始購江南製造局所譯各書，及出使各國大臣日記，與英人傅蘭雅所輯之「格致彙編」等名著❸，對於西學始有進一步之認識。

光緒二十年（一八九四），梁氏客居京師，與諸名士多所往還，值中日戰事起，梁氏「惋憤時局，時有所吐露，人微言輕，莫之聞也。」❹甲午、乙未間，梁氏之救時主張，以廣求同志，開倡風氣為要策，其與夏穗卿書曰：「此行本不為會試，第頗思假此名號作汗漫遊，以略求天下之人才。……今日之事，以廣求同志開倡風氣為第一義，前在都講之已熟，君近有所得否？……湖江之間所見何人？……弟以為今日求人才，必當往教，不能俟其來學。」❺復致汪穰卿書曰：「我輩在今日有何事可為？求人才總是第一義，一二素心人又復勞燕遼絕，我勞如何？」❻同年梁氏識張謇，張於清季鼓吹立憲運動亦不遺餘力者也。

光緒二十一年（一八九五）春，馬關和議成，康有為聯合公車上書請變法，梁氏亦從後奔走。七月，康有為等創强學會於京師，梁氏任會中書記員，日居會所，「會中於譯出之西書購置頗備，得於餘日盡覽之，而後益斐然有述作之志。」❼及强學會封閉，光緒二十二年（一

❸ 梁仲策（啓勳）：曼殊室戊辰筆記，引自丁文江編：梁任公先生年譜長編初稿卷三，民國四十七年七月世界書局版。
❹ 飲冰室文集第二集，卷四十四「三十自述」。
❺ 梁任公先生年譜長編初稿卷三。
❻ 同上。
❼ 飲冰室文集，第二集，卷四十四「三十自述」。

八九六）三月，梁氏去京師至上海。七月，任時務報主筆，自是有關政治主張著述始多。同年著「變法通議」、「西學書目表」等書。「變法通議」引古證今，初論不變法之害，認爲同、光以來三十餘年創行新政，所以致敗之由，在於變法不知本原。「吾今爲一言以蔽之曰，變法之本在育人才，人才之興在開學校，學校之立在變科舉，而一切其大成在變官制。」❽又曰：「世界之運，由亂而進於平，勝敗之原，由力而趨智，故言自強於今日，以開民智爲第一義。」❾此種意見，足以代表戊戌變法之精神。

梁氏以爲民權政治爲世界潮流之所趨，亦爲中國遲早應循之途徑。同年其「與嚴幼陵先生書」曰：

西人百年以來，民氣大伸，遂爾浡興。中國苟自今日昌明斯義，則數十年其强亦與西人同在此百年內進於文明耳！……地球既入文明之運，則蒸蒸相逼，不得不變，不特中國民權之說即當大行，即各地土番野猺亦當丕變，其不變者即澌滅至於盡，此又不易之理也。❿

❽ 飲冰室文集，第一集，卷一「論變法不知本原之害」。
❾ 同上「學校總論」。
❿ 飲冰室文集，第一集卷四。

同年其所著之「古議院考」，爲其政治主張之具體說明。其盛道歐美之政治曰：

問：「泰西各國何以强？」曰：「議院哉！議院哉！」問：「議院之立其意何在？」曰：「君權與民合則情易通，議法與行法分則事易就。二者斯强矣！」

但認爲用之於人民知識落後之中國則不恰當。故又曰：

問：「今日欲强中國宜莫亟於復議院？」曰：「未也。凡國必風氣已開，文學已盛，民智已成，乃可設議院。今日而開議院，取亂之道也。故强國以議院爲本，議院以學校爲本。」⓫

梁氏爲實現其政治主張，在同一年曾進行一種捐金賄買臺官，上摺請變科舉興學校計劃。其與某某書曰：

中國今日非變法不能爲治，稍有識者莫不知之。然風氣未開，人才未備，一切新政無自舉行，故近日推廣學校之議漸昌焉。……惟天聽隔絕，廷臣守舊，難望丕變，若得

⓫ 飲冰室文集，第一集卷一。

> 言官十餘人共昌斯義，連牘入陳，雷動風雲，或見採納。昔胡文忠以四萬金賄肅順，求賞左文襄四品卿督師，於是中興之基定焉。豪傑舉事，但求有濟，伊尹之志，子輿所取。今聯同志共集義款，以百金爲一分，總集三千金，分餽臺官，乞爲入告。⓬

復於其致康幼博及徐君勉書中，知此事進行已甚具體。

> 今天在此做一大快意事，說人捐金三千，買都老爺上摺子，專言科舉。今將小引呈上，現已集有千餘言矣，想兩月內可成也。請公等亦擬數篇，各出其議論，不然超獨作十篇，恐才盡也。⓭

光緒二十三年（一八九七），梁氏另著「論君政民政相嬗之理」。謂君政之演變爲民政，爲自然之理。故首先引伸春秋張三世之義。謂：「治天下者有三世，一曰多君爲政之世，二曰一君爲政之世，三曰民爲政之世。多君世之別又有二：一曰酋長之世，二曰封建及世卿之世。一君世之別又有二：一曰君主之世，二曰君民共主之世。民政世之別亦有二：一曰有總統之世，二曰無總統之世。多君者據亂世之政也，一君者升平世之政也，民者太平世之政

⓬ 翼教叢編，附錄。

⓭ 梁任公先生年譜長編初稿，卷五。

也。」繼則批評多君與一君之弊端，然後論及民爲政之世演變，以爲自古中外無真正之民政。謂：

歐洲希臘列國時已有議院，論者以爲即今之民政，然而吾竊竊焉疑之。彼其議政院，皆王族世爵主持其事，如魯之三桓，鄭之七穆，晉之六卿，楚之屈景父子兄弟，世居要津，相繼相及耳！至於匹夫編户，豈直不能與聞國事，乃至視之若奴隸，一舉族不得通籍，此其爲政也，謂之君無權則可，謂之民有權則不可，此實世卿多君之世界也。度其爲制也，殆如英國今日之上議院，而非英國今日之下議院。周厲無道，見流於彘，而共和執政。滕文公行三年之喪，而父兄百官皆不悅，此實上議院之制也，不得謂之民政。……凡由多君之政而入民政者，其間必經一君之政乃始克達，所異者西人則多君之運長，一君之運短，中國則多君之運短，一君之運長，至其自今以往，同歸民政，所謂及其成功一也。此猶佛法之有頓有漸，而同一法門。⑭

戊戌變法，湖南爲新政淵源，亦爲維新黨人之大本營，其推行新政之力實居全國之首位。巡撫陳寶箴，按察使黃遵憲，學政江標等，均爲維新份子，而梁啓超自光緒二十三年（一八九七）十月至翌年春，嘗任時務學堂總教習，遂以提倡民權，傳播革命思想，發揮保種保教

---

⑭ 飲冰室文集，第一集卷三。

之義爲己任。在梁氏所著之「清代學術概論」中，論述當時講學之情形曰：

已而(譚)嗣同與(黃)遵憲、熊希齡等設時務學堂於長沙，聘啓超主講席，唐才常等助教。啓超至，以公羊孟子，課以劄記，學生僅四十人，而李炳寰、林圭、蔡鍔稱高材生焉。啓超每日在講堂四小時，夜則批答諸生劄記，每條或至千言，往往徹夜不寐，所言皆當時一派之民權論。又多言清代故實，臚舉失政，盛倡革命。其論學術則自荀卿以下，漢唐宋明清學者培擊無完膚。時學生皆住宿，不與外通，堂內空氣日日激變，外問莫或知之。及年假諸生歸省，出劄記示親友，全湘大譁。先是嗣同、才常等設南學會聚講，又設湘報(月刊)、湘學報(旬刊)，所言皆不如學堂中激烈，實陰相策應，又竊印「明夷待訪錄」、「揚州十日記」等書，加以案語，秘密分布，傳播革命思想，信奉者日衆，於是湖南新舊派大鬨。

湖南風氣爲之一變，亦爲明年戊戌政變重要原因之一。同年冬，膠澳事起，瓜分之憂震動全國，梁氏力主湖南自立自保，以爲他日大難到來之準備。其於「上陳中丞(寶箴)書」曰：

嗚乎！今日非變法萬無可以圖存之理，而欲以變法之事望政府諸賢，南山可移，東海可涸，而法終不可得變。……故爲今日計，必有腹地一二省可以自立，然後中國有一線之生路。……脫有不幸，使乘輿播遷，而六飛有駐足之地，大統淪陷，而種類有倚恃之所，如是焉而已。⑮

繼曰：「啓超雖拙，竊窮數日夜之苦思力索，極其條理及下手之法，以爲若使德人膠州之禍不息，今歲即成瓜分之勢，斯無可言矣。若能假以五年，則湖南或可不亡也。然明公必須他日自立之宗旨，樹標既定，摩之極熟，不令少衰，然後一切條理乃因而從之。」⑯另論「湖南應辦之事」曰：「大局之患已如燎眉，不欲湖南之自保則已耳！苟其欲之，則必使六十餘州縣之風氣同時並開，民智同時並啓，人才同時並成，如萬毫齊力，萬馬齊鳴，三年之內，議論悉變，庶幾有濟。」⑰復論曰：「今之策中國者，必曰興民權。興民權斯固然矣，然民權非可以旦夕而成。權者生於智也，有一分之智，即有一分之權，六七分之智，即有六七分之權，有十分之智，即有十分之權，是故國即亡矣，苟國人之智與滅我之國之人相等，則彼雖滅吾國，而不能滅吾種。……是故權與智相倚者也。昔之欲抑民權，必以塞民智爲第一義，今日欲伸民權，必以廣民智爲第一義。」⑱更主張重鄉權，通上下之情。因曰：

今欲更新百度，必自通上下之情始。欲通上下之情，則必當復古意采西法，重鄉權矣。

⑮ 翼教叢編，附錄。
⑯ 同上。
⑰ 飲冰室文集，第一集卷三。
⑱ 同上。

然亦有二慮焉：一曰慮其不能任事，二曰慮其藉此舞文也。欲救前弊，則宜開紳智。欲救後弊，則宜定權限。定權限者何？西人議事與行事分而爲二；議事之人有定章之權，而無辦理之權，行事之人有辦理之權，而無定章之權。將辦一事，則議員集而議其可否？既可，乃議其章程，章程草定，付有司行之，有司不能擅易也，若行之而有窒礙者，則以告於議員，議而改之。西人之法度所以無時不改，每改一次則其法益密，而其民益便，蓋以議事者爲民間所舉之人也。⑲

而通上下情之惟一方法，則爲開學會。故其「南學會敍」曰：

乃博觀於泰西，彼其有國也，必有會。君於是焉會，士於是焉會，民於是焉會，旦旦而講之，昔昔而摩厲之，雖天下之大，萬物之多，而惟强吾國之知，夫能齊萬而爲一者，舍學會其曷從與於斯。⑳

致於南學會會員之產生方法，學習之項目，議事之範圍，亦有詳細說明：

---

⑲ 同上。
⑳ 飲冰室文集，第一集卷四。

故欲用紳士，必先教紳士。教之惟何？惟一歸之學會而已。先由學會紳董，各舉所知品行端方才識開敏之紳士，每州縣各數人，咸集省中，入南學會。會中廣集書籍圖器，定有講期，定有功課，長官時時臨蒞以鼓勵之。多延通人爲之會長，發明中國危亡之故，西方强盛之由，考政治之本原，講辦事之條理。或得有電報，奉有部文，非極秘密者，則交與會中，俾學習議事。一切新政將舉辦者悉交會中，議其可辦與否？次議其辦法，次議其籌款之法，次議其用人之法。日日讀書，日日治事，一年之後，會中人可任爲議員者過半矣。此等會友，亦一年後除酌留爲總會議員外，即可分別遣散，歸爲各州縣分會之議員，復另選新班在總會學習。㉑

此種主張遂爲南學會依據之張本。而南學會爲湖南新政之命脈，截止政變發生，爲湖南維新黨人活動之重心。梁氏所著「戊戌政變記」卷八附錄二載：

雖名爲學會，實兼地方議會之規模。先由巡撫派選本地紳士十人爲總會長，繼由此十人各舉所知，輾轉汲引以爲會員，每州每縣皆必有會員三人至十人之數，選各州縣好義愛國之人爲之。會中每七日一演説，巡撫學政率官吏臨會，黃遵憲、譚嗣同、梁啓超，及學長（皮錫端）等，輪日演説中外大勢，政治原理，行政學等，欲以激發保教愛

㉑ 飲冰室文集，第二集卷三「論湖南應辦之事」。

國之熱心，養成地方自治之氣力，將以半年之後，選會長之高等者，留爲省會之會員，其次者則散歸各州縣，爲一州一縣之分會員。

梁氏於戊戌維新前，初入社會，習染於歐美民主自由思想，對清廷並無好感，故其言論多富民族革命思想，其主張湖南自立自保，蓋不滿於清廷之愚昧顢頇也。

三、戊戌政變後梁啓超思想之轉變

戊戌新政，但關於開通民智，整飭吏治，富國强兵方面，涉及民權思想者甚微，有之亦僅湖南之南學會而已。且不出縉紳政治之途徑，又係湖南地方單獨舉辦者，非奉有朝廷明詔也。康有爲屢次上書，所有改革建議，仍不出君主集權之範圍。其時新政詔書雖多，而不及預備立憲事。故謂其仿俄皇彼得、日皇明治變法圖强則可，非德宗之有意放鬆皇室權限也。梁啓超因參予新政，主管大學堂譯書局事務，自覺以一舉人受德宗知遇，感恩圖報，對清廷之態度突變，但求迎合德宗意旨而已。光緒二十四年七月二十七日上諭曰：

國家振興庶政，兼採西法，誠以爲民立政，中西所同，而西人考究較勤，故可補我所未及。今見士大夫昧於域外之觀者，幾若彼中全無條教，不知西國政治之學，千端萬緒，主於爲民開其智慧，裕其身家，其精乃能美人性質，延人壽命，凡生人應得之利益，務令推擴無遺。朕夙夜孜孜，改圖百度，豈爲崇尚新奇。乃眷懷赤子，皆上天之所畀，祖宗之所遺，非悉使之康樂和親，朕躬未爲盡職。加以各國環處，陵迫爲憂，非取人之所長，不能全我之所有。朕用心至苦，而黎庶猶未知，職由不肖官吏，與守舊之士夫，不能廣宣朕意，乃反胥動浮言，使小民搖惑驚恐，山谷扶杖之民，有不獲聞新政者，朕實爲歎恨。今將變法之意，布告天下，使百姓咸喻朕心，共知其君之可恃，上下同心，以成新政，以强中國，朕不勝厚望。❶

此昭乃申述西方政令之可取，變法之不可緩，而表明朝廷變法之決心和真意，並未公開提出重視民權。而梁啓超於戊戌政變後，對此詔倍加推崇。曰：

聖哉！……我皇上也。臣每一讀此諭，未嘗不舞蹈感泣，嗚咽不能自勝也。西國之暴君，忌民之自有其權，而務壓之，我國之聖主，憂民之不自有其權，而務導之。有君如此，其國之休歟！其民之福歟！❷

確乎勉强符會，其故意揄揚之意可知。

---

❶ 清德宗實錄，卷四二五。

❷ 飲冰室文集，第二集卷十五「愛國論」。

梁氏經戊戌政變打擊，東渡日本後，其立憲主張始行積極，雖仍主開啓民智爲先，已公開促請清廷作立憲之預備矣。同年十月，梁氏創辦「清議報」（旬刊，共出一百期，至光緒二十七年十二始停刊，凡此一階段梁氏文章皆刊於是報。），是時革命聲勢漸張，有識之士皆知清室之不可救藥，梁氏亦大聲疾呼，其保皇立憲主張若須臾而不可緩者。惟其雖痛詆慈禧太后，仍矢忠於德宗。光緒二十五年（一八九九）六月，康有爲聯合華僑倡保皇會於加拿大，梁氏亦在日本結合同志以應之。梁氏著「愛國論」，鼓吹民權曰：

西儒之言曰：「侵犯人自由權利者，爲萬惡之最。而自棄其自由權利者，惡亦如之。」蓋其損害天賦之人道一也。夫歐洲各國今日之民權豈生而已然哉！亦豈皆其君相晏然辟唎而授之哉！其始由一二大儒著書立說而倡之，集會結社而講之，浸假而其眞理灌輸於國民之腦中，其利害明揭於國民之目中，人人識其可貴，知其不可以已，則赴湯蹈火以求之，斷頸絕脰以易之。西儒之言曰：「文明者購之以血者也。」又曰：「國政者國民之智識力量的回光也。」故未有民不求自伸其權，而能成就民權之政者。❸

同年冬，梁氏有檀香山之遊，原擬赴美國，因華僑挽留，暫住至翌年六月。乃創夏威夷維新會。梁氏並著「立憲法議」，以爲君主立憲政體爲最良善之政體，按之中國歷代風俗與當

❸ 同上。

前時勢，採行有利而無弊。但仍主必俟中國民智稍開，然後能行之。認定中國行憲最速亦須十年或十五年以後，當前希望清廷先採定政體，作爲立憲之預備。立憲在首定憲法，因憲法爲「萬世不易之憲典，而一國之人，無論爲君主爲官吏爲人民皆共守之者也。爲國家一切法度之根源，此後無論出何令？更何法？百變而不許離其宗者也。」乃舉出辦理次第六項：

一、首請皇上渙降明詔，普告臣民，定中國爲君主立憲之帝國，萬世不替。

二、宜派重臣三人遊歷歐洲各國及美國日本，考其憲法之同異得失，何者宜於中國？何者當增？何者當棄？帶領通曉英法德日語言文字之隨員十餘人同往。其人必須有學識，不徒解方言者。並許隨時向各國聘請通人以爲參贊，以一年差滿回國。（又此次所派考察憲法之重臣隨員，宜並各種法律如行政法、民法、商法、刑法之類皆悉心考究。）

三、所派之員既歸，即當開一立法局於宮中，草定憲法，隨時進呈御覽。

四、各國憲法原文及解釋憲法之名著，當由立法局譯出，頒布天下，使國民咸知其來由，亦得增長學識，以爲獻替之助。

五、草稿既成，未即以爲定本，先頒之於官報局，令全國士民皆得辨難討論，或著書，或登新聞紙，或演說，或上書於立法局，逐條析辨，如是者五年或十年，然後損益制定之。定本既頒，則以後非經全國人投票，不得擅行更改憲法。

六、自下詔定政體之日始，以二十年爲實行憲法之期。❹

此種見解，與甲辰後清廷之預備立憲步驟多有吻合。惟清廷之預備期限爲九年，較之梁氏之二十年主張爲短，故就梁氏而論，最初對清廷之舉措，固不認爲不當也。

光緒二十六年（一九〇〇）夏，八國聯軍之禍作，梁氏歸上海，欲聯合同志勤王，及聞唐才常漢口發難失敗，而北京失陷，遂去香港，渡南洋，在新加坡晤康有爲，道印度，遊澳洲，於辛丑四月，復至日本。是時國人經此大變，咸有深省之處，而梁氏之鼓吹立憲亦更趨於激烈。光緒二十七年（一九〇一）十一月，梁氏之「清議報一百册祝辭」，論及清議報之性質，謂其特色有四：一曰倡民權。二曰衍哲理。三曰明朝局。四曰厲國恥。而以倡民權「爲獨一無二之宗旨，雖說種種方法，開種種門徑，百變而不離其宗，海可枯，石可爛，此義不普及於我國，吾黨弗措也。」❺其後梁氏改清議報爲「新民叢報」，鼓吹立憲仍不稍衰。光緒二十八年（一九〇二）正月，「新民叢報」第一期出版（半月刊，每月一日、十五日發行。）十月，復創新小說報。俟後梁氏著述多發表於該等報端，其言論對當時人之思想固多影響也。梁氏於其所著之「清代學術概論」中論曰：「自是啓超復專以宣傳爲業，爲新民叢報、新小說等雜誌暢其旨義，競喜讀之，清廷雖嚴禁，不能遏。每一册書內地翻刻本輒十數，二十年

---

❹ 飮冰室文集，第二集卷二十。
❺ 飮冰室文集，第二集卷十七。

來學子之思想，頗蒙其影響。」同年四月，黃公度致梁氏書曰：「清議報勝時務報遠矣！今之新民叢報又勝清議報百倍矣！驚心動魄，一字千金，人人筆下所無，欲爲人人意中所有，雖鐵石人亦應感動，從古至今文字之力之大，無過於此者矣」❻。

同年春夏間，保皇會黨人多數因痛恨清廷自兩宮回鑾以來，依然無變法之誠意，紛紛主張革命自立。梁氏之思想亦發生極大變化。其「論專制政體有百害於君主而無一利」，痛切言曰：

專制政體之不能生存於今世界，此理勢所必至也。以人力而欲與理勢爲禦，譬猶以卵投石，以螳當車，多見其不知量而已。故吾國民終必有脫離專制苦海之一日，吾敢信之，吾敢言之，而其中有一機關焉。君主及其私人而與國民同敵也，則安富焉，尊榮焉，英國日本實將來中國之倒影也。君主及其私人而認賊作子也，則國民仇專制政體，而不得不並仇及專制政權之保護主，法國美國實將來中國之前車也。夫爲英日與爲法美，在我國民則何擇焉？❼

同年十月，梁氏致康有爲書略曰：

---

❻ 光緒二十八年四月，黃公度致飲冰室主人書，引自「梁任公先生年譜長編初稿」卷十一。

❼ 飲冰室文集，第二集卷二十。

今日民族主義最發達之時代也，非有此精神決不能立國，弟子誓焦舌禿筆以倡之，決不能棄去者也。而所以喚起民族精神者，勢不得不攻滿州。日本以討幕爲最適宜之主義，中國以討滿爲最適宜之主義，弟子所見謂無以易此矣。滿廷之無可望久矣，今日望歸政，望後辟，夫何可得？即得矣？滿朝皆仇敵，百事腐敗已久，雖召吾黨歸用之，而亦決不能行其志也。❽

而康氏則大不以爲然，其覆梁氏書，以印度之亡國由於各省自立之故。略曰：

又今言自立，則必各省相爭。即令不爭，而十八省分爲十八國，此日本人之所常言，而旅日者之所深惑也。然使果分十八國，則國勢不過爲埃及高麗而已，更受大國之控制，奴隸而已。如印度之各省自立，授之外人而已，比爲今日大中國之民猶有所望者，其相去亦遠矣。……夫普、意本以小國，而畢士麻克、嘉富洱則苦心極力而合衆小爲大，以致强霸。我中國本爲極大國，而革命諸人號稱救國者，乃必欲分現成之大國爲數十小國，以力追印度，求致弱亡，何其反也。……寧攻數百年一體忘懷之滿州，以糜爛其同胞，而甘分數千年一統大同之中國，以待滅於强國，若此之謀，一何與畢士

---

❽ 光緒二十八年十月，與夫子大人書，引自「梁任公先生年譜長編初稿」卷十一。

麻克、嘉富洱相去遠也。❾

梁氏受康氏責難，思想再隨之轉變，前後言論自相矛盾。其於「清代學術概論」中，敘說其態度轉變之經過曰：「啓超既日倡革命排滿共和之論，而其師康有爲深不謂然，屢責備之，繼以婉勸，兩年間函札數萬言，啓超亦不慊於當時革命家之所爲，懲羹吹虀，持論稍變矣！然其保守性與進取性常交戰於胸中，隨感情而發，所執往往前後相矛盾。嘗自言曰：不惜以今日之我，難昔日之我，世多以此爲詬病，而其言論之效力，亦往往相抵消，蓋生性之弱點然矣。」故自光緒二十九年（一九〇三）後之新民叢報，專言政治革命，不復言種族革命；換言之，則對於國體主維持現狀，對於政體則懸一理想，以求其必達也。梁氏曾致書康有爲謝罪，同年十二月康氏復書曰：

十月居箱根來書收，知汝痛自克責，悔過至誠，此事關中國之大局，深爲喜幸。前事可作浮雲過空，皆勿論也。惟汝流質易變，若見定今日國勢處萬國窺伺耽逐之時，可合不可分，可和不可爭，只有力思抗外，不可無端内訌，抱定此旨而後可發論，至造國民基址，在開民智求民權，至此爲宗，此外不可再發生支離矣。……自汝言革後，

❾ 光緒二十八年六月，南海先生辨革命書，新民叢報第十六號，引自梁任公先生年譜長編初稿卷十一。

人心大變大散，幾不可合，蓋宗旨不同，則父子亦決裂矣。[10]

梁氏友好黃公度（遵憲）亦於十一月致書梁氏，討論民權自由革命自立和將來政體各問題。略曰：

二十世紀之中國，必改為立憲政體，今日有識之士，敢斷然決之無疑義也。雖然，或以新進，或以急進，或授之自上，或爭之自民，何塗之從而達此目的，則吾不敢知也。吾輩今日報國之義務，或尊主權以導民權，或倡民權以爭官權，一致而百慮，殊途而同歸，迹若相非，而事未嘗不相成。……天祚中國，或六五年，或四三年，民智漸開，民氣漸昌，民力漸壯，以吾君之明，得賢相良佐為輔弼，因勢而利導之，分民以權，授民以事，以養成地方自治之精神，微論英法，即日本二十年來政黨相爭之情況，我亦烏有焉，眞天下萬國絕無僅有之事也。[11]

此種言論對梁氏自當發生影響，惟此時梁氏之政治主張實仍動搖不定。光緒二十九年三月十八日梁氏致徐君勉書，說明與康有為發生誤會之原因：

---

[10] 光緒二十八年十二月十三日，康南海與任弟書，引自「梁任公先生年譜長編初稿」卷十一。

[11] 光緒二十八年十一月，黃公度與新民師函丈書，引自「梁任公先生年譜長編初稿」卷十一。

長者此函責我各事，我皆敬受矣。惟言革事，則至今未改也。去年十月間長者來一長函痛罵，云：因我輩言革之故，大病危在旦夕。弟見信惶恐之極，故連發兩電往，其一云「悔改」，其二云「衆痛改，望保攝。」實則問諸本心，能大改乎？弟實未棄其主義也，不過迫於救長者之病耳！今每年新聞輒勃勃欲動，弟深信中國之萬不能不革命，今懷此志轉益深也。⑫

同年正月，梁氏應美洲保皇會之邀，遊歷美洲，十月復返日本，始全部放棄其革命排滿主張。是爲梁氏政治思想之重大轉變。其所著「答和事人」略曰：

我向年鼓吹破壞主義，而師友多謂爲好名，今者反對破壞主義，而論者或又謂爲好名，顧吾行吾心之所安而已。……辛壬之間，師友所以督責之者甚至，而吾終不能改，及一旦霍然自見其非，雖欲自無言焉，亦不可得，吾亦不知其何以如是也。故自認爲眞理者，則舍己以從，自認爲謬誤者，則不遠而復，如惡惡臭，如好好色，此吾生之所長也。若其見理不定，屢變屢遷，此吾生之所短也。⑬

---

⑫、光緒二十九年三月十八日，與勉兄書，引自「梁任公先生年譜長編初稿」卷十二。

⑬飲冰室文集，第二集卷三十三。

此項言論足可代表當時梁氏之心理，此後直到辛亥革命，其政治主張完全站在與清廷妥協基礎上面。

四、張謇之鼓吹立憲與立憲運動之演進

張謇字季直，江蘇南通人，生於咸豐三年（一八五三）。光緒初年客幕吳長慶軍，壬午朝鮮之變，獻替殊多。甲午年大魁後，乃與士大夫同遊。謇於八國聯軍後，「看到了當時宮廷的紛亂，親貴的昏憒，內政處處腐敗，外交斷送權利。」認爲非改革變法，不足以救亡圖存。乃於光緒二十七年（一九〇一）春，著「變法平議」一書，以發表其政治主張。其以六部爲分項總目，斟酌中國歷史習慣，參照西方立憲國可取法之處，主張在不流血不紛爭之狀態範圍內，循序改進❶。其中吏部之事十項中，關於立憲主張者有「置議政院」。謂：

> 日本明治初維新之始，置公議所，旋廢。置集議院，後設元老院。凡制定新法，改正舊章，上有所建，交院議行，下有所陳，由院議達。故下無不通之情，上無不行之法。今聞西安已仿置公所，督催各省新政條陳，其意甚善。但新舊之際，有改絃調瑟之方，

❶ 張孝若：南通張季直先生傳記，第二編第七章「立憲運動及諮議局成立」。民國二十年五月，中華書局訂正版。

尤不可忘納約自牖之誠。況因時審勢，通變化，裁經緯，萬端國事所系，宜合京外四五大臣領之。此四五大臣者，予以自辟議員之權，愼選通才，集思廣益，分別輕重緩急，采輯古今中外政治法之切於濟變者，釐定章程，分別付行法司之官，次第舉行，隨時斟酌損益，不必專事督促，復蹈操切之轍。❷

其辦法倣自日本。另有「設府縣議會」。謂：

國有興革何以使民不疑？國有徵斂何以使民不怨？興革視民之俗，可以杜其疑而使之和。徵斂視民之力，可以平其怨而使之服。權衡樞紐必在議會。……其府縣會議之法，以地方大小，定議員多寡，多不過五人，議長若副，選於議員之中，上其名於內務省。選舉之人被選舉之人，均以有家資或有品望者充之，示期投票，票數多者中選，票均較年，年均則定以鬮。選定布其名於衆。每二年以抽籤定留易之半。無俸，有往來滯留之費。常會歲三月一開，臨時會有事即開。議事草案由知事令交付。其所議之事，會決之。其府縣事以地方稅支辦者，豫算之額數，徵收之方法，會定之。可否視同議者多寡，可數多者，數同則決於長。有大利害則議員得上其議於內務卿，若妨礙國家背律違規者，知事令得罷其議。議場許人集聽，而亦嚴毀貶喧擾亂雜之禁，法如此意

---

❷ 張季子九錄，政聞錄卷二，政治類「變法平議」，民國二十年十月中華書局聚珍倣宋版。

至美也。❸

最後結論，就其所舉散見六部之四十二端，認爲施行之次第，以設置議政院爲第一急務。而尤望於今日爲變法之命脈者，則在上破滿漢之界，下釋新舊之爭。

張謇所處之地位，較之梁啓超其言論自易被人重視，惟依然不能感動當政樞臣之因循頑固習性。光緒二十九年（一九〇三），張謇東遊日本歸來，益感立憲之迫切，深覺立憲固然要政府醒悟，又需一般人民齊力發動，因此必需先用一番團結研究工夫。所以在同一年內，凡見到官員友人，遇到談論通訊，無不勸解磋摩各種立憲問題。

光緒三十年（一九〇四）春，日俄之戰既起，日軍連戰皆捷，論者乃謂立憲之戰勝專制，公開提出立憲主張者漸多。同年正月，東方雜誌第一期「社說」載有崇有「論中國民氣之可用」一文。謂：

誠使爲國家者，開誠心，布公道，日討國人而訓之，以國事之艱屯，國辱之可恥，凡有所興作，必與吾民共之，其能論議時政者，又從而獎勵之。施以普及教育之道，約以設立議院之期，使人人知己與國之關係，則向之所謂鄉僻、愚民、會匪、鹽梟、海盜、標客，本爲地方大害者，皆可利用以扞禦外侮，則何日本之足羨？白種之足畏

---

❸ 同上。

哉？

是爲社會輿論之初次表露。同年三月，上海內外時報以「中國前途有可望之機」爲社論，謂：「今俄國經此挫折，若政體不改，則將爲突厥、支那之續，其力不復及於他國，若改爲憲政，則其政策必與今日之俄國大異。……鑒於俄國之敗，而知專制之不可恃，數千年相沿之習庶幾可捐。」言外之意，中國捨變法別無他圖。且謂：「數年之間，必有大波軒然而起，雖政府竭力沮之，吾知其不能也。」❹同月二十七日，上海內外日報以「論中國內政」爲題，對滿清政府予以無情之抨擊。略曰：

> 今者日俄交戰，此外交上存亡呼吸之秋也。而袞袞諸公既以淡然置之，以忠告爲謠言，以偷安爲至計，外交之趨避已予天下以無可望矣。……耄耄之人，每守前之所已知，而拒後之所新入，諸公之不識外交爲何物，上負國恩，下災無告，其貽誤也，不知也，非不爲也。……政以賄成，不復爲諱，大官履任，僕妾常數百人，彼固何所取而有此，而天下皆熟視之無覩，以爲當然。……然而立憲之規得聞從來所未有，庸知非中國之福也。❺

❹ 光緒三十年三月，東方雜誌第三期「社說」。
❺ 光緒三十年四月，東方雜誌第四期「內務」。

是時民智稍開，國人渴望立憲之呼聲若江河之潰決，地方督撫及出使各國大臣之明白大體者，亦均感迫不容緩。駐法大臣孫實琦首以改革政體爲請，同年四月，張謇代江督魏光燾、鄂督張之洞所撰「擬請立憲奏稿」復上奏清廷。謇自稱該篇「經七易，磨勘經四五人，語婉甚，而氣亦怯。」❻ 蓋不明朝廷態度，至恐以此獲咎也。同時其他各省督撫如粵督岑春煊等，亦以立憲爲言。六月，張謇合趙鳳昌刊刻之「日本憲法」送至內廷，「嗇翁自訂年譜」記其事如下：

六月，刻「日本憲法」成，以十二冊，由趙竹君鳳昌寄趙小山慶寬徑達內庭。此書入覽後，孝欽太后於召見樞臣時，諭曰：「日本有憲法，於國家甚好。」樞臣相顧不知所對，唯唯而已。瞿鴻禨旋命其七弟來滬，託鳳昌購憲法各書，不知趙故預刻憲法之人也，舉告爲笑。樞臣奉職不識古義，蒞政不知今情，以是謀人家國，寧有幸乎？❼

惟如謂慈禧確有立憲誠意，則不足信。蓋慈禧以垂暮之年，所以同情立憲者，不過欲藉此限制君權之說，使德宗不能行使大權於其死後，其後假逐年籌備以爲敷衍之計者，蓋不欲及身見之，非真顧慮於民智未開也。

---

❻ 嗇翁自訂年譜，卷下。
❼ 同上。

光緒三十一年（一九〇五）春，日俄之戰勝敗已決，俄人因戰敗之恥，立憲風潮方熾，二月十三日「時敏報」以「論俄國立憲之風潮及無政府黨主義」爲題，首論立憲政體之必要，次及俄國人民黨爭取立憲之經過，兼及本國。謂：「今日俄國立憲風潮，其影響及於亞東，則聞戴侍郎（鴻慈）條請臣工議政矣，則聞四川留學生入京運動立憲矣。嗚乎！吾國之自視也，無寧視人。……俄國有此民黨，終創一真正共和政體於二十世紀之斯拉夫民族，則固然也。嗚乎！吾爲俄國前途幸，則吾正爲我國前途望爾。」❽ 六月初九日，上海「中外日報」復以「立憲淺說」，分別就對於君上、官吏、吏治、行政之利益，說明憲政之所以宜於中國。以爲憲法之美，首推英國，然英國爲不成文憲法，無專書可考，而日本當日之編定憲法，係以德國爲宗，故今日中國欲研究憲法學，應「遠採德意志聯邦之通例，而近取日本學者之粹言。」❾ 會直隸總督袁世凱奏請簡派親貴分赴各國考察政治，以爲改正張本❿。六月十四日奉上諭：

> 方今時局艱難，百端待理，朝廷屢下明詔，力圖變法，銳意振興。數年以來，規模雖具，而實效未彰。總由承辦人員向無講求，未能洞達原委。似此因循敷衍，何由起衰

---

❽ 光緒三十一年四月，東方雜誌第四期「內務」。
❾ 光緒三十一年九月，東方雜誌第九期。
❿ 憲政初綱「立憲紀聞」篇內「中國立憲之起原」，東方雜誌臨時增刊。

弱而救顚危。茲特簡載澤、戴鴻慈、徐世昌、端方等，隨帶人員，分赴東西洋各國，考求一切政治，以期擇善而從。嗣後再行選派分班前往，其各隨事諏詢，悉心體察，用備甄採，毋負委任。所有各員經費如何撥給，著外務部户部議奏。⓫

消息傳出，人心一振。而不明真像者，竟以爲清廷果有振作之意。上海「時報」以「讀十四日上諭書後」爲題，論曰：「今朝廷赫然發憤，特簡專員遊歷各國，其所簡者，固皆內參樞密，外膺疆寄，於政界占大勢力之重臣也。而其職任又令聚精會神，以考求一切政治爲專職者也。而受任諸公，又類皆才略素裕，雅負時望，於政界錚錚有聲者也。其影響我國宜非曩者之比。」以爲其善有三：㈠可以定變法維新之國。㈡可以養大臣之政治常識。㈢可以振臣民望治之精神⓬。對清廷之用意固無澈底認識也。

同月二十五日，上諭續派商部左丞紹英，會同載、戴、徐、端前往考察。七月中旬，廷議派定載、徐、紹赴日、英、法、比等國，戴、端赴美、德、義、奧等國，分途前往，冀省時日。十九日帝后召見，諭以切實考求，以爲將來實行立憲之預備。二十六日五大臣擬乘火車出京，方抵車站，革命黨人吳樾擲炸彈擊之，載澤、紹英受微傷，而出洋考政之事遂暫擱置。

⓫ 清德宗實錄卷五六四。
⓬ 光緒三十一年九月，東方雜誌第九期。

是時同盟會已經成立，各地革命黨人起義事件層出不窮。張謇爲極端之擁護立憲份子，對革命業頗不以爲然。其於聞悉考察五大臣受驚消息後，記曰：「余以爲革命有聖賢權姦盜賊之異，聖賢曠世不可得，權姦今亦無其人，盜賊爲之，則六朝五代可鑒，而今世尤有外交之關繫，與昔不同，不若立憲可以安上全下，國猶可國，然革命者讎視立憲甚，此殆種族之說爲之也。」⑬另據張謇日記所載「立憲近況紀略」，謂清廷派員考察憲政時仍有曲折：

> 立憲之動機起於鐵（良）、徐（世昌）之入政府，端（方）之入朝，（載）振貝子又助之陳於兩宮，慈聖大悟，乃有五大臣考察政治之命。既盛宣懷於召見時首倡異議，袁世凱亦依違兩可。會七月二十六日車駕炸彈事發，慈聖大震，而小人得乘勢以搖之，然五大臣之命不可遂收，故反覆延宕三月之久。徐入政府，袁所薦也；聞於此事，不甚附袁。既又留徐、紹而易以尚其亨。李盛鐸佐澤公西行，李頗有自命爲憲政黨之意，亦時時示異於袁，蓋善占氣候人也。然又貳於端，殊自表襮。要之憲政之果行與否，非我所敢知，而爲中國計，則稍有人心者，不可一日忘此事，將於明年秋冬之際卜之。⑭

九月，駐俄使臣胡維德奏稱：「俄已公布憲法，我國亟宜仿行，以期上下一心，共禦外

---

⑬ 嗇翁自訂年譜，卷下。

⑭ 南通張季直先生傳記，第三編第七章「立憲運動及諮議局成立」，第二節「運動立憲經過」引文。

侮。」至九月二十八日，朝命改派李盛鐸、尚其亨以代徐、紹，會同載、戴、端前往各國考察。五大臣奉命後，調員籌資，至十一月十五日始首途。仍遵前議，載、李、尚爲一路，戴、端爲一路。是時國人以爲清廷果有與民更始之意，而希望立憲之情乃益迫切。駐英使臣汪大燮，因各國均盼望中國立憲，奏請速定辦法。駐美使臣梁誠，亦因華僑要求立憲，奏請速定宗旨。而學部尚書張百熙、禮部侍郎唐景崇、粵督岑春煊、黔撫林紹年等，亦紛紛以立憲爲請，於是立憲之議徧於全國矣。

是時各地報刊咸以立憲爲討論對象。同年七月二十三日「南方報」以「論立憲爲萬事根本」爲文，以爲立憲之根本在改定政體，復慮「立憲之事大夫君子知其可以由，而不知其當由，則必姑與委蛇，而淹遲佳會，時機一軼而不可復，此有識之所憂也。」乃舉出立憲之大利二端：㈠必立憲而後能自保其民。㈡必立憲而後可善處外交。另條列富強之要圖，如採徵兵制，募集公債，强迫教育，均不可須臾離立憲政體。他若辦警察，改刑律，興實業，禁陋俗，亦非改行立憲國體所不能及⑮。

同年十一月，東方雜誌「社說」蘊照之「立憲私議（對多數愚民立言）」，以國家災異屢見，大難將作，認爲立憲政治乃中國「神仙方藥，長生久視之術。」閔闇之「中國未立憲以前當以法律偏教國民論」，則以爲雖然「今者立憲之聲洋洋偏全國矣，上自勳戚大臣，下逮校舍學子，靡不曰立憲立憲，一唱百和，異口同聲。」但國民「教育程度之未及，官民界限之未

⑮ 光緒三十一年十月，東方雜誌第十期「內務」。

分，而遽使之入居議員之位，授以從古未有之特權，其必不敢與人爭執，隨强有力者之左右進退，其情態可預決也。」故中國立憲之時期實尚未至，當前之急，「宜先以淺近之法律導之，則界畫明而進化也速。」⑯同年十二月東方雜誌「社說」覺民之「論立憲與教育之關係」亦謂：

> 自日本以區區島國，崛起東海，驅世界無敵之俄軍，使之復返其故都而後，世之論者，咸以專制與立憲分兩國之勝負，於是我政府有鑒於此，如夢初覺，知二十世紀之中，無復專制政體容足之餘地，乃簡親貴出洋遊歷，考察政治，將取列邦富强之精髓，以藥我國垂危之痼疾。盛哉斯舉，其我國自立之權歟！吾人莫大之幸福歟！雖然憲政之行也，必全國人民皆具有政治知識及自治能力，而後能措置裕如，秩序不紊，非可鹵莽滅裂而强行之也。……
>
> 今者我國之人民，果處何等之位置乎？泯泯昏昏，蠢如鹿豕，知書識字者千不得一，明理達時者萬不得一，家庭中無禮教，鄉里中無團體，郡縣之間視同秦越，省界一分，爾詐我虞，如是之國民而與之以莫大之權，使之與聞國事，是何異使蚊負山，蚷距海也。雖有二三大臣提倡於上，頒布憲法，與民更始，其如民智之幼稚，民力之綿薄何？吾恐憲政既立，而國民茫然無措，必有一舉手，一動足，而無往非荆天棘地之概

---

⑯ 光緒三十一年十一月，東方雜誌第十一期「社說」。

者。盲人瞎馬，夜半深池，其不貽笑於環球者幾希矣。……教育既偏，國民胥智，政治上之知識皆磅礴人人之腦中，而後自治之能力隨在可以發揮，以之充議員之選，聞國家之事，其恢復乎游刃有餘矣。……宜仿日本成法，先頒令於國中，以六年爲期，實行立憲，庶全國人民皆得有所預備，而不致手足無措，此萬全之策也⑰

光緒三十二年（一九〇六）三月，東方雜誌「社説」舜修之「論立憲當有預備」，亦認爲以今日中國社會之窳敗，民智之幼稚，以言預備立憲，應具備三大要素：㈠普及教育，以養成國民資格。㈡廣派俊士前往各國考察政治，以備參訂憲法。㈢先立地方議會，以富人民政治上之經驗。最後復謂：「今日所當預備者，苟不致力於此，而徒豔羨憲政美名，日率其蚩蚩之氓，大聲疾呼曰立憲立憲，縱目的能達，亦不過東施效顰，益增其醜耳！」⑱

上述之見解，足以代表當時一般之輿論，而同於梁啓超之政治理想。影響所及，遂爲此後清廷預備立憲之張本。就政治常規而論，前舉之各種主張，固不失爲救時要策，然可用於勵精圖治之政府，不可施之因循愚昧之滿清，此乃日本行之有效，中國行之失敗之故也。是固立憲之能否實行，全在執政者之有無領導能力，及實行之誠意若何？非可僅以國民程度爲

---

⑰ 光緒三十一年十二月，東方雜誌第十二期。
⑱ 光緒三十二年，東方雜誌第三期。

準也。

光緒三十二年（一九〇六）夏，出洋五大臣考察告畢，分道回國。張謇在滬晤端方、戴鴻慈，竭力勸其速奏立憲，並合鄭孝胥、湯壽潛等在上海創設預備立憲公會，用作鼓吹立憲之工具。公推孝胥爲會長，湯壽潛、張謇爲副會長。是時各界對於立憲，「主急主緩，議論極紛駁。」張謇則認爲「立憲之大本在政府，人民則宜各任實業教育，爲自治基礎，與其多言，不如人人實行，得尺則尺，得寸則寸。」⑲是張氏之主張，在用和平方法達成立憲之目的，與當時一般國人之願望並無二途也。

五、清廷之預備立憲

先是日俄戰爭後，清宗室中開明份子，因鑑於日本變法强國，多有維新趨向，其中尤以端方主張最力。及五大臣奉出洋考察憲政之命，端方頻以書扎與梁啓超往還。計自光緒三十一年（一九〇五）秋冬間，梁氏代端方等草擬考察憲政，奏請立憲，並赦免黨人，請定國是一類奏摺，逾二十萬言。梁氏致徐佛蘇信中曾略言其事曰：

爾來送生活於海上者，二十餘日，其間履陸地者，不過三十餘小時，公聞當亦大訝其

⑲ 嗇翁自訂年譜，卷下。

行縱之詭秘耶！……近所代人作之文，凡二十萬言內外，因鈔謄不便，今僅抄得兩篇，呈上一閱，閱後望即擲返。此事不知能小有影響否？望如雲霓也。（原注：諸文中除此兩文外，尚有請定國是一摺，亦爲最要者，現副本未抄成，遲日當以請教。）頃新歸，百事積閣，須以一禮拜之力方能了之，故現在未能約公來談，屆時當相約也。此文請萬勿示一人，閱畢望即用書函寄返。❶

此後載澤、端方等之陳奏，多出自梁氏之手筆。載澤等於旅歐途中，陳奏在英考察大概情形摺，謂：「大抵英國政治，立法操之議會，行政責之大臣，憲典掌之司法，君主裁成於上以總覈之，其興革諸政大都由上下兩議院議妥，而後經樞密院呈於君主簽押施行。故一事之興必經衆人之討論，無慮耳目之不周，一事之行必由君主之決成，無慮事權之不一。」「其一國精神之所在，雖在海陸軍之强盛，工商業之經營，而其特色實在地方自治之完密。」及抵法國，復奏曰：「其立國之體，雖有共和之稱，其統制之權，實具帝國之制。其條規則整齊畫一，其精神則固結流通，遺其粗而拮其精，其可以甄採之處，良非鮮少。」「觀其現行成法，其大權仍操於政府，居中馭外，條理秩如，其設官分職，則三權互相維持，無輕重偏倚之嫌，其地方自治，則都府秉成中樞，有指臂相承之效。」❷

---

❶ 光緒三十一年致徐佛蘇先生書，引自梁任公先生年譜長編初稿卷十四。
❷ 光緒三十二年七月，東方雜誌第八期「內務」。

光緒三十二年（一九〇六）六月，載澤等返京師，上摺痛陳中國不立憲之害，及立憲後之利。謂：「憲法者所以安宇內，禦外侮，固邦基，而保人民者也。……觀於今日，國無强弱，無大小，先後一揆，全出憲法一途，天下大計，居之可知。」「憲法可行如此，保邦致治，非此末由。」而「開風氣之先，肅綱紀之始，有萬不可緩，宜先舉行者三事。」

一、宣示宗旨，將朝廷立憲大綱列爲條款，謄黃刊貼，使全國臣民奉公治事，以憲法意義爲宗，不得稍有違悖。

二、布地方自治之制，取各國地方自治制度，擇其尤便者，著爲令典，剋日頒發各省督撫，分別照行，限期蕆事。

三、定集會言論出版之律，采取英德日本諸君主國現行條例，編爲集會律，言論律，出版律，迅即頒行，以一趨向，而定民志。❸

懇請朝廷，期以五年改行立憲政體。一面飭下考察政治大臣，與英、德、日本諸君主國憲政名家詳詢博訪，斟酌至當，合擬稿本進呈御覽，並請特簡通達時事公忠體國之親賢大臣，開館編輯大清帝國憲法，頒行天下。一面將建議三事，預爲實行，以樹基礎❹。

---

❸ 憲政初綱，奏議，東方雜誌臨時增刊。

❹ 同上。

慈禧、德宗召見載澤等，諭以「只要辦妥，深宮初無成見。」❺其敷衍之情可見。於是頑固諸臣百端阻撓，或以立憲有妨君主大權爲說，或以立憲利漢不利滿爲言，慈禧意漸動。載澤復密摺敷陳大計，謂：「憲法之行利於國利於民，而最不利於官，若非公忠謀國之臣，化私心，破成見，則必有多爲之說，以熒惑聖聽者。」舉出立憲之大利有三：㈠皇位永固。㈡外患漸輕。㈢內亂可弭。請求朝廷暫定立憲宗旨。「或有謂程度不足者，不知今日宣布立憲，不過明示宗旨，爲立憲之預備，至於實行之期，原可寬立年限。日本於明治十四年，宣布憲政，二十二年始開國會，已然成效，可仿而行也。」並請破除滿漢界限。「方今列强逼迫，合中國全體之力尚不足以禦之，豈有四海一家自分畛域之理。至於計較滿漢之差缺，競爭權力之多寡，則所見甚卑，不知大體者也。夫擇賢而任，擇能而使，古今中外，此理大同。使滿人果賢，何患推選之不至，登進之無門，如其不肖，則亦宜在屏棄之列。且官無倖進，正可激勵人才，使之向上，獲益更多。此舉爲盛衰興廢所關，若守一偶之見，爲拘攣之語，不爲國家建萬年久長之祚，而爲滿人謀一身一家之私，則亦不權輕重，不審大小之甚矣，在忠於謀國者決不出此。」❻戴鴻慈亦有摺上奏，其立憲主張略同。端方凡三次具疏，第一摺敷陳各國憲法，第二摺言必須立憲，第三摺則請改定官制，以爲立憲之預備。其第三摺略曰：

---

❺ 憲政初綱，立憲紀聞「考政大臣之陳奏及廷臣會議立憲情形」，東方雜誌臨時增刊。

❻ 憲政初綱，奏議。

臣等使事所及，歷查各國政治，以爲中國非急采立憲制度，不足以圖强。又以現在如遽行立憲制度，亦不足以舉實。因籲請皇太后皇上，立頒明詔，先定國是，以十五年或二十年爲實行立憲之期。……臣等竊覩日本之實施憲法，在明治二十三年，而先於明治七年、明治十八年兩次大改官制，論者謂其憲政之推行有效，實由官制之預備得宜。誠以未改官制之前，任人而不任法，既改官制之後，任法而不任人。任人不任法者，法既敝，雖聖智猶不足以圖功，任法而不任人者，法有常，雖中材而足以自效。❼

因此認爲「中國今日欲加改革，其情勢與日本當日正復相似，故於各國得一借鏡之資，實不啻於日本得一前車之鑒。」❽乃就中國所闕失及立憲所不能不預爲準備者，條舉四端：

一、宜略仿責任內閣之制，以求中央行政之統一。

二、宜定中央與地方之權限，使一國機關運動靈通。

三、內外各重要衙門，皆宜設輔佐官，而中央各部主任官之事權尤當歸一。

四、中央各官宜酌量增置裁撤歸併。❾

---

❼ 端忠敏公奏稿。

❽ 同上。

❾ 同上。

載澤、端方等之建議，固不失爲應時之良策，亦爲此後清廷預備立憲所循之途徑。無奈清廷缺乏誠意，一切設施徒等具文，但圖遷延歲月而已。

是時軍機大臣中亦多有所陳奏。徐世昌請採用地方自治制度以爲立憲之預備。榮慶主張保存舊制，而參以新意。瞿鴻機則參酌二者之間。惟反對者仍多。諭命廷臣會議決之，並派醇親王載灃、軍機大臣、政務處大臣、大學士，暨直督袁世凱等，公同閱看考政大臣回京奏陳各摺件，請旨辦理。

七月八日，諸大臣開第一次會議。先傳閱考政大臣各摺，次日乃議於外務部。此次會議爲清廷預備立憲前之決定性會議，奕劻極贊同考政五大臣主張，徐世昌、袁世凱、張百熙等助之，而孫家鼐反對甚力，榮慶、鐵良、奕譞亦頗持異議。最後議定以開啓民智與講求吏治爲當前之急務⑩。遂於十日面奏慈禧、德宗，至十三日乃頒預備立憲詔，略曰：

> 我朝自開國以來，列聖相承，謨列昭垂，無不因時損益，著爲憲典。現在各國交通，政治法度皆有彼此相因之勢，而我國政令積久相仍，日處阽危，受患迫切，非廣求智識，更訂法制，上無以承祖宗締造之心，下無以慰臣庶平治之望。是以前簡派大臣分赴各國考查政治。……時處今日，惟有及時詳晰甄核，仿行憲政，大權統於朝廷，庶政公諸輿論，以立國家萬年有道之基。但目前規制未備，民智未開，若操切從事，徒

⑩ 憲政初綱內「立憲紀聞」，記其事甚詳。

飾空文，何以對國民而昭大信，故廓清積弊，明定責成，必從官制入手，亟應先將官制分別議定，次第更張，並將各項法律詳愼釐訂。而又廣興教育，清釐財政，整頓武備，普設巡警，使紳民明悉國政，以預備立憲基礎。著內外臣工切實振興，力求成效，俟數年後規模麤具，查看情形，參用各國成法，妥議立憲實行期限，再行宣布天下，視進步之遲速，定期限之遠近，著各將軍督撫，曉諭士庶人等，發憤爲學，各明忠君愛國之義，合群進化之理，勿以私見害公益，勿以小忿敗大謀，尊崇秩序，保守和平，以豫儲立憲國民之資格，有厚望焉。⓫

詔書不確定立憲時間，但以忠君愛國服從朝廷意旨諄諄告誡國人，其無實行之誠意與敷衍塞責之心可知。惟最初國人因不明眞像，仍寄以無窮之希望。梁啓超聞預備立憲上諭後，其於致蔣觀雲書曰：「今夕見號外，知立憲明詔已頒，從此政治革命問題可告一段落，此後所當研究者，即在此過渡時代之條理何如？」⓬七月十五日上海「中外日報」論曰：「今朝廷以改官制爲之先，而以行憲政爲其備，可爲深得要領者也。」⓭七月十六日上海「南方報」且以「論立憲不定期限之善」爲題，曰：「必有立憲之國民，然後可行立憲之政體，故實行期

⓫ 清德宗實錄卷五六二。
⓬ 光緒三十二年任公先生致蔣觀雲先生書，引自「梁任公先生年譜長編初稿」卷十五。
⓭ 憲政初綱，輿論一斑。

限非朝廷所能逆斷，而必待決定於國民，此固我皇太后皇上之聖明，議政大臣之深知治體，而我國民所亟宜奮勉以早自爲計者也。」[14]其他各報亦多有同樣主張。七月十五日上海「新聞報」論曰：「顧期太近，又恐程度之未及，於是聖衷獨斷，以爲與其虛懸一至遠之期限，不如俟數年後再定，故曰視進步之遲速，定期限之遠近。」同日上海「申報」亦論曰：「使國民之程度一日無進步，則議會一日不能開，議會一日不能開，則朝廷雖定立憲之名，而終不能定實行立憲之期限，至此則非國家之負疚於人民，而實人民之負疚於國家矣。」[15]七月二十一日南京「南洋日日官報」謂：「其不預定若何年限者，則明明謂期限之遠近，視進步之遲速。進步而速，則立憲之實行亦必速。而遲，則立憲之實行亦必遲。」[16]別士於「刊印憲政初綱緣起」文內，以興奮之心情記曰：「自五大臣出洋起，至下改官制之上諭止，其間相去才足一年，而世變已如此，自古立憲之遲莫如中國，自古立憲之易，亦莫如中國。後奮起早成就之說，不其信耶！此中國之可一雪友邦之謗者也。」是均不明清廷之真意所在，盡皆阿諛之詞也。張謇則以清廷之預備立憲，歸功於袁世凱之倡導。故於清廷頒布預備立憲詔旨後，電致袁氏曰：

---

[14] 同上。
[15] 同上。
[16] 同上。

自七月十三日朝廷宣布立憲之詔，傳聞海内外，公之功烈昭然如揭日月而行，而十三日以前與十三日以後，公之苦心毅力如水之歸壑，萬折而必東下走，獨心喻之，億萬年宗社之福，四百兆人民之命，繫公是賴。小小波折，乃事理所應有，以公忠貞不貳之心，因應萬方之智，知必有屈信盡利者。偉哉！足以伯仲大久保矣。吳武壯有知，必爲凌雲一笑，而南壇漢城之間，下走昔日之窺公，固不足盡公之量也。欽仰不已，專書述臆，願聞宏指。⑰

是時國人從事立憲預備之研究者日多，除上海所設之預備立憲公會外，各省人民集合團體研究政治議論者所在多有。同年八月，東方雜誌第九期「社說」，蛤笑所撰之「論立憲預備之最要」一文，針對清廷預備立憲詔書，提出改革官制首應行者二事：

自七月十三日立憲之詔旨既下，滬上諸報咸有發揮推繹之文，或籌預備之基，或論實行之法，或責難於官吏，或貢議於國民，崇論閎議，詳矣備矣。……今所謂預備之最急者，曰改革官制也，曰强迫教育也。夫官制之於憲政精深複雜，其關係之重要人人知之。……顧其中有根本之根本焉，則官寺之必宜廢罷，與滿漢之必宜融合也。……二者不革，則一切改革皆粉飾形迹，而無當於宏旨，雖俟之百年，而憲政之成吾恐其

---

⑰ 張季子九錄，政聞錄卷三「爲運動立憲致袁直督函」。

尚無望也。

可算對症之論，無奈清廷拘於狹隘之部族思想，而廷臣牽於環境，觀於日後官制之釐定，可知一切設施均不切於實際。

六、釐訂官制

清廷既頒預備立憲之詔，並決定先自改革官制入手，七月十四日乃詔內外大臣釐定官制。諭曰：

昨日有旨宣示，急爲立憲之豫備，飭令先行更定官制，事關重要，必當酌古準今，上稽本朝法度之精，旁參列邦規制之善，折衷至當，纖悉無遺，庶幾推行盡利。著派載澤、世續、那桐、榮慶、載振、奎俊、鐵良、張百熙、戴鴻慈、葛寶華、徐世昌、陸潤庠、壽耆、袁世凱、公同編纂。該大臣等共矢公忠，屏除成見，悉心妥訂。並著端方、張之洞、升允、錫良、周馥、岑春煊，選派司道大員來京，隨同參議。並著派慶親王奕劻、孫家鼐、瞿鴻禨總司核定，候旨遵行，以昭鄭重。❶

❶ 清德宗實錄卷五六二。

同月十六日，編制大臣開第一次會議於頤和園。十八日，設編制館於恭王府之朗潤園。以孫寶琦、楊士琦爲提調，金邦平、張一麐、曹汝霖、汪榮寶爲起草課委員，陸宗輿、鄧邦述、熙彥爲評議課委員，吳廷燮、郭曾炘、黃瑞祖爲考定課委員，周樹模、錢能訓爲審定課委員，各部及疆臣多派有代表參加。編制各大臣先奏陳釐定官制宗旨大略五條：

一、此次釐定官制，遵旨爲立憲預備，應參仿君主立憲國官制釐定，先就行政司法各官以編改，此外凡與司法行政無甚關繫各署，一律照舊。

二、此次釐定要旨，總使官無尸位，事有專司，以期各有責成，盡心職守。

三、現在議院遽難成立，先就行政司法釐定，當採用君主立憲國制度，以合大權統於朝廷之諭旨。

四、欽差官、閣部院大臣、京卿以上各官，作爲特簡官。閣部院所屬三四品人員，作爲請簡官。閣部院五品至七品人員，作爲奏補官。八九品人員作爲委用官。

五、釐定官制之後，原衙門人員不無更動，或致閒散，擬在京另設集賢、資政各院，妥籌位置，分別量移，仍優予俸祿。❷

旋奉旨，按照陸續籌議詳加編定。後以牽制太多，於是有五不議之說。㈠軍機處事不議。㈡

---

❷ 摘錄「憲政初綱」，奏議，「編纂官制大臣鎮國公載澤等奏釐定官制宗旨大略摺」。

内務府事不議。㈢八旗事不議。㈣翰林院事不議。㈤宦官事不議。其所擬官制，大致依照端方原奏斟酌而成。以内閣總攬政務，設總理大臣一人，左右副大臣二人，各部尚書均爲内閣政務大臣，參知政事。下設左右侍郎各一人，至各部之名稱次第，首爲外務部，次爲民政部，以巡警部改設，並將步軍統領衙門所掌事務，及户、禮、工三部所掌有關民政各事併入。次財政部，以户部財政處改設。次陸軍部，以兵部練兵處，及太僕寺裁併改設。次海軍部，暫歸陸軍部辦理。次法部，以刑部改設，並以刑部觀審處所掌事務併歸覆核。次學部，仍舊。次農工商部，以商部工部歸併設立。次交通部。次理藩部，以理藩院改設。又次吏部殿焉。此外並改政務處爲資政院，改禮部爲典禮院，改大理寺爲大理院，而都察院仍舊。又設集賢院、審計院、行政裁判院，及軍諮府等。共計十一部，七院一府❸。嗣經慶親王奕劻等公同籌議，以財政部改爲度支部，交通部改爲郵傳部，而罷設典禮院之議，仍用禮部名稱。行政裁判院、集賢院亦刪去，各部次序復有變動。首外務部，次吏部，次民政部，次度支部，次禮部，次學部，次陸軍部，次法部，次農工商部，次郵傳部，次理藩部，視編制大臣原擬之制度頗不相同。奕劻等並認爲議院既未成立，監督行政未臻完全，故主張改軍機大臣爲辦理政務大臣，各部尚書均爲參預政務大臣，大學士仍辦内閣事務。是官制更改與不更改並無二

---

❸ 憲政初綱，閣部官制草案。

致也❹。及奏上，九月二十日上諭允行❺。於是立憲派大爲失望，進而助長革命黨人勢力之發展。徐佛蘇於致梁啓超信中，述其感想曰：

政界事反動復反運，竭數月之改革，迄今仍是本來面目。（原注：革改官制之上諭，已載今日東報，軍機之名亦不改動，禮部仍存留並立，可歎已。但鐵、榮已出軍機，而以世續補之，果係何故？）政界之難望，今可決斷，公一腔熱血，空灑雲天，誠傷心事也。他黨近來勢頗發達，不久恐有異動，排斥立憲之聲如蛙鳴之噪耳，弟近日最受唾罵，黃某已與我談判是非，彼此雖百詞辯難，終無最後之裁決，渠之直接運動我者，可謂極矣。❻

清廷一面藉立憲以安撫人心，一面查封各地報館，拘押編輯，嚴禁國民藉口立憲干預政事，而達成其皇族集權之目的。至其新授各官，配置如下：

軍機大臣 奕劻 瞿鴻禨 世續 林紹年

外務部管部大臣 奕劻 尚書 瞿鴻禨

吏部尚書 鹿傳霖 民政部尚書 徐世昌

---

❹ 參照清德宗實錄卷五六二

❺ 清德宗實錄卷五六四

❻ 光緒三十二年九月徐佛蘇致任公先生書，引自梁任公先生年譜長編初稿卷十五。

度支部尚書　溥頲　　禮部尚書　溥良
學部尚書　榮慶　　陸軍部尚書　鐵良
法部尚書　戴鴻慈　　農工商部尚書　載振
郵傳部尚書　張百熙　　理藩院尚書　壽耆
都察院都御史　陸寶忠　　大理院正卿　沈家本❼

除都察院、大理院外，上列十一部中，尚書凡七人，漢四人，蒙古一人，漢軍旗一人，侍郎滿漢雜用，而滿人多握實權。前此爲分滿漢之故，每部六堂官，滿漢平列，滿三人，漢三人。今明爲不分滿漢，竟變爲滿七漢四，而蒙古與漢軍旗又恆黨於滿，因之甚至一向熱心立憲之漢大臣官僚，亦有不平之感。惲毓鼎於其所著之「崇陵傳信錄」中評其事曰：

> 孝欽后當同治時，依漢大臣削平大難，故特重漢臣，敬禮有加，而滿臣則兒子畜之，相親也。恭忠親王重漢人，醇賢親王則反之。章皇（順治）初入關，朝廷大政事皆范文肅、洪文襄所定，懲奇渥溫氏以蒙古色目人壓漢之害，制爲滿漢雙行之法，閣部卿寺，分缺若鴻溝，不相侵越，惟將軍都統專屬焉。而王公不親吏事，陽尊之，陰爲漢人保登進之路。辛丑回鑾，孝欽內慙，始特詔天下議改革，定新官制，少年新進不深維祖宗朝立法本意，第覺滿洲人士以八旗區區一部分，與我二十一行省漢人對掌邦政，其

❼ 清德宗實錄卷五六四

事太不平，欲力破此局以均勢，滿漢之界既融，於是天潢貴胄，豐沛故家，聯翩而長部務，漢人之勢大絀，乃不得一席地以自煖。

由於不滿意清廷之措施，轉而同情於革命事業。故同書復論曰：

先是諸皇子讀書之所，曰上書房，選翰林官教之，其制較弘德、毓慶稍殺。光緒中葉，師傅闕不補，書房遂無人。近支王公年十五六，即令備拱衛扈從之役，輕裘翠羽，日趨蹌於乾清、景運間，暇則臂鷹馳馬以爲樂，一旦加諸百僚上，與謀天下事，祖制盡亡，中外側目，於是革命排滿之說興矣。二十年前嘉定徐侍郎嘗語毓鼎曰：「王室其遂微矣。」毓鼎請其故？侍郎曰：「吾立朝近四十年，識近屬親貴殆偏，異日御區宇，握大權者皆出其中，察其器識，無一足當軍國之重者，吾是以知皇靈之不永也。」

外國報紙對清廷有名無實之改革，更予以無情之諷譏，尤以日本之批評更爲露骨。日本國民新聞「論中國改革官制之不當」曰：「中廷既納考察政治大臣之言，頒布明詔，預備立憲，以改革官制爲最急最要之事，然詳審其內容，則若輩之所注重惟在一己之勢力利益，而不及其他也。……按其實際，固仍維持舊制耳。是可謂爲姑息之計，而不可目爲根本之改革，可謂爲彌縫之策，而不能以占中朝之興廢。至其姑息彌縫又何以故？曰：亦正可見中國政府內部之勢力及利害之所繫，極錯綜紊亂而不易控制，其積弊深累之出於意外，又可知矣。」❽日本大阪『每日新聞』「論改革官制之有名無實」，對此次改革內幕道之更詳。曰：「此次中國之改革官制，其表面上不分滿漢，與各部院長官不兼任他職外，無改良之可觀。要之歸於改革派之失敗，守舊派之勝利，可謂龍頭蛇尾之改革也。據最近確聞，袁世凱初擬廢軍機處，組織內閣，而欲統一實權，迨見事不可行，遂亦贊成此次不完全之官制之發布。若不然，則益有增長反對派勢力之慮云。……至於不分滿漢，重要長官如度支部則任溥頲，農工商部則任振貝子，陸軍部則任鐵良，皆滿人也。又慶王之勢力由此次改革更見絕大，即以此次意外而入軍機之林紹年，爲慶之門生，度支部尚書溥頲爲慶之姻戚也。其他之大官，皆無非與之附從，溫和從順，唯命是聽者。」❾

清廷既頒布改革中央官制上諭，同日復命各省督撫籌議改革地方官制❿。既而編制大臣再致電各省督撫徵求意見。是時清廷欲藉改革官制收攬督撫之權，以達成中央集權之目的，至光緒三十三年（一九〇七）五月二十七日，乃接受奕劻等奏請，頒布外官制度。改各省按察使爲提法使，省會增設巡警勸業道，裁撤分守分巡各道，酌留兵備道。另各省分設審判廳，增易佐治各員，命由東三省先行開辦。直隸、江蘇兩省因風氣漸開，亦應擇地先行試辦。俟

❽ 憲政初綱，外論選譯。
❾ 同上。
❿ 清德宗實錄卷五六四。

有成效，逐漸推廣其餘各省，由各該省督撫體查情形，分年分地請旨辦理，統限十五年內一律完成⑪。對於督撫軍政財政兩權初無變動，其後清廷一面由陸軍部漸次吸取各督撫軍權，復用清理財政監理官名義，將各督撫財政權收歸中央。是時張之洞、袁世凱居督撫領袖地位，權勢最盛，同年七月二十七日同時授張之洞軍機大臣，袁世凱軍機大臣兼外務部尚書，名爲尊崇，實則欲奪其權，使其離開根據地。世凱上疏懇辭，不許。清廷實行中央集權固無不可，無奈其動機在防嫌漢人，益增輿論之不滿，而助長革命事業之發展也。

光緒三十二年（一九〇六）二月份東方雜誌「社說」，蛤笑之「論政府中央集權之誤」曰：

國勢危疑一至於此，雖內外同心戮力以匡大難，猶虞不濟，而尚敢自相猜忌，操同室之戈哉！自議行新政以來，三令五申，未嘗不責各督撫勵精圖治，夫兵權財權圖治之具也，今悉取而奪之，俾其赤手空拳，而曰吾欲云云，豈不難哉。……新詔頒行之後，未幾而封報館矣，未幾而興黨獄矣，推波助瀾，乃至同舟胥成敵國，鰓鰓過慮，如漢末之州牧，唐末之方鎭，將復起於今日者，嗚呼！可謂過矣。

日本各報紙對清廷之陰謀，更予以公開之揭露。大阪朝日新聞「論改革官制之因循姑息」

---

⑪ 清德宗實錄卷五七四。

曰：

自中國政府準備立憲以來，世人所仰望者，無不在於改革官制之一問題，既而政府命慶王等調查官制，爲改革之預備，一般人民又莫不走相慶告，一若官制一改，則立憲即可實行，一若知政府對此問題必爲決定的改革。及改革官制之上諭既宣布，乃知所謂改革者，不過一彌縫主義四字而已。……此次之主義重在將兵財二權收回政府，實行中央集權之制，又乘此機會，佔要路者仍爲多數之滿人，又限制御史彈劾權，此又何爲者也。凡非常之改革，必有非常之決心，中國之改革，因循而已，姑息而已，不足以有改革之價值也。吾惟正告中國當道曰：「二十世紀之清國，改革亦改革，不改革亦改革，機之已動，誰能靜之，諸君不能塞聰蔽明於先，而徒掩耳盜鈴於後，吾他無所慮，吾第恐列國聞而怒曰：『中國不足自立也。』而行其無形之瓜分。國民亦見而憤曰：『政府不足倚賴也。』而行其非常之暴動。」⑫

可算真摯之論。日本「外交時報」則認爲中國立憲之根本問題首在調和滿漢界限，「苟不能善爲措施，使臻妥協，則雖改革庶事萬端，維新必將渺焉無所得。」「惟頒布憲法以衝破兩族之

⑫ 憲政初綱，外論選擇。

障礙，一視同仁，無分秦越，而使國民觀念達於完成耳！」⑬

是時滿大臣中，頗不乏遠見之士，端方於清廷下詔預備立憲前後，鑒於革命聲勢日盛，各地青年蠭起景從，嘗有「請平滿漢畛域密摺」上奏，瀝陳甚切。略曰：

奴才聞家無論貧富，而兄弟鬩牆者必敗。國無論大小，而人民內訌者必亡。……內訌之原因不一端，而以種族之異同爲最。苟一國中有兩民族以上，各懷畛域，動相攜貳，則其禍害所極，大者召分裂，小者即衰頹。……獨惜國初以來，滿漢通婚之禁未開，故此兩族者，雖相友相助二百餘年，言語宗教習尚罔不大同，而種族一線之界猶未盡泯。近以列强交通，國威稍挫，人民何知，惟有責難政府，而當此憲法未布責任內閣制度未立之時，其所謂責難政府者，實不外責難君上，愛戴所集，觖望相緣。而一二不逞之徒，竟敢乘此時機，造爲滿漢異族權利不均之說，慫其鼓簧，思以瀆皇室之尊嚴，償叛逆異志。……以奴才使事所及，明訪暗查，見夫無知青年惑其邪說什而七八。逆□□演說，環聽輒以數千，革命黨報發行購閱數逾數萬，其演說之言，報紙之語，無非誣謗君父，煽惑愚民，種種狂悖，非臣子所忍聞，尤非奴才所敢述。方以爲悖逆至此，凡有血氣，宜無不痛心疾首，不共戴天，而熟知所至歡迎，爭先恐後，人心之變，至是而極。近訪聞逆黨方結一秘密會，偏布支部於各省，到處游說運動，且刊印

---

⑬ 同上。

鼓吹革命之小冊子，或用歌謠，或用白話，沿門贈送，不計其數。入會之人，日以百計，蹤跡詭秘，防不勝防。……竊以爲今日中國大患直在腹心，縱任之則潰決難收，芟夷之則全局糜爛。若不立籌所以善後之策，則此外一切設施皆爲空言，而國家前途，譬彼舟流，眞不知所居也。⑭

乃建議清廷二事：㈠自後京内外一切官缺，皆滿漢並用，惟才是擇，毫無分歧。㈡撤各省防軍，既可省國家官帑，且可免革命黨人之藉口⑮。端方對革命事業之歪曲詆毀固不足論，而其建議則不失爲挽救清室垂亡命運之强心劑，而清廷終不省悟。

七、立憲派之活動

光緒三十二年（一九〇六）九月，清廷既頒革改官制之詔，光緒三十三年（一九〇七）七月五日，改考察政治館（光緒三十一年十月因五大臣出洋考察政治而設立者）爲憲政編查館，歸併會議政務處於內閣。八月二日，命汪大燮使英，于式枚使德，達壽使日，以考察其憲政。十三日籌設資政院，以溥倫、孫家鼐爲資政院總裁，著民政部妥擬自治章程。九月十

⑭ 新會陳氏藏，光緒三十二年七月，匋齋摺稿。
⑮ 同上。

三日，並命各省籌設諮議局，一若果有立憲之誠意者。立憲黨人固多有知其欺詐者，而寄以希望者亦頗不乏人。梁啓超對清廷之改革官制雖表不滿，但其態度並不消極，且進一步主張組織政黨，欲以督促推進之。光緒三十二年十月二十八日其覆蔣觀雲書曰：

> 此度改革，不饜吾儕之望，固無待言，雖然又當思此度之動機，果發自何所乎？不過一二人偶以其遊歷所耳食者，歸而姑嘗試之耳！若國民則全未有厝意於此。以些少之勞，而欲求豐多之穫，昔賢猶以豚蹄篝車誚之，況些少之勞，並未一效者耶。故望此次改革之有大效，實無有是處，而因此次改革之無效而失望，益無有是處也。先生謂何如？來示謂國民復無促其再度改革之能力云云，此誠可痛，然弟以爲練成此能力，正我輩之責也。我輩在國民中宜多負責任者，今不自爲之，何以望人。竊以爲此能力之練成，必賴有一機關，若今者能合熱誠而同主義之人，以組織一機關乎，雖少數，而有機的發達，可計日而待也。先生其有意乎？❶

此爲梁氏組織政黨之發端。是時海外保皇會已易名爲帝國憲政會，梁氏乃欲別開一會，專以實行監督政府贊助當道改革爲主，不設會長，而陰戴康有爲爲領袖。擬設本部於上海，逐漸發展分會於全國各地。國內主張立憲人士張謇、鄭孝胥、湯壽潛等皆與之通聲氣，袁世凱、

---

❶ 引自「梁任公先生年譜長編初編」卷十五。

端方、趙爾豐等，亦許暗中贊助。乃欲推醇親王載灃爲總裁，載澤爲副總裁，以擴大進行❷。惟革命黨人視保皇黨人爲大愚，梁啓超等亦視革命黨人爲勁敵。其致康有爲書曰：

革命黨現在東京占極大勢力，萬餘學生從之過半，前此預備立憲詔下，其機稍息，及改革官制有名無實，其勢益張，近且舉國若狂矣。東京各省人皆有，彼播種於此間，而蔓延於內地，眞腹心之大患，萬不能輕視者。近頃江西、湖南、山東、直隸，到處亂機蠢起，皆彼黨所爲。今者我黨與政府死戰猶是第二義，與革黨死戰乃是第一義。有彼則無我，有我則無彼，然我苟非與政府死戰，亦不能收天下之望，而殺彼黨之勢，故戰政府亦今日萬不可緩之著也。❸

光緒三十三年（一九〇七）秋，梁啓超集合同志蔣智由、徐勤、麥孟華、馬良、徐佛蘇，及留日學界三百餘人，組織政聞社，九月十一日開成立大會於日本東京神田區錦輝館，日人大隈重信、板垣退助、犬養毅、矢野文雄、尾崎行雄等，均到會演說。決議不設會長，謂虛其位以待南海也。（時因黨禁未開，忌者太多之故，請康有爲暫勿加入新組織。）推馬良爲總幹事，發行「政論雜誌」，對外發表宣言，首論中國所處之時代及內政外交之危機，次論世界

❷ 光緒三十二年十一月梁任公與夫子大人書，引自「梁任公先生年譜長編初稿」卷十五。

❸ 同上。

立憲之潮流與政聞社發生之理由，繼則列舉政聞社所持之主義四大綱：㈠實行國會制度，建設責任政府。㈡釐訂法律，鞏固司法權之獨立。㈢確立地方自治，正中央地方之權限。㈣慎重外交，保持對等權利。末則設爲問答之詞曰：

問者曰：「政聞社其即今世立憲國之所謂政黨乎？」曰：「是固所願望，而今則未敢云也。凡一政黨之立，必舉國中賢才之同主義者，盡網羅而結合之，夫然後能行政黨之實，而可以不辱政黨之名，今政聞社以區區少數之人，經始以相結集，國中先達之彥，後起之秀，其懷抱政治之熱心，而富於政治上之智識與能力者，尚多未與聞，何足稱政黨。特以政治團體之爲物，既爲應於今日中國時勢之必要，而不得不發生。早發生一日，則國家早受一日之利，若必俟國中賢才悉集於一堂，然後共謀之，恐更閱數年，而發生未有其期。況以中國之大，賢才之衆，彼此懷抱同一之主義，而未或相知者，比比皆是，莫爲之先，恐終無能集於一堂之日也。……日本改進黨之將興也，於其先有東洋議政會焉。有嚶鳴社焉，以爲之驅除。世之愛國君子，其有認政聞社所持之主義爲不謬，於國利民福，認政聞社所執之方法，爲足以使其主義見諸實行，惠然不棄，加入政聞社，而指揮訓練之，使其於最近之將來，而有可以進而伍於政黨之資格，則政聞社之光榮何以加之」。

其用意在爭取社會一般輿論之同情，且謀取得革命黨人之諒解。其下復曰：

問者曰：「政聞社雖未足稱政黨，而固儼然爲一政治團體，則亦政黨之椎輪也。中國舊史之謬見，以結黨爲大戒，時主且懸爲厲例焉。以政聞社置諸國中，其安從生存？政府摧萌拉蘖，一舉手之勞耳。且國中賢才雖與政聞社有同一之政見者，其毋亦有所憚而不敢公然表同情也。」應之曰：「不然。政聞社所執之方法，常以秩序的行動，爲正當之要求，其對於皇室，絕無干犯尊嚴之心，其對於國家絕無擾紊治安之舉，此今世立憲國國民所常履之跡，匪有異也。今立憲之明詔既屢降，而集會結社之自由，則各國所咸認爲國民公權，而規定之於憲法中者也。豈有倏忽反汗，對於政治團體而能仇之？若政府官吏不奉詔，悍然敢爲此種反背立憲之行爲，則非惟對於國民不負責任，抑先已對於君主而不負責任，若茲之政府，更豈能一日容其存在以殃國家？是則政聞社之發生，愈不容已，此吾黨雖洞胸絕脰而不敢息肩者也。」❹

持與清室合作之態度，欲取得朝廷之信任。且以遵重民權爲藉口，以圖避免政府之干涉。對於清廷立憲之真意，可謂缺乏認識者也。而其結果，既不能取得革命黨人之同情，復不能謀求滿清政府之諒解，故政聞社成立之初，即處於腹背受敵之地位。同盟會員章炳麟嘗記「政聞社」開成立大會之日，革命黨人在場破壞情形如下：

❹ 政聞社：政聞社宣言書，原刊本。

陽曆七月十七日，政聞社員大會於錦輝館，謀立憲也。社以蔣智由爲魁，而擁樹梁啓超。啓超往，黨幾二百人，他赴會者亦千餘人，又召日本名士八輩爲光寵，犬養毅者其氣類相同者也。革命黨員張繼、金剛、陶成章等亦往視之。梁啓超登，力士在右，（梁預知革命黨將與爲難，招日本力士爲護。）與會者以次坐，政聞社員在前，革命黨員在政聞社員後，他留學生在革命黨員後。啓超說國會議院等事，且曰：「今朝廷下詔，刻期立憲，諸君子宜歡喜踴躍。」語未卒，張繼以日本語厲聲叱之曰：「馬鹿！馬鹿！」起立，又呼曰：「打」，四百餘人奔向前，啓超自樓曲，旋轉而墜，或以草履擲之，中頰。張繼馳諧壇上，政聞社員持椅格之，金剛自後搤其肩，格者僵，繼得上。衆鼓掌歡呼，聲殷天地，政聞社員去赤帶徽章以自明，稍稍引去。繼遂言曰：「吾不應參政聞社員事，然所以不能默者，將有所詰問於犬養毅。毅前在早稻田，語支那學生曰：『中國當速革命。』吾親聞之，今何故附會立憲，猥鄙至是？」毅俯首謝，則登壇作酬應語，既卒徐曰：「支那或革命或立憲，任人爲之，在速行耳！」當是時，蔣智由先知有變，不至，會亦遂散。繼本意欲痛駁立憲，以塞莠言，會事急至用武，亦未竟其說。❺

而政聞社黨人，則力飾其窘態。徐佛蘇「記梁任公先生逸事」載曰：

---

❺ 章氏叢書，別錄卷二，「記政聞社大會破壞狀」。

政聞社於清光緒丙午(按:丁未之誤)秋成立於日本東京,會員約一千五百人,均係留學生,在錦輝館開成立會,選推職員百餘人,梁先生演說約二時餘:「世界各國政治革命不注重國內種族問題」之理由,及「政黨政治」之先例。演說未畢,突遭同盟會人張繼氏率領二十餘人闖入會場,直撲演臺,梁先生神容鎮靜,口不輟演,旋經在場日警勸阻,反對黨人出場。頃刻當地警長復率十餘人到場查詢敵派擾亂情形,並云:「政治集會是經警署特許者,警署即有保護開會人之責,如甲派人開會而乙派人闖入,毀物毆人,是違反警律及刑律,本署故特派人來會場調查實情,以便決定是否以法律解決此事。」當時梁先生深恐吾國人因政見不同之細故,致煩外國官廳之傳詢,乃派會友向日警方白會中之稍稍紛擾,純係本會中人偶起爭論之故,既非他黨來襲,亦未毀物毆人,請貴廳勿介意此事。日警唯唯而退,後來日本名流及報紙頗讚美梁先生之有「政治德量」云。❻

雙方所記出入甚大,惟政聞社之被破壞則爲實事。光緒三十四年(一九〇八)正月,政聞社本部自日本東京遷往上海,由總務員馬相伯、常務員徐佛蘇等主之。二月一日上海總社開招待會,宴請滬上學界,報告該會宗旨與成立經過。此後社務日漸開展,各社員除梁啓超等少數著名人物外,其他社員陸續回國活動,若麥孟華、雷繼興、范秉鈞、侯雪舫、黃與之、

❻ 引自「梁任公先生年譜長編初稿」,卷十六。

鄧木魯、熊和白等，此外非社員而贊助社務者有徐子休、熊沅生、向構甫等，另有羅孝高、陳蔗青、張君勱等主持東京社務❼。是時立憲呼聲振蕩全國，光緒三十三年九月，海外華僑聯名請願，要求實行立憲。湘人熊範輿、雷光宇等，亦聯名請願，要求設立民選議院。國內各處屢有學生開會演說事件發生，其幕後多係政聞社所操縱。

清廷既缺乏立憲誠意，復以戊戌政變仇恨，視康、梁若寇讎，任其矢忠矢信不能改變對其敵視之態度。其中尤以袁世凱最爲妒嫉，對於其後政聞社之查禁具有決定之力量焉！光緒三十三年十一月二十日，上諭嚴禁士民干預政事，略曰：

> 近歲各省紳商士庶，其循分達禮者固不乏人，其間亦頗有浮躁蒙昧不曉事體者。遇有內外政事，輒藉口立憲相率干預，一唱百和，肆意簧鼓。以訛傳訛，浸潯日久，深恐謬說蠭起，有亂黑白，下陵上替，綱紀蕩然。……著憲政編查館會同民政部，並將關於政事結社條規，斟酌中外，妥擬限制，迅速奏請頒行。倘有好事之徒，糾集煽惑，構釀鉅患，國法具在，斷難姑容，必宜從嚴禁辦。❽

❼ 同上。

❽ 清德宗實錄卷五八三。

明日，復嚴諭學生「不准干預國家政治，及離經畔道，聯盟糾衆，立會演說。」⑨而政聞社活動仍不稍衰。

光緒三十四年（一九〇八）二月七日，康有爲致梁啓超信中，力主聯絡肅親王善耆等以排擠袁世凱，且欲行離間清君臣之計。略曰：

袁劭反謀，誠非常之大憂，離慶乃第一策，此如戊戌吾欲離榮慶事，惜樵野（按：張蔭桓字樵野）不敢行，致敗。今未知所托之人如何？並在世續前行之誠佳，但其人須能常出入王公間，恐汝遣之人，未得其才地耳。（原注：吾已知其人，地位似尚缺，才則未知）肅乃名士派，亦與端方等，未必能任大事，但彼已交親，借彼怒怨以合王公，終勝它人耳。（原注：聞澤公頗厚重有魄力）鐵良則吾見汪大燮（原注：前英使）孫寶琦（原注：今德使）皆極稱之，以爲滿人第一，且有心于上，最有才魄，誠可深結，所來方略與吾所聞，分毫不錯，是在辦事之人能行此方略否耳。投馬玉昆爲後圖甚佳，但亦問其人才地如何？聞馬曾劾袁，是否？若果爾，大可行。所言方略，能聯二師三相以行間，計必可成，否則兼布謠於內監，亦足懼那拉。⑩

---

⑨ 同上。

⑩ 光緒三十四年二月七日康南海與任弟書，引自「梁任公先生年譜長編初稿」十七。

同年二、三月間，梁氏致康有爲書，言及聯肅攻袁與薦湯覺頓各事曰：

肅邸日盼覺頓往，昨日土爾扈特王來譚（原注：彼返都月餘，再東渡，來訪於村居，彼在都即主肅邸也。）言都中事頗悉，大約聯諸劉以禦王氏，自是不易之法，然敵勢方日張（原注：肅邸偵探布滿，有言愛妾亦爲敵用者，可歎！邸自言日坐針氊也。）勝敗正未可知也。今最急者當爲覺頓謀一官，使得安居都中，而不招忌，而現在經濟如此之窘，眞不得了。⓫

同年三月，湯覺頓致康有爲書，報告在京運動肅王情形曰：

肅邸純爲帝黨，自戊戌以至今日，宗旨堅定，經千曲百折，曾不少變。於貴冑中誠爲僅見，徒以平日不修邊幅，好下交處士，往往受人指謫。去年項城入軍機後，其地位頗危，僅乃能保，自經此番閱歷，甚能改從前之態度，接人發言都極愼重，於吾黨最爲親信。其接見弟子，極能以誠相待，非重弟子，實重吾函丈也。據言上實不病，即宮中事渠亦佈置妥帖，一旦那拉死去，必不致因他變而累及聖躬。且言：前接函丈所賜書，屬彼以此事，渠極佩服，函丈遠在海外，而慮事之周，至於如此，誠感歎無地云云。此人他日縱不能得政權，（原注：有醇在，肅或不能不稍遜一籌，然亦難言。）亦必占一重

⓫ 光緒三十四年三月致電南海夫子書，引自「梁任公先生年譜長編初稿」卷十七。

要位置，可勿庸疑，吾黨今日得此人而聯絡之，天所賜也。[12]

至於政聞社之對於張之洞，則持友好態度，進而且有與其聯絡之計劃。當時政聞社黨人彭淵恂（熙民）致梁啓超信中稱：

> 今晨晤（程）蔗青，談及程君于本社甚表同意，並力任婉說南皮（張之洞），以得其贊成爲止。並謂南皮入京之目的，在速立民選議院，以慶、袁反對甚力，志不得遂，乃主張先設諮議局。意謂此舉一經成立，不久必四方一致，而爲國會運動，則其結果自能良好。其定該局章程，頗費苦心，隱含有監督行政長官之權能，故南皮深恐一般人民不解其命意深遠，膜不經意，極欲新聞雜誌有以引伸其義，而鼓吹之，居常每以未得一機關新聞爲憾。若大江日報成立，彼可藉此說其提攜，且云：欲函致或一見先生，得詳陳其關於諮議局之意見，以祈大力提倡。[13]

是時政聞社在國內之活動頗形積極，而以運動簽名請願速開國會爲目標，大召清廷之猜忌。六月初，政聞社以全體名義致憲政編查館一電，請於三年之內召集國會。六月五日上海

[12] 同上。
[13] 同上。

申報載該電全文如下：

北京憲政編查館王爺中堂軍機大人鈞鑒：國會一事，天下觀瞻所繫，即中國存亡所關，非宣布最近年限，無以弭禍亂，維繫人心。且事必實行，則改良易；空言預備，則成功難。凡事如斯，豈惟國會。近聞有主張十年二十年者，灰愛國者之心，長揭竿者之氣，需將賊事，時不我留，乞速宣布年限，期以三年召集國會，宗社幸甚！生靈幸甚！⑭

會政聞社社員法部主事陳景仁奏請三年內召開國會，並革吏部侍郎于式枚以謝天下。（于於同年五月十四日上奏，謂立憲足以招致禍亂，痛詆立憲各國，且有憲法當求之中國等語，並請嚴禁東南各處新學，以免煽惑生事。）清廷乃於同年六月二十七日諭稱：

聞政聞社內諸人良莠不齊，且多曾犯重案之人，陳景仁身為職官，竟敢附和比暱，倡率生事，殊屬謬妄，若不量予懲處，恐譸張為幻，必致擾亂大局，妨害治安。法部主事陳景仁著即行革職，由所在地方官查傳管束，以示薄懲。⑮

---

⑭ 光緒三十四年六月五日申報新聞，引自「梁任公先生年譜長編初稿」卷十七。
⑮ 清德宗實錄卷五九三。

七月十七日復諭曰：

近聞沿江沿海暨南北各省設有政聞社名目，內多悖逆要犯，廣歛資財，糾結黨類，託名研究時務，陰圖煽亂，擾害治安，若不嚴行查禁，恐將敗壞大局，著民政部、各省督撫、步軍統領、順天府嚴密查訪，認眞禁止，遇有此項社夥即行嚴拏懲辦，勿稍疏縱，致釀巨患。⓰

於是政聞社之活動遂歸停止。「政論雜誌」凡出六期，亦因之而停刊。

先是陳景仁案發生後，政聞社人心渙散，多有主張自動解散者。梁啓超於七月十二日致蔣觀雲書中，仍以團結社員爲號召，且認爲此事係袁世凱所主謀。曰：

此事之來，頗出意外，慶處本早已通氣，允不干涉吾社，不解何忽中變？想是慶太無魄力，爲袁所壓，不能爭之。昨日雪舫又有一書來，言慈宮見陳電，初不甚怒，袁面奏政聞社係某某等所發起，因有此諭云，然則主動所在可見矣。改名存案，不過表面上事，若內關不通，留此不生不死之團體，有害無益，誠如尊論。但解散之舉，鄙意仍待智盡能索後乃用之，非有所留戀，實則解散後欲再結集甚難，且信用一失，影響

⓰ 清德宗實錄卷五九四。

於將來者亦甚多也。今慶張處不難，所難者唯袁，唐少川使美，不日當過此，弟擬要而見之，面與言吾黨對袁之態度，以釋其疑。若此著不得要領，則再議解散，公謂何如？⓱

並由該社通告全體社員曰：

恭讀六月二十七日上諭，稱政聞社法部主事陳景仁等電奏云云，本社對內對外皆以總務員馬君良爲代表，屢次建議發電，皆用馬名義，其餘社員於政治行動苟不悖於本社主義，固所歡迎。但只認爲社員個人之行動，不能指爲全體。向例惟有專摺奏事權者，乃能電奏，今陳君一法部主事，何以諭中稱爲電奏，本社及海內外學界電商請願於政府者非止一次，何以陳君此電獨能上達天聽。本社內地事務所設在上海，陳君之電非上海所發，何以恭讀上諭語氣指爲代表全體，頗爲難解。吾社以主義相結合，期於貫澈初衷，要在堅忍委曲，以期不負吾輩愛國之本意而已。⓲

其始終於對清廷妥協之態度可知。及七月十七日查禁該社上諭發表後，政聞社乃自動解散。

⓱ 引自「梁任公先生年譜長編初稿」卷十七

⓲ 光緒三十四年七月二十六日申報新聞，引自「梁任公先生年譜長編初稿」卷十七。

其後梁氏專心從事著述工作，然其對於政治事業仍不灰心也。

是時各地所設預備立憲團體，除江蘇之預備立憲公會外，湖南有憲政公會，湖北有憲政籌備會，其中仍以預備立憲公會爲最活動。其宗旨以開發地方紳民之政治知識爲目的，故自其思想上之系統觀之，對梁啓超所領導之政聞社頗表深厚之同情。其領導之人物爲張謇、朱福詵、孟昭常、鄭孝胥、湯壽潛、許鼎霖、雷奮、陶保廉、周廷弼諸人，其會員類多江、浙、閩知名之士，與政界實業界之代表。清廷因此等人士在社會上具有相當聲望，不便予以壓迫，是以會勢頗極一時之盛。後更網羅廣東、湖北、湖南諸省同地，厚植聲援，殆隱然君主立憲主義中一有勢力之團體也。

清廷既缺乏立憲之誠意，至光緒三十四年（一九〇八）夏，復惑實行立憲之後，恐不利於朝廷，欲將預備立憲上諭藉故取消[19]，而國內一般人士則以清廷預備立憲二年來一無實行跡象，群致不滿。同年七月，東方雜誌「憲政篇」序曰：「以鄙夫褊淺測，我兩宮故爲遲且難之說，甚或悍然立於反對地位，以身冒天下之韙，而窺測上意，冀逢君之惡而食其報者，亦所在多有。」[20]予清廷以大膽之反抗，於是全國各地發生空前之國會請願運動，翰林院侍讀學士朱福詵首先專摺以開國會爲請。其於列舉議會之優點後繼謂：「今之議者輒謂國民程度不足，不知議員從民間而來，並非人人皆得參預，既被選舉之員，則程度之優可知，臣以爲

[19] 謝彬：民國政黨史頁二十六。

[20] 光緒三十四年「東方雜誌」第七期。

預備立憲則開設議會有百利而無害也。」㉑六月十二日巡警廳丞王善荃請以三年內召開集國會，並以國權內治爲出發點立論曰：

臣靜觀時局，默體輿情，必速開國會而後國權乃可擴張，內治乃可整理。……立憲而人民始知有國，專制而人民惟知有家。專制之國民與外國人戰，其戰也迫於公義，立憲之國民與外國人戰，其戰也如赴私仇，此其勝敗之數豈待交綏而後知之哉。……臣所謂國會成立而後國權可期擴張者此也。……專制之國，其取於民也寡，而常苦其煩苛，立憲之國，其取於民也多，而能收其實用。一則中飽之弊賨難除，一則利害之關係綦切。……臣所謂國會成立而後內治可期整理者此也。……誠使在上之人於國會之事切實籌備，如諮議局之設立，户籍之調查，立議員選舉之法，訂兩院議事之規，而謂三年後國民自治之能力尚復薄弱，其文明程度猶不足以召集國會者，臣可決其必無之事矣。㉒

度支郎中劉次源之摺，則力闢模仿日本立憲之誤，而言三年內不召開國會之非。謂：「以情勢論，則我國可以早開，而日本不可以早開。以境遇論，則日本可以百早開，而我國則不可

㉑ 同上。

㉒ 光緒三十四年七月，東方雜誌第七期「憲政篇」。

以不早開。可以早開而故作疑難之詞，是爲罔民，不可不早開而謬爲延宕之說，是爲誤國。存亡所關，爭此片刻。」若「於通國請願之時，反復軔之以歲月，以負四萬萬赤子喁喁望治之心，度我聖人必不出此。」㉓而在野之士大夫致電政府籲懇者，更絡繹相屬。其中尤以預備立憲公會鄭孝胥、張謇、湯壽潛等所致北京憲政編查館之二電最爲摯切。六月二日之電曰：

> 近日各省人民，請開國會相繼而起，外間傳言樞館將以六年爲限，衆情疑懼，以爲太緩。竊謂今日時局，外憂內患，乘機並發，必有旋乾轉坤之舉，使舉國人之心思耳目皆受攝以歸於一途，則憂患可以潛弭，富强可以徐圖。目前宗旨未定，四海觀望，禍端隱伏，移步換形，所有國家預定之計畫，執行之力量，斷無一氣貫注，能及於三年之外者。若限期太遠，則中間之變態百出，萬一爲時勢所阻，未能踐行，是轉因愼重而致杌軏，縱秉鈞諸老心貫日月，亦何見諒於國人。孝胥等切願王爺中堂宮保，上念朝事之艱，下順兆民之望，乘此上下同心之際，奮其毅力，一鼓作氣，決開國會，以二年爲限，庶民氣固結，並力兼營。勢急則難阻，期短則易達，措天下於泰山之安，其策莫善於此。㉔

㉓ 同上。
㉔ 同上。

六月十三日復電云：「胥等所謂二年即立與施行之謂，如以二年爲簡率，則雖五六年至七八年，亦與二年略等，未見其遂爲完密也。遲疑顧慮，終於無成，實中國積弱之錮習，必先除去此習，乃有圖存之望。時不可失，敵不我待，當世雄傑或韙斯言，不勝憂憤。」㉕復由預備立憲公會移書湖南憲政公會、湖北憲政籌備會、廣東自治會，及豫、皖、直、魯、晉、川、黔諸省同志，期於是年七月，各派代表濟集北京，以請願書呈請都察院代奏。自此之後，各省以地方團體名義，簽名屬稿，推舉代表至京請願者無日無之。湖南代表蕭鶴祥、胡挹琪，催問都察院，對雷光宇之請願案，何以不代上奏。六月十四日，河南代表胡汝霖、楊懋源等呈遞國會請願書。七月二日，江蘇代表雷震、孟昭常，安徽代表許承堯、方皐、潘世杰、竇炎等，呈遞國會請願書。初六日，湖南第二次請願代表陸鴻第、仇毅、廖名縉、易宗夔等呈遞國會請願書。同日京師士民代表孫毓文、直隸士民代表劉春霖等，呈遞國會請願書。另有各省領銜紳耆，若河南之蔣良，江蘇之繆荃蓀，安徽之蒯光典，湖南之黃忠浩，亦均以立憲爲請。同月十二日，八旗士民恆鈞等，吉林士民松毓等，山東士民于洪起等，呈遞國會請願書。十五日，各省呈遞國會請願書之代表，聯名上書憲政編查館。十六日，山西請願代表常松壽、李鳳翔、劉懷瑛等到京。二十二日呈遞請願書，簽名者二萬餘人，爲各省之冠。同日浙江國會請願代表葉景萊、邵羲、蔡汝霖抵京，二十四日呈遞請願書。是時清廷實無立憲之誠意，故於同月十七日查禁政聞社以鎮壓人心。同月二十九日上海申報新聞，引西報論政府

㉕ 同上。

無立憲之誠意曰：

字林西報北京訪函云：「前日皇太后特下諭旨，命各省督撫嚴拿政聞社社夥，雷厲風行，聞者錯愕，莫明其故。按政聞社爲各省紳商所組織，去年成立，社中目的爲協助政府調查各國立憲制度，俾中央政府得以創立國會，實行憲政。近者赴德考察憲政大臣于式枚二次電請緩立憲，政聞社社員陳景仁電奏請革，不意遂觸政府之忌。蓋滿洲守舊黨皆謂立憲政體利于漢人，而滿人歷朝所得之權利皆將因此盡矣，故竭力反對之。近日江漢日報復因登外洋華僑請願書，爲鄂督所封。以上兩事，皆是阻中國革新之舉。目下政學紳商已無敢再述及立憲二字，即江蘇、江西、安徽、廣東、浙江各省，公派入京之代表，亦均擬束裝回省。據此以觀，滿洲政府之政策實欲箝制國民之口舌，使之不言，而嚴辦政聞社社員不過借端而已。㉖

是清廷之本意已爲中外人士所共悉。時疆臣中以請開國會爲言者有兩廣總督陳夔龍、兩江總督端方、河南巡撫林紹年、四川總督趙爾巽，駐外使臣孫寶琦、胡維德、李家駒等，亦請速定立憲年限，以免遺笑外人。當此之時，立憲運動已至莫能遏止之勢，會八月一日憲政編查館、資政院王大臣會奏，進呈憲法、議院選舉各綱要，暨議院未開以前逐年應行籌備事宜，

㉖ 引自「梁任公先生年譜長編初稿」卷十七

清廷迫於輿情，乃於同日除將憲法大綱、議院法公布外，並定九年為預備國會之期。立憲派之希望，在二三年內召開國會，清廷則寄之於遙遠之未來，名為籌備，實則但圖苟延歲月，此固不能滿足立憲派之願望也。

八、諮議局之成立與立憲運動之高潮

光緒三十四年六月二十四日，清廷公布憲政編查館、資政院合擬之各省諮議局及議員選舉章程，乃由憲政編查館咨請各省設立籌備處，於是士民擬議者稍多。及八月一日清廷頒發九年預備國會年限，各省士民活動日烈。直隸接近京師，開風氣最早，乃於八月一日開辦諮議局選舉事宜。先自調查編造選舉人名册等方法入手。二十四、五等日，江蘇全省士紳大會於上海，決議呈請督撫，催辦諮議局，並自設調查會，刊發通告，以為各省倡導。其次山西、福建、廣西、廣東、江西、山東、浙江等省。先後遵旨設立籌備處，以為立憲之預備。其中以江蘇活動最為熱烈，其領導中心，仍以張謇等之預備立憲公會為基礎。其中尤以常州最為特色。八月二十八、九等日，常州士民連日會議，步步進行，推定各區調查員，編造本區選舉人名册，至九月十五日，城廂附郭剋期竣事。武進、陽湖士民代表錢以振、于定一、徐雋等，代表縣民赴上海開會時，聲稱如武進、陽湖延誤全省之憲政，甘受全省之唾叱，士紳惲祖祁且籌墊巨款充調查費，商會、勸學所助之，而不仰成於籌辦處❶。九月三日，貴州士紳會議諮議局事。二十四日，湖北紳士會議諮議局事，質問籌辦處總辦道員喜源欺蒙人民。自是各省紛紛響應。至宣統元年（一九〇九）正月廿七日，諭命各省如期成立諮議局，俾資政院依限開辦。（依照光緒三十四年八月一日九年預備立憲上諭，第二年應辦事項，重要者如開辦諮議局，頒布資政院章程，舉行該院選舉等事項。）自同年閏二月起，各省分別定期選舉，江蘇、福建爲先，奉天次之，獨新疆奏請緩辦。八月底，各省相繼選舉竣事，依照章程，各省以人口多寡分別定額，多者如順、直爲一百四十人，少者如吉林、黑龍江、新疆爲三十人，大致以科舉時代所取進學名額百分之五爲準，惟江寧、江蘇則依漕糧之多寡增額，旗籍另設專額議員一名至三名。議員由複選產生，其限制：凡本省籍之男子，年滿二十五歲，曾在本省辦理學務及公益三年以上著有成績者，或曾在中學或同等以上之學堂畢業者，或有舉貢生員之出身者，或曾任實缺職官文七品武五品以上未被參革者，或在本省有五千元以上之營業資本及不動產者，皆有選舉權利。本省籍貫之男子，年滿二十五歲，寄居本省滿十年以上，在寄居地方有一萬元以上之營業資本或不動產者，亦有選舉權。本省籍貫，或寄居本省滿十年以上之男子，年滿三十歲者，得被選舉。以縣爲初選區，府爲複選區。議員任期三年，設議長一人，副議長二人，常駐議員依定額十分之二。每年九月起開常年會一次，會期四十日，臨時會二十日，有議決本省興革事件，及預算、決算、稅法、公債、單行章程規則，義務增

❶ 光緒三十四年東方雜誌，第九期「憲政篇」。

加，權利存廢等事件之權。議定之後，由督撫公布施行，督撫不以爲然，得交令覆議，仍執前議時，由資政院核議，督撫違法事件，得呈請資政院核辦❷。

同年六月，前政聞社社員張嘉森、蕭堃、向端彝、彭淵恂等，成立諮議局事務調查會於日本東京，其目的在調查中央與各省之權限，及各種行政事務，藉求諮議局權限之確定與政治之改良。八月，該會主辦之「憲政新誌」出版，蓋爲便於公布調查成績，提供各省參考者❸。

同年九月一日，除新疆外，全國二十一省諮議局同時開幕，依照規定，議長之選舉，不得在開會以前議定，故各省多舉假議長，先行開議，以爲常年會之預備。是時因國人行使政權之初，興趣特濃，故是年各省諮議局決案件特多。惟預算決算則因政府藉口籌備年限未及，不曾提出。大致而論，當時一般議員尚能爲民表率，認真議事，不爲金錢勢力所誘惑。張孝若於「南通張季直先生傳記」記曰：

諮議局在中國，本來是破題兒的第一個創局，當時雖處於君主專制之下，然因爲屬於立憲的初步建設，所以當時民氣很是激昂一致，抱負亦很不凡，有幾點直到現在，還有追述的價值，已經成了歷史上的想望了！

❷ 參照光緒三十四年七月東方雜誌第七期「法令」。
❸ 梁任公先生年譜長編初稿卷十八。

第一：當時議員從各地當選，差不多完全是人民的意志自動的認爲優秀可靠，就選他出來，拿最重大的代表責任和地位，加在他的身上。勢力和金錢的作用的運動，在那時竟沒有人利用，也沒有受利用的人。那當選的議員，也人人自命不凡，爲代表民意力爭立憲而來，拿所有的心思才力，都用在這帶來的責任上邊，所以彼此的交接，和自處的來路，都是極純正清白，大家都沒有一點含胡，所以觀念和動作，自然而然和後來完全兩樣。……

第二：開會以後，就推出各課的審查員和常駐員，有了一件請願或者交議審查的案件，不是大家詳盡的討論，就是各去看有關涉的書本，再不然到實地上去考究，大家都認認眞眞當一件事做，總得要商找出一個相當妥善的結果，才算有交代。在開議的時候，陳述理由，滔滔不絕，大家都息心靜聽，一到辯論的時候，各逞詞鋒，好像臨陣殺敵，你一刀我一槍，毫不退讓，完全在正理和事實的範圍內，爭論出一個眞理性來。到了議決以後，大家就拋棄我見，服從多數，就是遇到了不能立時解決的爭執，只要議長一聲停止，或是休會，那全場就立刻收起陣來，鴉雀無聲，這才叫表示議員本身的人格，議長領導的重望，和議會地位的尊嚴。

第三：那時雖然還是帝制，還有總督，可是已經訂定賦予諮議局的職權，那是神聖得很。遇到總督有違法的地方，也就毫不客氣毫無忌憚的提出彈劾。當時的政府，似乎還說諮議局不錯，判斷總督的不是。天下的事，要先能自重，才能叫人重，可不

是麼？……❹

其言容或有渲染之意，要亦不失爲公平之論。茲以江蘇爲例，在張謇領導下，在宣統元年（一九〇九）三月，籌備時期，即公決田賦征銀解銀，銅圜流弊，和籌集地方自治經費等三件事❺。及同年九月一日諮議局正式開議，至十月二十日閉幕，收集議案共一八四件，經審查後，作爲提案者一四二件❻。惟議決之案，督撫頒布施行者甚少，因督撫於議決之案如不同意，須照常交局覆議，而諮議局閉會有一定期限，政府又限制常駐議員不得有覆議之權，故閉會以後督撫是否同意亦不申覆，故其決議多無效力。

清廷以情勢所迫，始頒布九年預備立憲之詔，其命各省之設立諮議局，並非出於本意，惟在安撫人心耳。然立憲派人士從此有一統一之領導機構，更便於立憲運動之發展也。而對於清政府較有認識者，則知清室之必亡，捨建立共和外，別無途徑之可循。張謇爲清季立憲運動領導者，「嗇翁自訂年譜」嘗記其事如下：

（宣統元年九月）與浙人論請開國會事。浙某言：「以政府社會各方面之見象觀之，國不

❹同書第二篇第七章，「立憲進動及諮議局成立」，第三節「諮議局成立經過」。

❺同上。

❻宣統元年十二月，東方雜誌十三期「記載」，「各省諮議局議案記略」。

亡無天理。」余曰：「我輩在，不爲設一策，坐視其亡，無人理。」❼

蓋張謇之主張重建設不重破壞，更不願走激烈冒險道路，但希望依循正當途徑，用緩和之方法，利用舊政權，達成立憲之目的也。所以在江蘇諮議局開幕後，即由大會通過聯合各省請願速開國會組織責任內閣之議案，並即派人赴各省聯絡，約定各省諮議局於閉會後，酌派代表數人，於十一月中旬齊集上海開會，公同討論切實辦法。直隸諮議局贊成最力，即由該局派人前往連絡山、陝等省連絡，十月初五日，各省代表已陸續抵滬，集議於跑馬廳預備立憲公會事務所，到會代表凡直隸、奉天、吉林、黑龍江、山西、山東、河南、湖北、湖南、江西、安徽、浙江、福建、廣東、廣西、江蘇等十六省，共計代表五十一人，自初六日至十三日舉行預備會議，每日午後定時到會，推定福建諮議局副議長劉崇佑爲主席，江蘇諮議局議員孟昭常、福建諮議局書記長林長民爲書記，除初七、初八兩日休會外，凡開會六次，決議事項十端，其重要者如下：

一、定會中席次，以到會之先後爲序。

二、定十五日爲正式代表會日期。

三、彙集各省簽名薄。

四、定此次簽名以各省諮議局議員爲限。

❼ 同書卷下。

五、推舉呈稿起草員。
六、公推直隸代表孫洪伊領銜遞呈。
七、決定開大會後數日即行就道進京。
八、定進京代表團規約十二條，約束各代表進京後行動進退一致❽。

十五日大會如期開幕，通過預備會議之決議。十七日復行會議，推定進京代表，直隸三人，孫洪伊、張銘勳、王法勤。江蘇三人，吳榮華、方還、于定一。山東二人，周樹標、朱承恩。湖南二人，羅傑、劉善渥。湖北一人，陳登山。河南二人，彭運斌、宮玉柱。浙江三人，應貽誥、吳賡誥、鄭際平。福建三人，劉崇佑、王邦懷、連賢基。江西二人，閔荷生、聶傳曾。廣東一人，沈秉仁。廣西一人，吳賜齡。奉天二人，永貞、劉興甲。吉林、黑龍江兩省一人，李芳。安徽、山西人數未定，陝西、甘肅、四川、雲南、貴州等省，因遼遠不及與會，乃電告之❾。於是分道北上，期以十一月底集中北京。臨行張謇設酒祖餞，即席致詞曰：

聞諸立憲國之得有國會也，人民或以身命相搏，事雖過激，而其意則誠。……但深明乎匹夫有責之言，而鑒於亡國無形之禍。……設不得請，而至於三，至於四，至於無盡。誠不已，則請亦不已，未見朝廷之必忍負我人民也。即使誠終不達，不得請，而

---

❽ 宣統元年「東方雜誌」，第十三期記載一「憲政篇」。
❾ 同上。

至於不忍言之一日，亦足使天下後世知此時代人民，固無負於國家，而傳此意於將來，或尚有絕而復蘇之一日，是則今日之請，迫於含創茹痛，就使得請無所爲榮，得請且不足榮，則不得請之不得爲辱可以釋然矣。⑩

謇另致書攝政王，以各國倡言瓜分中國之說甚熾，非速開國會，建設責任內閣，不足以圖補救。略曰：

憲政館立憲政之預備，定開國會期以九年，以各省地方財政與人民知識之程度參差不齊，必一千七百餘州縣自治之事一一按年表而行，至於完備而後開國會，即加多於九年之外，豈得爲迂。然列强之欲逞志於我者，則正恐九年之後全國人民合力拱衛國家，必將難於專制時代，但劫持一二政府大臣，即可行其强權狡計。而愈以促其及早催我之政策，我不爲備，而使其循序以進，是何異揖讓而救焚，其爲不及可以斷言。故救急之法，惟有請明降諭旨，聲明國勢艱危，朝廷亟欲與人民共圖政事，同享治安，定以宣統三年召集國會，未至期以前，設有大政諮詢，並得開臨時國會，一面飭憲政編查館速將議院法及議院選舉法，提前編定，限半年告成，以備應用，如此則各省素有學問熱誠愛國之士，對於監國益感而奮，而加意研求，亦可使列强知我有民氣爲後盾

⑩ 南通張季直先生傳記，第二編第七章「立憲運動及諮議局成立」，第三節「諮議局成立經過」。

之預備，即使列强統監財政之說發生，我國會有詞焉。……責任專於內閣，而君上日臨而監察之，內政責任內閣者，以內閣代君上負責任焉耳！責任專於內閣，而君上日臨而監察之，內政有失，則責內閣大臣焉。中外人民之觀聽群傾於內閣大臣，凡爲內閣大臣者，但稍有知覺，決不能如向之持祿保位，泄沓自安，且其地位處於可進可退，即有桀驁不馴之才，亦受責於舉國之輿論，而無所容逞。是有人代負責任，而君上乃安於泰山。君上爲責任所不及，而又有國會在下，助君上以監察此代負責任之人，而神聖之號光於日月矣。較之君上獨負責任，其安危難易何如？……或慮人民之程度未至，政府之籌備方新，速開國會則哤雜無益於事。請質言之，國會所以備列强非禮之侵，豈有拯溺救焚而可以諉之程度不及，遷延觀望以待將來之理。即政府之所謂籌備，其與國會有直接關係者，惟速訂議院法選舉法二事，其餘各事多不必於召集國會之前粲然皆備。⓫

是時立憲運動之高潮達於極點，以國人寄望之殷，苟政府出而阻之，必引起群情之不滿，而清廷仍執迷不悟，不肯輕易放鬆政權也。十二月初，各省代表先後抵京師，政聞社社員徐佛蘇亦奉梁啓超命北上，聯絡各議員，共策進行⓬。初六日，至都察院呈遞請願書，都察院

⓫ 張季子九錄，政聞錄卷三，「請速開國會建設責任內閣以圖補救意見書」。

⓬ 梁任公先生年譜長編初稿卷十八。

不肯代奏，求見都御史亦不見。乃一面遍謁當道，竭力陳請（旗籍亦舉有代表加入請願），一面於十四日通告各省諮議局，略謂：「茲事體重大，斷非一呈所能得效，政府從違究以國人心志之齊一與否爲準，現同人在京已組織速開國會同志會，以求合力進達之道，都中各團體亦陸續結合機關以爲後援，伏望諸公聯合省會同志，同時並起，以謀全國輿論之統一，則請求之目的更易達而迅速。」⑬都察院不得已，始行入奏。二十日朝旨嘉獎，但不允所謂。各代表乃於二十八日開會決議，先行電告各省紳商學校團體，暫以京師代表團爲開會總部，即請各省趕設分會，以便繼續進行。預備明年三、四月間各省所舉代表到京後，再上第二次請願書。

宣統二年（一九一〇）四月，各省政團商會及海外僑民團體，各舉代表來京，聯合各省諮議局代表，組織「國會請願代表團」，推舉孫洪伊等十人爲職員，復作第二次大請願。五月十日，各代表分別以呈摺十封遞交都察院，請爲代奏。十五日都察院據情入告，十九日命會議政務處王大臣於二十一日預備召見。是日諸大臣入見後，議定必須俟九年後籌備完全，方可議開國會。乃降旨慰諭諸代表，令其不得再行瀆請。各代表奉諭後，乃議決對策，除各省團體酌留代表駐京聯絡聲氣辦理事務外，並由各省分會廣派人員至各地演說鼓吹，復將國會與人民之關係及請願之理由，編成白話印刷品，分至各府廳州縣散發，而定於明年二月再作第三次之大請願，簽名須普及農工商各界，每省人數至少須百萬以上，簽名册限十二月底彙

⑬ 宣統二年「東方雜誌」第二期「記載」三，中國時事彙錄「記國會請願代表進行之狀況」。

齊，送交北京代表團事務所。屆時府廳州縣各須派一二代表到京，近省至少須百人以上，遠省須五十人以上⑭。

方國內立憲運動風起雲湧之時，立憲派之理論家梁啓超，亦於宣統二年（一九一〇）正月，在日本創立國風報（旬刊，每册八萬字，逢一日出版。）盡力作憲政實施之鼓吹。對於國會，內閣，財政諸問題，均作切實之發揮，頗爲時人所重視，對於立憲派在國內之活動多有影響。其重要著作如「立憲政體與政治道德」，「責任內閣與政治家」，「憲政淺說」，「中國國會制度私議」，「論請願國會當與請願政府並行」，「爲國會期限問題敬告國人」等篇。是時梁氏鑒於清廷自預備立憲四年以來之一惟塗飾敷衍，缺乏誠意，知清室已不可爲，至其各種主張，聊亦不過盡其心焉而已。

九、資政院與皇族內閣

先是光緒三十二年（一九〇六）七月，清廷既頒預備立憲之詔，翌年八月十三日，諭命籌設資政院，派溥倫、孫家鼐爲該院總裁，所有詳細院章，由該總裁會同軍機大臣妥愼擬訂。遲至光緒三十四年（一九〇八）六月十日，資政院總裁溥倫等始擬訂資政院總綱及選舉二章十五條入奏，（全院章程共十章）同年八月一日，由憲政編查館，資政院王大臣奕劻、溥倫等

⑭ 宣統二年「東方雜誌」第六期「記載」一「中國大事記」

所擬之憲法大綱，由清廷公布，其內容抄自日本，惟君權較之日本天皇更無限制，實際成爲鞏固君權之工具。故就立憲之精神而論，毫無價值可言。宣統元年七月八日，資政院續擬院章六十五條，附則二條，於前奏二章多有更改之處。諭命京外各衙門一體遵行，是即院中職權及議事規則之所根據也。其內容與各國議院之共同原則大相背謬，而文義字句之間不可索解者尤多。會各省請願國會代表至京師請願，清廷乃於宣統二年（一九一〇）四月一日，欽選魁斌，載功、載瀛、載潤、載振、毓盈、載燕等百餘人爲議員，並命同年九月一日爲第一次開院之期，八月二十日爲召集之期。

依照院章，資政院議員分欽選互選兩程，各一百人，凡宗室王公世爵，滿漢世爵，外藩王公世爵，宗室覺羅，各部院衙門官，碩學通儒，及納稅多額者爲欽選議員。各省諮議局議員互選後，由督撫覆核咨送者，爲互選議員。須年滿三十一歲以上者，方得選充，任期三年。初擬章程王公世爵不逾十人，改訂章程增至四十二人，而各部院衙門官則由一百人減至三十二人。互選議員，原擬章程規定爲各省諮議局議員定額十分之一，應得一百六十七人，後改減爲一百人。其改訂章程之用意，在於保障親貴之特權也。

院設總裁二人，以王公大臣特旨簡充，副總裁二人，以三品以上大官特旨簡充，每年九月起開常年會一次，會期三月，臨時會期一月，有議決預算、決算、稅法、公債、定法典，及彈劾行政大臣之權。議決後會同行政大臣具奏請旨，若行政大臣不以爲然，得咨送覆議，仍執異議，則資政院與行政大臣分別具奏請旨。

八月二十日（九月二十三日）上午九點三十分，資政院如期召集，出席欽選互選議員一百五十四人，欽命溥倫爲議長，沈家本爲副議長，依資政院議事細則第五條，以抽籤法分議員爲六股議事。九月一日（十月三日）正式開院，監國攝政王載灃親臨主持。同日各省諮議局第二屆開會。是時留京國會請願代表孫洪伊等，乘機上書資政院，作第三次請願，請於明年召開國會，設立責任內閣。復上書攝政王，及政務處王大臣，並遍謁各當道大員，請求援助。力陳國會不可不開之理由，及人民渴望速開國會之情狀，甚至痛哭流涕，以爲力爭。資政院多數議員，對各代表請願均表同情。九月二十日（十月二十二日），資政院討論速開國會案，全體議員合詞贊成，乃推定起草委員專摺具奏。是時各督撫或接受諮議局要求，或不滿意於清廷之中央集權政策，希望國會與責任內閣及早成立者頗不乏人。九月二十三日（十月二十五日），東三省總督錫良、湖廣總督瑞澂、兩廣總督袁樹勛、雲南總督李經羲、伊犁將軍廣福、察哈爾都統溥良、吉林巡撫陳昭常、黑龍江巡撫周樹模、江蘇巡撫程德全、安徽巡撫朱家寶、山東巡撫孫寶琦、山西巡撫丁寶銓、河南巡撫寶棻、新疆巡撫聯魁、江西巡撫馮汝騤、湖南巡撫楊文鼎、廣西巡撫張鳴岐、貴州巡撫龐鴻書等聯名致電軍機處，要求內閣國會同時設立，請爲代奏。（時各督撫自上月以來，因內閣國會問題已電商甚久，故有是奏。）獨直隸總督陳夔龍致電軍機處，主張先設內閣後開國會，則係窺伺朝廷意旨，不知國會未開前，而先設內閣，內閣對誰負責也。清廷以人心所趨，不得已於十月三日（十一月四日）下詔准將立憲籌備期限縮短，於宣統五年實行開設議院，在國會未開前先將官制釐定，並預行組織內閣。同日諭令民政部及各省督撫解散請開國會之代表。

是時京師商學各界，以資政院要求之目的已見功效，首先張燈慶祝，各省諮議局及商學界團體，亦有致電資政院表達謝意者。然究以時間太緩，主張繼續要求者仍居多數。其中尤以奉天諮議局爭執最力。次者爲直隸之紳民，及湖北各團體。（預備立憲公會派，則以爲已有相當之結果，不欲採取過激舉動，乃停止活動。）國會請願代表團知難存在，乃決議解散，重行組織政黨，繼續力爭，其通問各省同志書中，諄諄以國事爲念。略曰⑮：

昨奉上諭，已宣示臣民，千氣萬力，得國會期限縮短三年，心長力短，言之痛心。以諸父老希望之殷，而效果止此，委任非人，能無慚悚。……今去宣統五年尚復距離三年，不審此三年中，列强圜視，外交上有無變更與否？財政竭蹶，內部分事有無囂暴與否？公廷攬權，私室倖進，叫囂奔競，中央政府有無內訌與否？且國會未開，先設內閣，監督無人，有無濫用權力與否？新舊過渡，必防官邪，政治改革，而寬以歲月，有無僉壬夤緣，大臣把持，肆其奸謀否？國本未定，而人心皇皇，我謀不用，有無灰絕否？中央集權而無人民爲之贊助，治不統一，各省督撫有無不能行政與否？憲法先頒，而不經國會通過，有無權限失當與否？三年遙遙，夜長夢多，諸父老與有興亡之責，有憂國之勤，其何以圖之？⑯

⑮ 參照民國二年正月「東方雜誌」第九卷第七號，「十年以來中國政治通覽」，上編「通論」，第四篇，傖父「議會及政黨」。

⑯ 宣統二年十一月「東方雜誌」第十一期，記載一「中國大事記」。

另以同志會名義通告各省同志，説明在京行止，並進行方略：㈠以事實上已無效力，代表團暫時消滅。㈡同志會繼續存在，非國會成立不得解散。㈢用種種方法要求政府於宣統四年春間或秋間召集國會。㈣請政府趕早編定憲法、議院法、選舉法，及官制内閣組織法。㈤擬組織一政黨，先擬綱要。㈥望各省同志喚起民氣，繼續推動政府[17]。

十月二十一日，直隸各學堂學生，推舉代表齊集自治研究總所，會議進行請願方法，直隸總督陳夔龍立派兵馳往解散。十一月二十三日諭命民政部、步軍統領衙門，將東三省要求開國會代表迅速送回原藉，各安生業，不准在京逗留。此後倘有續行來京藉端滋擾者，定惟民政部、步軍統領衙門是問。各省再來聚衆滋鬧情事，由該督撫等查拿嚴辦，毋稍縱容。十二月初八日，以天津人溫世霖，發電各省，創議聯合全國學界罷學要求國會，旨命發往新疆，交地方官嚴加管束。（先是十二月二十三日直督陳夔龍奏稱：順直諮議局長閻鳳閣，商務總會總理王賢賓，天津學界請願同志會溫世霖等三千八百五十九人呈稱：國勢危急，迫於眉睫，非明年即開國會，不足以救危亡，大召清廷之忌，而溫世霖等仍力爭不止，故有是命。）

時前政聞社社員徐佛蘇，由各省諮議局議員籌款，於同年七月創辦「國民公報」於北京，梁啓超多有文章發表於該報端，其宗旨一面利用排滿革命之暗潮，痛詆清政而鼓吹立憲，一面即以報社作爲各省議員及請願國會團體之會場。及各省代表三請願失敗，即夕約集於報館，密商善後之策，決議：「同人各返本省，向諮議局報告清廷政治絶望，吾輩公決秘謀革命，

---

⑰ 同上。

並即以各諮議局中之同志爲革命之幹部人員，若日後遇有可以發難之問題，各省同志應竭力響應，援助起義獨立⑱。

於是各代表憤然出京，而清廷仍昧然無知，以爲天下將苟安無事矣。同年十一月，國會請願同志會，以此後已入於實行立憲時期，決定將同志會解散，另組織帝國憲政會，以爲將來政黨之預備。梁啓超亦參予其議，是爲此後憲友會之先聲⑲。

先是資政院既開幕，以人心所趨，對朝政多所指摘，而與軍機大臣之衝突因之而起。時湖南諮議局以巡撫楊文鼎舉辦公債未經交局議決，有違定章，電請資政院核辦，由資政院特任股員開會審查，經全體股員決議，認爲湖南巡撫侵權違法，乃按照院章，於十月七日據實陳奏。朝旨以該撫未交局議決，乃係疏漏，既經部議奉旨允准，著仍遵照前旨辦理。資政院議員以該撫侵權違法，不加處分，僅以「疏漏」二字了之，乃提出質問，要求軍機大臣出席被詢。軍機大臣卒不至，院議復質問軍機大臣，對內政外交是否完全負責，軍機大臣則答以此種問題須俟內閣成立方可解決。適雲貴總督令鹽斤加價，雲南諮議局以未經局議，請資政院核辦，經院決議，以此舉如係爲國家行政，則不應不候中央法令，如係地方行政，則應交局議決，乃於十月十九日上奏，主張在政府未作決定前，應即停止施行。又廣西諮議局因高等巡警學堂限制外籍學生議案，與督撫異議，（諮議局主應儘本省人考選，督撫主兼收外省。）

⑱ 徐佛蘇：梁任公先生逸事，引自「梁任公先生年譜長編初稿」，卷十九。

⑲ 同上。

亦電請資政院核辦請旨。旋奉旨令督辦鹽政大臣及民政部查核具奏。資政以本院議決之上奏案，乃交行政衙門議奏，是以行政機關蹂躪立法機關之獨立，實爲侵奪資院權限，大爲憤怒，乃根據院章，決議彈劾軍機大臣⑳。

清廷不得已，始於十月二十四日朝旨乃將前奏依議。院議以軍機大臣反覆無責任，彈劾案仍不取消。至十一月十七日，遂以軍機大臣責任不明，難資輔弼，具摺上奏，請將軍機大臣必應擔負責任之處，宣示天下。同日軍權大臣奕劻等，亦奏請開去軍機要差。奉硃諭軍機大臣奕劻等曰：「該大臣等盡心輔弼，朝廷自能洞鑒，既屬受恩深重，不應瀆請，所請開去軍機大臣之處，著不准行。」另諭資政院曰：「朕維設官制祿及黜陟百司之權，爲朝廷大權，載在先朝欽定憲法大綱，是軍機大臣負責任與不負責任，暨設立責任內閣事宜，朝廷自有權衡，非該院總裁等所得擅預，所請著毋庸議。」㉑

仍由軍機大臣副署頒發。載灃之不明立憲精神，愚昧顢頇於此可知。於是資政院大憤，決議繼續上奏。奕劻不安於位，二十五日復辭職，奉旨慰留。資政院以院章所限，而起草員中彼此異議，再度彈劾案竟未實現，資政院原定會期三月，議事未竣，諭令延長十日。十二月十一日，資政院閉幕，宣統三年二月二十二日，改以大學士世續充資政院總裁，侍郎李家駒充副總裁。

⑳ 宣統二年十一月，「東方雜誌」十一期，中國大事記補遺。

㉑ 宣統二年十二月，「東方雜誌」第十二期，「諭旨」。

梁啓超於目覩此種怪狀後，復鑒於清廷之「內閣」將告成立，嘗於宣統三年（一九一一）春在「國風報」上發表「立憲國詔旨之種類及其在國法上之地位」一文，以警惕國人，其於例舉立憲國日本政治外之詔旨（以國務大臣不副署爲原則），與政治上之詔旨（以國務大臣副署爲原則）種類後曰：

今之政府，蠢如鹿豕，曾不解憲政之爲何物，曾不解副署之有何作用，其平居失政之罪，既罄南山之竹不足以書之矣。不寧惟是，猶復日日悍然敢於違法而無所顧忌。一遇輿論攻擊，則假詔旨爲護符曰：「非我欲之，吾奉令承敎耳。」而輿論之所待之者，則亦奉一詔旨相率以箝口而奪氣矣。……夫政府何足責，我國民之見愚弄，見脅制於政府，而若失其對待之力者，毋亦於立憲國詔旨之種類不甚明瞭，不知政治上詔旨與普通詔旨之別，遂乃聽政府之狐假虎威，以怙其惡，而莫敢誰何也。吾故有不能已於言者。㉒

至此梁氏對清廷之立憲乃大失望。

宣統三年四月十日，清廷頒布內閣官制十九條，依此官制，則內閣與過去之軍機處實相差無幾，國家大政仍操皇帝之手。故其立憲與不立憲實無區別也。同日裁撤舊設之內閣軍機

㉒ 飲冰室文集，第二集卷二十三。

處、會議政務處。（舊設內閣大學士、協辦大學士仍序於翰林院，學士以下裁缺各員仍食原俸。）此外另頒布內閣辦事暫行章程十四條，並任命內閣總理及各部行政長官如下：

內閣總理大臣　奕　劻　內閣協理大臣　那　桐　徐世昌

外務大臣　梁敦彥　民政大臣　善　耆

度支大臣　載　澤　學務大臣　唐景崇

陸軍大臣　廕　昌　海軍大臣　載　洵

司法大臣　紹　昌　農工商大臣　溥　倫

郵傳大臣　盛宣懷　理藩大臣　壽　耆

上列十三大臣中，漢四人，滿八人，其中皇族又占五人，蒙古旗藉一人，故號稱「皇族內閣」。於此可知載灃對於立憲之無誠意，而諸親貴又皆不經世故之少年，非驕縱無知，即顢頇糊塗，於是熱心國會內閣之立憲黨人乃大不平。張謇於新內閣成立後兩月，致書攝政王，請新閣依照憲政常規，發表政見。略謂：

> 內閣成立，海內人民奔走相告，喁喁望治，今又兩月矣。凡新內閣成立之日，必當發表政見，方針既定，庶政即循是進行，故能上下一心，無所牴牾。今兩月之間，寂無表現，何以新外人之耳目，慰士民之屬望。……一請發表政見，刷新中外耳目。二請實行閣部會議制。三請與國務大臣並開幕府，遴辟英俊。是三策者，為國家計，為王爺計，為辦理大臣計，為各部大臣計，皆今日必不可緩之要圖。……以上所陳，發表

政見，爲溝通政府與人民計也，實行閣部會議，爲溝通政府計也。廣開幕府，爲政府與人民及政府與政府溝通之補助計也，謇十四年來不履朝籍，於人民之心理社會之情狀知之較悉，深願於政府與人民之間溝通而融和之。但必政府先自溝通，先自融和，乃不爲人民所藉口。願我公忠體國之王爺與協理大臣深思而善處之，山野之人能言而不能爲力，區區爲國之私，既有所見，不敢不言，言不敢不盡，謹說。㉓

而清廷敷衍塞責如故，謇於失望之餘，於其「嗇翁自訂年譜」記曰：

政府以海陸軍政府權及各部主要均任親貴，非祖制也。復不更事，舉措乖張，全國爲之解體。至滬合湯壽潛、沈曾植、趙鳳昌諸君，公函監國切箴之，更引咸、同間故事，當重用漢大臣之有學問閱歷者。趙慶寬爲醇邸舊人，適自滬回京，屬其痛切密陳，勿以國爲孤注。時舉國騷然，朝野上下不啻加離心力百倍，可懼也。㉔

而載灃仍執迷堅不鬆手。五月八日，徐佛蘇聯合各省赴京請願代表，成立憲友會，推定孫洪伊、雷奮、徐佛蘇等爲常務幹事，並各省支部發起人，議定政綱六端：㈠尊重君主立憲政體。

㉓ 張季子九錄，政聞錄卷三，「請新內閣發表政見書」。
㉔ 同書卷下。

㈡督促聯合責任內閣。㈢釐理行省政務。㈣開發社會經濟。㈤講求國民外交。㈥提倡尚武教育㉕。

乃復以各省諮議局聯合會名義，呈請都察院代奏，懇請「內閣宜實負責任，總理宜不任懿親，請實行內閣官制章程，另簡大員組織，以固國本而尊皇基。」五月十四日都察院遞入，留中不報㉖。六月十日，都察院代奏直隸諮議局再請另行組織內閣稟。奉旨：

黜陟百司係君上大權，載在先朝欽定憲法大綱，並註明議員不得干預，值茲預備立憲之時，凡我君民上下，何得稍出乎大綱範圍之外，乃該議員等一再陳請，議論漸近囂張，若不極爲申明，日久恐滋流弊。朝廷用人，審時度勢一秉大公，爾臣民等均當懍遵欽定憲法大綱，不得率行干請，以符君主立憲之本旨。㉗

其曲解憲法，雖愚夫亦知其欺詐，因之立憲黨人乃轉而同情於革命事業。載灃一面借預備立憲以緩和人心，而積極則圖謀皇族集權，以圖挽救其搖搖欲墜之政權。載灃集權之重心首在收攬兵權。光緒三十四年（一九〇八）十一月十一日，編練禁衛軍，由攝政王總統，派

㉕ 同月十一日「申報」新聞，引自「梁任公先生年譜長編初稿」卷二十。

㉖ 宣統三年六月，「東方雜誌」第八卷第五號「中國大事記」。

㉗ 宣統三年閏六月，「東方雜誌」第八卷第六號「中國大事記」。

載濤、毓朗、鐵良爲專司訓練大臣㉘。十二月十一日，命袁世凱開缺回籍。此固報復袁氏對德宗之夙嫌，要亦袁氏掌握北洋實力故也㉙。宣統元年（一九〇九）正月十九日，授錫良爲東三省總督，兼管三省將軍事務㉚。二十九日，派肅親王善耆、鎮國公載澤、尚書鐵良、提督薩鎮冰，籌辦海軍；並著慶親王奕劻隨時總核稽察㉛。五月十一日，令端方調補直隸總督，兼北洋大臣，未到任前由那桐署理㉜。二十八日，監國攝政王暫行代理海陸軍大元帥。設立軍諮處，以毓朗管理軍諮府事務。同日逾命載洵、薩鎮冰充籌辦海軍大臣。二十九日，復添派載濤管理軍諮處事務㉝。七月九日，遣籌辦海軍王大臣載洵、薩鎮冰巡視沿江各省武備㉞。宣統二年（一九一〇）六月十四日，命籌辦海軍大臣載洵、提督薩鎮冰，前往英日二國考察海軍㉟。十八日，以載洵充參預政務大臣㊱。八月十八日，諭令署陸軍部尚書廕昌，兼充訓練近畿各鎮大臣㊲。二十三日，逾令近畿陸軍均歸陸軍部直接管轄，遇有調遣准由督撫電請軍諮

㉘ 光緒三十四年「東方雜誌」第十二期，十一月大事記。
㉙ 宣統元年正月，「東方雜誌」第一期「諭旨」。
㉚ 宣統元年二月，「東方雜誌」第二期「諭旨」。
㉛ 同上。
㉜ 宣統元年「東方雜誌」第七期「諭旨」
㉝ 同上。
㉞ 宣統元年「東方雜誌」第九期「諭旨」。
㉟ 宣統二年「東方雜誌」第七期「諭旨」。
㊱ 同上。
㊲ 宣統二年東方雜誌第九期「諭旨」。

處陸軍部請旨辦理㊳。十一月三日，改籌辦海軍處爲海軍部，以載洵爲海軍大臣。裁撤陸軍部尚書，改設陸軍大臣副大臣各一員，以廕昌爲陸軍大臣，壽勳爲副大臣㊴。宣統三年（一九一一）四月十日，設立軍諮府，以載濤，毓朗爲軍諮大臣㊵。同年閏六月十六日，調集禁衛軍及近畿各鎮，在永平附近舉行大操，派載濤恭代親臨，總監兩軍㊶。是時載灃以監國攝政王代行大元帥，親統禁衛軍，載洵統率海軍，載濤以軍諮大臣總攬一切軍務，以爲皇室之基本大權從此可以鞏固，不知民怨之日張也。

十、憲法十九信條之頒布

宣統三年（一九一一）四月，因清廷下諭收回川漢、粵漢鐵路，實行鐵路國有政策，引起川、鄂、湘、粵四省之保路運動，其領導中心爲四省之諮議局，而各省之諮議局固皆立憲黨人之大本營，若四川之蒲殿俊，湖北之湯化龍，湖南之譚延闓等，皆以請願速開國會目的不達，而素怨於清廷者也。至是益感憤激，一面派代表赴京請願，一面彼此連絡以爲一致之行動。以四川發回商股最少，故活動最爲激烈。是時適當廣州三月二十九日之役之後，人心

㊳ 同上。
㊴ 宣統二年「東方雜誌」第十二期「諭旨」。
㊵ 宣統三年「東方雜誌」八卷四號，「中國大事記」。
㊶ 宣統三年「東方雜誌」八卷七號，「中國大事記」。

所向，對革命事業多表同情，而由居正、孫武等所領導之文學社、共進會，方以武漢爲據點，鞏固實力，以謀大舉之發動。滿清之滅亡已在指顧之間，而載灃等卻依然踏走其自殺之路。

同年五月，張謇被上海、天津、廣州、漢口四處總商會公推，到北京陳請組織中國報聘美國團（報聘宣統二年八月美國遊華實業團）及中美聯合興辦銀行航業公司事，同月十七日與載灃晤面，對清廷作最後之忠告。於瀝陳外交之危險後，認爲當前內政以注重民生，實行憲政爲要務。而「諮議局爲道達民隱之地，須得各督撫重視輿論，方足宣示朝廷德意，又須朝廷體察民隱，方能得輿論之眞像，但得民心不失，則內政不修，外患猶可漸弭。」❶清廷仍惟敷衍塞責，不肯腳踏實地做起。「嗇翁自訂年譜」嘗記其事如下：

（五月）十七日八時，引見於勤政殿，王命坐，云：「汝十餘年不到京，國事益艱難矣。」對曰：「丁憂出京，已十四年，先帝改革政治，始於戊戌，中更庚子，至於西狩回鑾，皆先帝艱貞蒙難之日，今世界知中國立憲重視人民，皆先帝之賜。」王語甚嘉獎。對曰：「自見乙未馬關訂約，不勝憤恥，即注意實業教育二事，後因國家新政須人奉行，故又注意地方自治之事，雖不做官，未嘗不做事，此所以報先帝拔擢之知。此次因中國報聘美團事，又有上年美商與華商所訂中美銀行航業二事，被滬粵津漢四商會公推到京，陳情政府，蒙上召見，深感攝政王延納之宏，求治之殷，今國勢危急，

❶ 張季子九錄，政聞錄卷三，「辛亥五月十七日召見擬對」。

極願攝政王周咨博訪，以求治安之進行。」王云：「汝在外辦事多，閱歷亦不少，有話儘可說。」對曰：「謇所欲陳者，外交有三大危險期，內政有三大重要事。三期者：㈠今年中俄伊犂條約。㈡宣統五年英日同盟約滿期。㈢美巴拿馬運河告成，恐有變故。三事者：㈠外省災患迭見，民生困苦，朝廷須知民隱，諮議局爲溝通上下輔導行政之機關。㈡商業困難，朝廷須設法振作，金融機關須活。㈢中美人民聯合。」王云：「都是緊要，汝說極是，可與澤公商量辦去。」又說：「四川鐵路收歸國有，須寬恤民隱。」餘說尚多，計時逾三刻。

謁慶王於其邸，極陳東三省之重要危迫，亟宜疆力自營，不當聽人久久鼾睡，趙督所請二千萬，實至少而至不可已之數，王但應課其用之當得覈實與否？不可掣其肘。復爲言國民疾苦之甚，黨人隱忿之深，王處高危滿溢之地，丁主少國疑之會，誠宜公誠虛受，惕厲憂勤，不宜菲薄自待，失人望，負祖業，語多而摯。王爲掩面大哭。於此見此公非甚昏愚，特在廷阿諛者衆，致成其闒茸之過，貪黷之名，可閔哉。❷

清廷之不可爲於此可見。張謇對收回川路事嘗爲川人請命，同書復記曰：

澤公約盛宣懷與余議收四川鐵道爲國有方法，盛以調查川人用於鐵道工款中，爲川紳

---

❷ 同書卷下。

所虧者三百餘萬，政府不應受此虧，應以實用者給還川人。余曰：「輸出者川之人民，虧挪者川之紳士，當然一面查追紳士，一面允給川人。」盛主在給數中扣除，澤公復問余，余曰：「如所言，未嘗非理，但甲商與乙商言，當如是，政府與人民有涵覆之義，且收民路歸國有，政策也，政策以達爲主，不當與人民屑屑計利。且聞川人爭路款，頂先帝諭旨，勢洶洶而意未悖，尤須審愼。」澤公無言。❸

清廷卒不顧人民利益，而一意孤行。七月，川督趙爾豐拘留諮議局議長蒲殿俊，議員羅綸、顏楷、鄧孝可等，四川已秩序大亂，而赴京請願代表劉聲元復被押解回籍。是時人心激憤達於頂點，聲元臨行，湖南赴京請願諮議局議員左學謙、周廣詢等送之，聲元告之曰：「國內政治已無可爲，政府已彰明較著不要人民了，吾人欲救中國，捨革命無他法，我川人已有相當準備，望聯絡各省，共策進行。」其後左等返湘，遂各暗中組織革命機關，推動革命事業。

及八月十九日武昌革命軍舉義，風聲所播，四處響應。張謇、梁啓超以國人積怨之由，首自請願立憲不遂所致，故仍力事彌縫，希望於絕望中促成清廷之立憲，消弭大亂於無形。而一般立憲黨人，因受革命思想之燻染，則多同情共和。八月二十三日，張謇至南京，謁將軍鐵良，請其一面亟速援鄂，一面奏請清廷速頒決行憲法之諭。鐵良不能決，請謇商之江督

---

❸ 同上。

張人駿。二十四日張謇詣人駿，人駿大詆立憲，且不援鄂。二十五日張謇至蘇州，晤蘇撫程德全，程固爲立憲黨人，乃屬張謇起草，聯合熱河都統溥頲，山東巡撫孫寶琦，疏請清廷及速改組內閣，宣布立憲。略曰：

竊自川亂未平，鄂難繼作，將士攜貳，官吏逃亡，鶴唳風聲，警聞四播，沿江各省處處戒嚴。……沸羹之勢將成，曲突之謀已晚。論者僉謂緩急之圖必須標本兼治，治標之法曰剿曰撫，治本之法不外同民好惡，實行憲政。……自內政不修，外交失策，民生日蹙，國恥日深，於是海內人士愁憤之氣雷動霧結，而政治革命之論出。一聞先皇上頒布立憲之詔，和平者固企踵而望治理，激烈者亦降心而待化成。……惟是籌備憲政以來，立法施令名實既不盡符，而內閣成立以後，用人行政舉措尤多失當。在當事或亦有操縱爲國之思，在人民但有權利不平之迹，志士由此灰心，奸鄰從而煽動，於是政治革命之說，一變而爲種族革命之狂，比先禍乃烈矣。……今若用治標之法，必先用剿，然安徽、廣州之事既再見三見，前仆後起，愍不畏死。即此次武昌之變。……潰若決川，恃將而將有異心，恃兵而兵不用命。……是剿有時而窮。繼剿而撫。惟有寬典好言。……今輿論所集，如親貴不宜組織內閣，如閣臣應負完全責任，既已萬口一聲。……擬請宸衷獨斷，上紹祖宗之成法，旁師列國之良規，先將現在親貴內閣解職，特簡賢能另行組織，代君上確負責任，庶永保皇族之尊嚴，不致當政鋒之衝

突。❹

而清廷遲疑不決。先是革命軍既起，八月二十一日清廷諭革湖廣總督瑞徵職，仍令帶罪圖功，並命陸軍大臣廕昌速督近畿陸軍兩鎮赴鄂剿辦，另飭海軍部加派兵輪，由薩鎮冰督率前進，程允和率長江水師即日赴援。二十三日載灃從奕劻請，起用袁世凱爲湖廣總督，岑春煊爲四川總督，湖廣所有軍隊暨各路援軍均歸袁世凱調遣，廕昌、薩鎮冰所帶水陸各軍亦歸袁世凱會同調遣。四川所有軍隊暨各路援軍均歸岑春煊調遣節制。並謂：「該督等世受國恩，當此事機緊迫，自當力顧大局，勉任其難，毋得固辭，以副委任。」❺蓋載灃恐其銜恨舊怨也。世凱竟以「足疾未痊，難肩重任」，堅辭不就。

清廷初擬用懷柔政策以收拾人心，八月二十八日諭稱：「有爲匪所迫身被裹脅者，如早自拔來歸，無論兵民均准予以自新，不咎既往，倘有殺賊立功，擒縛匪黨以獻者，並加以不次之賞。如搜獲逆黨名册，立即銷燬，毋得稍事株連，致滋擾累。」❻詔文不及立憲事，且指革命軍爲逆黨。此固不足以滿足人民渴望共和之願望也。

是時南下討伐軍，皆袁世凱舊部，廕昌往來於孝感、信陽間，將校不相習，軍心不固結，

❹張季子九錄，政聞錄卷三，「代魯撫孫寶琦蘇撫程德全奏請改組內閣宣佈立憲疏」。
❺軍機處現月檔。
❻同上。

屢戰屢北，勢非袁世凱出而領導，不足以維持危局。八月二十九日，奕劻命徐世昌微服至彰德探詢袁氏意旨，袁乃以徐世昌、奕劻爲介，提出要求六項：㈠明年即開國會。㈡組織責任內閣。㈢寬容與此次事變有關之黨人。㈣解除黨禁。㈤委任以指揮水陸各軍及關於軍隊編制之全權。㈥供給十分充足之軍費。此種要求，一、二兩項在買好立憲份子。三、四兩項在爭取革命黨人同情。五、六兩項則借以收攬軍事實權，其本人居於調停地位，從中操縱，以坐收漁人之利，此固載灃所不願接受也。

九月一日，資政院第二次院會開議，鑒於國內情勢，乃於九月五日由世續領銜上奏。略曰❼：

> 竊維方今時局，內憂外患日迫一日，四川湖北風鶴頻驚，大局幾爲搖動。臣等以爲欲過亂萌，必先勤求治理，……立本以植萬年之基，治標以濟一時之急，敬爲我皇上披瀝陳之。
>
> 所謂治標以濟一時之急者，道在寬猛之各當耳！今郵傳大臣盛宣懷主張鐵道國有，無鐵道國有法案，及鐵道公債條例，交臣院議決，徒以一紙朦奏，令川粵諸省商民咸憤政府失信，以致四川肇變於先，湖北繼亂於後，而四川總督趙爾豐先時極意贊助保路同志會，旋誣保路同志會爲匪，誘拘諮議局議長及保同路志會紳商，川民疑懼，激成

---

❼ 同上。

事變。又已革湖廣總督瑞徵，於事之先毫無防範，且首先棄城遁船，武漢遂以不守，之三人者或視議院如弁髦，或則視人民如土芥，或則視職守如傳舍，罪魁禍首，輿論譁然。擬請乾綱獨斷，按律嚴懲，以謝天下，而明國典，此猛治標之大略也。鐵道國有必有精密之籌畫，公平之處理，定爲法案，然後觖望不生，猜疑盡釋。應請一面於資政院會期中飭下郵傳部妥擬鐵道國有法案，及鐵路公債條例，迅交臣院會議，一面特頒明詔，釋放四川諮議局議長等，促令照章開局議事，以慰人心。……此皆以寬治標之大略也。

所謂治本以植萬年之基者，道在一與之誠而已矣。內閣爲行政根本，內閣若無統一政策，則各省行政勢必日見紛歧。擬請朝廷斟酌情勢，迅速組織完全責任內閣，以一事權，而明責任，並於明年提前召集國會，共籌大局，俾人心有所維繫。內閣國會爲行政立法之根本，而憲法尤爲行政立法上根本之根本，關係綦重。與其以少數人意思編纂憲法，使天下不能諒朝廷實行立憲之苦心，致將來不免陳請改正，互生猜忌，曷若仿照泰西各國通例，准議院得以協定。擬請飭下纂擬憲法大臣，將所擬憲法初稿，即交臣院會議，廣集王公士庶悉心討論，縱有不能仰贊高深之處，仍可隨時交院覆議，恭候欽裁。(下略)❽

❽ 軍機處摺包檔。

同日清廷革郵傳大臣盛宣懷職，將川督趙爾豐，署川督王人文交部議處，並釋放四川被捕議員士紳，罷斥激變官吏，仍不及國會內閣事。

九月六日，駐灤州第二十鎮統制張紹曾聯合協統藍天蔚等，電促清廷立憲，（或謂係梁啓超潛赴大連策動之結果）並提出要求十二項：㈠大清皇帝萬世一系。㈡立開國會，於本年內召集。㈢改定憲法，由國會起草，以君主之名義宣布，但君主不得否決之。㈣憲法改正提案權專屬國會。㈤陸海軍直接大皇帝統率，但對內使用應由國會議決特別條件遵守，此外不得調遣軍隊。㈥格殺勿論，就地正法等律，不得以命令行使。又對於一般人民不得違法隨意逮捕監禁。㈦關於國事犯之黨人一體特赦擢用。㈧組織責任內閣，內閣總理大臣由國會公舉，由皇帝敕任，國務大臣由內閣總理大臣推任，但皇族永遠不得充任內閣總理大臣及國務大臣。㈨關於增加人民負擔，及媾和等國際條約，由國會議決以君主名義締結。㈩凡本年度預算未經國會議決者，不得照前年度預算開支。⑾選任上議院議員時，概由國民對於法律特別資格公選之。⑿關於現時規定憲法、國會選舉法，及解決國家一切重要問題，軍人有參議之權❾另電詢資政院，奏請立憲事宜。繼則電請進兵南苑，並扣留解運前線軍火。

九月八日，資政院總裁世續等以三摺上奏：一請另簡賢能組織責任內閣，而不任懿親❿。

❾ 同上。
❿ 同上。

一請頒布明詔，將憲法交資政院協贊[11]。一請速開黨禁，以示寬大而固人心[12]。是時湖南、九江、陝西、貴陽、騰越、山西均響應革命軍，載灃不得已先於九月六日授袁世凱以欽差大臣，節制所有赴援之水陸各軍，並長江水師，至初九日乃下罪己之詔。略曰：

朕纘承大統，於今三載，兢兢業業，期與士庶同登上理。而用人無方。施政寡術，政地多用親貴，則顯戾憲章，路事蒙於僉壬，則動違輿論。促行新治，而官紳或藉爲網利之圖，更改舊制，而權豪或祗爲自便之計，民財之取已多，而未辦一利民之事，司法之詔屢下，而實無一守法之人。馴致怨積於下而朕不知，禍迫於前而朕不覺，川亂首發，鄂亂繼之，今則陝、湘警報迭聞，廣、贛變端又見，區夏騰沸，人心動搖。……此皆朕一人之咎也。茲特布告天下，誓與我國軍民維新更始，實行憲政，凡法制之損益，利病之興革，皆博采輿論，定其從違，以前舊制舊法有不合於憲法者，悉皆罷除。（下略）[13]

同日取消內閣暫行章程，飭將憲法交資政院協贊，並弛黨禁，與民更始。而皇族內閣仍

[11] 宮中電報檔。
[12] 軍機處摺包檔。
[13] 宣統三年九月「東方雜誌」八卷九號，「中國大事記」。

然存在。同日張紹曾復電奏曰：「內閣一日不成立，即內亂一日不平息。」主張憲法應由議院制定⓮。十一日，內閣總理奕劻遂藉口「知能鮮薄」辭職，宗支國務大臣載澤、載洵、溥倫、善耆等，亦以「奉職無狀」請求開去差使；乃改任袁世凱爲總理大臣。十二日，以張紹曾等「愛國之誠」，傳旨嘉獎，即命憲法交資政院起草，奏請裁奪施行。同日張紹曾等復以所部不穩電奏清廷以爲要脅。略曰：

驚耗頻傳，軍情浮動，時聞耳語，各有心憂，臣等疊經召集各部隊人等，反復開導，曉以忠君愛國大義，乃據各將等環陳意見，臚列政綱，以改革政治諸端要求代奏，覽其大旨僉以皇位之統宜定，人民之權利宜尊，軍隊之作用宜明，國會之權限宜大，內閣之責任宜專，殘暴之苛政宜除，種族之界限宜泯，而歸本於改定憲法，以英國之君主憲章爲準的，臣等再三細繹，立言雖或過激，而究非狂悖之談。抑壓既有所不能，解譬復苦於無術，當此時局岌岌，億衆之向背實爲可虞，萬一中路遄征，軍心不固，大局益陷於不可收拾之地。即治臣等以應得之罪，臣等一身不足惜，如宗社何？如天下何？夫民猶水也，可載亦可覆。兵猶火也，不戢將自焚。今日軍民所仰望要求者，惟在於改革政體而已。（下略）⓯

⓮ 軍機處現月檔。
⓯ 軍機處摺包檔。

同日資政院乃依張紹曾等原奏，先依具憲法內重大信條十九條奏上，其內容如下：

一、大清帝國皇統萬世不易。

二、皇帝神聖不可侵犯。

三、皇帝之權以憲法所規定者爲限。

四、皇嗣繼承順序於憲法規定之。

五、憲法由資政院起草議決，由皇帝頒布之。

六、憲法改正提案權屬於國會。

七、上院議員由國民於有法定特別資格公選之。

八、總理大臣由國會公舉，皇帝任命，其他國務大臣由總理大臣推舉，皇帝任命，皇族不得爲總理大臣，及其他國務大臣，並各省行政長官。

九、總理大臣受國會彈劾時，非國會解散，即內閣辭職，但一次內閣不得爲兩次國會之解散。

十、海陸軍直接皇帝統率，但對內使用時，應依國會議決之特別條件，此外不得調遣。

十一、不得以命令代法律，除緊急命令應特定條件外，以執行法律及法律所委任者爲限。

十二、國際條約非經國會議決，不得締結，但媾和宣戰不在國會期中者，由國會追任。

十三、官制官規以法律定之。

十四、本年度預算未經國會議決者，不得照前年度預算開支，又預算案內不得有既定之歲出，預算案外，不得爲非常財政之處分。

十五、皇室經費之制定及增減，由國會議決。

十六、皇室大典，不得與憲法抵觸。

十八、國會議決事項，由皇帝頒布之。

十九、以上第八、第九、第十、第十二、第十三、第十四、第十五、第十八各條，國會未開以前，資政院適用之⑯。

同日上諭：「資政院奏，採用君主立憲主義，並先擬具重大信條十九條，繕單呈覽，懇請宣誓太廟，布告臣民，以固邦本，而維皇室一摺，朕詳加披覽，均屬扼要，著即照准。一面擇期宣誓太廟，將重要信條立即頒布，刊刻謄黃，宣示天下，將來該院草擬憲法，即以此爲標準。」⑰張等對清廷敕命袁世凱組閣，及憲法由資政院起草，仍表反對，復電請軍諮府代奏曰：

竊臣所奏政綱，原係博採輿情，折衷學理，非此不足以收既去之人心，杜革命之口實。原奏總理大臣必由國會公舉，今親貴內閣雖已解散，大臣仍係敕任，並非民選。原奏憲法必由國會起草，今交資政院，資政院爲舊政府機關，不能代表全國，憲法仍係欽定，國民不得與聞，臣等原奏概歸無效，拜命之餘，不禁椎心飲泣。遙望東南，今日

⑯ 宣統三年九月「東方雜誌」第九卷第九號「中國大事記」，羅正偉：灤州革命軍紀實。

⑰ 軍機處摺包檔。

失一城，明日失一城，大好河山，所餘有幾，朝廷不欲救亡則已，如欲救亡，懇即明降諭旨，一面組織臨時政府，一面電飭停戰，不能召集國會，不能制定憲法，不能選舉總理大臣，根本問題不能解決，諸事皆空談。⑱

蓋是時張紹曾等已與第六鎮統制吳祿貞密謀，合取北京，欲逼清帝退位也。事爲清廷窺悉，一面將京奉線列車悉調北京，防其輸運軍隊，九月十六日上諭：「第二十鎮統制張紹曾於軍界夙有聲望，並能關懷時政，熱心革良，著賞加侍郎銜，授爲宣撫大臣，馳赴長江一帶宣布朝廷德意。」⑲ 以爲調虎離山之計。張氏遲其行，明日吳祿貞被刺，張氏勢孤，計劃乃不獲實現。

十一、君憲共和之嬗替

革命軍既大起，多數立憲黨人紛紛加入革命行動。（如湖北諮議局議長湯化龍任軍政府民政部長，譚延闓任湖南都督，蒲殿俊任四川都督，程德全任江蘇都督，湯壽潛任浙江都督等。）即是一向對清廷持妥協政策之張謇，其態度亦發生重大轉變，而改建共和乃成爲其積極

⑱ 灤州革命軍紀實。
⑲ 軍機現月檔。

活動之目標。

袁世凱初奉欽差之命，於九月十一日由彰德南下視師，是時清軍雖奪回漢口，以各省相繼獨立，張紹曾、吳祿貞等復有肘腋之患，由是北京人心慌恐，隆裕太后懼北京落入革命軍手，特命錫良爲熱河都統，預作逃避之所。袁氏則恐宮廷逃避，失去玩弄工具，電奏嚴切諫阻。九月十八日，資政院復依新頒憲法信條，實行選舉內閣總理大臣，通過仍由袁世凱出任，清廷依法重新任命。袁氏於二十一日在孝感軍次接到授任內閣總理諭旨，電辭不就，清廷再三電促，始於二十三日率領衛隊入京，二十六日新內閣成立，其人選如下：

內閣總理大臣	袁世凱		
外務大臣	梁敦彥	次官	胡維德
民政大臣	趙秉鈞	次官	烏　珍
度支大臣	嚴　修	次官	陸錦濤
陸軍大臣	王士珍	次官	田文烈
海軍大臣	薩鎮冰	次官	譚學衡
學部大臣	唐景崇	次官	梁如浩
法部大臣	沈家本	次官	梁啓超
郵傳部大臣	唐紹儀	次官	梁如浩
農工商部大臣	張　謇	次官	熙　彥

理藩部大臣　達　壽　次官　榮　勳❶

一反皇族內閣之氣氛。立憲黨人多有羅致，張謇任農工商部大臣，即一向視作袁氏政敵之梁啓超亦任爲法部次官。惟所任閣員除一向在清廷任職者外，餘均辭不就。（張謇、梁啓超、梁敦彥、王士珍、薩鎮冰、嚴修、梁如浩等，均未到任。）僅有袁氏之少數黨羽支持局面。袁於組閣之前已取得近畿各鎮及各路軍隊悉受節制之全權，及內閣成立，清廷實權盡歸袁氏所掌握。

先是張謇聞灤州第二十鎮將領張紹曾等有趨向共和表示，乃合湯壽潛致電讚賀。略曰：

南北一致趨向共和，適見諸公連章，不啻雙方代表。和平解決，已可繼葡萄牙之功，統一維持，尚望作華盛頓之助。人民有希望於正當之軍隊，而軍隊重。軍隊能以正當慰人民之希望，而軍隊愈重。全國之福，不世之勳，惟諸公圖之。謹以公民資格，遙致歡忱，並以爲祝。❷

復函致南京將軍鐵良，勸其響應共和❸。九月二十四日，清廷以各省之響應革命多爲立

❶ 民國元年四月，「東方雜誌」第八卷第十號「中國大事記」。
❷ 張季子九錄，政聞卷三「與湯蟄先復北方將士促進共和電」。
❸ 同上。

憲黨人所領導，欲圖收買人心，乃分派各省宣慰使，分途安撫，其中仍以立憲黨人居多。江蘇爲張謇，浙江爲湯壽潛，福建爲江春霖，湖南爲譚延闓，廣東爲梁鼎芬，廣西爲趙炳霖，四川爲喬枏，江西爲謝遠涵，山東爲柯劭忞，山西爲渠本翹，雲南爲王人文，陝西爲高增爵，惟多辭不就職。張謇於請辭宣慰使及農工商大臣電中，對清廷倍加指責，明白提出其共和主張。略曰：

> 自庚子禍作。……怨嘆雷動，謇時奔走江鄂，條陳利害，須亟改革政體，未獲采陳。乃專意於實教育二事，迭有陳說，十不行者五六。……三年以來，內而樞密，外而疆吏，凡所以違拂輿情，摧抑士論，剝害實業，損失國防之事，專制且視前益劇。……人民求護礦權無效，求保國體無效，求速開國會無效，甚至求救災患亦無效。謇在江蘇輒忝代表，瞠目撟舌爲社會詬責，無可解免。雖日持國運非收拾人心無可挽回，人心非實行憲法無可收拾之說，達之疆吏，而陳之樞密者無濟也。諫行言聽之無期，而猶大聲疾呼之不已，誠愚且妄。……謇今年由社會公推入都，晤閣部臣時，復進最後之忠告，謂實業須扶，國防須重，輿情非可迫壓，士論非可摧殘，愈壓則反激愈烈，愈摧則憤變愈捷，一再披瀝，不留餘蓄。……而川省之事，趙爾豐之焰頓横。謇復電端方，告瑞澂，爲進治本須疏通，治標須撫慰之策，而鄂難作矣。……曾未彌月，而影響已十二、三省，人心決去，大事可知。今則兵禍已開，郡縣瓦解，環觀世界，默察人心，舍共和無可爲和平之結果者，趨勢然也。且罪己之詔方下，而詹昌漢口兵隊

於交綏之外，姦淫焚掠，屠戮居民數萬於前，張勳江寧駐兵不在戰期閉城淫掠，屠戮五六百人於後。……尚有何情可慰？尚有何詞可宣？……無已，再進最後之忠告，與其殄生靈以鋒鏑交爭之慘，毋寧納民族於共和主義之中，必如是乃稍爲皇室留百世禋祀之愛根，乃不爲人民遺二次革命之種子，如翻然降諭，許認共和，使謇憑藉有詞，庶可竭誠宣慰。……至於政體未改，大信已漓，人民託庇無方，實業何以興起，農工商大臣之命並不敢拜。❹

張謇當時之決策，在一面促請清帝早日退位，設法保護其安全，復鑒於北方少數官僚仍欲保持君主立憲，故其復電内閣代奏曰：

今共和主義之號召甫及一月，而全國風靡，徵之人心，尤爲沛然莫遏。激烈急進之人民，至流血以爲要求，喁喁望治之情，可憐尤復可敬。今爲滿計，爲漢計，爲蒙藏回計，無不以歸納共和爲福利。惟北方少數官吏，戀一身私計，忘全國之大危，尚保持君主立憲耳！然此等謬論舉國非之，不能解紛而徒以延禍。竊謂以此時順天人之歸，謝帝王之位，俯從群願，許認共和。……推遜大位，公之國民，爲中國開億萬年進化之新基，爲祖宗留二百載不刊之遺愛，關係之鉅，榮譽之美，比諸堯舜，抑又過之。

❹ 同上「致袁内閣代辭宣慰使農工商大臣電」。

……至於皇室之優待，滿人之保護，或閣臣提議，國會贊成，立爲適宜之辦法，揆之人道，無不同情，以上所陳，討論至悉，籌念至深，時機已迫，不及赴議。❺

梁啓超於武昌事變發生後，則認爲正是利用北洋軍隊要挾清廷召開國會實行立憲之好機會，對於革命事業甚表反對。梁氏與康有爲等兩年以來爲謀劃立憲事已與滿州親貴暗通消息。同年九月八日，梁氏致徐君勉信中道之甚詳。略曰：

使革黨而可以奠國家於治安，則吾黨袖手以聽其所爲，亦復何恤，無奈其必不能也。……要之秩序一破壞之後，無論何人莫能統一之，全國鼎沸，非數年不能戡定。今各國環伺，安容我數年騷擾，其究也卒歸外國享漁人之利已耳！此吾黨所當認之甚眞，萬不可緣彼輩一時聲勢，而遽爲所眩者也。……但使立憲實行，政權全歸國會，則皇帝不過坐支乾修之廢物耳！國勢既定，存之廢之無關大計，豈慮其長能爲虐哉！吾黨所持以立憲主義者凡以此也。今茲武漢之亂，爲禍爲福蓋未可知，吾黨實欲乘此而建奇功焉！……

兩年以來，朝貴中與吾黨共事者惟濤、洵兩人而已，而洵實無用，可用者惟有一濤，而濤與澤地位相偪，暗爭日甚。……故數月來惟務多布吾黨入禁衛軍，而外之復撫第

---

❺ 同上「辛亥九月致内閣電」。

六鎭之統制爲我用，一切布置皆略備矣，吾兩月前致兄書謂九、十月間將有非常可喜之事，蓋即指此。……今日所欲辦之事，則一面勒禁衛軍駐宮門，以備非常，即逐慶、澤而濤自爲總理，殺盛以快天下之心。即日開國會，當選舉未集時，暫以資政院諮議局全數議員充國會議員，同時下罪己詔，停止討伐軍，極言今日時勢不容內爭，令國會曉諭此意，然後由國會選代表與叛軍交涉，幸此次叛軍非由中山主動，不純然爲種族革命，告以國會既攬實權，則滿洲不革而自革之義，當能折服。……若果能辦到，則緣有武漢一逼，而國會得有實權，完全憲政從此成立，未始非因禍得福也。(下略)❻

梁氏爲實現其計劃，於九月十六日自日本東返。十九日抵大連，旋至奉天，聞吳祿貞被刺，而關東都督藍天蔚等將不利於己，欲挾之宣布獨立，乃復返日本，一切計劃盡歸失敗。會袁世凱籌組責任內閣，以梁氏爲法部副大臣，梁氏電袁懇辭，主張召開全國人民代表大會，以爲解決時局之辦法。曰：

閱東報，見新內閣員以超濫竽，且疑且駭，超庸愚何足贊鴻猷，備員伴食，於國於公兩無所裨，謹堅辭，深負雅意，無任慚悚。顧竊欲進一言者，禍變至此，今後戡亂圖治，必須視全民多數意嚮，雖有非常之才，苟拂輿情，終無善果。傳聞道路，新政府

---

❻ 宣統三年九月八日致雪公書，引自「梁任公先生年譜長編初稿卷」一二十。

當主戰議，同胞塗炭，豈有未極，何忍更加薙獮？況欲備戰力勢且不得不有所仰於外，險象之乘，詎堪設想？公之忠誠明察，不當出此。今惟有北京、武昌兩地之外，別擇要區，如上海之類，速開國民會議，合全國人民代表以解決聯邦國體、單一國體，立憲政體、共和政體之各大問題，及其統一組織之方，會議結果絕對服從，庶幾交讓精神得發生，分裂之禍可免。(下略)⑦

同月初九日梁氏再電致袁內閣曰：「人心久變，一勝勿驕，乞乘此時奏仿北魏孝文改拓爲元氏例，皇室定姓，改號中國，清字只對前朝，不以對外，用孔子或黃帝紀年，立集國會，以順輿情定國體」⑧。此種建議，甚不切實際。其後袁氏與清廷再三促駕，梁氏終不就。

同年九、十月間，梁氏發表「新中國建設問題」一文，提供其解決當前問題意見。該文分上下兩篇，上篇討論單一國體與聯邦國體問題，下篇討論虛君共和政體與民主共和政體問題，關於第一問題，梁氏主張採用單一國體，認爲當前中國之要圖，首在建立一强固而統一之中央政府。關於第二個問題，梁氏舉出六種不同之共和政體而研究之，認爲英國式之虛君共和政體爲現行最良之政體，就現行諸種政體比較之，則固圓妙無出其右者。惟對於如何採用問題，因漢滿民族間之仇視，清政府之腐敗等種種實際困難，未能作肯定結論，梁氏最後

---

⑦ 宣統三年十月初六日「申報」公電，引自「梁任公先生年譜長編初稿」卷二十。

⑧ 軍機處電報檔。

謂：

吾疇昔確信美法民主共和制決不適宜於中國，欲躋國家於治安，宜效英之存虛君，而事勢之最順者，似莫如就皇統而虛存之，十年來之愼於發言，意即在是。吾行吾所信，故知我罪我俱非所計也。雖然，吾蓋誤矣。今之皇室乃飲酖以祈速死，甘自取亡，更貽我中國以難題，使彼數年以來稍有分毫交讓精神，稍能布誠以待吾民，使所謂十九條信條者能於一年數月前發布其一二，則吾民雖長戴此裝飾品，視之如希臘、那威等國之迎立異族耳，吾知吾當不屑斷斷與較者。而無如始終不寤，直至人心盡去，舉國皆敵，然後迫於要盟，以冀偷活，而既晚矣。夫國家之建設組織，必以民衆意嚮爲歸，民之所厭，雖與之天下豈能一朝居。嗚乎！以萬國經驗最良之虛君共和制，吾國民熟知之，而今日殆無道以適用之，誰之罪也？是眞可爲長太息也。❾

梁氏之「虛君共和」主張發表後，乃遣人分赴國內各方面聯絡，冀有所成就。是時民主共和已成爲舉國一致之希望，獨立省份時有所聞，要求共和之電日有數起，故梁氏之計劃竟無實現之可能。

先是革命軍起義武昌，漢陽、漢口相繼光復，八月二十二日漢口各國領事團承認革命軍

---

❾ 飲冰室文集，第二集卷三十四。

爲獨立團體，布告嚴守中立，革命軍亦以中華民國軍政府名義照會領事團，以保護租界自任。同月二十六日，革命軍佔湖北沔州。二十七日，佔湖北宜昌。九月初一日，湖南長沙獨立，初二日江西九江獨立，初三日陝西西安獨立，同日湖北革命軍佔襄陽。初五日貴州貴陽獨立，初六日雲南騰越獨立，初八日山西太原獨立，初九雲南昆明獨立，初十日湖南衡州獨立，江西南昌獨立。十五日浙江杭州獨立，江蘇蘇州獨立。十七日廣西桂林獨立，十八日安徽安慶獨立，同日革命軍佔江蘇鎭江。十九日廣東廣州獨立，同日清海軍各艦歸附民軍。二十一日山東獨立，奉天設立保安會。二十六日吉林設立保安會，二十七日黑龍江設立保安會。十月二日四川重慶獨立，初七日成都獨立，初十日獨立各省軍政府公舉湖北軍政府爲中央軍政府。十二日革命軍佔南京，十四日革命軍以援鄂北伐各軍待發，號令亟須統一，公舉黃興爲大元帥，黎元洪爲副元帥⑩。

十月初五日順直諮議局、直隸保安會，致攝政王載灃電曰：

自川鄂事起，不期月間全國響應，天時人事，不卜可知，今南中已大開國民會議，新政府不日成立，近畿人心亦皆感動憤勵，有岌岌不可終日之勢。爲今之計，若朝廷能早行揖讓，公天下於民，民必以優禮報皇室，即大位不以自居，而全國生靈之福，仍出自朝廷之賜，若失此不爲，則新政府既成，各省一律承認，不但直隸不能獨異，且

⑩ 參照宣統三年「東方雜誌」第八卷第九號、第十號「中國大事記」。

恐南軍北上，京師蒙塵，雖欲爲堯舜之事而不可得，禍福安危，在此一舉。（下略）⑪

初八日神户華僑團體致内閣電曰：「祈竭力設法即行組織共和政體，以便保護滿漢人民。」⑫

十月十一日獨立各省都督府代表聯合會，致内閣總理袁世凱電曰：

現各省到會代表已一律承認共和國國體，無庸至北京取決。資政院已失代表人民之本意，院議各省概不承認，並請萬勿再持君主立憲與共和立憲之歧説，以救（？）全國與論之敵。⑬

十月十五日，攝政王載灃被迫自請退位，十六日隆裕太后懿旨允准，十七日吉林巡撫陳昭常等電請收回成命，二十日奉懿旨：

此次醇親王懇辭監國攝政王之位，經予俯准所請，並確照立憲政體，凡用人行政一切均責成内閣總理大臣及各國務大臣擔負責任，惟有頒布詔旨蓋用御寳及覲見典禮，予

⑪ 軍機處電報檔。
⑫ 同上。
⑬ 同上。

率同皇帝將事，與先朝垂簾訓政制度迥不相同，正係實行改良政本，以示不私君權，與民更始。乃該撫等輒以廟堂之先事紛更，及政權不一，宮廷不和等詞漫相推測，實未深悉朝廷因時制宜，大公無私之至意，陳昭常等殊屬昧於時勢，不知大體，均著傳旨申飭，現在大局岌岌，不可終日，人心浮動，謠言四起，該撫等務當同心協力，鎮靜維持以保治安，而杜紛擾。⓮

蓋清廷環顧大局，非敢強拂民望也。

南北議和時，改建共和之議已勢在必行，雖清廷之和談代表亦不例外，觀唐紹儀與民軍代表伍廷芳之會談，可知唐之贊同共和並不後於伍氏也。或謂會談之前伍、唐已有贊同共和默契，甘簃：「辛亥和議之秘史」記載其事如下：

一日紹儀、（楊）士琦（北方和談副代表）連袂訪伍廷芳於其私邸，寒暄竟，廷芳視二人曰：「鄙人一書生，歷任兩朝，累擢至卿貳，謂天恩高厚，臣下宜感激零涕，銜結以報者，二公何莫不然。然而幼主無知，貴胄弄權，庶政不修，疆吏解體，義師蜂起，海內騷然，請看今日之域中，竟是誰家天下。吾人儻作左袒之論，當爲清議所不容，爲今之計，惟推翻清室，變易國體，以民主總攬統治權，天下爲公，與民更始，舍是

⓮ 軍機處現月檔。

別無他策足以維繫人心，扶持國事。二公愛國之殷不讓廷芳，忠君之誠或且過之，宜速諫君讓國自保安全，則北伐之師無名可藉，而南來專使有功足錄，鄙人亦不無微勞，二公許之否？」士琦首對曰：「不佞於公及少川比肩事主，政見僉同，茲以閣員膺和議代表，而全權屬諸少川，公之議論深表同情。上方沖齡，政權悉操項城手，而項城之言實足以左右太后，不佞願與少川共負疏通之責，以國家安危，民生利害，箇人得失說項城，難免其不懷故主之恩，因循猶豫，然大廈將圮，詎一木之可支，臆度項城必能當機立斷，以天下爲己任也。」紹儀謂曰：「美利堅之平民政治，吾儕遊學此邦時即已醉心，洎奉使新大陸，益悟其共和政體之有利於國計民生，更復傾倒不置，杏城（按：指士琦）吾摯友，亦君故交，雖未曾遠渡歐美，固嘗涉足南洋群島，安撫僑民，深諗外人以吾國之積弱，慢肆欺侮，不平之憤，時露顏表。既歸國，恆爲余言專制不可立國，引子與氏民貴君輕之說，與美利堅共和成績相印證，實愜我心，是吾二人之素志，初非有異於公也。」⑮

惟是時袁世凱雄視天下，實陰操中國政局，南北議和代表，亦知非會議席間所能解決，故會談前一日紹儀語廷芳曰：「吾儕翌朝赴市政廳（所借會議之議場），不過瞻仰宏麗之建築而

---

⑮ 引自「青鶴」雜誌第三卷第一期。

已。」廷芳冷笑曰：「喝香檳，啖雪茄，亦一樂也。」⑯是知和議之必無結果也。

是時張謇惟恐有人以國民程度之不足，仍迷惑於君主立憲思想者，特撰「建立共和政體之理由書」以爲警惕。略曰：

共和政體與君主立憲政體，不以國民程度之高下爲衡，而以國民能脫離君主政府與不能脫離君主政府爲適宜取決。英之保君主，以當國民革命，貴族與有力焉。日本之尊王，所以覆幕。皆國勢事實上之問題，與國民程度無關也。是故國民未能脫離君主政府，祇有立憲，請求共和不可得；既脫離君主政府，祇有共和，號召君主立憲不可得，亦國勢事實爲之也。⑰

及中華民國臨時政府成立，孫中山先生當選臨時大總統，袁世凱以野心不遂，藉端要脅，革命黨人士則但求清廷之退位，不願戰爭之延續，張謇調處其間，以讓總統於袁氏換取清廷之退位，故曾致電袁世凱曰：

甲日滿退，乙日擁公，東南請方一切通過，昨由中山、少川先後電達，茲距停戰期止

---

⑯ 同上。

⑰ 張季子九錄，政聞錄卷三，「建立共和政體之理由書」。

十餘小時矣，南勳（按：指張勳）北懷（按：指張懷芝）未可得志；俄蒙英藏圖我日彰，即公所處亦日加危，久延不斷，殊與公平昔不類，竊所不解。願公奮其英略，旦夕之間戡定大局，為人民無疆之休，亦即為公身名俱泰之利。⑱

袁氏既誘脅清帝退位，民國政權遂被其所竊據。最初舊日立憲黨人認袁氏果有維護共和之誠意，競相與之合作，及其帝制野心暴露，始漸覺悟，轉而參加討袁之革命大業。

十二、結論

中國立憲思想倡始於鴉片戰後，如梁廷枏、馮桂芬、王韜等之著述，惟僅是少數有識人士之洞見而已。至甲午戰爭前後，以外患日逼，朝野人士討論者始多，亦漸趨於具體，若鄭觀應、陳虬、陳熾、何啓、胡禮垣等，則為其代表人物。戊戌維新，重點在開民智，無有關立憲之詔諭，其稍涉民權思想者，僅湖南之南學會而已，且不出縉紳政治之範圍，故戊戌變法乃鞏固君權，而非保障民權也。

梁啓超於戊戌維新前，固多同情於革命事業，其言論行事均以排滿為宗旨，及被德宗擢用，若逢知遇，思想一變，但求效忠於清室，不提種族革命矣。政變之後，梁氏居日本，身

⑱ 同上「勸告袁內閣速決大計電」。

受刺激，思想再變，乃公開揭示其立憲主張，其言論影響於當時人心甚鉅，爲清季立憲運動之指揮者。八國聯軍之後，國運日危，梁氏憤兩宮回鑾後，仍無改革誠意，思想三變，復以排滿爲號召，進而主張各省自主自立，以抒國難。及受康有爲責難，思想四變，惟其本心實仍猶豫於民主共和與君主立憲之間，直到光緒二十九年（一九〇三）十月，遊歷美洲返歸日本後，始放棄其排滿革命主張，此後直到辛亥革命，梁氏之政治活動，對於清廷始終採取妥協態度。

同一時期，張謇以地方士紳，羨日本立憲而强，亦從事於立憲之鼓吹。及日俄戰起，日軍連戰皆捷，論者咸謂立憲之戰勝專制，國人討論者始漸普遍，駐外使臣及各省疆吏亦紛紛以立憲爲請。清廷迫於輿論，始有出洋考察五大臣之派遣。然慈禧實無立憲誠意，其以垂暮之年，所以同情立憲者，欲藉此限制君權之說，使德宗不能行使大權於其死後，其後下詔預備立憲，分定逐年籌備事項，僅爲敷衍之計，蓋不欲及身見之，非真顧慮民智之未開也。

然立憲黨人，最初竟果認清廷確有立憲誠意，乃乘機大肆活動，梁啓超組織政聞社於前，張謇等提倡預備立憲公會於後，梁氏爲慈禧政敵，且爲諸親貴所不容，任其矢忠矢信，終不得清廷之諒解，最後政聞社被查禁歸於消滅，而張謇等則以地方士紳，且爲輿論所讚賞，清廷不便公開壓迫，故此後各省之諮議局遂成爲立憲活動之領導中心。

光緒三十四年（一九〇八）八月，清廷迫於輿情，定九年爲預備國會之期，並公布憲法大綱，以其預備限之長，而憲法大綱君權之無限制，立憲黨人漸感不平。及宣統嗣立，載灃攝政，對於立憲籌備表面似甚熱心，實則欲藉此實現皇族集權之目的，立憲黨人更加不滿。

同年九月，各省諮議局成立後，立憲運動有正式之領導機關，進行更加猛烈，聯合請願國會之事相迭而起，清廷不明大勢所趨，而一惟因循敷衍，宣統三年（一九一一）四月，不召開國會，逕先設立內閣，大權盡歸皇室，對漢人之用心雖愚夫亦知其騙欺，立憲憲人激憤之餘，轉同情於革命事業。惟張謇等因出身於舊社會，欲其率先倡導，則無此勇氣，及鐵路國有風潮發生，武昌義旗一舉而四海鼎沸，清廷雖有憲法十九信條之頒布，終無補於實際，蓋人民久受君主專制之壓迫，且清廷屢失信於民，非改革政體不足滿足國人之要求也。

張謇之思想於此時則作急劇之轉變，力爲共和之活動，而爲梁啓超所不能及。梁氏於武昌起義後，認爲革命適足召外侮，正可利用機會實現其君主立憲主張，乃以虛君共和政體宣傳於國人，以其違背潮流，大爲革命黨人所不悅，袁世凱則以梟雄之資，乘機攬權。清廷既亡，已肇開民國軍人亂政之端，若清廷果有立憲誠意，早日設立議院，還政於民，清廷或不致速亡，即亡而民主基礎已立，日後中國之國運當不盡同也。

（臺北，幼獅學報第二卷第二期，民國四十九年四月，頁一至九二。）

二八　清末之諮議局

一、引言

晚清國力不競，百政廢頹，導致其崩潰之主要原因，一爲革命潮流之深入人心，一爲清廷失信於立憲黨人。兩派勢力之結合，促成辛亥革命之成功。

諮議局爲清末籌備立憲期間，各省所成立之人民代議團體，相當於今日之省議會，開幕於宣統元年（一九〇九）九月，議員出身多係地方士紳，留學日本或國內新式學堂畢業者尤佔多數。爲清季代表國人請願立憲之主流。由於清廷缺乏立憲誠意，立憲黨人激憤之餘，轉而同情於革命事業。及鐵路國有風潮發生，武昌義旗一舉，而全國鼎沸，其直接間接推動各省獨立者，諮議局之功居多。

諮議局在清末對開導國民政治認識有相當大之貢獻，由其脫化而成之憲友會，在清末資政院中有舉足輕重之地位，爲民初統一黨、共和建設討論會、共和統一黨、國民協會、民國公會，以及諸黨合併後之共和黨、民主黨之前身，在政治舞台上與同盟會居於對立之立場，而爲袁世凱所利用，造成民初政局之混亂。

余曾於民國五十年夏，撰寫「各省諮議局聯合會與辛亥革命」一文，刊載於正中書局出版之「中國現代史叢刊」第三册，當時因資料所限，倉卒成篇，屢欲補充而未果。本年八月，中華學術會議舉行於華岡，因趁暑期機會，重新删改整理，而易其題目，聊備大會論文之所需。

二、清末立憲之由來

清末之立憲運動，倡始於甲午戰爭前後，當時滬、粵、港、澳憂時之士，多有討論文字之提出。若鄭觀應之「盛世危言」，陳虬之「治平通議」，湯震之「危言」，陳熾之「庸書」，以及何啓、胡禮垣合著之「新政真詮」等，無不以提倡民權相號召。戊戌政變之後，保皇黨人亡命海外，反對革命，鼓吹君主立憲，惟不被清廷所注意。

八國聯軍之後，國勢日危，清廷創痛之餘，爲收拾人心計，始有改革之舉。光緒三十一年（一九〇五），復鑒於日俄戰爭日勝俄敗，始遣五大臣出洋考察憲政。光緒三十二年（一九〇六）七月十三日，遂頒預備立憲之上諭。其推動貢獻最大者，在野名士國內爲張謇，海外爲梁啓超，疆吏張之洞、袁世凱，駐外使臣胡維德、孫寶琦等，均有助成之功❶。

張謇出身於科第，受名教影響甚深。光緒二十七年（一九〇一）春，著「變法平議」，以

❶ 參照東方雜誌臨時增刊「憲政初綱」，內「立憲紀聞」，光緒三十二年十二月出版。

六部爲分項總目，斟酌中國歷史習慣，參照西方立憲國可取法處，主張在和平狀態下，循序改進❷。光緒二十九年（一九〇三），張氏東遊日本，調查其政治、教育、實業現狀，更加醉心立憲。光緒三十年（一九〇四）四月，張氏代江督魏光燾、鄂督張之洞擬立憲奏摺。六月，合趙鳳昌刊刻「日本憲法」送達內廷❸。光緒三十二年（一九〇六）夏，張氏及湯壽潛、鄭孝胥等，在上海創設「預備立憲公會」，爲此後領導國內立憲運動之主流。

梁啓超於講學湖南時務學堂期間，曾以提倡民權，傳播革命思想，發揮保教保種之義爲己任❹。戊戌變法期間，梁氏主管大學堂譯書局事務，參予新政。政變之後，旅居日本，復多排滿共和之言論，與　國父及革命黨人時有往還。光緒二十五年（一八九九）冬，梁氏赴檀香山前，與　國父共商國是，仍矢言合作之決心。後因受康有爲責難，態度再變，竟以君主立憲之說惑華僑，檀香山反成爲保皇黨之根據地❺。梁氏自稱其生平太無成見，「保守性與進取性常交戰於胸中，隨感情而發，所執往往前後相矛盾。」甚至「不惜以今日之我，難昔日之我。」❻故其生平行事，在中國近代政治史上曾發生極不尋常之影響。

光緒三十三年（一九〇七）秋，梁氏集合同志徐勤、馬良、徐佛蘇等，組織「政聞社」

---

❷ 張孝若「南通張季直先生傳記」頁一三五，民國二十年五月上海中華書局訂正版。
❸ 嗇翁自訂年譜卷下，頁五六，南通張季直先生傳記附錄。
❹ 梁啓超「清代學術概論」頁六二，民國二十五年四月上海中華書局版。
❺ 參照馮自由「中華民國開國前革命史」第一册，頁四〇至五三，民國四十三年世界書局版。
❻ 清代學術概論頁六三。

於東京，刊行「政論雜誌」，發表宣言，以公開立憲政黨自居，對於清廷採取合作之態度❼。明年春，政聞社本部自日本遷往上海，各社員除梁氏等著名人物外，陸續回國活動。光緒三十四年（一九〇六）七月，清廷查禁政聞社，保皇黨人在國內遂無立足之地。梁氏乃利用報刊，繼續作憲政實施文字之鼓吹。其先後在國風報上發表之言論，若「立憲政體與政治道德」、「論請願國會與請願政府並行」、「爲國會期限問題敬告國人」、「國會與義務」、「責任內閣與政治家」、「責任內閣釋義」、「立憲國詔旨之種類及其在國法上之地位」等，對於國會、內閣、官制、財政諸問題，均有切實之發揮❽。對於國內立憲派之活動，發生重大之作用。

是時各地所設之請願立憲團體，除江蘇之預備立憲公會外，湖南有憲政公會，湖北有憲政籌備會，廣東有自治會，其中仍以預備立憲公會最爲活躍。清廷因此等團體領導人物在社會上具有相當之聲望，不便加以壓制，故各團體之活動日趨劇烈。

先是光緒三十一年（一九〇五）十月，因五大臣出洋考察憲政，清廷特設立考察政治館。既頒預備立憲之詔，光緒三十三年（一九〇七）七月，改考察政治館爲憲政編查館，規劃一切有關立憲事宜。明年六月，張謇等一面致電北京憲政編查館，要求兩年之內實行立憲，一面由預備立憲公會移書各地請願立憲團體，期於是年七月各派代表齊集北京，以請願書呈請都察院代奏。自此之後，各省以地方團體名義，簽名屬稿，推舉代表至京請願者無日無之，

❼ 政聞社「政聞社宣告書」政論第一號，原刊本。

❽ 參照飲冰室文集第二集，乙丑重編，民國十五年九月中華書局聚珍倣宋部鋟版。

而各省督撫及駐外使臣，亦紛請速定立憲年限，以免貽笑外邦。清廷迫於輿情，乃於八月一日除將憲政編查館所擬憲法大綱、議院法公佈外，並定九年爲預備立憲之期。其憲法大綱精神抄自日本，君權較諸日本天皇更無限制，立憲黨人之希望在短期內召開國會，清廷則但圖苟延歲月，遂爲立憲黨人所不滿。

同年十月，光緒、慈禧先後死，溥儀即位，改元宣統，由其生父載灃攝政監國。載灃表面表示繼續籌備立憲，陰則積極實現皇族集權之願望。十二月，奪軍機大臣兼外務部尚書袁世凱職，罷其兵柄，另編練禁衛軍，由監國攝政王親統，派載濤、鐵良等專司訓練大臣。

三、諮議局議員之選舉

光緒三十三年（一九〇七）九月，清廷命各省在省會籌設諮議局，並預備成立各府州縣議事會。光緒三十四年（一九〇八）六月二十四日，復公佈憲政編查館所擬之各省諮議局及議員選舉章程，命各省設立籌備處。宣統元年（一九〇九）正月二十七日，復命各省諮議局於本年九月如期成立。

依照規定，各省諮議局議員定額以科舉之進學額百分之五爲準，故文風較盛省份，名額較多，邊遠落後地區名額較少。其分配如下表：

省份	名額	省份	名額	省份	名額	省份	名額

奉天	五〇	四川	一〇五	河南	九六	浙江	一一四
順直	一四〇	雲南	六八	甘肅	四三	湖南	八二
安徽	八三	吉林	三〇	廣東	九一	山西	八六
福建	七二	江寧	五五	貴州	三九	新疆	三〇
山東	一〇〇	江西	九七	黑龍江	三〇	廣西	五七
陝西	六三	湖北	八〇	江蘇	六六		

復因保障旗籍權利，京旗得於順直議員定額外暫設專額十名。各省駐防八旗得於該省議員定額外暫設專額一至三名。寧、蘇得就漕糧每三萬石增加一名，江寧增加九名、江蘇增加二十三名。原定在全國二十二省成立二十三個諮議局（江蘇因兩布政使分治寧、蘇兩屬，擬設兩局），因新疆人民教育程度落後，請求暫緩辦理，江蘇士紳要求只設一局，乃定為二十一局，議員總額共計一千六百四十三人。

議員由複選產生，其選民必符合下列一條之限制，始有選舉權：㈠本省籍男子，年滿二十五歲，曾在本省辦理學務及公益三年以上著有成績者。㈡曾在中學或同等以上之學堂畢業者。㈢有舉貢生員之出身者。㈣曾任實缺職官文七品武五品以上未被參革者。㈤在本省有五千元以上之營業資本或不動產者。㈥非本省籍之男子，年滿二十五歲，寄居本省滿十年以上，在寄居地方有一萬元以上之營業資本或不動產者。至於候選人之規定，除合乎上列一項外，應爲年滿三十歲之男子。

凡違犯下列一種情事不得爲選民及候選人：㈠品性悖謬、營私武斷者。㈡曾處監禁以上之刑者。㈢營業不正者。㈣失財産上之信用被人控告而無清結者。㈤吸食鴉片者。㈥有心疾者。㈦身家不清白者。㈧不識文義者。

議員任期三年，設議長一人，副議長二人，常駐議員依定額十分之二，每年九月起開常年會一次，會期四十日，臨時會二十日，有議決本省興革事件，及預算、決算、稅法、公債、單行章程規則、義務增加、權利存廢等事件之權。議定之後由督撫公佈施行，督撫不以爲然，得交令覆議，仍執前議時，由資政院核議。督撫違法事件，得呈請資政院核辦❶。

依照規定以縣爲初選區，府道爲複選區，初選時選出若干倍本省議員候選人，再由候選人互選定額議員。以其選民資格限制過嚴，尤以資産一項爲甚，各省所公佈之選民與人口總數比例差別極大。多者如直隸，選民僅十六萬餘人。少者如黑龍江，選民僅四千餘人。他若江蘇蘇屬選民五萬九千人，寧屬選民十萬人，福建選民五萬人，吉林選民一萬五千人，湖北選民十一萬人，山東選民十一萬九千人，廣西選民四萬人❷。

諮議局議員選舉因係創舉，各省籌備無制度可循，不免雜亂遲緩。原預定在宣統元年

---

❶ 參照光緒三十四年六月二十六日政治官報第二百六十六號，頁三至二十八，民國五十四年十二月文海出版社影印。

❷ 參照宣統元年東方雜誌第六年三至四期記載「憲政篇」。

（一九〇九）二月間開始選舉，若干省份遲至八月方始畢事。而投票率甚低，並有賄賂豪取巧奪情事。江蘇爲各省之倡，各縣投票額少者四成，多者七成❸。福建次之，城市僅得四成，鄉村不及一二成❹。廣州府選民共一千六百餘人，僅投三百九十九票。同年七月八日，上海中外日報所載廣東選舉消息曰：「此次選舉，信多卑鄙齷齪之運動，而以某故侍郎之子爲最，情感、勢挾、利誘，無所不至，遂得當選。侍郎子蠢爾紈袴，以魚肉鄉民無惡不作著聞里閭者也。詬病貪黷官吏，復羅致貪黷過於官吏之議員以甚其毒，粵人之愚誠不可及。」蘇、閩、粵地居沿海，開風氣最早，情形尚且如此，內陸沿邊各省，閉塞落後，選舉情形可想而知。

當選議員絕大多數出身富有家庭，爲社會之中堅份子。平均年齡中等，其中有功名曾任政府官職者甚多。不乏受過新式教育，或留學日本學習政法者。茲表列各省諮議局議長姓名出身如下：

省份	姓名	當選時年齡	功名	學校教育	曾任官職
奉天	吳景濂	三七	舉人	京師大學堂、日本考察	內閣中書、奉天教育會長
吉林	慶康		舉人		試用州同
黑龍江	王鶴鳴	四三			同知補同通判

❸ 宣統元年閏二月念三日，上海中外日報「論蘇省初選舉」。
❹ 宣統元年三月六日，順天時報「各省諮議局彙報」。

直隸	閻鳳閣	五一	進士	日本法政大學	
江蘇	張謇	五七	進士	日本考察	翰林院修撰
安徽	方履中	五七	進士		翰林院編修
江西	謝遠涵		進士		監察御史
浙江	陳黻宸		進士		度支部主事
福建	高登鯉		舉人		
山東	楊毓泗		進士		翰林院編修
河南	杜嚴		進士		翰林院編修
山西	梁善濟	四六	進士	日本法政大學	翰林院檢討
陝西	王恆普		舉人		直隸知縣
湖北	湯化龍	三五	進士	日本法政大學	法部主事
湖南	譚延闓	三二	進士		翰林院庶吉士
甘肅	張林焱		進士		翰林院檢討
廣東	易學清		進士		户部主事
廣西	陳樹勳		進士		翰林院編修
雲南	張惟聰		舉人		
貴州	樂嘉藻		舉人	日本留學	

四	川	蒲殿俊	三四	進士	日本法政大學	法部主事❺

不過大致而論，當選之諮議局議員仍以優秀分子居多數，咸欲爲民表率，實心辦事，不爲金錢勢力所誘惑。張孝若所著「南通張季直先生傳記」記其事曰：

> 諮議局在中國本來是破題兒的第一個創局，當時處於君主專制之下，然因爲屬於立憲的初步建設，所以當時民氣很是激昂一致，抱負亦很不凡。……當時議員從各地當選，差不多完全是人民的意志，自動認爲他優秀可靠，就選他出來，拿最大的代表責任和地位加在他的身上，勢力和金錢的作用的運動，在那時竟沒有人利用，也沒有受利用的人。那當選的議員，也人人自命不凡，爲代表民意力爭立憲而來，拿所有的心思才力都用在這帶來的責任上邊，所以彼此的交接，和自處的來路，都是極純正清白，大家沒有一點含糊，所以觀念和動作自然而然和後來完全兩樣。❻

所記尚屬可信。宣統元年（一九〇九）九月二十一日，兩江總督張人駿、江蘇巡撫瑞澂之奏報江蘇諮議局開會日期摺，亦謂江蘇諮議局「議員中多通達時事之人」，開會時「均能各守規

---

❺ 參照宣統元年十一月份中外日報、時報新聞，及政治官報。各省有關立憲摺奏。

❻ 南通張季直先生傳記，頁一四一至一四二。

則，秩序井然。」❼而江蘇諮議局議長張謇尤負時望，松江議員雷奮、吳縣議員楊廷棟等，均留日學生中主張立憲之優秀份子，擅於言辭，爲當時議員中之佼佼者❽。

四、各省諮議局之開幕

宣統元年（一九〇九）九月一日，全國二十一省諮議局同時開幕，各省督撫地方官員多親往觀禮。先一日清廷命各省諮議局開局後，「於地方利弊情形均當切實指陳，妥善計劃。」而各省督撫，「尤應欽遵定章，實行監督，務使議決事件，不得踰越權限，違背法理。」❶直視諮議局爲督撫之隸屬機關，而有妨嫌之意。

依照定章，議長之選舉不得在開會以前議定，故各省多舉假議長，先行開議，以爲常年會期之預備。至於各省議長之選舉，多數尚辦理得法，合乎民權初步。茲以廣東爲例：

各執事分給議員選舉議長票，各議員乃分班到寫票處塡寫，各自投筒既畢……檢視票數符合。逐拆視，……易學清得四十五票，邱逢甲得三十五票，蘇元瑞五票，區贊森

❼ 政治官報，宣統元年九月二十一日，第七百二十六號，摺奏類，頁十三。
❽ 劉厚生「張謇傳記」，頁一七七，一九六五年香港龍門書局影印版。
❶ 宣統元年九月一日，「政治官報」第七百零六號，諭旨類。

二票，趙宗檀、黃有恭、黃寶熙、崔鎮各一票。有兩票誤寫「學」字爲「鶴」字者，（官音鶴字不同，其誤頗甚）不入計算。照章選舉，必得到場人數過半，（四十七票乃合）方能作實，（民政使）王會辦乃對衆議員言，能否通融，各皆無言。已而命莫任衡對衆復陳說，請舉手決定。左邊多舉者，右邊坐則無。莫又至投筒處，請諸監察到督憲前酌議，邱等遂前進，惟易不赴，似有避嫌意者。邱等與袁督言，辦事須遵定章，今事初辦，若可苟且，則事皆可苟且矣；似宜再舉爲合，衆督察皆是之。乃再給票，分票再投。易得五十三，邱得二十九，其餘蘇得五，區少一票，趙與黃有恭無，而陳鼎勳、周廷勳兩人均得一票也。遂決定書之於黑板，王會辦乃請易學清登堂，……易乃上，各一揖。❷

是年各省諮議局議決案件特多，惟預算決算，則因各省督撫藉口籌備年限不及，無法提出。張孝若記江蘇諮議局開會之情形曰：

開會以會，就推出各課的審查員和常駐員，有了一件請願或者交議審查的案件，不是大家詳盡的討論，就是各去看有關涉的書本，再不然到實地上去考究，大家都認認眞眞當一件事做，總得要商找出一個相當妥善的結果，才算有交代。在開議的時候，陳

---

❷ 乙酉年九月九日，民呼報「各省諮議局片片」。

述理由，滔滔不絕，大家都息心靜聽，一到辯論的時候，各逞詞鋒，好像臨陣殺敵，你一刀我一槍，毫不退讓，完全在正理和事實的範圍以內，爭論出一個眞理性來。到了議決了以後，大家就拋棄我見，服從多數，就是遇到了不能立時解決的爭執，只要議長一聲停止、或是休會，那全場就立刻收起陣來，鴉雀無聲，這才叫表示議員本身的人格，議長領導的重望，和議會地位的尊嚴。❸

其言容或有渲染，亦絕非無中生有。江蘇諮議局在張謇領導下，在宣統元年（一九〇九）三月籌備處時期，即公決田賦征銀解銀，銅圜流弊，和籌集地方自治經費三事❹。及同年九月一日諮議局正式開議，至十月二十日閉幕，收集議案共計一八四件，經審查後作爲提案者一四二件❺。惟議決之案，督撫頒佈施行者甚少。因督撫於議決之案，如不同意須照章交局覆議，而諮議局閉會有一定期限，清廷又限制常駐議員不得有覆議之權，故閉會以後督撫是否同意亦不申覆，致其議決多無效力。宣統二年（一九一〇）正月九日、十日，上海「中外日報」之社論，曾以「論巡警廳禁阻政黨開會事」爲題，兼及各省之諮議局曰：

---

❸ 南通張季直先生傳記頁一四二。

❹ 同上書頁一四一。

❺ 宣統元年十二月「東方雜誌」十三期，記載一「各省諮議局議案記略」，頁四八四至四九〇。

自上年開幕以來，提案事件不爲不多，集議時間不爲不久，至考其若何成績，則未之前聞。就地方官一方面而言，不曰侵權越限，則曰舞弊營私，所有局員議決之件，十九遭其斥駁，否亦第置而不答。

同年九月六日，上海申報「論說」之「論今日之諮議局」，亦曰：「議決案件，大都雖經公佈，而不見實行。試以江蘇言之，其應行不行者蓋多矣。若整頓征收丁漕積弊案，若實行禁煙案，若永遠禁止彩票案，皆去年所議決，而今猶未能實行也。」然各省立憲派從此有一統一之領導機構，更便於立憲運動之發展也。

當是時，前政聞社員張嘉森、彭淵恂等，在梁啓超支持下，設立諮議局事務調查會於東京，發行「憲政新誌」，其目的表面在調查中央與各省權限，實仍以請願國會爲目的❻。國內方面之事務，主要由徐佛蘇負責，其後對連絡諮議局、資政院各議員，有極大之貢獻，是爲政聞社和國內立憲團體發生關係之始❼。

五、諮議局聯合會之成立

❻ 丁文江「梁任公先生年譜長編初稿」卷十八，頁三〇三，世界書局民國四十七年七月版。

❼ 同上書頁三〇七頁。

初江蘇諮議局開幕後，即由大會通過聯合各省諮議局舉行大會，請願朝廷縮短九年預備之期，速開國會組織責任內閣之議案。並即派孟森、孟昭常、楊廷棟、方還等，分赴各省聯絡。約定各省諮議局於閉幕後，酌派代表數人，於十一月中旬齊集上海開會，共同討論切實辦法。直隸諮議局以接近京師，對清政之紊亂知之較詳，即由該局派人前往連絡晉、陝等省❶。孟森曾著有「三十日旅行」，載其是年至北方各省運動請願國會之事甚詳，茲節錄如下：

> （九月）二十二日十一時，赴（奉天）諮議局，晤正副議長及書記長。皆熱心國事，談及時局，頗形憤激，彼此所見甚同。即晚通知各議員，其吉、黑兩省亦允即往接洽。
>
> 二十三日，發南京電，因資政院民選議員定額，新章忽減去其小半，去年先后先帝特頒明諭，定民選議員之額爲各省諮議局議員十分之一，今日何大不便？忽無端爲此朝三暮四之舉。……皇上善繼善述，院臣不應率爾更張，此而不爭，無論何事皆可任意存廢矣，豈不危哉！
>
> 籌辦處羅君宜陸來談，深以浙諮議局電爭公文程式之事爲然。並云各省諮議局須編定專用之密電本，此事當由奉局預備，分寄各省備用。……自治研究所畢業學員王君建開來談，甚熱心國是，曾有意見書提交奉局，專主連合各省請速開國會爲救亡唯一之

---

❶ 宣統元年十一月東方雜誌第十二期「記事類」，頁三九四「全國諮議局促開國會記事」。

目的，可敬也。

九月二十六日（按：孟氏已返天津），雇車往自治研究總所，見王、孫諸君，知憲政研究會亦附設於此。諸君即出示南京來電，遂告以此次行跡，諸君相與嘆息時局之危迫。一息尚存，宜圖補救之法，雖明知無益，亦只得死馬當活馬騎也。語氣沈摯，至爲可感。後論及目前進行方法，彼此意見甚合，尤以各省彼此聯絡互爲聲援爲第一要義。……七時仍赴各議員之約，到者數十人，商定彼此聯絡之法，又約定十一月初五日有人到上海接洽一切。

（九月二十七日）五時半赴奧租界滿春樓晚餐，此次爲議員公席，招待周至可感。席間暢談時局及政治上應如何活動，如何進行，彼此相得甚樂，又議定津局另推一人赴山西聯絡。

（九月）二十九日，金君伯平來談。金君意，各省諮議局宜建議者莫如官制幣制二端。余謂其言甚是，惟此二端由各省諮議局建議必無實效，即於未來之資政院亦無希望，莫如速開國會，各事始有所措手。政府之紛紛則莫如組織責任内閣，誰爲總理大臣猶第二問題也。

十月初六日（按：孟氏時在濟南），往辦事處晤書記長張倬甫，正副議長俱在局。即由張君導往議長室，正議長爲楊君運東，副議長爲王燕泉，告以來意，頗熱心贊成，

嗣議員數位來談，意見相似。❷

全國人心之所向可知，十月初五日，各省代表陸續抵滬，集議於跑馬廳預備立憲公會事務所，到會代表凡直隸、奉天、吉林、黑龍江、山西、山東、河南、湖北、湖南、江西、安徽、浙江、福建、廣東、廣西、江蘇等十六省，共計代表五十一人。自初六日至十三日舉行預備會議，每日午後定時到會，推定福建諮議局副議長劉崇佑爲主席，江蘇諮議局議員孟昭常、福建諮議局書記長林長民爲書記，除初七、初八兩日休會外，凡開預備會六次。劉厚生於所著「張謇傳記」中，分析當時諮議局議員對國是之觀感曰：

> 一.北京政府親貴攬權，貪污無能，尤甚於那拉氏時代。二.各省督撫大都以賄賂進身，貪污是其本份，吏治日趨腐化，推行新政完全是紙上空文，毫無實際。三.中央及各省的財政都十分窘迫，官吏除東挪西借挖肉補瘡之外，全無辦法。四.長江與淮河流域及西南各省，近年都鬧水災，哀鴻遍野，民不聊生。五.廣東、廣西、四川、湖南等省，游兵散勇到處橫行，青紅幫等，皆蠢蠢思動，尤以廣東省之社會秩序動蕩最大，革命黨與綠林聯絡緊密，隨可以爆發。六.各省所編之新式陸軍多與革命黨暗通聲氣，革命

❷ 載宣統二年東方雜誌第六期附錄第四「行紀」，頁三一至三九。

黨之運動及宣傳到處可聞，其武器多數皆由日本供給。❸

是以諸代表咸認爲爲國家及人民計，惟有實行立憲，速開國會。乃決議事項十端，其重要者如下：

㈠定十五日爲正式代表會日期。㈡彙集各省請願國會簽名簿。㈢規定此次簽名以各省諮議局議員爲限。㈣推舉呈稿起草員。㈤公推直隸代表孫洪伊領銜遞呈。㈥決定開大會後數日即行就道進京請願。㈦擬定進京代表團規約十二條，約束各代表進京後行動進退一致。❹

十月十五日，各省諮議局聯合會大會如期開幕，通過預備會議之決議，十六日夜復舉行談話會，推定進京請願代表，其人選如下：

❸ 張謇傳記頁一七六。

❹ 宣統元年「東方雜誌」第十三期記載一「憲政篇」，附「請願速開國會各省代表在上海會議紀事」，頁四四六至四四八。

省籍	進京請願代表	省籍	進京請願代表	省籍	進京請願代表
直隸	孫洪伊、張銘勳、王法勤	湖南	羅傑、劉善渥	黑龍江	李芳
山東	周樹標、朱承恩	河南	彭運斌、宮玉柱	吉林	李芳
湖北	陳登山	福建	劉崇佑、王邦懷、連賢基	廣東	沈秉仁
浙江	應貽誥、吳賡廷、鄭際平	江西	閻荷生、聶傳曾	奉天	永貞、劉興甲
江蘇	吳榮萃、方還、于定一	廣西	吳錫齡		❺

其他各省進京請願代表，安徽、山西人數未定，陝西、甘肅、四川、雲南、貴州等省，因遼遠不及與會，乃電告之。於是諸代表分道北上，期以十一月底集中北京。臨江江蘇諮議局議長張謇設酒祖餞，即席致詞曰：

❺ 同上。

聞諸立憲國之得有國會也，人民或以身命相搏，事雖過激，而其意則誠。……設不得請，而至於三，至於四，至於無盡，誠不已，則請亦不已，未見朝廷之必忍負我人民也。即使誠終不達，不得請，而至於不忍言之一日，亦足使天下後世知此時代人民固無負於國家，而傳此意於將來，或尚有絕而復蘇之一日，是則今日之請，迫於含創茹痛。就使得請無所爲榮，得請且不足榮，則不得請之不得爲辱可以釋然矣。❻

謇另致書攝政王，以各國倡言瓜分中國之説甚熾，「救危之法，惟有請明降諭旨，聲明國勢艱危，朝廷亟欲與人民共圖政事，同享治安，定以宣統三年召集國會，未至期以前，設有大政諮詢，並得開臨時國會。一面飭憲政編查館速將議院法及議院選舉法，提前編定，限半年告成，以備應用。」❼ 而清廷仍執迷不悟。

六、諮議局聯合會第一次請願立憲

先是清廷既頒預備立憲詔旨，光緒三十三年（一九〇七）八月十三日，諭命籌設資政院，

❻ 南通張季直先生傳記，頁一四三至一四四。

❼ 張季子九錄，政聞錄卷三，頁二十五至二十八，「請速開國會建設責任內閣以圖補救意見書」，民國二十年十月上海中華書局聚珍倣宋版。

派溥倫、孫家鼐爲該院總裁，所有詳細院章，由該總裁會同軍機大臣妥愼擬訂❶。遲至光緒三十四年（一九〇八）六月十日，溥倫等始擬定資政院總綱及選舉兩章十五條入奏。宣統元年（一九〇九）七月八日，資政院續擬院章六十五條，附則二條，於前奏二章多有更改之處，諭命京外各衙門一體遵行，是即院中職權及議事規則之根據。其內容與各國議院之共同原則大相背謬，而文義字句之間，不可索解之處尤多❷。其目的僅在於敷衍塞責，而不肯放鬆政權。同年十二月，東方雜誌第十三期「憲政篇」評其事曰：數月以來，有已成立之諮議局，有將成立之資政院，國民知諮議局之見厄於政府，資政院又爲非驢非馬之議會，俱不可持，因有聯合請願國會之舉。」清廷之不能見信於國人於此可見。

十二月初，各省代表前後抵京者三十二人，前政聞社員徐佛蘇亦奉梁啓超之命北上，聯絡各議員，共策進行❸。初六日，由孫洪伊領銜至都察院呈遞請願書，書中就內政外交瀝陳甚切，認爲「國會者憲政機關之要部，有國會然後政府乃有催促之機，庶政始有更張之本，不然者無提挈綱領之政，畛域各分，十一部不相統一也。」深以政府藉口人民程度不足爲非計。「以程度言，則長此籌備，九年後之國步，未必進於今日，以時機言，則從容坐失，九年後之危局，不知又當如何？徒虛擲此九年之歲月而矣。」指出資政院並非國會，因「國會之權

❶ 清德宗景皇帝實錄，卷五七七頁一一，民國五十三年一月華聯出版社影印版。
❷ 參照民國二年元月「東方雜誌」第二期「記載」一三，中國時事彙錄「記國會請願代表進行之狀況」。
❸ 梁任公先生年譜長編初稿頁三〇七。

限規定於議院法，依各國議院法之通例，政府對國會當負責任。今資政院章程絕不見有責任之政府，政府無責任，則資政院何能爲？欲藉此以督促政治之統一，振起國民之精神，必無國會之效。」因此力主朝廷應「速降諭旨，頒佈議院法及選舉法，期以一年之內召集國會，含創忍痛，共圖補救，俾盡協贊之忠，而收輿論之效。」❹都察院不肯代奏，求見都御史亦不見。乃一面遍謁當道，竭力陳請，一面於十四日通告各省諮議局，略曰：

> 茲事體重大，斷非一呈所能得效，政府從違，究以國人心志之齊一與否爲準，現同人等在京已組織速開國會同志會，以求合力進達之道，都中各團體亦陸續結合機關以爲後援，伏望諸公聯合省會同志，同時並起，以謀全國輿論之統一，則請求之目的更易達而迅速。❺

時京中各團體上書請求提早立憲者無日無之，旗人文耀等請都察院代遞之呈略曰：「伏察外界之趨勢，益以進行內治之現象日見退步，以言籌備，形式雖見，而精神不充。以言更革，大利未興而弊端先見，無一非啓人民慼然興憂之具，即無一非促朝廷翻然變計之機。是故居

---

❹ 宣統元年十二月二十六日第八百二十號「政治官報」，摺奏類，頁十二至十六。

❺ 宣統二年二月「東方雜誌」第二期，記載三「中華時事彙錄」，「記國會請願代表進行之狀況」頁二七至二九。

今日而言國會，雖在一年猶懼其晚，況至九年，能無歎其不及。」❻都察院不得已，始行入奏。二十日朝旨嘉獎，但不允所請。諭曰：「夫行遠必求穩步，圖大者不爭近功，現在各省諮議局均已舉行，明年資政院亦即開辦，所以爲議院基礎者具在。……俟將來九年預備業已完全，國民教育普及，屆時朕必毅然降旨，定期召集議院。」❼各省諮議局聯合會代表，乃於二十八日開會決議，於宣統二年（一九一〇）正月致書各省團體，略曰：「國會請願未蒙所允，迫切呼籲當在後援。同人等自去臘二十日奉上諭後，是晚會議，乃決定進行方針，奔走組織請願即開國會同志會（按：即國會請願同志會），草定簡章，宣佈實行，凡贊成請願者均得入會爲會員，責任所在，當與全國人民共圖之。」❽即請各省趕設分會，選舉幹事，繼續進行，以便三、四月間各省所推代表到京後，再上第二次請願書。並決議各省諮議局聯合會，依在滬決議，定於每年六月開大會一次，各省應如約推舉一二人與會，並先由福建代表劉崇佑擬定諮議局聯合會草章以備應用。

是時立憲浪潮瀰漫全國。宣統元年（一九〇九）十二月底，北京各界假西珠市口當業商會，開會歡迎各省諮議局聯合會代表時，參加者極爲踴躍。福建代表劉崇佑之演說，大意謂：「國會既未允准，自應再籌商請願辦法，以促其必成。」直隸代表孫洪伊之演說，則認

---

❻ 宣統元年十二年二十六日第八百二十號「政治官報」，摺奏類，頁十六至十九。

❼ 宣統元年十二年二十一日第八百十五號「政治官報」，諭旨類，頁二至三。

❽ 宣統二年三月，「東方雜誌」第三期，記載三「中國時事彙錄」，「再記國會請願代表進行之狀況」，頁四七至四八。

爲：「政府既未允准國會，即應停止各省國債，俟國會允准後，再行開辦。」聽衆一致贊成❾。另有市民徐某，於歡迎會場，自斷其指，郭某則自割其臂，以示請願國會決心。大會一致要求諮議局聯合會諸代表，月內再上書，不達目的，不應中止❿。清廷聞京師人民集會討論國是，由民政部諭命內外城巡警廳，此後遇有假名政黨開會演說情事，即行督飭禁阻⓫，而人心益不服。宣統二年（一九一〇）正月初九、初十日，中外日報以「論巡警廳禁阻政黨開會事」爲題之社論，抨擊清廷曰：「比聞各代表在京，擬組合同志設立國會期成會，具呈民政部立案，奉批謂礙難准行。又聞樞府令人諷令代表出京，免攖上怒。……下之陳請以公理，上之干涉以强權。下之人方佇辛佇苦欲藉多數以爲後援，上之人偏杜漸防微，預禁黨人以散團體，有心人對於國會之現狀，以卜憲政之前途，未嘗不栗栗危懼也。」由此可見輿論之一般。

七、諮議局聯合會第二次請願立憲

宣統二年（一九一〇）二月底，在各省諮議局聯合會留京代表領導下，北京國會請願同

---

❾ 宣統二年正月初七日，中外日報「緊要事件」，「補錄歡迎國會代表紀事」。
❿ 宣統二年正月初八日「中外日報」北京專電。
⓫ 宣統二年正月初五日「中外日報」北京專電。

志會成立，選定職員二十餘名，分負會務責任。其他各代表則紛紛至各省，從事演說鼓吹，以求再舉，其中尤以山東諮議局議員周樹標活動最烈。周氏於去年山東諮議局推舉聯合會請願代表時，慷慨請行。到京後遍謁同鄉京官，暨山東旅京學界，請爲諸代表後援。迨國會請願同志會成立，復親至天津聯絡政商學各界同鄉，以爲第二次請願之預備。並將同志會印刷之文件及血書，寄至山東諮議局，由山東諮議局將血書交石印館印刷數千份，郵寄各學堂、勸學所，以便廣爲傳佈❶。自是山東人心爲之大開，簽名上書請願國會者六萬餘人❷。

三月下旬，各省國會請願同志會先後報告成立，乃以北京國會請願同志會名義，書告全國國人，首論政府歷年籌備憲政之有名無實，次謂：「吾民惟有確守一定界線，冒艱難困苦以努力前進而已。蓋吾國從速立憲之機日益發動，若任此機之逸去，則轉瞬風雲勃起，外侮紛乘，舉目河山，將不勝今昔之感矣！」❸是時各省政團、商會，及海外僑民所舉之代表先後抵京，順直各代表臨行前，各界代表五六百人，假天津議事會場開大會討論國是，多人演說，群情激憤，衆人涕泣，幾至失聲❹。四月初，國內各報刊登海外華商聯合會請開國會書，其言甚切。略謂：「非開國會無以通上下之情，而使之萃；非開國會無以挽危亡之局，而即

❶ 宣統二年三月初六日「中外日報」要聞。
❷ 宣統二年三月十二日「中外日報」京師要聞。
❸ 宣統二年四月三、四、五、六、七、八等日，「中外日報」連載。
❹ 宣統二年三月十二日「中外日報」要聞。

於安。」❺海外僑胞熱心立憲之願望可知。

其時留京各省諮議局代表，對於諮議局聯合會永久場所，在京在滬爭論不一。計主張在京者有福建、河南、湖北、山西、廣東、江西、直隸、吉林等省，主張在滬者有江蘇、山東、浙江、奉天、陝西等省，遂由駐京代表，取決多數，規定永久場所設立北京❻。並由諮議局聯合會合併所有各種請願國會團體，改組爲一大團體，定名國會請願代表團，推舉孫洪伊等十人爲職員，經費由各省諮議局解交，準備作第二次大請願，並創辦一言論機關，定名「國民公報」。以請願速開國會、提倡政黨、督促行政，並維繫各省諮議局關係爲宗旨。原定五月一日出版，後遲至七月始正式發行。由前政聞社員徐佛蘇主持，梁啓超多有文字發表於報端，言論精闢，頗能開導國民憲政上之智識及興趣，而國民公報遂爲國人請願立憲之口舌❼。

先是攝政王載灃，聞各地請願代表陸續抵京，屢次垂詢樞臣國會應否速開；樞臣咸不置可否，莫敢贊一詞❽。五月十日，各代表遂分別以呈摺十封遞交都察院，請爲代奏。計直省諮議局議員代表孫洪伊、直省商會代表沈懋昭、蘇州及上海商會代表杭祖良，南洋雪蘭峨二十六埠中華商會代表陸乃翔，澳州華僑代表陸乃翔，直省教育會代表雷奮、江蘇教育會總代表姚文枬，直省政治團體代表余德元、直省紳民及旗籍代表李長生、文耀，東三省紳民代表

---

❺ 宣統二年四月三、四、五、六、七、八等日，「中外日報」連載。

❻ 宣統二年四月十一日「中外日報」要聞。

❼ 梁任公先生年譜長編初稿，頁三一三至三一四。

❽ 宣統二年三月十一日「中外日報」北京專電。

喬占九。十五日督察院據情入奏，十九日諭命會議政務處王大臣於二十一日預備召見。是日諸王大臣入見後，議定必須俟九年後籌備完成，方可議開國會。乃降旨慰諭諸代表，令其不得再行瀆請。於是各代表乃商討對策，決議第三次大請願定於明年二月舉行，簽名須普及農工商各界，人數每省至少須百萬以上，簽名冊限十二月彙齊，送交北京請願代表團事務所。屆請願時，府廳州縣各須派一二代表到京，近省至少須百人以上，遠省至少須五十人以上，並以目前距明年二月尚有數月時間，復擬定間接請願辦法三種：㈠代表團對於資政院上請願書。㈡各省諮議局及各團體同時對資政院上請願書。㈢各省諮議局及各團體，同時呈請督撫代奏❾。另以國會請願代表團名義，致書各省各團體，略曰：

> 議決案內謂必各府廳州縣皆設一分會爲體，而於請願時各屬皆以萬數簽名一、二代表爲用。誠能如是，則合全中國之人平時皆耳國會而口國會，居時請願慘怛呼號，一如寒之欲衣，飢之飲食；眞宰上訴，皇天亦泣，誠之所至，金石爲開。而謂政府終不睹不聞，誓必絕民而立，抑亦輕量政府之甚也。❿

各省地方團體接國會請願代表團函後，紛紛回信表示支援。五月二十五日，東京留學生千餘

---

❾ 宣統二年「東方雜誌」第六期記載「中國大事記」頁八四至八六。

❿ 宣統二年六月二十六日「中外日報」轉載。

人，在錦輝館開會，討論第三次請願國會辦法，一致通過全力支持國會請願代表團之行動。六月七日，上海國會請願同志會，致國會請願代表團函略曰：「二次請願速開國會仍未蒙俞允，而人民忠愛之忱固爲朝廷所嘉許，尤宜持之以毅力，賡續籲請，以期達其目的。」六月二十九日，黑龍江諮議局致代表團函略曰：「去冬發起請願會，雖兩次無效，而鼓勵社會之力實爲偉大，江省地處極邊，士民向不知立憲爲何事，自有請願國會之舉，潮流所及，一般人民漸漸開明。……已於日內通知各團體，務期聯合多數紳民鼓吹進行，以爲三次請願之後盾。」其他各省諮議局之回電略同⓫。七月十一日，國會請願代表團復於評議會中通過決議數端：

甲、自辦事項：

一、原議決案定本年九月代表團對資政院上書請開國會，茲擬擴張其範圍，迅速函催各團體之代表，至遲八月前來京。

二、日俄新協約關係中國存亡，代表團應上書政府，質問對付方法，並通告一般國民徵求意見。

乙、對諮議局聯合會提出事項：

一、國會不開，應實行提倡不納稅主義。

⓫ 宣統二年七月十三日，中外日報「國會代表團之函電種種」。

二、各省諮議局今年通常會，應祇限要求速開國會一案，不達目的各局同時解散⑫。

各省諮議局聯合會於七月十八日第五次會議中，復通過速開國會案，並通過擬定請開國會公呈人選。七月二十七日，第八次會議中，另通過議案十四條：

㈠請速開國會。㈡陳請修改結社集會律。㈢直省衙門署所卷宗請登報公佈。㈣請設租稅整理局整理租稅。㈤請各州縣丁漕實徵實辦，並劃定州縣公費案。㈥請按新幣制，速定丁漕劃一徵收方法。㈦諮議局預算議決權。㈧劃清地方自治經費案。㈨五省疏江提案。㈩亟變鹽法，就場征稅，破陳引地修正案。(十一)陳請建議速定公布法令條例提議案。(十二)請刪資政院章程第二十三條二項建議案。(十三)國會未開前不得收商辦鐵道爲官有案。(十四)對城鄉地方自治經費附捐意見書⑬。

是時全國各界，咸認爲諮議局聯合會爲領導立憲運動之統一機關，雖無國會之名，而足以代表民意。同年八月十八日，上海申報之「論說」，以「對於諮議局聯合會之希望」爲題評之曰：「今日時局迫矣，政府無可屬望，所望者唯民黨之活動耳！而諸君又鑄造民黨之模型也。」因此盼望聯合會：㈠能與資政院民選議員息息相通，而各省諮議局策其後援。㈡能爲一有綱領有主義之政團，使全國之黨派皆屈服於其下，最後復沈痛而言曰：

---

⑫ 宣統二年「東方雜誌」第八期，記載三「中國時事彙錄」，「國會請願之近狀」，頁二〇五至二〇六。

⑬ 宣統二年八月三日「申報」急要新聞。

國脈垂斬，人心垂死之際，忽有諮議局聯合會發生，萃二十一省人之聰明材力，以研究國家對內對外之政策，俾政府有嚴師，資政院有畏友。……經此次之鍛鍊淬厲，吾知後日基礎之鞏固，聲光之發越，此會基之，勉矣諸君！

由此可見國人對諮議局聯合會期望之殷切。當是時各省諮議局亦繼續分別作要求國會之努力，各省諮議局議長副議長，經常通訊或互派代表接洽一切，其中尤以順直諮議局活動最爲激烈，因其接近北京，對清廷之黑暗內幕知之較詳故也⑭。

八、諮議局聯合會第三次請願立憲

先是宣統二年（一九一〇）春，各省第二次請願國會代表既相繼抵京，清廷爲緩和人心，於四月一日欽選魁斌、載功、載瀛、載振等百餘人爲資政院議員，並規定同年九月一日爲開院之期，八月二十日爲召集之期。

依照院章，資政院議員分欽選互選兩種，各一百人。凡宗室王公世爵、滿漢世爵、外藩王公世爵、宗室覺羅、各部衙門官、碩學通儒，及納稅多額者，爲欽選議員。各省諮議局議員互選後，由督撫覆核咨送者，爲互選議員。須年滿三十一歲以上者方得選充，任期三年。

⑭ 張謇傳記頁一七七至一七八。

初擬章程王公世爵不過十人，改訂章程增至四十二人，而各部衙門官則由一百人減爲三十二人。互選議員，原擬章程規定爲各省諮議局議員定額十分之一，應得一百六十七人，後改減爲一百人。其改訂章程之目的，在於保障親貴之特權。

院設總裁二人，以王公大臣特旨簡充，副總裁二人，以三品以上大官特旨簡充。每年九月起開年會一次，會期三月，臨時會期一月，有議決預算、決算、稅法、公債、定法典，及彈劾行政大臣之權。議決後會同行政大臣具奏請旨。若行政大臣不以爲然，得咨送覆議。仍執異議，則資政院與行政大臣分別具奏請旨❶。

八月二十日上午九點三十分，資政院如期召集，出席欽選互選議員一百五十四人，欽命溥倫爲議長，沈家本爲副議長，依資政院議事細則第五條，以抽籤法分議員爲六股議事。九月一日正式開院，監國攝政王載灃親臨主持。同日各省諮議局在省會舉行第二屆會議。

八月二十六日，國會請願代表團以資政院已於二十日召集，將於九月一日開院，乃舉行特別會議，商討三次請願國會辦法。由孫洪伊提議，決定辦法五項：㈠上書政府。㈡上書監國攝政王，並要求面陳一切。㈢呈請都察院。㈣上書資政院。㈤由各省人民要求各督撫代奏❷。乃由孫洪伊領銜，致電全國各團體。略曰：「抵死請願，無論如何危險皆所不計。並

---

❶ 參照民國二年正月，東方雜誌第九卷第七號「十年以來中國政治通覽」，上編「通論」第四篇，傖父「議會及政黨」。

❷ 宣統二年九月二日「中外日報」要聞。

請貴團體同時開會，邀集大多數國民速赴各督撫衙門泣懇代奏速開國會，以救國亡，或聯電政府代奏。」❸江蘇諮議局議長張謇，則以兩次請願國會不成，第三次請願恐仍難實現。亦致函各省諮議局，提出建議四項：㈠擬向資政院陳請轉達。㈡請願之人就蘇省而言擬推謇名義北上。㈢十月底成行，十一月到院。㈣能去之議長合成一議長請願團，別開一新面目❹。

九月五日爲國會請願代表團第三次上書之期。是日晨，各代表二十餘人結隊前往。臨行之際，有東三省留京學生趙振清、牛廣生等十七人整列而入，持函一通致各代表，痛陳國家瓜分在即，東三省土地必先淪亡，非速開國會不能挽救。以前二次請願國會既然無效，今作第三次之請願，勢不能再如以前之和平。與其亡國後死於異族之手，不如以死餞諸代表之行。言甫畢，趙、牛二人即各抽出利刃欲自絕以明心跡，各代表力救之。牛在左腿割肉一臠，趙亦在右臂割肉一塊，各持肉在其書上摩擦，血涔涔滴，肉躍紙上❺。諸代表先乘車至攝政王府，以載澧避駐三所，而府中人又拒不收書，乃推吉林代表李林芳、文耆，直隸代表賀培桐、潘智遠、楊春泰、王慶昌六人，立候府前，必待監國回府，親自謁見，不肯離去。警察廳派人勸告無效，民政部尚書肅親王善耆復親來婉商，各代表始將所攜之書交其轉上❻。六日午

---

❸ 宣統二年九月七日「中外日報」要聞。
❹ 宣統二年九月二日「申報」緊要新聞。
❺ 宣統二年九月十四日申報，「緊要新聞」。
❻ 宣統二年九月十四日「中外日報」要聞。

後，孫洪伊等再赴資政院呈遞請願書，請於明年召開國會，設立責任內閣❼。並遍謁慶親王奕劻等，請求援助。力陳國會不可不開之理由，及人民渴望速開國會之情狀，甚至痛哭流涕，以爲力爭。是時資政院中民選議員因係各省諮議局所選出，亦即各省諮議局聯合會之主要代表，如直隸之孫洪伊、湖北之湯化龍、湖南之譚延闓、福建之林長民、江蘇之雷奮、四川之蒲殿俊等，其言論在資政院中佔有舉足輕重之地位❽。

九月二十日，資政院討論請速開國會案，國會請願代表團代表，由議員介紹在座旁聽，並由議員羅傑等登台演說，諸議員踴躍發言，最後全體表決贊成。乃推定趙炳麟、陳寶琛、汪榮寶、孟昭常、雷奮、許鼎霖等六人爲起草委員，專摺具奏❾。

各省諮議局及人民團體亦紛紛作個別之請願行動，以爲國會請願代表團之後援。九月四日上午九時，直隸人民代表一千數百人，集議速開國會，推舉李向辰、溫世霖等十二人爲代表，向直督陳夔龍要求請爲代奏。夔龍拒不肯見，諸代表乃留督轅不去，而在外鵠候人民，則三五成群，互相鼓吹諷譏清廷，以爲支持。陳氏不得已，始允即晚辦稿，明日出奏❿。

九月十四日，河南國會請願同志會假游梁祠開會，各界紳民到者三千餘人，當場簽名即

---

❼ 宣統二年東方雜誌十一期，記載一，中國大事記頁一四三至一五九。
❽ 宣統二年十月一日上海「時報」。
❾ 同上。
❿ 宣統二年九月十一日，「中外日報」要聞。

赴撫院要求代奏速開國會。並公推代表楊源懋等十人入見寶棻，寶允代奏，始行退出⓫。

九月底，陝西諮議局致電資政院，非國會召開，斷不公認借用外債⓬。同月二十八日，福建九府二州及旅外閩僑請願國會代表三四千人，集中福州府學明倫堂，至督署呈遞請願書，請求代奏。同日四川各界三萬餘人亦作請願國會之要求。湖北各界之請願活動亦極熱烈⓭。

各督撫因不滿意於清廷之中央集權政策，亦多希望國會與責任內閣及早成立。九月二十三日，東三省總督錫良、湖廣總督瑞澂、兩廣總督袁樹勛、雲貴總督李經義、伊黎將軍廣福、察哈爾都統溥良、吉林巡撫陳昭常、黑龍江巡撫周樹模、江蘇巡撫程德全、安徽巡撫朱家寶、山東巡撫孫寶崎、山西巡撫丁寶銓、河南巡撫寶棻、新疆巡撫聯魁、江西巡撫馮汝騤、湖南巡撫楊文鼎、廣西巡撫張鳴岐、貴州巡撫龐鴻書等聯名致電軍機處，要求內閣國會同時設立，請爲代奏。（按：時各督撫自上月以來，因內閣國會問題已電商甚久，故有是奏。）⓮惟兩江總督張人駿、直隸總督陳夔龍、陝西巡撫恩壽持反對態度。人駿致電軍機處，認爲救時要策限於飭吏治、興實業二端。夔龍、恩壽之電，則主張先設內閣後開國會，顯係窺伺朝廷意旨，不知國會未開前而先設內閣，內閣對誰負責也。

⓫ 宣統二年九月二十五日，上海「申報」緊要新聞。

⓬ 宣統二年十月二日上海「時報」專電。

⓭ 宣統二年十月六日上海「時報」地方要聞。

⓮ 宣統二年東方雜誌第十期，記載三「中國時事彙錄」，頁二七一至二八二。

是時駐外使臣先後電力爭，各地報紙亦予清廷以無情抨擊⑮，載灃以人心所趨，迫於無奈，連開密議，軍機大臣毓朗、徐世昌等均主張縮短國會以爲根本上挽救，載濤、載澤，及肅親王善耆等附之，議遂定⑯。十月三日，下詔准將立憲籌備期限縮短，於宣統五年（一九一三）實行開設議院，在國會未開前先將官制釐定，並預行組織內閣。同日諭令民政部及各省督撫驅逐解散請願開國之代表⑰。並爲粉飾起見，由警察廳强迫各舖戶懸旗張燈，並令各公立學校初七、初八兩日停課，各報館印發紅報（各報館多不從）以資慶祝⑱。惟各督撫各省諮議局及各政團，咸知清廷之無立憲誠意，而三年期限太緩，對先設內閣後開國會之措施尤所不滿也。

先是各督撫初聞監國欲縮短至宣統五年召開國會，並先設立內閣，乃於九月三十日夜八時仍由東三省總督錫良領銜二次聯合以加急電奏，主張內閣國會同時設立⑲。而載灃不顧。及清廷十月三日上諭公布，國會請願代表團各代表，即夕約集於「國民公報」館，密商善後之策。決議：「同人各返本省，向諮議局報告清廷政治絕望，吾輩公決秘謀革命，並即以各諮議局中之同志爲革命之幹部人員，若日後遇有可以發難之問題，各省同志應竭力響應，援

⑮ 宣統二年九月十三日，上海時報。
⑯ 宣統二年九月二日，中外日報要聞。
⑰ 宣統二年十月四日，上海時報。
⑱ 宣統二年十月五日，上海時報要聞。
⑲ 宣統二年十月九日，上海時報要聞。

助起義獨立。」⑳並通告全國各界曰：

昨奉上諭，已宣示臣民，千氣萬力，得國會期限縮短三年，心長力短，言之痛心。以諸父老希望之殷，而效果止此，委任非人，能無慚悚。……今去宣統五年尚復距離三年，不審此三年中，列强圜視，外交上有無變更與否？財政竭蹶，內部分事有無罷暴與否？公廷攬權，私室倖進，叫囂奔競，中央攻府有無內訌與否？且國會未開，先設內閣，監督無人，有無濫用權力與否？新舊過渡，必防官邪，政治改革，而寬以歲月，有無僉壬彙緣，大臣把持，肆其奸謀否？國本未定，而人心皇皇，我謀不用，有無灰絕否？中央集權而無人民爲之贊助，治不統一，各省督撫有無不能行政與否？憲法先頒，而不經國會通過，有無權限失當與否？三年遙遙，夜長夢多，諸父老與有興亡之責，有國憂勤，其何以圖之？㉑

另以國會請願代表團名義通告各省請願國會團體，說明在京行止，並進行方略：㈠以事實上已無效力，國會請願代表團暫時消滅。㈡各省諮議局聯合會繼續存在，非國會成立不得解散。㈢用種種方法要求政府於宣統四年春間或秋間召集國會。㈣請政府趕早編定憲法、議院法、

⑳ 梁任公先生年譜長編初稿，頁三一四至三一五。

㉑ 宣統二年「東方雜誌」第十一期，記載一，中國大事記頁一四三至一五八。

選舉法，及官制、內閣組織法。㈤擬組織一政黨，先擬綱要。㈥望各省同志喚起民氣，繼續推動政府㉒。

資政院亦以清廷十月三日之上諭不切實際，而內外情勢之險惡恐不能待至三年以後，於十月七日繼續討論，十月九日復行上奏。略謂：「臣等以內審國情，外考成法，竊以爲建設國會爲立憲政體應有之義務，既不可中止，何必斤斤於三五年遲早之間，人心難得而易失，時會一往而不還，及今圖之猶可激發輿情，又安大局，朝廷亦何憚而不爲？」㉓十月八日，國會請願代表團接河南、湖北、福建、江西四省諮議局來電，請繼續努力，請求速開國會。南京各界通電全國，認爲「國會不即開，請願目的仍不達。」㉔廣西諮議局則電商直隸諮議局，聯合電請資政院，力言國會未開前，反對續借一切外債㉕。直隸、陝西諮議局亦電請國會請願代表團，繼續力爭，切勿解散出京㉖。十月十三日直隸國會請願同志會致電國會請願團代表團，質問樞府緩開國會理由。山西、陝西兩省國會請願同志會，亦致電國會請願代表團，力爭國會期限務求再縮㉗。同月六日上海時報以「論國會不與內閣並立之弊」爲題社論

㉒ 宣統二年十月二十四日，上海申報緊要新聞。
㉓ 宣統二年十月十日、十一日，上海時報要摺。
㉔ 宣統二年十月九日，上海時報專電。
㉕ 宣統二年十月十日，上海時報新聞舊聞。
㉖ 宣統二年十月十日，上海時報專電。
㉗ 宣統二年十月十四日，上海時報專電。

曰：「所謂責任內閣，此責任二字非對君王而言，對乎議會而言也。」又曰：「總之有國會之內閣專權而不跋扈，植黨而不營私，而無國會之內閣，則專權必至於跋扈，植黨必至於營私，然則國會未立先設內閣，其不利於君主不利於人民可知矣。」同月七日「中外日報」復以「讀初三日上諭感言」為題社論曰：

夫以政府之心理觀之，直視吾民如蛇蝎，如盜賊。當此多難之日，上之與下絕無開誠布公相親相愛之忱，以此等煌煌大詔，而含有無數憤恨嫉惡之意，何其不祥之甚也。吾國民諸君乎！諸君其速覺醒，以如斯之政府，其所定之議院法可想而知，其所定之憲法可想而知，其所定之官制可想而知，而將來內閣之人物，可想而知，政府之權力可想而知。嗚乎！今後我民之所著意者，不當在於國會期限之問題，而當在於上者所舉加之意可也。

全國人心之背向如此，而清廷仍頑固如故，盡量壓制人民之立憲活動。十月二十一日，直隸各學堂學生推舉代表齊集自治研究總所，會議進行請願方法。直隸總督陳夔龍立時派兵馳往解散。十一月二十三日諭命民政部、步軍統領衙門，將東三省要求速開國會代表迅速送回原藉，各安生業，不准在京逗留，此後倘有續行來京藉端滋擾者，定惟民政部、步軍統領衙門是問。各省如再有聚眾滋鬧情事，由該督撫等查拿嚴辦，毋稍縱容。東三省請願各代表臨行，向軍機大臣徐世昌及肅親王善耆辭行，咸拒不得見，於是悻悻而返㉘。清廷仍恐其回省後有所舉動，電令東三省總督錫良嚴加防範。復恐各省代表互相通函，有所協商，由民政部與郵傳部會同審查往來信件，並嚴令各地報館今後不得刊登評論有關政治報導㉙。十二月初八日，以天津人溫世霖等三千八百五十九人，發電各省，創議聯合全國學界罷學要求國會，旨命發往新疆交地方官嚴加管束。於是舉國輿論譁然，咸不值清廷之所爲。

九、立憲派轉向排滿

各界請願縮短立憲籌備期限目的既不達。宣統三年（一九一一）二月二十二日，北京各省諮議局聯合會，由孫洪伊等領銜致電各省各團體，邀請各省諮議局議長即時入都，擬定國事辦法，其理由凡三：㈠可以破政府輕視國民習見。㈡可以動外人遵重國民之觀念。㈢可以充吾民最後自立之方針❶。四月上旬，各省諮議局代表陸續到京，計有吉林諮議局副議長何印川，廣西諮議局議長甘德蕃，常駐議員蒙經均，奉天諮議局副議長袁金鎧，常駐議員曾有嚴、劉興甲等。四月十四日聯合各省諮議局聯合會代表，假順治門外松筠菴開會討論國事。

㉘ 宣統二年十二月四日，中外日報要聞。

㉙ 宣統二年十二月五日，中外日報要聞。

❶ 宣統三年二月二十八日申報，來稿「國會同志會請各團體電約各議長入都定計書」。

到會凡十二省代表：

省份	代表	省份	代表	省份	代表
直隸	閻鳳閣、王振堯、梁庭華、王邦屏、張汝桐、丁宗峰、孫洪伊	吉林	慶康、何印川	山西	梁善濟、李素
		奉天	袁金鎧、曾有嚴、劉興甲	四川	李文熙
		四川	蕭湘	安徽	竇以珏
湖北	湯化龍、陳登山、鄭萬瞻	河南	方貞幹	廣西	吳賜齡、甘德藩、蒙經均
湖南	譚延闓、周煦娫	陝西	李良才		

其後每日籌商，咸認定當前要務不外治標治本兩大端。治標主義首在練民團，利用武力以達成實行憲政之目的。治本主義則在改組新內閣，反對親貴充任總理大臣，另決議如政府不改

弦更張，收回成命，各省諮議局必將聯合宣告鄰邦，凡清政府對外借款，國人皆不負責任❷。梁啓超亦暗中參與其計劃。五月八日，憲友會正式成立，推舉徐佛蘇、雷奮、孫洪伊爲常務幹事，其各省分會會長均由總會會員選任。如直隸爲忠寅、河南爲方貞幹、山西爲梁善濟、奉天爲袁金鎧、湖北爲湯化龍、湖南爲譚延闓、四川爲蒲殿俊、江西爲謝遠涵等❸。並議定政綱六端：㈠尊重君主立憲政體。㈡督促組責任內閣。㈢釐理行省政務。㈣開發社會經濟。㈤講求國民外交。㈥提倡尚武教育❹。於是國內政治情勢爲之一變。

同年四月十一日，清廷准郵傳部大臣盛宣懷奏，發佈收回川漢、粵漢鐵路國有上諭，激起川、鄂、湘、粵四省之保路運動。其領導中心爲四川之諮議局，而各省之諮議局固皆立憲黨人之大本營，咸以請願速開國會目的不達，而素怨於清廷者也。至是益感憤激，一面派代表赴京請願，一面彼此連絡以爲一致之行動。以四川發回商股最少，故活動最爲激烈。是時適當廣州三月二十九日起義之後，人心所向，對革命事業多表同情。而由居正、孫武等所領導之文學社、共進會，方以武漢爲據點，鞏固實力，以謀大舉之發動。滿清之滅亡已在指顧之間，而載灃等卻依然踏走其自殺之路。同年四月二十一日，上海「申報」載北京專電：

❷ 宣統三年四月十七日，申報「緊要新聞」，「諮議局聯合會進行狀況」。
❸ 梁任公先生年譜長編初稿，卷二十頁三三六。
❹ 宣統三年五月十一日，申報新聞。

「鄂京官諮議局聯合會各代表，詢問對於四國借款補救方法，以爲一致進行之計，各代表示以質問政府之書稿。」是各省諮議局聯合會已認定清廷之過失不限於四國借款合同，而對待清廷之方法，亦斷非普通請願所能奏效。遂以各省諮議局聯合會名義通告全國，說明連日會議之結果，認定今日政府之失信於國人者，約有下列數端：㈠借債政策。㈡改定幣制政策。㈢興業政策。㈣鐵路國有政策。㈤禁煙政策。㈥外交政策。最後歸結謂今日之政府，「名爲內閣，實則軍機。名爲立憲，實則爲專制矣！」認定「欲救中國之亡，必得良美之政治，欲得良美之政治，必得完全之內閣，欲得完全之內閣，必求不反乎責任內閣之原則，君主立憲國皇族不能充當內閣。」❺而全國各界，亦咸知清室之無望，捨採取革命行動外，別無途徑之可循。六月九日上海時報之「時評」曰：「聯合會奏請親貴不宜任內閣總理，不僅爲國民計，爲國家計，亦爲維持皇室尊嚴計也。乃政府不以爲可，將來以內閣之動搖侵及君主之神聖，此則可深憂耳！」可爲真摯之論。

同年五月下旬，湖南諮議局，因前推舉副議長陳炳煥等到京請願，要求廢止四國借款合同久無結果，復派議員左學謙、周廣詢等前往。左等抵京未久，而四川諮議局議長蒲殿俊等因拒借款請願被押解回籍，留京各省諮議局代表送之行。殿俊憤激之餘告衆人曰：「國內政治已無可爲，政府已彰明較著不要人民了。吾人欲救中國，捨革命無他法，我川人已有相當準備，望聯絡各省共策進行。」於是各議員遂多暗中組織機關，以謀革命之進展。殿俊返川

---

❺ 宣統三年六月七、八、九等日，上海「時報」要件連載「諮議局聯合會宣告全國書」。

時，四川保路同志會已告成立，乃一面繼續請願，一面策動顛覆清廷❻。同年四月十日，清廷頒布內閣官制十九條，依此官制，則內閣無異於過去之軍機處，國家大政仍操皇帝之手。故其立憲與不立憲實無區別也。同日任命慶親王奕劻爲內閣總理大臣，那桐、徐世昌爲內閣協理大臣。在十三閣員中，漢四人，滿八人，其中皇族又佔五人，蒙古旗籍一人，故號稱「皇族內閣」。由此可知載灃對於立憲之無誠意，於是熱心國會內閣之立憲黨人更加失望。及憲友會成立，一方面立憲黨人從事革命之醞釀，一方面仍以各省諮議局聯合會名義繼續請求都察院代奏。以「皇族組織內閣反君主立憲之公例，失臣民立憲之希望」，懇請「實行內閣官制章程，另簡大員組織，以固國本而尊皇基。」五月十四日都察院遞入，留中不報❼。六月十日都察院復二次代奏各省諮議局聯合會再請另行組織內閣稟，奉旨：

黜陟百司係君上大權，載在先朝欽定憲法大綱，並註明議員不得干預。值茲預備立憲之時，凡我君民上下，何得稍出乎大綱範圍之外。乃該議員等一再陳請，議論漸近嚣張，若不極爲申明，日久恐滋流弊。朝廷用人審時度勢，一秉大公，爾臣民等均當懍遵欽定憲法大綱，不得率行干請，以符君主立憲之本旨。」❽

---

❻ 參照粟戡時「湘路案」，引自「辛亥革命」第四册。
❼ 宣統三年「東方雜誌」第八卷第五號，中國大事記頁七至九。
❽ 宣統三年「東方雜誌」第八卷第六號，中國大事記頁七至八。

其曲解憲法，雖愚夫亦知其欺詐。各省諮議局聯合會仍欲作三次公呈，都察院以代遞請願書屢受申飭，托人勸說該會，打消原意，如再陳請，決計永不代奏⑨。

載灃既拒各省諮議局聯合會之請願，復於「皇族內閣」成立後，擅改資政院、諮議局章程。原院設總裁副總裁各二人，今改爲各一人。另規定諮議局除督撫劄詢外，不得對外行文，議員到會改三分之二爲半數，臨時會議改陳請爲特旨，始得召開⑩。以實現其抑制民意表現之目的。是時全國輿論之激昂達於頂點，六月十二日上海時報之「時評」曰：「或問中國立憲？曰：『只有一語』。其語意爲何？曰：『君上大權』。」六月十四日之「時評」復曰：「親貴內閣則曰載在先朝欽定憲法大綱，然則資政院章程獨非先朝所欽定者耶？奈何汲汲議改也。此是則彼非，彼是則此非，於彼於此，何以服天下人之心？」另由孤憤署名以「讀初十日上諭感言」爲題社論曰：

> 如朝廷確因時勢而用人，則此席更不宜授諸皇族以內之人。何以故？以今日之時勢，內訌外患交迫之時勢也。以內訌論，則革命黨素主張排滿，若內閣總理仍爲皇族，則彼又將藉口於朝廷偏重滿人，以爲煽惑之資料矣。以外患論，慶邸主管外部數年，無一非屈辱之歷史，若以任總理而兼管外部，則失地喪權之事皆將靡有已時。

⑨ 宣統三年六月八日上海「時報」北京專電。
⑩ 宣統三年六月十三日上海「時報」北京專電。

江蘇諮議局議長張謇因各省諮議局聯合會要求改組內閣之無效，以各省諮議局領袖地位，於新內閣成立後兩月，致書攝政王，請新閣依照憲政常規，發表政見⓫。而清廷敷衍塞責如故。謇於失望之餘，於其嗇翁自訂年譜記曰：

> 政府以海陸軍政府權及各部主要均任親貴，非祖制也，復不更事，舉措乖張，全國爲之解體。至滬合湯壽潛、沈曾植、趙鳳昌諸君，公函監國切箴之。更引咸、同間故事，當重用漢大臣之有學問閱歷者。趙慶寬爲醇邸舊人，適自滬回京，屬其痛切密陳，勿以國事爲孤注。是時舉國騷動，朝野上下不啻加離心力百倍，可懼也。⓬

是時適有某省諮議局派代表二人至南京訪問張謇，以國事蜩螗不可終日，要求張謇親至北京一行。視察清廷內部情形，以決定各省諮議局對於國是應取之態度⓭。會上海、天津、廣州、漢口四處總商會，公推張謇到北京陳請組織中國報聘去年美國遊華實業團之訪問，及中美聯合興辦銀行航業公司事，謇遂決計北上。五月十四日過彰德，晤袁世凱，交換對於時局意見。袁氏熱情款待，對各省諮議局之請願國會極表同情，至使張謇大有「不虛此行」之感。因此

⓫ 張季子九錄，政聞錄卷三，「請內閣發表政見書」，頁二八至三十。

⓬ 嗇翁自訂年譜，卷下頁六六。

⓭ 張謇傳記，頁一七八至一七九。

種下日後諮議局派於辛亥革命期間對袁氏妥協之禍根⓮。

五月十七日，張謇謁見攝政王載灃，對清廷作最後之忠告。於瀝陳外交之危險後，認爲當前內政以注重民生，實行憲政爲要務。而「諮議局爲道達民隱之地，須得各督撫重視輿論，方足宣示朝廷德意。又須朝廷體察民隱，方能得輿論之真像。但得民心不失，則內政不修，外患猶可漸弭。」⓯清廷仍不肯腳踏實地做起。張謇對收回川路事嘗爲川人請命，清廷卒不顧人民利益，而一意孤行。

十、諮議局與辛亥革命

七月十五日，四川總督趙爾豐拘留諮議局議長蒲殿俊、副議長羅綸、鐵路公司董事會長顏楷等，槍殺請願要求釋放民衆，成都秩序大亂，四川各地隨之騷動。

八月十九日，革命軍起義武昌，湖北諮議局首先響應。二十日晨，黨人集議諮議局議商組織政府，議長湯化龍、副議長張國溶、夏壽康，議員阮毓崧、沈維周、劉賡藻、胡瑞麟，及秘書石山儼等皆在座。接受議員劉賡藻提議，擁護二十一混成協統黎元洪爲軍政府都督，

⓮ 同上書，頁一八〇至一八一。

⓯ 張季子九錄，政聞錄卷三，「辛亥五月十七日召見擬對」，頁三六至三七。

乃以諮議局為都督府，諮議局各議員多任要職，湯化龍則任編制部長❶。九月一日，長沙光復，諮議局推舉焦達峰為都督，（達峰後因兵變遇害，由諮議局議長譚延闓繼任。）五日達峰通電各省諮議局，「速舉義兵，共扶大局」❷於是各地之立憲黨人，紛紛加入革命之行動。

是時北京各省諮議局聯合會諸代表，回本省從事策動起義工作者甚多，會務無形陷於停頓。而各省諮議局各政團無不以改建共和為職志。浙江諮議局以武昌軍政府已經建立，清廷覆滅在即，九月一日停止開議❸。江蘇諮議局雖開議，而首要決議，則為致電各省諮議局各報館，反對清廷借外兵發動內戰❹。清廷知各省之醞釀獨立，其幕後由各省諮議局所策動，遂命資政院通電各省諮議局及海外華僑團體，謂清廷已實行立憲，開誠布公，概允人民之要求，與天下相見以信。希望勸導人民勿以政府為敵❺。然因久失信於國人，而無實效。

時資政院中形成三大黨派：一為憲友會，以民選議員為骨幹，以各省諮議局聯合會為基礎，係來自各省諮議局之優秀份子，其領導人物為孫洪伊、湯化龍、譚延闓、徐佛蘇、雷奮、蒲殿俊、林長民等，因彼此聯絡一致，以請願國會為宗旨，在院中頗佔優勢。一為憲政實進會。其分子多為欽選議員，與民選議員中所謂「碩學通儒」一類居多。由莊親王、勞乃宣、

❶ 胡祖舜「武昌開國實錄」，革命文獻第四輯（總四九二至四九五），黨史會民國四十二年十二月出版。
❷ 宣統三年九月九日，上海申報專電。
❸ 宣統三年九月一日，上海申報專電。
❹ 宣統三年九月二日，上海申報專電。
❺ 宣統三年九月十三日，上海申報專電。

陳寶琛、趙炳麟等人所領導。其性質近於保守，對於清廷持取妥協之態度。一爲辛亥俱樂部。欽選與民選議員皆有其幹部人物。其著者如趙椿平、陳懋鼎、王璟芳、劉道仁（以上欽選議員），易宗夔、牟琳、羅傑（以上民選議員）等，爲資政院中之官僚派，無固定之主張與宗旨❻。及武昌革命軍起，憲友會派議員多數返省參加革命之實際領導工作。

同年九月一日資政院第二次院會開議，由禮親王代監國致開院辭，雖力言政府確有實行立憲之誠意，而無具體辦法❼。至九月五日，乃由資政院總裁世續領銜上奏，請求朝廷按律治盛宣懷、趙爾豐、瑞澂之罪，妥擬鐵道國有法案。釋放四川諮議局議長以治其標；迅速組織完全責任內閣，明年提前召開國會，由國會協定憲法，以治其本❽。同日清廷革郵傳大臣盛宣懷職，將川督趙爾豐、署川督王人文，交部議處。並釋放四川被捕議員士紳，罷斥激變官吏，十一日改任袁世凱爲內閣總理大臣。

九月十四日，上海光復，各界推舉陳其美爲都督，同日蘇州光復，諮議局擁舉江蘇巡撫程德全爲都督。杭州光復，諮議局推舉湯壽潛爲都督。蘇、浙、滬之光復，事雖由新軍發動，實由諮議局所運用。三地居長江下游，其獨立關係全局甚大。蓋自八月十九日武昌起義，至九月十四日，二十五日之間，各省光復者不過湖北、湖南、陝西、山西四省，且多發動於軍

---

❻ 參照謝彬「民國政黨史」，頁二九至三三，文星書店民國五十一年六月影印版。

❼ 宣統三年九月三日，上海申報載同月一日北京專電。

❽ 軍機處摺包檔，引自「辛亥革命」第四冊。

人，在清廷尚不認其爲大患，況山西之娘子關、湖北之漢口、漢陽，尚在鏖戰之中，革命軍反居劣勢。自九月十四日蘇、浙、滬獨立，至九月十九日五日之間，全國宣告自主者有十四省之多。各省都督或由諮議局議長所充任，如四川之蒲殿俊，多數都督，不論革命黨人、滿清疆吏，或新軍將領，均經過諮議局推舉之形式。如廣東之胡漢民、安徽之朱家寶、山東之孫寶琦（按：孫後撤消獨立），廣西之沈秉堃、貴州之楊藎誠等，土崩之勢已成，清室遂不可爲。

各省既紛紛獨立，乃互派代表議商組織政府。九月二十五日，各省代表團（亦稱各省都督府代表聯合會），集會上海。十月十日再度集會漢口，二十四日三度集會南京。其中多有未獨立省份諮議局所派遣代表，如直隸之谷鍾秀，河南之黃可權，山東之謝鴻燾、雷光宇，四川之周代本，奉天之吳景濂等[9]，人心之趨向可知。

清廷以各省之響應革命多爲各省諮議局所領導，欲圖收買人心，乃分派各省宣慰使，分途安撫，其中以立憲黨人居多。江蘇爲張謇，浙江爲湯壽潛，福建爲江春霖，湖南爲譚延闓，廣東爲梁鼎芬，廣西爲趙炳霖，四川爲喬樹枬，江西爲謝遠涵，山東爲柯劭忞，山西爲渠本翹，雲南爲王人文，陝西爲高增爵，各人多辭不就職。張謇於請辭宣慰使及農工商大臣電中，對清廷備加指責，明白提出其共和主張。認爲「與其殄生靈以鋒鏑交爭之慘，毋寧納民族於

---

[9] 參照谷鍾秀「中華民國開國史」，附民國議會人物表，頁一至二，文星書店民國五十一年六月版。

共和主義之中，必如是乃稍爲皇室留百世禋祀之愛根，乃不爲人民遺二次革命之種子。」⑩張謇當時之決策，在一面促請清帝早日退位，設法保護其安全，復鑒於北方少數官僚仍欲保持君主立憲，故其復電内閣代奏曰：

今共和主義之號召甫及一月，而全國風靡，徵之人心，尤爲沛然莫遏。激烈急進之人民，至流血以爲要求，喁喁望治之情，可憐尤復可敬。今爲滿計，爲漢計，爲蒙藏回計，無不以歸納共和爲福利。惟北方少數官吏，戀一身之私計，忘全國之大危，尚保持君主立憲耳！然此等謬論舉國非之，不能解紛而徒以延禍。竊謂以此時順天人之歸，謝帝王之位，俯從群願，許認共和。……推遜大位，公之國民，爲中國開億萬年進化之新基，爲祖宗留二百載不刊之遺愛，關係之鉅，榮譽之美，比諸堯舜，抑又過之。⑪

十月初，響應革命者已十餘省，遂由獨立各省軍政府公舉湖北軍政府爲中央軍政府。十月初五日，順直諮議局致攝政王載灃電略曰：

⑩ 張季子九錄，政聞錄卷三，致袁内閣代辭宣慰使農工商大臣電，頁四十至四十一。

⑪ 同上書，卷三「辛亥九月致内閣電」，頁四十一至四十二。

> 自川鄂事起，不期月間全國響應，天時人事，不卜可知。今南中已大開國民會議，新政府不日成立，近畿人心亦皆感動憤勵，有岌岌不可終日之勢。爲今之計，若朝廷能早行揖讓，公天下於民，民必以優禮報皇室。……若失此不爲，則新政府既成立，各省已一律承認，不但直隸不能獨異，且恐南軍北上，京師蒙塵，雖欲爲堯舜之事而不可得，禍福安危，在此一舉。⑫

各省諮議局繼之。十月十五日，攝政王載灃被迫自請退位，由內閣總理袁世凱向革命軍接洽議和。

立憲黨人，則震於袁世凱在北方之聲勢，過於輕視革命軍實力，不願戰爭之延續。張謇則以各省諮議局領袖地位，力求彌縫其間。故北方和議代表唐紹儀等抵滬後，即由趙鳳昌之介紹，於趙寓中與張謇相晤。紹儀首代表袁世凱向張謇致殷勤之意，次即暗示若將來舉袁爲總統，則清室之退位當無問題。南方和議代表伍廷芳亦屢至趙宅協商辦法。至雙方代表十月二十八日以後之公開會議，不過形式而已⑬。謇於雙方議定之後，曾電袁氏催其早日促成清帝退位⑭，甚至清廷之退位詔書，亦出自張謇之手筆⑮，民國初年之政局遂爲袁世凱所操縱。

---

⑫ 軍機處電報檔，引自辛亥革命第四冊。

⑬ 張謇傳記頁一九四。

⑭ 張季子九錄，政聞錄卷四，「勸告袁內閣速決大計電」頁一。

⑮ 南通張季直先生傳記，頁一五五。

（臺北，史學彙刊第二期，民國五十八年八月，頁一八九至二一六。）

二九　各省諮議局聯合會與辛亥革命

一

我國當甲辰日俄戰後，各界人士鑒於日本立憲而强，遂掀起一片立憲之呼聲。清廷迫於輿情，始有派遣五大臣出洋考察憲政之舉。光緒三十二年（一九〇六）七月十三日，爲安撫人心，復頒布預備立憲上諭，詔書不確定時間。至光緒三十四年（一九〇八）八月一日，迫於內外情勢，始定九年爲預備國會之期，分刊逐年籌備事項，並公佈憲法大綱。以其預備期限之長，而君權之無限制，其無立憲之誠意可知。立憲黨人乃大感不平。迨宣統元年（一九〇九）九月各省諮議局成立後，立憲運動有正式之領導機構，而各省諮議局聯合會遂成爲請願國會之主流，與清政府儼若立於對立之態度。各省督撫因受各省諮議局之影響，復鑒於籌備立憲之一無實際，亦紛紛提出召開國會之主張。清廷不明大勢所趨，仍一惟因循推宕。宣統三年（一九一一）四月，不召開國會，逕先設立內閣，大權盡歸皇室，立憲黨人激憤之餘，轉而贊助於革命事業。迨鐵路國有風潮發生，武昌義旗一舉，而四海鼎沸，其直接間接策動各省獨立者，固多爲舊日立憲黨人，若江蘇之張謇、程德全，四川之蒲殿俊、羅綸，湖南之譚延闓，浙江之湯壽潛，湖北之湯化龍等。彼等在社會上有相當大之潛在勢力，爲促成辛亥革命成功之重要原因。故 國父孫中山先生於南京就職臨時大總統之後，任命程德全爲內務總長，湯壽潛爲交通總長，張謇爲實業總長，而以湯化龍之弟湯薌銘爲海軍次長。張謇、湯壽潛等雖爲江浙名士，而同盟會爲迎合人心，亦有其不得不遷就舊日立憲黨人之必要也。茲就其事之因果檢討如下：

二

光緒三十三年（一九〇七）九月，清廷命各省籌設諮議局於省會，並預備設立各府州縣議事會。光緒三十四年（一九〇八）六月二十四日，復公佈憲政編查館❶資政院❷合擬之各省諮議局及議員選舉章程，乃由憲政編查館咨請各省設立籌備處。至宣統元年（一九〇九）正月二十七日，復諭命各省諮議局於本年九月如期成立。自同年閏二月起，各省分別定期選舉議員，江蘇、福建爲先，奉天次之，獨新疆以情形特殊，奏請緩辦。至八月底，全國各省

❶ 光緒三十一年十月，因五大臣出洋考察政治，設立考察政治館。至光緒三十三年七月，改考察政治館爲憲政編查館，負責經劃有關憲政事宜。

❷ 光緒三十三年八月，清廷命籌設資政院，係清廷之顧問機關，而非立法機關。

相繼報告選舉竣事❸。是時國人參政之初，興趣特濃，各地報紙對諮議局之設立多有論列。例如江蘇士紳有主張寧屬蘇屬合局議事者，有主張分局議事者，爭論不一。同年正月十四日，上海「中外日報」乃以諮議局分合理由評論爲題，指出諮議局議員應有之認識曰：

> 議員有代表國民之責任，自應於國計民生籌之至熟，直抒己見，不屈不撓，方爲盡職者。若夫瞻前顧後，緘默自安，或淺見寡聞，盲從阿附，甚則結黨自固，假公濟私，則寧、蘇人士均承其弊，而大困矣！故江蘇諮議局議員得其人，即寧、蘇均蒙其利，議員不得其人，則寧、蘇均受其害，利害之分在乎議員，不在乎局之分合也。

---

❸ 依照章程，各省以人口多寡分別定額，多者如順、直爲一百四十人。少者如吉林、黑龍江、新疆等爲三十人。大致以科舉時代所取進學名額百分之五爲準。惟江寧、江蘇則依漕糧之多寡增額。旗籍另設專額議員一名至三名。議員由複選產生。其限制：凡本省籍之男子，年滿二十五歲，曾在本省辦理學務及公益三年以上著有成績者，或曾在中學或同等以上之學堂畢業者，或有舉貢生員之出身者，或曾任實缺職官文七品武五品以上未被參革者，或在本省有五千元以上之營業資本及不動產者，皆有選舉權。非本省籍貫之男子，年滿二十五歲，寄居本省滿十年以上，在寄居地方有一萬元以上之營業資本或不動產者，亦有選舉權。本省籍貫，或寄居本省滿十年以上之男子，年滿三十歲者，得被選舉。以縣爲初選區，府爲複選區。議員任期三年，設議長一人，副議長二人，常駐議員依定額十分之二。每年九月起開常年會一次，會期四十日，臨時會二十日，有議決本省興革事件，及預算、決算、稅法、公債、單行章程規則、義務增加、權利存廢等事件之權。議定之後，由督撫公佈施行。督撫不以爲然，得交令覆議，仍執前議時，由資政院核議，督撫違法事件，得呈請資政院核辦。（參照光緒三十四年七月「東方雜誌」第七期「法令」）

至各地選舉，因初次辦理，而國人知識又不普及，亦難盡如人意。江蘇爲各省之首倡，觀其調查之資格，則其選舉人名册，大縣才三四千人，小縣才四五百人，甚至有人希望將來選舉時多估票數代爲填寫者。遺漏既多，冒濫更所不免。當投票時，則實到人數少者僅四成，多者不過七成❹。其他各省情形更差。同年七月八日上海「中外日報」「時箴」欄內，載有廣東選舉消息一則：

頃得粵函，知此次選舉，信多卑鄙齷齪之運動，而以某故侍郎之子爲最。情感、勢挾、利誘，無所不至，遂得當選。侍郎子蠢爾紈袴，以魚肉鄉民無惡不作著聞里閭者也。詬病貪贖官吏，復羅致貪贖過於官吏之議員，以甚其毒，粵人之愚誠不可及。然不可及之愚又庸僅粵人乎哉！

不過大致而論各省當選之諮議局議員仍以優秀分子居多數，咸欲爲民表率，實心辦事，以求有益於地方。其中尤多有贊同立憲之留日歸國學生，如江蘇諮議局議員雷奮、楊廷棟等，皆擅於言辭，爲當時議員中之佼佼者。而江蘇諮議局議長張謇，尤爲時人所推崇❺。

同年九月一日，除新疆外，全國二十一省諮議局同時開幕。先一日清廷諭命各省諮議局

---

❹ 己酉閏二月念三日，上海中外日報「論蘇省初選舉」。
❺ 劉厚生「張謇傳記」，頁一七七。

開局後「於地方利弊情形均當切實指陳，妥善計劃。」而各省督撫「尤應欽遵定章，實行監督，務使議決事件，不得踰越權限，違背法理。」❻清廷頗有妨嫌諮議局之意。同月二十九日憲政編查館奉命致各省督撫電曰：

> 諮議局議事權限，屢奉諭旨，不得踰越，自應恪遵辦理。該局所議事件，既以本省地方爲限，自毋庸與京師各署文電往還，除俟資政院成立後得照章隨時報告呈請資政院核辦外，現在該院未成立以前，如有關係該局爭執事件，暫准由督撫分別據情電咨核覆，以昭愼重，而清權限。❼

直視諮議局爲督撫之隸屬機關。是時京官窺探朝廷意旨，反對諮議局設立者頗不乏人。十月初一日都察院代遞主事胡伯年條陳憲政利弊呈曰：「今年選舉訴訟之事，幾於各省府州縣皆不免焉。是吾國之紳士程度多不足也。」而「民智未開，議員之議論，恐不足扼要而徵信於天下也。」因此認定籌備憲政之先，不在設立議會，應以教民養民爲首務❽。固不知諮議局即爲救民養民之本原也。

---

❻ 宣統元年九月一日，第七百六號政治官報，諭旨類。
❼ 宣統元年九月二十九日，第七百三十四號政治官報，電報類。
❽ 宣統元年十月初一日，第七百三十六號政治官報，摺奏類。

是年各省諮議局議決案件特別多。惟預算、決算則因各省督撫藉口籌備年限未及，不曾提出。張孝若於「南通張季直先生傳記」中，對諮議局之成立曾有下列記載：

諮議局在中國，本來是破題兒的第一個創局，當時雖處於君主專制之下，然因爲屬於立憲的初步建設，所以當時民氣很是激昂一致，抱負亦很不凡，有幾點直到現在，還有追述的價值，己經成了歷史上的想望了！

第一：當時議員從各地當選，差不多完全是人民的意志自動的認爲優秀可靠，就選他出來；拿最重大的代表責任和地位，加在他的身上。勢力和金錢的作用的運動，在那時竟沒有人利用，也沒有受利用的人。那當選的議員，也人人自命不凡，爲代表民意力爭立憲而來。拿所有的心思才力，都用在這帶來的責任上邊，所以彼此的交接，和自處的來路，都是極純正清白。大家都沒有一點含胡，所以觀念和動作，自然而然和後來完全兩樣。……

第二：開會以後，就推出各課的審查員和常駐員，有了一件請願或者交議審查的案件，不是大家詳盡的討論，就是各去看有關涉的書本，再不然到實地上去考究，大家都認認眞眞當一件事做，總得要商找出一個相當妥善的結果，才算有交待。在開議的時候，陳述理由，滔滔不絕，大家都息心靜聽，一到辯論的時候，各逞詞鋒，好像臨陣殺敵，你一刀我一槍，毫不退讓，完全在正理和事實的範圍內，爭論出一個眞理性來。到了議決以後，大家就拋棄我見，服從多數，就是遇到了不能立時解決的爭執，只要議長

一聲停止，或是休會，那全場就立刻收起陣來，鴉雀無聲，這才叫表示議員本身的人格，議長領導的重望，和議會地位的尊嚴。❾

其言雖有渲染之意，要亦有可取之處。茲以江蘇爲例，在議長張謇領導下，在宣統元年（一九〇九）三月，籌備處時期，即公決田賦征銀解銀，銅圜流弊，和籌集地方自治經費等三件事❿。及同年九月一日諮議局正式開議，至十月二十日閉幕，收集議案共一八四件，經審查後，作爲提案者一四二件⓫。惟議決之案，督撫頒佈施行者甚少。因督撫於議決之案如不同意須照章交局覆議，而諮議局開會有一定期限，清廷又限制常駐議員不得有覆議之權，故閉會以後督撫是否同意亦不申覆，致其決議多無效力。宣統二年（一九一〇）正月九日、十日上海「中外日報」之社論曾以論巡警廳禁阻政黨開會事爲題兼及各省之諮議局曰：

> 自上年開幕以來，提議事件不爲不多，集議時間不爲不久，至考其若何成績？則未之前聞。就地方官一方面而言，不曰侵權越限，則曰舞弊營私，所有局員議決之件，十九遭其斥駁，否亦第置而不答。

---

❾ 同上書第二編第七章「立憲運動及諮議局成立」，第三節「諮議局成立經過」。

❿ 同上

⓫ 宣統元年十二月「東方雜誌」十三期「記載」一，「各省諮議局議案記略」。

同年九月六日上海申報「論說」之論今日之諮議局亦曰：

議決案件，大都雖經公佈而不見實行。試以江蘇言之，其應行不行者蓋多矣。若整頓征收丁漕積弊案，若實行禁煙案，若永遠禁止彩票案，皆去年所議決，而今猶未能實行也。

可爲當時諮議局真實之寫照。

清廷以情勢所迫，始頒佈九年預備立憲之詔。其命各省之設立諮議局，並非出於本意。然立憲派人士從此有一統一之領導機構，更便於立憲運動之發展也。同年十月一日上海「時報」之「時評」，以「苦惱」爲題諷譏清廷曰：

自去年設諮議局，而督撫多苦惱。自今年設資政院，而督撫又多苦惱。敬告督撫，勿以爲苦，勿以爲惱，百姓之苦惱，甚於汝萬倍也。

而對清政府較有認識者，則知清室已不可救藥。張謇爲清季立憲運動之領導者，「嗇翁自訂年譜」嘗記其事如下：

（宣統元年九月）與浙人論請開國會事。浙某言：「以政府社會各方面之現象觀之，國不亡無天理。」余曰：「我輩在，不爲設一策而坐視其亡，無人理。」[12]

蓋張謇之主張重建設不重破壞，更不願走激烈冒險道路，但希望依循正當途徑，用緩和之方法，利用舊政權以達成立憲之目的也。

方國内醞釀立憲之時，保皇黨人梁啓超等，亦在日本東京作立憲之鼓吹。光緒三十三年（一九〇七）九月，梁氏集合同志徐勤、馬良、徐佛蘇等，組織政聞社，發行政論雜誌，其政綱以實行國會制度，建設責任政府爲宗旨[13]。光緒三十四年（一九〇八）正月，政聞社本部自日本東京遷至上海，會務開展至爲迅速，與國内各立憲團體互通聲氣。（時國内立憲團體以江蘇之預備立憲公會爲最著，次者如湖南之憲政公會，湖北之憲政籌備會等。）以運動簽名請願速開國會爲目標。同年七月，政聞社以遭清廷猜忌被查禁後，其舊有社員多加入預備立憲公會等團體，而以從事競選各省諮議局議員爲活動對象。宣統元年（一九〇九）六月，前政聞社社員張嘉森等，在梁啓超支持下，以各省諮議局成立在即，設立諮議局事務調查會於東京，發行「憲政新誌」，其目的表面在調查中央與各省權限，實仍以請願國會爲其宗旨[14]。國内方面之事務，主要仍由徐佛蘇所負責，其後對連絡諮議局、資政院各議員，有莫大貢獻

⓬ 同書卷下。
⓭ 丁文江編「梁任公先生年譜長編初稿」卷十六。
⓮ 梁任公先生年譜長編初稿卷十八。

焉⑮。

三

先是江蘇諮議局開幕後，即由大會通過聯合各省諮議局舉行大會，請願政府縮短九年預備之期，速開國會組織責任內閣之議案。並即派孟森、孟昭常、楊廷棟、方還等分赴各省聯絡。約定各省諮議局於閉會後，酌派代表數人，於十一月中旬齊集上海開會，共同討論切實辦法。直隸諮議局以接近京師，對清政之紊亂知之較詳，贊成最力，即由該局派人前往連絡晉、陝等省❶。孟森曾著有「三十日旅行記」❷載其是年秋至北方各省運動請願國會之事甚詳。茲摘其大意如下：

（九月）二十二日十一時，赴（奉天）諮議局晤正副議長及書記長。皆熱心國事，談及時局，頗形憤激。彼此所見甚同。即晚通知各議員，其吉、黑兩省亦允即往接洽。

二十三日發南京電一通，因資政院民選議員定額，新章忽減去其小半，去年先后先帝

---

⑮ 徐佛蘇「記梁任公先生逸事」。

❶ 宣統元年十一月份「東方雜誌」第十二期，「記事類」，「全國諮議局促開國會記事」。

❷ 載宣統二年「東方雜誌」第六、第七兩期，附錄「行紀」。

特須明諭，定民選議員之額為各省諮議局議員十分之一，今日有何大不便？忽無端為此朝三暮四之舉。……皇上善繼善述，院臣不應率爾更張，此而不爭，無論何事皆可任意存廢矣，豈不危哉！

籌辦處(?)羅君宜陸來談，深以浙諮議局電爭公文程式之事為然。并云各省諮議局須編定專用之密電本，此事當由奉局預備，分寄各省備用。……自治研究所畢業學員王君建開來談，甚熱心國是，曾有意見書提交奉局，專主連合各省請速開國會為救亡惟一之目的，可敬也。

九月廿六日(時孟氏返抵天津)，雇車往自治研究總所，見王、孫諸君，知憲政研究會亦附設於此。諸君即出示南京來電，遂告以此次行蹤，諸君相與嘆息時局之危迫。一息尚存，宜圖補救之法，雖明知無益，亦只得死馬當活馬騎也。語氣沈摯，至為可感。後論及目前進行方法，彼此意見甚合，尤以各省彼此聯絡互為聲援為第一要義。……七時仍赴各議員之約，到者數十人，商定彼此聯絡之法，又約定十一月初五有人到上海接洽一切。

(九月廿七日)五時半赴奥租界滿春樓晚餐，此次為議員公席，招待周至，可感。席間暢談時局及政治上應如何活動，如何進行，彼此相得甚樂。又議定津局另推一人赴山西聯絡。

(九月)廿九日，金君伯平來談。金君意，各省諮議局宜建議者莫如官制幣制二端。余謂其言甚是，惟此二端由各省諮議局建議必無實效，即於未來之資政院亦無希望，莫如速開國會，各事始有所措手。政府之紛紛則莫如組織責任內閣，誰爲總理大臣猶第二問題也。

十月初六日（時在濟南），往辦事處晤書記長張倬甫，正副議長俱在局。即由張君導往議長室，正議長爲楊君運東，副議長爲王燕泉，告以來意，頗熱心贊成，嗣議員數位來談，意見相似。

各地人心之動向可知。十月初五日，各省代表已陸續抵滬，集議於跑馬廳預備立憲公會事務所❸，到會代表凡直隸、奉天、吉林、黑龍江、山西、山東、河南、湖北、湖南、江西、安徽、浙江、福建、廣東、廣西、江蘇等十六省，共計代表五十一人。自初六日至十三日舉行預備會議，每日午後定時到會，推定福建諮議局副議長劉崇佑爲主席，江蘇諮議局議員孟昭常、福建諮議局書記長林長民爲書記。除初七、初八兩日休會外，凡開預備會六次，決議事項十端，其重要者如下：

一、定十五日爲正式代表會日期。二、彙集各省請願國會簽名簿。三、規定此次簽名以各省諮議局議員爲限。四、推舉呈稿起草員。五、公推直隸代表孫洪伊領銜遞呈。

❸ 光緒三十二年夏，上海工商教育界共同設立之鼓吹立憲機關。公推鄭孝胥爲會長，湯壽潛、張謇爲副會長，孟昭常爲祕書，爲東南各省領導立憲運動之大本營。

六、決定開大會後數日即行就道進京請願。七、擬定進京代表團規約十二條，約束各代表進京後行動進退一致。❹

十五日各省諮議局聯合會大會如期開幕，通過預備會議之決議。十七日復行會議，推定進京代表，直隸三人，孫洪伊、張銘勳、王法勤。江蘇三人，吳榮萃、方還、于定一。山東二人，周樹標、朱承恩。湖南二人，羅傑、劉善渥。湖北一人，陳登山。河南二人，彭運斌、宮玉柱。浙江三人，應貽誥、吳賡誥、鄭際平。福建三人，劉崇佑、王邦懷、連賢基。江西二人，閔荷生、聶傳曾。廣東一人，沈秉仁。廣西一人，吳賜齡。奉天二人，永貞、劉興甲。吉林、黑龍江兩省一人，李芳。安徽、山西人數未定。陝西、甘肅、四川、雲南、貴州等省，因遼遠不及與會，乃電告之❺。於是分道北上，期以十一月底集中北京。臨行江蘇諮議局議長張謇設酒祖餞，即席致詞曰：

> 聞諸立憲國之得有國會也，人民或以身命相搏，事雖過激，而其意則誠。……設不得請，而至於三，至於四，至於無盡。誠不已，則請亦不已，未見朝廷之必忍負我人民也。即使誠終不達，不得請，而至於不忍言之一日，亦足使天下後世知此時代人民，

❹ 宣統元年「東方雜誌」第十三期，記載一「憲政篇」。

❺ 同上。

固無負於國家，而傳此意於將來，或尚有絕而復蘇之一日，是則今日之請，迫於含創茹痛，就使得請無所爲榮，得請且不足榮，則不請之不得爲辱可以釋然矣。❻

謇另致書攝政王，以各國倡言瓜分中國之說甚熾，非速開國會，建設責內任內閣，不足以圖補救❼。是時要求立憲風氣大開，各地報紙雜誌對立憲事多有論列。上海「中外日報」十一月初八日「緊要事件」欄內載稱：

國會縮短期限，現聞各省紳民皆甚熱心，以爲非此不足以救國。已紛紛公舉代表晉京，擬向政府請准云。

---

❻ 張孝若「南通張季直先生傳記」，第二編第七章「立憲運動及諮議局成立」，第三節「諮議局成立經過」。

❼ 原書略謂：「救急之法，惟有請明降諭旨，聲明國勢艱危，朝廷亟欲與人民共圖政事，同享治安，定以宣統三年召集國會，未至期以前，設有大政諮詢，并得開臨時國會，一面飭憲政編查館速將議院法及議院選舉法，提前編定，限半年告成，以備應用，如此則各省素有學問熱誠愛國之士，對於監國益感而奮，而加意研求，亦可使列强知我有民氣爲後盾之預備。……責任內閣者，以內閣代君上負責任焉耳！……凡爲內閣大臣者，但稍有知覺，決不能如向之持祿保位，泄沓自安，且其地處於可進可退，即有桀驁不馴之才，亦受責於舉國之輿論，而無所容逞。是有人代負責任，而君上乃安於泰山，君上爲責任所不及，而又有國會在下，助君上以監察此代負責任之人，而神聖之號光於日月矣。較之君上獨負責任，其安危難易何如？……（張季子九錄，政聞錄卷三「請速開國會建設責任內閣以圖補救意見書」。）

東方雜誌十二月份十三期「憲政篇」序論亦曰：「國民知諮議局之見厄於政府，資政院又爲非驢非馬之議會，俱不可恃，因有聯合請願國會之舉。」以國人寄望之殷，苟政府出而阻之，必引起群情之不滿，而清廷仍執迷不悟，不肯輕易放鬆政權也。

十二月初，各省代表前後抵京者三十二人，前政聞社社員徐佛蘇亦奉梁啓超命北上，聯絡各議員，共策進行❽。初六日由孫洪伊領銜，至都察院呈遞請願書。書中就內政外交瀝陳甚切，認爲「國會者憲政機關之要部。有國會然後政府乃有催促之機，庶政始有更張之本。」深以政府藉口人民程度不及爲非計。謂：「以程度論，則長此籌備，九年後之國步未必進於今日。以時機言，則從容坐失，九年後之危局不知又當如何？徒虛擲此九年之歲月而已！」指出資政院並非國會。「國會之權限規定於議院法，依各國議院法之通例政府對國會當負責任。今資政院章程絕不見有責任之政府，政府無責任則資政院何能爲？欲藉此以督促政治之統一，振起國民之精神，必無國會之效。」因此力主朝廷應「速降諭旨，頒佈議院法及選舉法，期以一年之內召集國會，含創忍痛，共圖補救，俾盡協贊之忠，而收輿論之效。」❾都察院不肯代奏，求見都御史亦不見。乃一面遍謁當道，竭力陳請（旗籍亦舉代表加入請願），一面於十四日通告各省諮議局。略謂：「茲事體重大，斷非一呈所能得效，政府從違究以國人心志

---

❽ 徐佛蘇「記梁任公先生逸事」。

❾ 宣統元年十二月二十六日第八百二十號政治官報，摺奏類。宣統二年正月，「東方雜誌」第一期文件一「奏牘」。

之齊一與否爲準，現同人等在京已組織速開國會同志會，以求合力進達之道，都中各團體亦陸續結合機關以爲後援，伏望諸公聯合省會同志，同時並起，以謀全國輿論之統一，則請求之目的更易達而迅速。」❿ 都察院不得已，始行入奏。二十日朝旨嘉獎，但不允所請。諭稱：「夫行遠者必求穩步，圖大者不爭近功。……俟將來九年預備業已完全，國民教育普及，屆時朕必毅然降旨，定期召集議院。」⓫ 二十二日京師旗籍人民代表文耀等復上書籲懇速開國會⓬，而清廷仍不覺悟。各代表乃於二十八日開會決議，於宣統二年（一九一〇）正月初致書各省團體。略言：「國會請願未蒙所允，迫切呼籲當在後援。同人等自去臘二十日奉上諭後，是晚會議，乃決定進行方針，奔走組織請願即開國會同志會⓭，草定簡章，宣佈實行，凡贊成請願者均得入會爲會員，責任所在，當與全國人民共圖之。」⓮ 遂暫以京師代表團爲開會總部，即請各省趕設分會，舉定幹事，繼續進行，以便三四月間各省所舉代表到京後，再上第二次請願書。並決議，各省諮議局聯合會，依在滬決議，定爲每年六月開大會一次，各省應

---

❿ 宣統二年「東方雜誌」第二期「記載」三，中國時事彙錄「記國會請願代表進行之狀況」。

⓫ 宣統元年十二月二十一日，第八百十五號政治官報「諭旨類」。宣統二年正月「東方雜誌」第一期「諭旨」。

⓬ 原奏略謂：「年餘以來，伏察外界之趨勢，益以進行。內治之現象，日見退步。以言籌備，形式雖具而精神不充。以言更革，大利未興，而弊端先見。無一非啓人民感然興憂之具，即無一非促朝廷翻然變計之機。是故居今日而言國會，雖在一年猶懼其晚，況至九年，能無歎其不及。」（宣統元年十二月二十六日，第八百二十號「政治官報」，摺奏類。宣統二年正月，「東方雜誌」第一期，文件一，奏牘。）

⓭ 按即國會請願同志會，以各省諮議局聯合會留京代表爲骨幹。

⓮ 宣統二年二月「東方雜誌」第二期，記載三，中國時事彙錄「國會請願代表進行之狀況。」

如約推舉一二人與會，先由福建代表劉崇佑擬定聯合會草章以備應用⑮。

是時京師除國會同志會外復有國會期成會，由黎宗嶽、陳佐清等所領導，會員數百人，多爲京師知識份子。宣統二年（一九一〇）正月，亦致書各省諮議局，請爲各省諮議局聯合會諸代表後援，聯合各地方自治、憲政等會，組織分會，公舉代表二人，偕教育會、商會代表於三月十日以前到京，會同北京國會期成會聯名上書，以達成即開國會之目的⑯。於是全國各省學會商會諸團體，與京中請願團體，遙相應和，共同爲請願國會而努力。

是時舉國輿論激昂，咸不值清廷之所爲。宣統元年（一九〇九）十二月底，北京各界假西珠市口當業商會開會歡迎各省諮議局聯合會代表時，到者極踴躍。福建代表劉崇佑之演說，大意謂：「國會既未允准，自應再籌商請願辦法，以促其必成。」直隸代表孫洪伊之演說，則認爲：「政府既未允准國會，即應停止各省國債，俟國會允准後，再行開辦。」聽衆一致贊成⑰。另有市民徐某於歡迎會場斷其指，郭某則割其臂，示以決心。要求諮議局聯合會諸代表，月內再上書，不達目的，寧死不返⑱。清廷聞京師人民集會議論國事，由民政部諭命內外城巡警廳，此後遇有假名政黨開會演說情事，即行督飭禁阻⑲。而人心益不服。

---

⑮ 同上

⑯ 宣統二年三月，「東方雜誌」第三期，記載三「中國時事彙錄」，「再記國會請願代表進行之狀況」。

⑰ 宣統二年正月初七日，中外日報「緊要事件」，「補錄歡迎國會代表紀事」。

⑱ 宣統二年正月初八日「中外日報」北京專電。

⑲ 宣統二年正月初五日「中外日報」北京專電。

宣統二年（一九一〇）正月初八日，上海「中外日報」，以「敬告海內繼續國會請願之各團體」爲題社論曰：「按歐西各國始行創設國會之時，其人民莫不犧牲鉅萬之生命以爲代價，而或經數年而得之，或經數十年而得之，從未有不極之顛連勞瘁，而能遽達其目的者。……天下興亡，匹夫有責，吾國民有當兵納稅之義務者，即有請開國會之權利。夫固非異人任也。」希望「國民咸紛紛然投袂而起，則既有數十代表爲之前茅，復有億兆國民爲之後援，前仆後繼，在政府必有曲從民欲之一日，而豈能始終持其膠柱刻舟之成見者。」正月初九日、十日中外日報之「論巡警廳禁阻政黨開會事」社論指責清廷更爲露骨：

比聞各代表在京，擬組合同志設立國會期成會，具呈民政部立案，奉批謂礙難准行。又聞樞府令人諷令代表出京，免攖上怒。……下之陳請以公理，上之干涉以强權。下之人方佇辛佇苦欲藉多數以爲後援，上之人偏杜漸防微，預禁黨人以散團體。有心人對於國會之現狀，以卜憲政之前途，未嘗不栗栗危懼也。

是時留日保皇黨人梁啓超，亦於宣統二年（一九一〇）正月在日本創立國風報（旬刊，每册八萬字，逢一日出版。）盡力作憲政實施之鼓吹，對於國會、內閣、官制、財政諸問題，均作切實之發揮。其重要者如立憲政體與政治道德、責任內閣與政治家、憲政淺說、中國國會制度私議、論請願國會當與請願政府並行、爲國會期限問題敬告國人、論政府阻撓國會之非等篇。以激勵國人，頗爲時人所重視⑳，對立憲黨人在國內之活動多有影響也。其後梁氏於民國元年（一九一二）蒞臨北京報界歡迎會之演說辭中回憶當時運動立憲之情形曰：「猶記當舉國請願國會最烈之時，而政府猶日思延宕，以宣統八年宣統五年等相搪塞。鄙人感憤既極，則在報中大聲疾呼，謂政府現象若仍此不變，則將來世界字典上，決無復以宣統五年四字連屬成一名詞者。」㉑於此可見當時其內心之憤慨。

四

初次請願國會之目的既不達，各省諮議局聯合會諸代表繼續在北京活動。宣統二年（一九一〇）二月底，北京國會請願同志會成立，選定職員二十餘名分任會事❶，其他各代表紛紛至各地，努力演說鼓吹，以求再舉。其中尤以山東諮議局議員周樹標活動最烈。周於去年山東諮議局推舉聯合會請願代表時，慷慨請行。到京後徧謁同鄉京官暨山東旅京學界，請爲諸代表後援。迨國會請願同志會成立，復親至天津聯絡政商學各界同鄉，以爲第二次請願之預備。並將同志會印刷之文件及血書寄至山東諮議局，由山東諮議局將血書交石印館印刷數

---

⑳ 載「飲冰室文集」第二集。乙丑重編，民國十五年九月中華書局聚珍倣宋部鋟版。

㉑ 梁任公先生年譜長編初稿卷十九。

❶ 宣統二年三月一日「中外日報」北京電。

千份，郵寄名學堂、勸學所，以便廣爲傳佈。自是山東人心爲之大開❷。簽名上書請願國會者六萬餘人❸。

三月下旬，各省國會請願同志會先後報告成立。乃以北京國會請願同志會名義，書告全國國人。首論政府歷年籌備憲政之有名無實，次謂：「吾民惟有確守一定界線，冒艱難困苦以努力前進而已。蓋吾國從速立憲之機日益發動，若任此機之逸去，則轉瞬風雲勃起，外侮紛乘，舉日河山，將不勝今昔之感矣！」❹是時各省政團、商會，及海外僑民團體所舉之代表先後抵京。順直各代表臨行前，各界代表五六百人假天津議事會場開大會討論國事。多人演說，群情激憤。衆人涕泣，幾至失聲❺。四月初，國內各報載有「海外華商聯合會請開國會書」，其言甚切。謂「非開國會無以通上下之情，而使之萃。非開國會無以挽危亡之局，而即於安。」❻海外僑胞熱心立憲之意可知。

其時留京各省諮議局代表，對於諮議局聯合會永久場所，在京在滬爭論不一。計主張在京者，有福建、河南、湖北、山西、廣東、江西、直隸、吉林等省。主張在滬者有江蘇、山

❷ 宣統二年三月六日「中外日報」要聞。
❸ 宣統二年三月十二日「中外日報」京師要聞。
❹ 宣統二年四月三、四、五、六、七、八等日，「中外日報」連載。
❺ 宣統二年三月十二日「中外日報」要聞。
❻ 宣統二年四月三、四、五、六、七、八等日，「中外日報」連載。

東、浙江、奉天、陝西等省。遂由駐京代表，取決多數，規定永久設京⑦。並由諮議局聯合會合併所有各種請願國會團體，共同組織一大團體，定名國會請願代表團，推舉孫洪伊等十人爲職員，經費由各省諮議局解交。準備作第二次之大請願。並創辦一言論機關，定名「國民公報」，以請願速開國會，提倡政黨，督促行政，並維繫各省諮議局關係爲宗旨。原定於五月一日出版⑧，後遲至七月正式發行。由前政聞社員徐佛蘇主持，梁啓超多有文字發表於報端，言論精闢，頗能開導國民憲政上之智識及興趣。而「國民公報」遂爲立憲運動之大本營⑨。

先是攝政王載灃，聞各地請願代表陸續抵京，屢次垂詢樞臣，國會應否速開，樞臣咸不置可否，莫敢贊一詞⑩。五月十日，各代表遂分別以呈摺十封遞交都察院，請爲代奏。計直省諮議局議員代表孫洪伊，直省商會代表沈懋昭，蘇州及上海商會代表杭祖良，南洋雪蘭峨二十六埠中華商會代表陸乃翔，澳洲華僑代表陸乃翔，直省教育會代表雷奮，江蘇教育總會代表姚文枬，直省政治團體代表余德元，直省紳民及旗籍紳民代表李長生、文耀，東三省紳民代表喬占九。十五日都察院據情入奏，十九日令會議政務處王大臣於二十一日預備召見。是日諸王大臣入見後，議定必須俟九年後籌備完全，方可議開國會。乃降旨慰諭諸代表，令

⑦ 宣統二年四月十一日「中外日報」要聞。
⑧ 宣統二年四月十二日「中外日報」要聞。
⑨ 徐佛蘇「記梁任公先生逸事」。
⑩ 宣統二年三月十一日「中外日報」北京專電。

其不得再行瀆請。各代表奉諭後，乃商討對策。決議三次大請願定於明年二月舉行，簽名須普及於農工商各界，人數每省至少須百萬以上，簽名册限十二月彙齊，送交北京代表團事務所。屆請願時府廳州縣各須派一二代表到京，近省至少需百人以上，遠省至少須五十人以上。並以目前距明年二月尚有數月時間，復擬定間接請願辦法三種：（一）代表團對於資政院上請願書。（二）各省諮議局及各團體同時對資政院上請願書。（三）各省諮議局及各團體同時呈請督撫代奏⓫。另以國會請願代表團名義致書各省各團體略曰：

> 議決案內謂必各府廳州縣皆設一同志分會爲體，而於請願時各屬皆以萬數簽名一二代表爲用。誠能如是，則合全中國之人平時皆耳國會而口國會，屆時請願慘怛呼號，一如寒之欲衣，飢之欲食，眞宰上訴，皇天亦泣，誠之所至，金石爲開，而謂政府終不睹不聞，誓必絕民而立，抑亦輕量政府之甚也。⓬

各省地方團體接國會代表團函後，紛紛回信表示支援。五月二十五日東京留日學生千餘人，在錦輝館開會討論第三次請願國會辦法，一致通過全力支持國會代表團之請願行動。六月七日上海同志會致代表團函略曰：「二次請願速開國會仍未蒙俞允，而人民忠愛之忱固爲

⓫ 宣統二年六月份，「東方雜誌」第三期，記載一「中國大事記」。

⓬ 宣統二年六月二十六日「中外日報」轉載。

朝廷所嘉許。尤宜持以毅力，賡續籲請，以期達其目的。」六月二十九日，黑龍江諮議局致代表團函略曰：「去冬發起請願會，雖兩次無效，而鼓動社會之力實爲偉大。江省地處極邊，士民向不知立憲爲何事，自有請願國會之舉，潮流所及，一般人民漸漸開明。……已於日內通知各團體，務期聯合多數紳民鼓吹進行，以爲三次請願之後盾。」其他各省回電略同⑬。七月十一日國會請願代表團，復於評議會中通過決議數端：

甲、自辦事項

一、原議決案定本年九月代表團對資政院上書請開國會，茲擬擴張其範圍，迅速函催各團體之代表，至遲八月前來京。

二、日俄新協約關係中國存亡，代表團應上書政府，質問對待方法，並通告一般國民徵求意見。

乙、對諮議局聯合會提出事項

一、國會不開應實行提倡不納稅主義。

二、各省諮議局今年通常會應祇限要求速開國會一案，不達目的各局同時解散⑭。

各省諮議局聯合會接到國會請願代表團通知後，即於七月十八日第五次會議中，通過速開國

---

⑬ 宣統二年七月十三日，「中外日報」載「國會代表團之函電種種」。

⑭ 宣統二年七月二十四日、二十五日「中外日報」要聞。宣統二年八月份「東方雜誌」第八期，記載三「中國時事彙錄」。

會案。並通過擬定請開國會公呈人選⑮。七月二十七日，各省諮議局聯合會第八次會議中，復通過議案十四件：

一、請速開國會。二、陳請修改結社集會律。三、直省衙門署所卷宗請登報公布。四、請設租稅整理局，整理租稅。五、請各州縣丁漕實徵實辦，並劃定州縣公費案。六、請按新幣制，速定丁漕劃一徵收方法。七、諮議局預算議決權。八、劃清地方自治經費案。九、五省疏江提案。十、亟變鹽法，就場征稅，破陳引地修正案。十一、陳請建議速定公布法令條例提議案。十二、請刪資政院章程第二十三條二項建議案。十三、國會未開前不得收商辦鐵道爲官有案。十四、對城鄉地方自治經費附捐意見書。⑯

是時全國各界咸認全國諮議局聯合會爲領導立憲運動之統一機關，雖無國會之名，而足以代表民意。同年八月十八日，上海「申報」以「對於諮議局聯合會之希望」爲題「論說」曰：「今日時局迫矣，政府無可屬望，所望者唯民黨之活動耳！而諸君又鑄造民黨之模型也。」因此盼望聯合會：(一)能與資政院民選議員息息相通，而各省諮議局策其後援。(二)能爲一有綱領有主義之政團，使全國之黨派皆屈伏於其下。最後沉痛結論曰：

⑮ 宣統二年七月二十五日，「中外日報」要聞。
⑯ 宣統二年八月三日，「申報」急要新聞。

國脈垂斬，人心垂死之際，忽有諮議局聯合會發生，萃二十一省人之聰明材力以研究國家對內對外之政策，俾政府有嚴師，資政院有畏友。……經此次之鍛鍊淬厲，吾知後日基礎之鞏固，聲光之發越，此會基之，勉矣諸君！

於此可見國人對諮議局聯合會期望之殷切。是時各省諮議局亦繼續作要求國會之努力。彼此互派代表接洽或通訊以為進行之方針。其中尤以順直諮議局活動最為積極。⑰該局於七月十日之二次會議中，復決議速開國會與組織內閣案，前者由張國淦起草，後者由雷奮起草，以為準備。

五

宣統二年（一九一〇）八月二十六日，國會請願代表團以資政院已於二十日召集，將於九月一日開院❶，乃舉行特別會議，商討三次請願國會辦法。由孫洪伊提議，決定辦法五項：（一）上書政府。（二）上書監國攝政王，並要求面陳一切。（三）呈請都察院。（四）上

⑰ 劉厚生「張謇傳記」，頁一七八。

❶ 依照院章，議員分欽選（由皇帝任命）互選（由各省諮議局選舉）兩種，各一百人。院設總裁二人，以王公大臣特旨簡充。是日出席欽選互選議員一百五十四人，欽命溥倫為議長，沈家本為副議長。

書資政院。(五)由各省人民要求各督撫代奏❷。乃由孫洪伊領銜，致電全國各團體。略曰：

> 抵死請願，無論如何危險皆所不計。並請貴團體同時開會，邀集大多數國民速赴各督撫衙門泣懇代奏速開國會，以救亡國，或聯電政府代奏。❸

江蘇諮議局議長張謇，則以兩次請願國會不成，第三次請願恐難實現。亦致函各省諮議局，提出主張四項：(一)擬向資政院陳請轉達。(二)請願之人就蘇省而言擬推謇名義北上。(三)十月底成行，十一月到院。(四)能去之議長合成一議長請願團，別開一新面目❹。

九月五日爲國會請願代表團第三次上書之期。是日晨，各代表二十餘人臨行之際，有留京學生趙振清、牛廣生等十七人整列而入，持函一通致各代表，痛陳國家瓜分在即，東三省土地必先淪亡，非速開國會不能挽救。二次請願國會既然無效，今作第三次之請願，勢不能再如以前之和平。與其亡國後死於異族之手，不如以死餞諸代表之行。言甫畢，趙、牛二人即各抽出利刃欲自絕以明心跡，各代表力救之。牛在左腿割肉一臠，趙亦在右臂割肉一塊，

❷ 宣統二年九月二日「中外日報」要聞。
❸ 宣統二年九月七日「中外日報」要件。
❹ 宣統二年九月二日「申報」緊要新聞。

各持肉在其書上磨擦，血涔涔滴，肉躍紙上❺。諸代表先乘車至攝政王府，以載灃避駐三所，而府中人又拒不收書，乃推吉林代表李林芳、文耆，直隸代表賀培桐、潘智遠、楊春泰、王慶昌六人，立候府前，必待監國回府，親自謁見，不肯離去。警察廳派人勸告無效，民政部尚書肅親王善耆復親來婉商，各代表始將所攜之書交其轉上❻。六日午後，孫洪伊等再赴資政院呈遞請願書，請於明年召開國會，設立責任內閣❼。並遍謁慶親王奕劻等，請求援助。力陳國會不可不開之理由，及人民渴望速開國會之情狀，甚至痛哭流涕，以爲力爭。是時資政院中民選議員係各省諮議局所選出，亦即各省諮議局聯合會之主要代表，如直隸之孫洪伊，

---

❺ 宣統二年九月十四日申報「緊要新聞」，載其血書，內有「今我代表諸君熱血潮湧，不憚犧牲一切爲同胞博莫大之幸福，吾儕具有天良，何惜此少數之血液，洒書數字，以表示此次將以血購國會，決不似前之以文字購國會者之不足動我政府也。」等句。

❻ 原呈略謂：「國會者所以通上下之情，爲憲法上立法最高之機關。有國會而後可以言立憲，無國會而言立憲，人民生其疑阻，政事日即惰偷，雖日日言籌備，而財用之耗蠹，人才之隳窳，民生之凋敝，恐即在此籌備之中，而禍亂之至且無日矣。」（九月十四日「中外日報」要聞）

❼ 原呈略曰：「今中國非實施憲政，決不足以拯危亡，盡人而知之矣。……比者籌備憲政之有名無實，天下共見，中外臣僚其塗飾敷衍捏報成績苟以塞責者，固所在多有。……夫以今日所謂籌備，非惟不足以利國，而反以病民。……洪伊等以爲籌備憲政之實之所以不舉者，皆坐無國會而已。何也？蓋立憲之真精神首在有統一行政之機關，凡百設施悉負責任，而無或諉過於君上，所謂責任內閣者是也。責任內閣何以名？以其對國會負責任而名之也。是故有責任內閣爲之憲政，無責任內閣，謂之非憲政，有國會則有責任內閣，無國會則無責任內閣，責任內閣者憲政之本也。國會者又其本之本也。本之不立，而末將安所麗，兩年以來所以籌備一無成績，而憲政二字幾於爲世詬病者，皆坐是也。」（宣統二年十一月「東方雜誌」十一期，記載一，中國大事記）。

湖北之湯化龍，湖南之譚延闓，福建之林長民，江蘇之雷奮，四川之蒲殿俊等，其言論在資政院中佔有舉足輕重之地位❽。

九月二十日，資政院討論請速開國會案，國會請願代表團代表，由議員介紹在座旁聽，並由議員羅傑等登台演說，諸議員踴躍發言，最後全體表決贊成。乃推定趙炳麟、陳寶琛、汪榮寶、孟昭常、雷奮、許鼎霖等六人爲起草委員，專摺具奏❾。

各省諮議局及人民團體亦紛紛作個別之請願行動，以爲國會請願代表團之後援。九月四日上午九時，直隸人民代表一千數百人，集議速開國會，推舉李向辰、溫世霖等十二人爲代表，向直督陳夔龍要求請爲代奏。夔龍拒不肯見，諸代表乃留督轅不去。而在外鵠候人民，則三五群，互相鼓吹諷譏清廷，以爲支持。陳氏不得已，始允即晚辦稿，明日出奏❿。

九月十四日，河南國會請願同志會假游梁祠開會，各界紳民到者三千餘人，當場簽名即

---

❽ 宣統二年十月一日上海「時報」載「京師近事」：「當資政院未曾通過國會議案之先，民選議員已以議事細則問題與議長及政府特派員大相衝突。於是政府及其他政界中人已皇皇然呈一絕大恐慌之現象。故大老一般意見，以爲民選議員有團體，而欽選議員無之，是不啻讓民選議員以獨斷之局。」

❾ 宣統二年十月一日上海「時報」載「京師近事」，謂有資政院欽選議員汪榮寶者，於表決請開國會時，首起歡呼，叫萬歲者三次，事後竟告議長溥倫曰：「此次朝廷不應准許開國會」。並謂：「載澤此意甚堅。」各省諮議局聯合會代表聞之，於二十三日集二十餘人，往見載澤。載澤力斥其非，事遂寢。蓋是時請開國會已成爲全國一致之願望，雖其內心反對，亦有不敢不贊成之勢。

❿ 宣統二年九月十一日「中外日報」要聞。

赴撫院要求代奏速開國會。並公推代表楊源懋等十人入見寶棻，寶允代奏，始行退出⑪。

九月底，陝西諮議局致電資政院，非國會召開，斷不公認借用外債⑫。同月二十八日，福建九府二州及旅外閩僑請願國會代表三四千人，集中福州府學明倫堂，至督署呈遞請願書，請求代奏。同日四川各界三萬餘人亦作請願國會之要求。湖北各界之請願活動亦極熱烈⑬。

各督撫因不滿意於清廷之中央集權政策，亦多希望國會與責任內閣及早成立。九月二十三日，東三省總督錫良、湖廣總督瑞澂、兩廣總督袁樹勛、雲貴總督李經羲、伊犁將軍廣福、察哈爾都統溥良、吉林巡撫陳昭常、黑龍江巡撫周樹模、江蘇巡撫程德全、安徽巡撫朱家寶、山東巡撫孫寶崎、山西巡撫丁寶銓、河南巡撫寶棻、新疆巡撫聯魁、江西巡撫馮汝騤、湖南巡撫楊文鼎、廣西巡撫張鳴岐、貴州巡撫龐鴻書等聯名致電軍機處，要求內閣國會同時設立，請爲代奏。（時各督撫自上月以來，因內閣國會問題已電商甚久，故有是奏。）⑭ 惟兩江總督張人駿、直隸

---

⑪ 宣統二年九月二十五日，上海「申報」緊要新聞。

⑫ 宣統二年十月二日，上海「時報」專電。

⑬ 宣統二年十月六日，上海「時報」地方要聞。

⑭ 雲貴總督李經羲致各督撫之電。謂：「欲求籌備實際，非有內閣國會不可。欲救現行失著，尤非有內閣國會不可。」湖廣總督瑞澂致各督撫電謂：「立主腦先設內閣，定人心先開國會。」黑龍江巡撫周樹模致各督撫之電謂：「立憲制度政界認爲最完美之政治，雖起伊、周、孔、孟於今日，將無以易也。」以上各電均載宣統二年「東方雜誌」第十期，記載第三「中國時事彙錄」。滇督李經羲復以管理軍諮處載濤、毓朗皆富新思想，曾將開國會之利，不開國會之害，痛切電陳之。內有「大清恃中國而存，不開國會則中國不存，大清亦不能保。」等句。（宣統二年九月八日上海「中外日報」要聞）。

總督陳夔龍、陝西巡撫恩壽持反對態度。人駿致電軍機處，認爲救時要策限於飭吏治，興實業二端。夔龍、恩壽之電，則主張先設內閣後開國會，顯係窺伺朝廷意旨，不知國會未開前而先設內閣，內閣對誰負責也。

是時駐外使臣先後發電力爭，各地報紙亦予清廷以無情抨擊⓯，載灃以人心所趨，迫於無奈，連開密議，軍機大臣毓朗、徐世昌等均主張縮短國會以爲根本上挽救，載濤、載澤，及肅親王善耆等附之，議遂定⓰。十月三日，下詔准將立憲籌備期限縮短，於宣統五年實行開設議院，在國會未開前先將官制釐定，並預行組織內閣。同日諭令民政部及各省督撫驅逐

⓯ 九月十三日上海「時報」之「時評」曰：「請求國會一事爲今日萬衆一心所祈向之目的，不容有反對者廁於其中（按：指江督張人駿、直督陳夔龍而言），故至今日而尚有反對開國會者，實爲國民之公敵，我人民不可不知也。」九月十五日復以「國會與中國之前途」爲題「時評」曰：「速開國會之請願，人民已一再上書矣，斷指矣，割股矣，血書紛飛矣。有名之各督撫，又聯銜贊成矣。有名之各大臣王公又相與扶助矣。其所反對之者，以明白事理之人言之，無論上下已無一二矣。然則其結果或有可望歟。雖然中國之事，每爲不明白事理者勝，其結果尚未可知也。」十月一日再以「國會之期望者」爲題「時評」曰：「國會之期望者每於歲首或每月朔望必翹首望曰：『今日其殆發表縮短國會年期之日歟！』如是者已屢矣。……嗚呼！中國人之心理，必以天行相組合，故有朔望與歲首之理想，不然以人事論之，固無日不可發表縮短國會年期之上諭也。」十月二日之「時評」復曰：「以如火如荼之請開國會，而以如水如冰之手段應之，見其不可，則又以半迎半拒之手段遷延之，政府之畏開國會也，如畏劇盜，請開國會者之逼向政府也，如勒劇盜口供，政府諸公何苦乃爾！」國人請開國會迫切之情於此可見。

⓰ 宣統二年九月二日「中外日報」要聞。另據「申報」九月八日北京專電，謂肅親王善耆曾至監國府代遞代表團所上請願書，並代陳各代表之熱忱。七日監國特召見善耆，允將國會期間縮短一二年，以慰天下渴望。

解散請開國會之代表⑰。並爲粉飾起見，由警察廳強迫各舖户懸旗張燈，並令各公立學校初七、初八兩日停課，各報館印發紅報（各報館多不從）以資慶祝⑱。惟各督撫各省諮議局及各政團，咸知清廷之無立憲誠意，而三年期限太緩，對先設內閣後開國會之措施尤所不滿也。

先是各督撫初聞監國欲縮短至宣統五年召開國會，並先設立內閣，乃於九月三十日夜八時仍由東三省總督錫良領銜二次聯合以加急電奏，主張內閣國會同時設立⑲。而載灃不顧。及清廷十月三日上諭公布，國會請願代表團各代表，即夕約集於「國民公報」館，密商善後之策。決議：「同人各返本省，向諮議局報告清廷政治絕望，吾輩公決祕謀革命，並即以各諮議局中之同志爲革命之幹部人員，若日後遇有可以發難之問題，各省同志應竭力響應援助起義獨立。」⑳並通告全國各界曰：

---

⑰ 宣統二年十月四日上海「時報」曾以「國會與代表」爲題「時評」曰：「國會爲何而縮短三年？以國會請願代表請之也。代表何爲而驅逐出京？以請願速開國會也。然則請願國會而以爲非歟！何以有速開三年之上諭？速開國會而以爲是歟！何以有驅逐出京之代表！代表即有罪，決不應受驅逐出京之報酬也。或曰「是蓋欲示國會速開之舉出自政府，不與汝輩代表事耳！」嗚呼！使此宣統五年召集國會諭旨出於代表未入京以前，誰不云然。齊景公曰：『既不能令，又不受命。』」其諷譏清廷可謂不留餘地。

⑱ 宣統二年十月五日上海「時報」要聞。另據宣統二年十月十八日第一千一百號「政治官報」載，步軍統領烏珍奏稱：十月六日晚，各學堂齊集大清門開提燈會慶祝立憲，到者九十五單位，秩序良好。

⑲ 宣統二年十月九日上海「時報」要件。

⑳ 徐佛蘇「記梁任公先生逸事」。

昨奉上諭，已宣示臣民，千氣萬力，得國會期限縮短三年，心長力短，言之痛心。以諸父老希望之般，而效果止此，委任非人，能無慚悚。……今去宣統五年尚復距離三年，不審此三年中，列强圜視，外交上有無變更與否？財政竭蹶，内部分事有無囂暴與否？公廷攬權，私室倖進，叫囂奔競，中央政府有無内訌與否？且國會未開，先設内閣，監督無人，有無濫用權力與否？新舊過渡，必防官邪，政治改革，而寬以歲月，有無僉壬彙緣，大臣把持，肆其奸謀否？國本未定，而人心皇皇，我謀不用，有無灰絕否？中央集權而無人民爲之贊助，治不統一，各省督撫有無不能行政與否？憲法先頒，而不經國會通過，有無權限失當與否？三年遙遙，夜長夢多，諸父老與有興亡之責，有國憂勤，其何以圖之？㉑

另以國會請願代表團名義通告各省請願國會團體，説明在京行止，並進行方略：（一）以事實上已無效力，國會請願代表團暫時消滅。（二）各省諮議局聯合會繼續存在，非國會成立不得解散。（三）用種種方法要求政府於宣統四年春間或秋間召集國會。（四）請政府趕早編定憲法、議院法、選舉法，及官制，内閣組織法。（五）擬組織一政黨，先擬綱要。（六）望各省同志喚起民氣，繼續推動政府㉒。

㉑ 宣統二年十一月「東方雜誌」第十一期，記載一，中國大事記。

㉒ 宣統二年十月二十四日上海「申報」緊要新聞。

資政院亦以清廷十月三日之上諭不切實際，而內外情勢之險惡恐不能待至三年以後，於十月七日繼續討論，十月九日復行上奏。略謂：「臣等以內審國情，外考成法，竊以爲建設國會爲立憲政體應有之義務，既不可中止，何必斤斤於三五年遲早之間，人心難得而易失，時會一往而不還，及今圖之猶可激發輿情，乂安大局，朝廷亦何憚而不爲？」㉓十月八日，國會請願代表團接河南、湖北、福建、江西四省諮議局來電，請繼續努力，請求速開國會。南京各界通電全國，認爲「國會不即開，請願目的仍不達。」㉔廣西諮議局則電商直隸諮議局，聯合電請資政院，力言國會未開前，反對續借一切外債。㉕直隸、陝西諮議局亦電請國會請願代表團，繼續力爭，切勿解散出京㉖。十月十三日直隸國會請願同志會致電國會請願團代表團，質問樞府緩開國會理由。山西、陝西兩省國會請願同志會亦致電國會請願代表團，力爭國會期限務求再縮㉗。同月六日上海「時報」以「論國會不與內閣並立之弊」爲題社論曰：「所謂責任內閣，此責任二字非對君主而言，對乎議會而言也。」又曰：「總之有國會之內閣專權而不跋扈，植黨而不營私，而無國會之內閣，則專權必至於跋扈，植黨必至於營私，然則國會未立先設內閣，其不利於君主不利於人民可知矣。」同月七日「中外日報」復以「讀

㉓ 宣統二年十月十日、十一日上海「時報」要摺。

㉔ 宣統二年十月九日上海「時報」專電。

㉕ 宣統二年十月十日上海「時報」新聞舊聞。

㉖ 宣統二年十月十日上海「時報」專電。

㉗ 宣統二年十月十四日上海「時報」專電。

初三日上諭感言」爲題社論曰：

夫以政府之心理觀之，直視吾民如蛇蝎，如盜賊。當此多難之日，上之與下絕無開誠布公相親相愛之忱，以此等煌煌大詔，而含有無數憤恨嫉惡之意，何其不祥之甚也。吾國民諸君乎？諸君其速覺醒，以如斯之政府，其所定之議院法可想而知？其所定之憲法可想而知？其所定之官制可想而知？而將來內閣之人物，可想而知？政府之權力可想而知？嗚呼！今後我民之所著意者，不當在於國會期限之問題，而當在於上者所舉加之意可也。

全國人心之背向如此，而清廷仍執迷如故，盡量壓制人民之立憲活動。十月二十一日，直隸各學堂學生推舉代表齊集自治研究總所，會議進行請願方法。直隸總督陳夔龍立時派兵馳往解散。十一月二十三日諭命民政部、步軍統領衙門，將東三省要求速開國會代表迅速送回原籍，各安生業，不准在京逗留，此後倘有續行來京藉端滋擾者，定惟民政部、步軍統領衙門是問。各省如再有聚衆滋鬧情事，由該督撫等查拿嚴辦，毋稍縱容。東三省請願各代表臨行，向軍機大臣徐世昌及肅親王善耆辭行，咸拒不得見，於是悻悻而返㉘。清廷仍恐其回省後有所舉動，電令東三省總督錫良嚴加防範。復恐各省代表互相通函，有所協商，由民政部與郵傳

㉘ 宣統二年十二月四日「中外日報」要聞。

部會同審查往來信件，並嚴令各地報館今後不得刊登評論有關政治報導㉙。十二月初八日，以天津人溫世霖等三千八百五十九人，發電各省，創議聯合全國學界罷學要求國會，旨命發往新疆交地方官嚴加管束㉚。十二月十二日「中外日報」北京專電，且謂監國攝政王擬組織國事偵探團，以監視國人行動。於是舉國輿論譁然，咸不直清廷之所爲。

六

宣統二年（一九一〇）九月，資政院既開幕，以人心所趨，對朝政多所指摘，而與軍機大臣之衝突因之而起。至十一月七日，遂以軍機大臣責任不明，難資輔弼，具摺上奏，請將軍機大臣必應擔負責任之處，宣示天下。同日軍機大臣奕劻等，亦奏請開去軍機要差。奉硃諭軍機大臣奕劻等曰：「該大臣等盡心輔弼，朝廷自能洞鑒，既屬受恩深重，不應瀆請，所請開去軍機大臣之處，著不准行。」另諭資政院曰：「朕維設官制祿及黜陟百司之權，爲朝廷大權，載在先朝欽定憲法大綱，是軍機大臣負責任與不負責任暨設立責任內閣事宜，朝廷自

㉙ 宣統二年十二月五日「中外日報」要聞。

㉚ 原諭稱：「據陳夔龍電奏：查拿著名無賴出身微賤之溫世霖，曾充長隨多年；聲名惡劣，久爲衣冠不齒。此次在津竟敢假開國會爲名，結衆斂錢已屬有害地方，又復擅捏造國會各界同志會名義，妄稱會長，遍電各省，廣肆要結，同時罷課，意圖煽惑，居心實不可問，請嚴行懲儆。溫世霖著發往新疆，交地方官嚴加管束。」盡係無中生有捏造之詞。

有權衡，非該院總裁等所得擅預，所請著毋庸議。」❶仍由軍機大臣副署頒發。載灃之不明立憲精神，於此可見。於是資政院大憤，決議繼續上奏。奕劻不安於位，二十五日復辭職，奉旨慰留。資政院以院章所限，而起草員中彼此異議，再度彈劾案竟未實現。資政院原定會期三月，議事未竣，諭令延長十日。十二月十一日資政院閉幕，宣統三年（一九一一）二月二十二日，改以大學士世續充資政院總裁，侍郎李家駒充副總裁。同年二月十四日「中外日報」「要聞」欄載有北京消息一則：

> 慶邸一日謂其親信某人曰：「駒光易逝，瞬已新年，屈指資政院開會之期不過十月，該議員去年胡鬧，我至今思之猶覺煩惱。今年到開會時必然更甚，我實不願再聞，可將我去年辭表底稿好好保存，一俟該院開會之前一日，即便恭摺具陳。又近年民氣囂張，去年各省代表紛至沓來，今年又未必不故態復萌，可將驅逐東省代表回東草稿一並包裹完全，擱在一處，以便臨時檢查云。」

此消息雖不可盡信，亦可代表當時輿論之對載灃不滿也。是時東三省以日俄交侵，情勢迫切，對清廷之顢頇反對最力。宣統三年（一九一一）正月，由吉林省城各團體發起組織吉林地方

---

❶ 宣統二年十二月，「東方雜誌」第十二期「諭旨」。

團體聯合會，對外發表宣言，以倡導憲政發達，促進地方自治進行爲宗旨❷。二月二十二日，北京各省諮議局聯合會，由孫洪伊等領銜致電各省各團體，邀請各省諮議局議長即時入都，擬定國事辦法。其理由凡三：（一）可以破政府輕視國民習見。（二）可以動外人遵重國民之觀念。（三）可以充吾民最後自立之方針❸。四月上旬，各省諮議局代表陸續到京，計有吉林諮議局副議長何印川，廣西諮議局議長甘德蕃，常駐議員蒙經均，奉天諮議局副議長袁金鎧，常駐議員曾有嚴、劉興甲等。四月十四日聯合各省諮議局留京代表，假順治門外松筠菴開會討論國事。是日到會凡十二省代表，計：

直隸　閻鳳閣　王振堯　梁庭華　王邦屏　張汝桐　丁宗峰　孫洪伊

湖北　湯化龍　陳登山　鄭萬瞻

湖南　譚延闓　周煦埏

吉林　慶康　何印川

奉天　袁金鎧　曾有嚴　劉興甲

---

❷ 宣言中有「側身天地，風雨增陸沈之悲；舉目家山，桑土迫綢繆之計。河清難俟，來日大難，憂心時事，怵目危局，尚其於此撫衷振臂，奮起以應之乎！」等句。（宣統三年正月十五日上海「申報」來稿，吉林地方團體聯合宣言書）。

❸ 宣統三年二月二十八日「申報」來稿，國會同志會請各團體電約各議長入都定計書。

四川　蕭　湘
河南　方貞幹
陝西　李良才
山西　梁善濟　李　素
四川　李文熙
安徽　竇以珏
廣西　吳賜齡　甘德藩　蒙經均

其後每日籌商，咸認定當前要務不外治標治本兩大端。治標主義首在練民團，思利用武力以達成實行憲政之目的。治本主義則在改組新內閣，並極端反對親貴充任總理大臣。另決議如政府不改絃更張，收回成命，各省諮議局必將聯合宣告鄰邦，凡清政府對外借款，國人皆不負責任❹。徐佛蘇則乘各省諮議局代表二次大會期間，擬聯合組織一大政黨，以爲運動立憲之助。梁啓超亦參與其計劃。五月八日，憲友會正式成立，推舉徐佛蘇、雷奮、孫洪伊爲常

❹ 宣統三年四月十七日上海「申報」緊要新聞，諮議局聯合會進行狀況（原注：恐亦一場無結果）。

務幹事❺，其各省分會會長均由總會會員選任。如直隸爲忠寅，河南爲方貞幹，山西爲梁善濟，奉天爲袁金鎧，湖北爲湯化龍，湖南爲譚延闓，四川爲蒲殿俊，江西爲謝遠涵等❻。並議定政綱六端：（一）尊重君主立憲政體。（二）督促組責任內閣。（三）釐理行省政務。（四）開發社會經濟。（五）講求國民外交。（六）提倡尚武教育❼。於是國內政治情勢爲之一變。

同年四月十一日，清廷接受郵傳部大臣盛宣懷主張，發佈收回川漢、粵漢鐵路國有上諭，激起川、鄂、湘、粵四省之保路運動。其領導中心爲四省之諮議局，而各省之諮議局固皆立憲黨人之大本營，咸以請願速開國會目的不達，而素怨於清廷者也。至是益感憤激，一面派代表赴京請願，一面彼此連絡以爲一致之行動。以四川發回商股最少，故活動最爲激烈。是時適當廣州三月二十九日起義之後，人心所向，對革命事業多表同情。而由居正、孫武等所領導之文學社、共進會，方以武漢爲據點，鞏固實力，以謀大舉之發動。滿清之滅亡已在指顧之間，而載灃等卻依然踏走其自殺之路。同年四月二十一日，上海「申報」載北京專電：

---

❺ 梁任公先生年譜長編初稿卷二十。

❻ 徐佛蘇「記梁任公先生逸事」。

❼ 宣統三年五月十一日上海「申報」新聞。

鄂京官謁諮議局聯合會各代表，詢問對於四國借款補救方法，❽ 以爲一致進行之計，各代表示以質問政府之書稿。

是各省諮議局聯合會已認定清廷之過失不限於四國借款合同，而對待清廷之方法，亦斷非普通請願所能奏效。遂以各省諮議局聯合會名義通告全國，說明連日會議之結果，認定今日政府之失信於國人者，約有下列數端：（一）借債政策。（二）改定幣制政策。（三）興業政策。（四）鐵路國有政策。（五）禁煙政策。（六）外交政策。最後歸結謂今日之政府，「名爲內閣，實則軍機。名爲立憲，實則爲專制矣！」認定「欲救中國之亡，必得良美之政治，欲得良美政治，必得完全之內閣，欲得完全之內閣，必求不反乎責任內閣之原則，君主立憲國皇族不能充當內閣。」❾ 而全國各界，亦咸知清室之無望，捨採取革命行動外，別無途徑之可循。六月九日上海時報之「時評」曰：

聯合會奏請親貴不宜任內閣總理，不僅爲國民計，爲國家計，亦爲維持皇室尊嚴計也。乃政府不以爲可，將來以內閣之動搖侵及君主之神聖，此則可深憂耳！

---

❽ 清廷下詔收回川漢、粵漢鐵路後，遂由盛宣懷與英國匯豐銀行，法國東方匯理銀行，德國德華銀行，及美國資本團，四國銀行代表所簽訂之借款合同。

❾ 宣統三年六月七、八、九等日，上海「時報」要件欄內連載「諮議局聯合會宣告全國書。」

可爲真摯之論。

同年五月下旬，湖南諮議局，因前推舉副議長陳炳煥等到京請願，要求廢止四國借款合同久無結果，復派議員左學謙、周廣詢等前往。左等抵京未久，而四川諮議局議長蒲殿俊等因拒借款請願被押解回籍，留京各省諮議局代表送之行。殿俊憤激之餘告衆人曰：「國內政治已無可爲，政府已彰明較著不要人民了。吾人欲救中國，捨革命無他法。我川人已有相當準備，望聯絡各省共策進行。」於是各議員遂多暗中組織機關，以謀革命之進展。

殿俊返川時，四川保路同志會已告成立，乃一面繼續請願，一面策動顛覆清廷。並於六月間派遣同志潘江等分赴湘、鄂、粵各省接洽，告其四川準備已甚充足，以袍哥（約同於湖南之紅幫）棒客（約同於湖南之黑幫）爲基礎，人數衆多，將來舉義時尚求各省之協助。故七月之後，川亂之大起，袍哥棒客份子之活動有力焉⑩！

七

宣統三年（一九一一）四月十日，清廷頒布內閣官制十九條，依此官制，則內閣無異於過去之軍機處，國家大政仍操皇帝之手。故其立憲與不立憲實無區別也。同日任命慶親王奕劻爲內閣總理大臣，那桐、徐世昌爲內閣協理大臣。在十三閣員中，漢四人，滿八人，其中

⑩ 粟戡時：湘路案。按：四川士紳多通袍入棒，副議長羅綸即與袍哥有密切關係。

皇族又佔五人，蒙古旗籍一人，故號稱「皇族內閣」❶。由此可知載灃對於立憲之無誠意。於是熱心國會內閣之立憲黨人更加失望。及憲友會成立，一方面立憲黨人從事革命之醞釀，一方面仍以各省諮議局聯合會名議繼續請求都察院代奏。以「皇族組織內閣反君主立憲之公例，失臣民立憲之希望」，懇請「實行內閣官制章程，另簡大員組織，以固國本而尊皇基。」五月十四日都察院遞入，留中不報❷。六月十日都察院復二次代奏各省諮議局聯合會再請另行組織內閣稟❸，奉旨：

---

❶ 其各部行政長官姓名：

內各總理大臣：奕劻

內閣協理大臣：那桐　徐世昌

外務大臣：梁敦彥

民政大臣：善耆

度支大臣：載澤

學務大臣：唐景崇

陸軍大臣：廕昌

海軍大臣：載洵

司法大臣：紹昌

農工商大臣：溥倫

郵傳大臣：盛宣懷

理藩大臣：壽耆

❷ 宣統三年六月，「東方雜誌」第八卷第五號，中國大事記。同年六月三日上海「時報」「要摺」。

❸ 宣統三年六月十五日，上海「時報」「要摺」。

> 黜陟百司係君上大權，載在先朝欽定憲法大綱，並註明議員不得干預。值茲預備立憲之時，凡我君民上下，何得稍出乎大綱範圍之外。乃該議員等一再陳請，議論漸近囂張，若不極爲申明，日久恐滋流弊。朝廷用人審時度勢，一秉大公，爾臣民等均當懍遵欽定憲法大綱，不得率行干請，以符君主立憲之本旨。❹

其曲解憲法，雖愚夫亦知其欺詐。各省諮議局聯合會仍欲作三次公呈，都察院以代遞請願書屢受申飭，托人勸說該會，打消原意，如再陳請，決計永不代奏❺。

載灃既拒各省諮議局聯合會之請願，復於「皇族內閣」成立後，擅改資政院、諮議局章程。原院設總裁副總裁各二人，今改爲各一人。另規定諮議局除督撫劄詢外，不得對外行文，議員到會改三分之二爲半數，臨時會議改陳請爲特旨，始得召開❻。以實現其抑制民意表現之目的。是時全國輿論之激昂達於頂點，六月十二日上海「時報」之「時評」曰：或問中國立憲？曰：「只有一語」。其語爲何？曰：「君上大權」。六月十四日之「時評」復曰：

> 親貴內閣則曰載在先朝欽定憲法大綱，然則資政院章程獨非先朝所欽定者耶？奈何汲

---

❹ 宣統三年閏六月，東方雜誌第八卷第六號「中國大事記」。

❺ 宣統三年六月八日上海時報專電。

❻ 宣統三年六月十三日上海時報載同月十二日亥刻北京專電。

汲議改也。此是則彼非，彼是則此非，於彼於此，何以服天下人之心？

另由孤憤署名以「讀初十日上諭感言」爲題社論曰：

如朝廷確因時勢而用人，則此席更不宜授諸皇族以內之人。何以故？以今日之時勢，內訌外患交迫之時勢也。以內訌論，則革命黨素主張排滿，若內閣總理仍爲皇族，則彼又將藉口於朝廷偏重滿人，以爲煽惑之資料矣。以外患論，慶邸主管外部數年，無一非屈辱之歷史，若以任總理而兼管外部，則失地喪權之事皆將靡有已時。

十五日之「時評」再以「針鋒相對」諷譏清廷曰：

諮議局聯合會參閣制，而政府乃改資政院章程，並欲改諮議局章程，此乃所謂針鋒相對之舉也。今閣制以有先朝憲法大綱保護之，乃得不動，而資政院章程與諮議局章程欲改則竟改。嗚呼！憲法大綱乃擁護政府大權之物也。

江蘇諮議局議長張謇，因各省諮議局聯合會要求改組內閣之無效，以各省諮議局領袖地位，於新內閣成立後兩月，致書攝政王，請新閣依照憲政常規，發表政見❼。而清廷敷衍塞責如故。謇於失望之餘，於其「嗇翁自訂年譜」記曰：

政府以海陸軍政府權及各部主要均任親貴，非祖制也，復不更事，舉措乖張，全國爲之解體。至滬合湯壽潛、沈曾植、趙鳳昌諸君，公函監國切箴之。更引咸、同間故事，當重用漢大臣之有學問閱歷者。趙慶寬爲醇邸舊人，適自滬回京，屬其痛切密陳，勿以國爲孤注。是時舉國騷動，朝野上下不啻加離心力百倍，可懼也。❽

是時適有某省諮議局派代表二人至南京訪問張謇，以國事蜩螗不可終日，要求張謇親至北京一行。視察清廷內部情形，以決定各省諮議局對於國是應取之態度❾。會上海、天津、廣州、漢口四處總商會，公推張謇到北京陳請組織中國報聘美國團❿，及中美聯合興辦銀行航業公

---

❼ 原書略謂：「內閣成立，海內人民奔走相告，喁喁望治，今又兩月矣。凡新內閣成立之日，必當發表政見，方針既定，庶政即循是進行，故能上下一心，無所牴牾。今兩月之間，寂無表現，何以新外人之耳目，慰士民之屬望。……一請發表政見，刷新中外耳目。二請實行閣部會議之制。三請與國務大臣並開幕府，遴辟英俊。是三策者，爲國家計，爲王爺計，爲辦理大臣計，爲各部大臣計，皆今日必不可緩之要圖。」（張季子九錄，政聞錄卷三，請新內閣發表政見書）。

❽ 同書卷下。

❾ 劉厚生「張謇傳記」頁一七八－一七九。

❿ 報聘宣統二年八月美國遊華實業團之涖華訪問。

司事，謇遂決計北上。五月十四日過彰德，晤袁世凱，交換對於時局意見。袁氏熱情款待，對各省諮議局之請願國會極表同情，至使張謇大有「不虛此行」之感。因此種下日後諮議局派於辛亥革命期間對袁氏妥協之禍根⓫。

五月十七日張謇謁見攝政王載灃，對清廷作最後之忠告。於瀝陳外交之危險後，認為當前內政以注重民生，實行憲政為要務。而「諮議局為道達民隱之地，須得各督撫重視輿論，方足宣示朝廷德意。又須朝廷體察民隱，方能得輿論之真像。但得民心不失，則內政不修，外患猶可漸弭。」⓬ 清廷仍不肯腳踏實地做起。張謇對收回川路事嘗為川人請命。嗇翁自訂年譜曾記其事如下：

> 澤公約盛宣懷與余議收四川鐵道為國有方法，盛以調查川人用於鐵道工款中，為川紳所虧者三百餘萬，政府不應受此虧，應以實用者給還川人。余曰：「輸出者川之人民，虧挪者川之紳士，當然一面查追紳士，一面允給川人。」盛主在給數中扣除，澤公復問余，余曰：「如所言，未嘗非理，但甲商與乙商言，當如是，政府與人民有涵覆之義，且收民路歸國有，政策也，政策以達為主，不當與人民屑屑計利。且聞川人爭路款，頂先帝諭旨，勢洶洶而意未悖，尤須審慎。」澤公無言。⓭

⓫ 張謇傳記頁一八〇－一八一。
⓬ 張季子九錄，政聞錄卷三，辛亥五月十七日召見擬對。
⓭ 同書卷下。

清廷卒不顧人民利益，而一意孤行。迨七月十五日，川督趙爾豐拘留諮議局議長蒲殿俊，議員羅綸、顏楷、鄧孝可等，槍殺請願民衆，四川秩序，遂不可收拾。及八月十九日武昌革命軍舉義，風聲所播，四海響應。九月五日長沙都督焦達峰通電各省諮議局，「速起義兵，共扶大局。」⑭於是各地立憲黨人紛紛加入革命行動。如湖北諮議局議長湯化龍任軍政府民政部長，譚廷闓任湖南都督，蒲殿俊任四川都督，程德全任江蘇都督，湯壽潛任浙江都督等。即是一向對清廷持妥協政策之江蘇諮議局長張謇，其態度亦發生重大轉變，而改建共和乃成爲其積極活動之目標。各地報紙亦一致爲革命軍宣傳，盡量渲染其聲勢，而打擊清廷⑮。九月

⑭ 宣統三年九月九日上海「申報」專電。

⑮ 所記多不切實際。例如九月一日申報專電消息：

聞孫汶（文）向歐洲某國購定戰艦十八艘，暫不付價，已將契約訂妥。聞薩提督艦隊兵心甚不可恃，開戰時大砲皆向天轟放，革軍無傷者，故艦隊已退泊下游。

九月二日申報專電消息：

（八月）三十日又戰，革命軍衹二千餘人，官軍約萬五千人，聞其結果有官軍三千人投降。廕昌所統北軍已爲革命軍擊退。官軍後隊聞革命軍大砲，群相逃亡，投降革命軍者頗多。

九月四日申報專電：

河南鐵路工人一萬六千名亦欲投入革黨。河南革黨七千人已預備聯合起事。

九月六日申報專電：

革黨代表謁天津各領事，謂不數日內革軍將據天津，外人請勿驚慮。謠傳南京失守。

九月十日申報專電：

濟南革黨紛傳起事，省城可危。

九月十一日申報載十日北京專電：

北京人心惶恐日甚，咸恐革黨起事。

三日申報「評論」雙方之戰事曰：

天下事之成敗亦視乎其人心之向背何如耳！人心歸往，則雖一成一旅，亦足以迅奏膚功。人心叛離，雖帶甲百萬，坐擁堅城，適足以齎寇糧而召戎禍。語曰：「得全者全昌，失全者全亡。」於以見人心之嚮背，其關係大局之成敗，非淺鮮矣！……

我嘗觀今日之齊民矣，學界青年强半革命，其一般平民久憔悴於虐政之下，飫聞革命之文明，幾乎有奔走恐後之勢，人人心目中俱懸一政治革命之目的者，非一日矣。

此種宣傳，對革命之幫助，實不讓於攻城奪地也。同年九月一日資政院第二次院會開議，由禮親王代監國致開院辭，雖力言政府確有實行立憲之誠意，而無具體辦法⑯至九月五日，乃由資政院總裁世續領銜上奏，請求朝廷按律治盛宣懷、趙爾豐、瑞澂之罪，妥擬鐵道國有法案。釋放四川諮議局議長以治其標；迅速組織完全責任內閣，明年提前召開國會，由國會協定憲法，以治其本⑰。同日清廷革郵傳大臣盛宣懷職，將川督趙爾豐、署川督王人文，交部議處，並釋放四川被捕議員士紳，罷斥激變官吏，仍不及國會內閣事。

---

⑯ 宣統三年九月三日上海申報載同月一日北京專電。

⑰ 軍機處摺包檔，引自辛亥革命第四册。摺內有「生今之世，萬國競爭，非立憲無以立國，然窺我政府之意，則決不肯立憲。不立憲則亡，與其坐而待亡，孰若起而革之。」等句。對革命黨多所贊揚。

九月六日，駐灤州第二十鎮統制張紹曾聯合協統藍天蔚等，電促清廷立憲，並提出要求十二項，另電詢資政院，奏請立憲事宜。繼則電請進兵南苑，並扣留解運前線軍火。九月八日，資政院總裁世續等以三摺上奏，一請另簡賢能組織責任內閣，而不任懿親⑱。一請頒布明詔，將憲法交資政院協贊⑲。一請速開黨禁，以示寬大而固人心⑳。是時湖南、九江、陝西、貴陽、騰越、山西均響應革命軍，載灃不得已先於九月六日授袁世凱以欽差大臣，節制所有赴援之水陸各軍，並長江水師，至初九日復下罪己之詔。同日取消內閣暫行章程，飭將憲法交資政院協贊，並弛黨禁，與民更始。而「皇族內閣」仍然存在。同日張紹曾復電奏曰：「內閣一日不成立，即內亂一日不平息。」主張憲法應由議院制定㉑。十一日內閣總理奕劻遂藉口「知能鮮薄」辭職，宗支國務大臣載澤、載洵、溥倫、善耆等，亦以「奉職無狀」請求開去差使。乃改任袁世凱爲總理大臣。十二日以張紹曾等「愛國之誠」傳旨嘉獎，即命憲法交資政院起草，奏請裁奪施行。同日張紹曾等復以所部不穩電奏清廷以爲要脅。認爲「此次變亂起原，其肇因雖有萬端，歸納言之，政治之無條理，及立憲之假籌備所產出之結果

---

⑱ 軍機處摺包檔，引自「辛亥革命」第四冊。

⑲ 同上書。

⑳ 同上書。

㉑ 同上書。

已耳。」㉒同日資政院乃依張紹曾等原奏，先擬定憲法內重大信條十九條奏上㉓，奉上諭：「將重要信條立即頒布，刊刻謄黃，宣示天下，將來該院草擬憲法，即以此爲標準。」㉔張等對清廷敕命袁世凱組閣，及憲法由資政院起草，仍表反對，故復電請軍諮府代奏曰：

> 竊臣所奏政綱，原係博採輿情，折衷學理，非此不足以收既去之人心，杜革命之口實。原奏總理大臣必由國會公舉，今親貴內閣雖已解散，大臣仍係勅任，並非民選。原奏憲法必由國會起草，今交資政院，資政院爲舊政府機關，不能代表全國，憲法仍係欽

㉒同上書。

㉓憲法十九信條如下：一、大清帝國皇統萬世不易。二、皇帝神聖不可侵犯。三、皇帝之權以憲法所規定者爲限。四、皇嗣繼承順序於憲法規定之。五、憲法由資政院起草議決，由皇帝頒布之。六、憲法改正提案權屬於國會。七、上院議員由國民於有法定特別資格公選之。八、總理大臣由國會公舉，皇帝任命，其他國務大臣由總理大臣推舉，皇帝任命，皇族不得爲總理大臣，及其他國務大臣，並各省行政長官。九、總理大臣受國會彈劾時，非國會解散，即內閣辭職，但一次內閣不得爲兩次國會之解散。十、海陸軍直接皇帝統率，但對內使用時，應依國會議決之特別條件，此外不得調遣。十一、不得以命令代法律，除緊急命令應特定條件外，以執行法律及法律所委任者爲限。十二、國際條約非經國會議決，不得締結，但媾和宣戰不在國會期中者，由國會追任。十三、官制官規以法律定之。十四、本年度預算未經國會議決者，不得照前年度預算開支，又預算案內不得有既定之歲出，預算案外，不得爲非常財政之處分。十五、皇室經費之制定及增減，由國會議決。十六、皇帝大典，不得與憲法抵觸。十七、國務裁判機關有兩院組織之。十八、國會議決事項，由皇帝頒布之。十九、以上第八、第九、第十、第十二、第十三、第十四、第十五、第十八各條，國會未開以前，資政院適用之。（宣統三年九月「東方雜誌」第九卷第九號，中國大事記。羅正偉：灤州革命軍紀實。）

㉔軍機處摺包檔，引自辛亥革命第四冊。

定，國民不得與聞，臣等原奏概歸無效，拜命之餘，不禁椎心飲泣。……不能召集國會，不能制定憲法，不能選舉總理大臣，根本問題不能解決，諸事皆空談㉕。故意與清廷爲難。蓋是時張紹曾等已與第六鎮統制吳祿貞密謀合取北京，欲逼清帝退位也。

八

武昌革命軍既作，北京各省諮議局聯合會諸代表，回本省從事策動起義工作者甚多，會務無形停頓。而各省諮議局各政團無不以改建共和爲職志。浙江諮議局以武昌軍政府已經建立，清廷覆滅在即，九月一日停止開議❶。江蘇諮議局雖開議，而首要決議，則爲致電各省諮議局各報館，反對清廷借外兵發動內戰❷。清廷知各省之醞釀獨立，其幕後由各省諮議局所策動，遂命資政院通電各省諮議局及海外華僑團體，謂清廷已實行立憲，開誠布公，概允人民之要求，與天下相見以信。希望勸導人民勿以政府爲敵❸。

是時資政院中形成三大黨派；一爲憲友會，以民選議員爲骨幹，以各省諮議局聯合會爲

㉕ 羅正偉「灤州革命軍紀實」。
❶ 宣統三年九月一日，上海「申報」專電。
❷ 宣統三年九月二日，上海「申報」專電。
❸ 宣統三年九月十三日，上海「申報」專電。

基礎，係來自各省諮議局之優秀份子，其領導人物爲孫洪伊、湯化龍、譚延闓、徐佛蘇、雷奮、蒲殿俊、林長民等，因彼此聯一致，以請願國會爲宗旨，在院中頗佔優勢。一爲憲政實進會。其分子多爲欽選議員，與民選議員中所謂「碩學通儒」一類居多。由莊親王、勞乃宣、陳寶琛、趙炳麟等人所領導。其性質近於保守，對於清廷持取妥協之態度。一爲辛亥俱樂部。欽選與民選議員皆有其幹部人物。其著者如趙椿平、陳懋鼎、王璟芳、劉道仁（以上欽選議員），易宗夔、牟琳、羅傑（以上民選議員）等，爲資政院中之官僚派，無固定之主張與宗旨❹。及武昌革命軍起，憲友會派議員多數返省參加革命之實際領導工作，各省諮議局各政團以資政院不足代表民意，覆電咸痛詆之❺。

自八月十九日武昌起義之後，至九月中，響應獨立省份不過湖北、湖南、陝西、山西四省，且多發動於軍人，在清廷尚不認其爲大患。迨九月十四日江蘇獨立後，情勢爲之一變。

---

❹參照楊幼炯「中國政黨史」頁四五—四七。

❺江蘇教育總會、浙江旅滬學會，及各省旅滬各團體，所致北京帝國日報轉各報、憲政實進會之電曰：「武漢戰禍，人道滅絕，政府方竭全國之力殘民以逞，資政院乃欲求一紙空文欺飾天下耳目，令天下可欺。一朝事定，公等富貴自在意中，而吾民塗炭萬劫不復，有何人望可付。」憲友會江蘇支部致北京國民公報轉各報、憲友會總部之電曰：「聞在京各政團派員詣慶邸協商改革事，政府一面下罪己詔，一面大殺漢口人民，而各政團猶欲與虎謀皮，可哀可恥。總部如亦與聞，本支部決不承認。」上海預備立憲公會致北京憲政館之電曰：「某政團派員詣慶邸協商改革，此事大反國民心理。北軍恣意焚殺，漢鎮如洗，東南人心愈激，罪己詔且不足以動，遑論其他。大勢如此，本會已無活動之餘地，公無論如何主張，勿用全體名義。」

蓋江蘇都督程德全原係江蘇巡撫，平素同情立憲，至是被江蘇諮議局所擁戴。乃由張謇電致各省諮議局，並內外蒙古各地，請其贊成共和。以張謇之聲望，及各地立憲黨人之素怨於清廷，故致九月十九日五日之間，全國宣告獨立者已有十四省之多。土崩之勢已成，清室遂不可爲矣。

九月十八日，資政院依新頒憲法十九信條，實行選舉內閣總理大臣，通過仍由袁世凱出任，清廷依法重新任命。二十六日袁內閣成立，一反皇族內閣之氣氛。立憲黨人多有羅致，張謇任農工商部大臣，即一向視作袁氏政敵之梁啓超亦任爲法部次官。惟所任閣員除一向在清廷任職者外，餘均辭不就❻。袁於組閣之前已取得近畿各鎮及各路軍隊悉受節制之全權，及內閣成立，清廷實權盡歸袁氏所掌握，遂進而拉攏立憲黨人，以達成其政治之陰謀❼。

先是江蘇諮議局議長張謇聞灤州第二十鎮將領張紹曾等有趨向共和表示，乃合湯壽潛等致電讚賀。略曰：

南北一致趨向共和，適見諸公連章，不啻雙方代表。和平解決，已可繼葡萄牙之功；統一維持，尚望作華盛頓之助。人民有希望於正當之軍隊，而軍隊重；軍隊能以正當

---

❻ 張謇、梁啓超、梁敦彥、王士珍、薩鎭冰、嚴修、梁如浩等，均未到任。僅有袁氏之少數黨羽支持局面。

❼ 劉厚生「張謇傳記」，謂袁世凱就任內閣總理後，清宗室大臣恭王溥偉、肅王善耆等，以革命黨實力有限，而袁世凱頓兵不進，紛加責難。袁告以張謇、湯壽潛、湯化龍、譚延闓皆人民代表，非武力所可屈服。並以辭職相要脅。溥偉、善耆等知無望，遂各攜眷離京。於此可見袁氏自始即利用各省諮議局以自重。

慰人民之希望，而軍隊愈重。全國之福，不世之勳，惟諸公圖之。謹以公民資格，遙致歡忭，並以爲祝。❽

復致電南京將軍鐵良，勸其響應共和❾。九月二十四日，清廷以各省之響應革命多爲各省諮議局所領導，欲圖收買人心，乃分派各省宣慰使，分途安撫，其中以立憲黨人居多。江蘇爲張謇，浙江爲湯壽潛，福建爲江春霖，湖南爲譚延闓，廣東爲梁鼎芬，廣西爲趙炳霖，四川爲喬樹枏，江西爲謝遠涵，山東爲柯邵忞，山西爲渠本翹，雲南爲王人文，陝西爲高增爵，各人多辭不就職。張謇於請辭宣慰使及農工商大臣電中，對清廷備加指責，明白提出其共和主張。認爲「與其殄生靈以鋒鏑交爭之慘，毋寧納民族於共和主義之中。必如是乃稍爲皇室留百世禋祀之愛根，乃不爲人民遺二次革命之種子。」❿ 張謇當時之決策，在一面促請清帝早日退位，設法保護其安全，復鑒於北方少數官僚仍欲保持君主立憲，故其復電內閣代奏曰：

今共和主義之號召甫及一月，而全國風靡，徵之人心，尤爲沛然莫遏。激烈急進之人民，至流血以爲要求，喁喁望治之情，可憐尤復可敬。今爲滿計，爲漢計，爲蒙藏回

---

❽ 張季子九錄，政聞錄卷三，與湯蟄先復北方將士促進共和電。
❾ 張季子九錄，政聞錄卷三，致南京將軍鐵良電。
❿ 張季子九錄，政聞錄卷三，致袁內閣代辭宣慰使農工商大臣電。

計，無不以歸納共和爲福利。惟北方少數官吏，戀一身之私計，忘全國之大危，尚保持君主立憲耳。然此等謬論舉國非之，不能解紛而徒以延禍。竊謂以此時順天人之歸，謝帝王之位，俯從群願，許認共和。……推遜大位，公之國民，爲中國開億萬年進化之新基，爲祖宗留二百載不刊之遺愛，關係之鉅，榮譽之美，比諸堯舜，抑又過之。⑪

十月初，響應革命者已十餘省，遂由獨立各省軍政府公舉湖北軍政府爲中央軍政府。十月初五日，順直諮議局、直隸保安會，致攝政王載灃電略曰：

自川鄂事起，不期月間全國響應，天時人事，不卜可知。今南中已大開國民會議，新政府不日成立，近畿人心亦皆感動憤勵，有岌岌不可終日之勢。爲今之計，若朝廷能早行揖讓，公天下於民，民必以優禮報皇室。……若失此不爲，則新政府既成立，各省已一律承認，不但直隸不能獨異，且恐南軍北上，京師蒙塵，雖欲爲堯舜之事而不可得，禍福安危，在此一舉。⑫

各省諮議局繼之。十月十一日獨立各省都督府代表聯合會，致內閣總理袁世凱電曰：

---

⑪ 張季子九錄，政聞錄卷三，辛亥九月致內閣電。

⑫ 軍機處電報檔，引自辛亥革命第四冊。

現各省到會代表已一律承認共和國體，無庸至北京取決。資政院已失代表人民之本意，院議各省概不承認，並請萬勿再持君主立憲與共和立憲之歧說，以救（？）全國輿論之敵。⑬

十月十五日，攝政王載灃被迫自請退位，由内閣總理袁世凱向革命軍接洽議和。是時南方各報紙紛紛揭發袁世凱之野心，以人心所嚮，多主乘勢北伐，統一全國。十月十九日上海申報以袁世凱之逐滿策爲題「評論」曰：

袁世凱之逐滿策，非我輩之逐滿本意也。袁世凱之逐滿也，以機械變詐之術，取人於孤兒寡婦之手，不以當當正正聲其罪而逐之也。其逐滿也，欲藉此以推廣一人之權利，一人之富貴，不肯公之全國之人民也。……夫我人最重要之條件有二：驅逐滿清政府，建設共和政府，二者之目的不達，則永無釋手之時。而袁世凱每爲魚目之説以混珠玉，君主立憲以混共和，逐監國攝政以混驅逐滿清政府，我人豈得以彼相似而誤信之哉！

十月二十二日復以論民軍亟宜北伐爲題「評論」曰：

---

⑬ 同上

軍貴神速，萬難稍延，延必生變。我北伐之師遲上，彼南下之寇即來。先發制人，可操勝算，中原逐鹿，捷足先得。

同日「申報」之「清談」又稱：

北伐之師未出，議和之信已來，我民軍將遂緩師不發耶？果如是，是適墮袁賊之狡計也。我有血性有肝膽之好男兒其速誓師北上。

十月二十四日之「清談」再稱：

勉旃諸君，幸結此爲山一簣之全功，愼勿墮袁賊之彀中，而留第二次革命之種子。

其言均極中肯。而舊日立憲黨人，則震於袁世凱在北方之聲勢，過於輕視革命軍實力，不願戰爭之延續。張謇則以各省諮議局領袖地位，力求彌縫其間。故北方和議代表唐紹儀等抵滬後，即由趙鳳昌之介紹於趙寓中與張謇相晤。紹儀首代表袁世凱向張謇致殷勤之意，次即暗示若將來舉袁爲總統，則清室之退位當無問題。南方和議代表伍廷芳亦屢至趙宅協商辦法。

至雙方代表十月二十八日以後之公開會議，不過形式而已⑭。謇於雙方議定之後，曾電袁氏催其早日促成清帝退位⑮，甚至清廷之退位詔書，亦出自張謇之手筆⑯，惟民國後政局之演變，則非諮議局派立憲黨人始料所及。

九

綜上所述，可知滿清之滅亡與中華民國之建立，其直接原因雖歸功於革命軍之武昌起義，及各省之響應，而間接原因則導原於清廷之僞立憲而失信於國人。各省諮議局聯合會係代表國人請願國會之主流，亦爲辛亥促成各省響應革命之推動力。對於開導國民政治認識之貢獻功莫大焉！由其脫化而成之憲友會，爲近代我國公開有政綱有組織政黨之始，在清季資政院中居有舉足輕重之勢，在民國初年之政治舞台上亦有其優越之地位。惜其各領袖於辛亥南北和議期間，震於袁世凱之威勢，致將艱難穫得之民國成果，拱手讓人，促成日後袁氏之禍國，

---

⑭ 劉厚生「張謇傳記」頁一九四。另據張孝若「南通張季直先生傳記」頁一五五，亦謂趙鳳昌於辛亥前後實參予建立民國之大計。

⑮ 張季子九錄，政聞錄卷四，勸告袁內閣速決大計電曰：「甲日滿退，乙日擁公，東南諸方一切通過。昨由中山、少川先後電達，茲距停戰期止十餘小時矣。南勳（按：指張勳）北懷（按：指張懷芝）未可得志；俄蒙英藏圖我日彰，即公所處亦日加危，久延不斷，殊與公平昔不類，竊所不解。願公奮其英略，旦夕之間勘定大局，爲人民無疆之休，亦即爲公身名俱泰之利。」

⑯ 張孝若「南通張季直先生傳記」頁一五五。

良可慨也。

（臺北，中國現代史叢刊（第三冊），民國五十年八月，正中書局發行，頁三二一至三七四。）

三〇 河南與辛亥革命

——辛亥革命區域研究——

一、引　言

河南地居中原，轄轂四方，自古爲兵家必爭之地，而人文薈萃，乃中華文化發源之區。國父倡導國民革命，光緒三十一年（一九〇五）組織中國同盟會於日本東京，豫籍青年先後參加者數十人，乃成立同盟會河南分會，其活動由日本漸及本省。

開封同盟會河南分會成立於宣統元年（一九〇九），以諮議局爲掩護，勢力蔓延於全省各地，計劃發難則遠在武昌起義之前。惟因地處腹境，接近北京，且係交通要衝，清廷駐有重兵，控制嚴密，革命黨人軍糈籌措困難，武器無從接濟，豫東之「仁義會」人數雖衆，奈缺乏組織，起義佈置既迭遭破壞，終難大有所爲。及袁世凱東山再起，出任滿清內閣總理大臣，袁氏籍隸河南，視豫省爲其根本，防範鎮壓不遺餘力。故辛亥年十二月三日（民國元年元月二十一日）開封黨人被逮者高達四百餘人，其中十一人慷慨成仁，省會之起義行動竟無法實現。

武昌起義時，革命同志以湖北人居多數，湖南人次之，河南人又次之，其他各省則寥寥可數。至於河南境內之革命活動，實受同盟會總會所指揮，與武漢革命軍相呼應，股數衆多，與其他各省最大不同，並非現有軍隊之反正，純係民衆武力，僅憑道義之結合，無統一之領導，無後援之支應，其中以豫西一帶聲勢浩大，潼關以東各縣爲革命軍與清軍爭奪地區，主要革命領袖張鈁、劉鎮華、王天縱等與清軍苦戰達三月之久，犧牲慘重，直至清帝退位，南北統一，始停止活動。

筆者籍隸豫西，半生致力於中國現代史研究，近年涉獵有關記載，慮湮没不彰，無以對先賢，姑探索其事，聯綴成篇，敘事雖以辛亥革命期間河南之革命活動爲主，兼述主要人物王天縱、樊鍾秀、劉鎮華、張鈁等民國以後對革命之貢獻。缺失之處有待方家指正，增補删節，俟諸異日。

二、豫籍留日學生之革命活動

國父倡導國民革命，興中會期間在於風氣之開導，各省人士受其影響，始有革命之組織。其間庚子（一九〇〇）拳亂爲革命聲勢興盛之關鍵，在此以前同情革命者少，在此以後革命潮流乃有江河日下之勢。蓋各省留外學生漸衆，接觸民主自由思想，多以排滿爲職志。

先是光緒二十六年（一九〇〇）七月二十日，八國聯軍陷北京，慈禧太后偕光緒帝出走，經宣化、大同、太原，逃奔西安。光緒二十七年（一九〇一）七月二十五日，清廷議約大臣奕劻、李鴻章，與十一國駐北京公使簽訂辛丑和約，八月五日八國聯軍自北京退盡，同月二十四日慈禧偕光緒自西安啓蹕回鑾北京。九月五日由潼關入河南境，十月初三日抵開封，遲至十一月初四日始離汴，同月十二日自彰德入直隸滋縣境，共計滯留河南凡兩月餘❶。是時豫省荒旱，餉差貢差及官眷過境已苛索經年，至是沿途地方鋪張供應，人民不堪其苦，强者被逼乃鋌而走險。

初河南開封名士車鉞，字翰汝，幼讀明末諸遺老書，民族革命思想油然而生。乃納資捐監生，以同知候補，用作反清工作之掩護。光緒二十八年（一九〇二），在汴結合同志，創設學會，辦理私立學堂，以鼓吹革命思潮爲己任，一般青年多受其影響。後考取河南官費留日學生，保送東京法政大學速成班就讀，朝夕與革命黨人相接觸。時豫籍早稻田大學普通班學生時明荇，亦立志革命，乃共同討論進行方略。留日各省學生多短髮西服，獨鉞盤髮辮於頂，人或問之，答曰：「留此惡物，以便混跡會黨屠狗中，有所事事也。」鉞日常自誓：「願爲一無名革命英雄，雖犧牲生命亦無所愛惜。止圖有益實事，不圖一己之尊榮。」❷足見其革命之抱負。其後革命黨人返國活動多受監視，惟車鉞短時間能在開封建立組織，不被清吏惑疑，

❶ 吳永口述、劉治襄筆記「庚子西狩叢談」，卷四至卷五，民國十七年北平廣華印書局鉛印本。
❷ 時明荇「回憶車翰如」，黨史委員會庫藏原稿，見「中華民國開國五十年文獻」第一編第十二册，頁三八三至三八四，民國五十三年元月版，以下簡稱「開國文獻」。

由是故也❸。

光緒三十一年七月二十日（一九〇五年八月二十日），中國同盟會成立於日本東京，爲留學界之大結合。光緒三十一、二年間（一九〇五至一九〇六），河南留日學生加盟者除車鉞外，有劉基炎、曾昭文（光山）、程克、劉積學、閻鐵生、朱炳麟（新蔡）、楊曾蔚（祥符）、張鷃翎（滎陽）、李錦公（商水）、陳慶明（延津）、杜君然（汲縣）等十餘人。其中曾昭文、楊曾蔚、張鷃翎係 國父親自主盟❹。其後陸續加盟者有時明荇、潘印佛、張國威、杜潛、陳伯昂、安沼白、劉醒吾、王傳琳、張鍾端、李烱齋、羅殿卿、燕斌（女）、劉馬青霞（女）等二十餘人❺。

車鉞自加入同盟會後，時赴留日學生各宿舍，宣傳革命，勸人入會。豫省武備學堂所派留日官費生，被其感化，參加革命者頗不乏人❻。時同盟會決定各省籍會員，自組本省分會，辦理本省黨務，及宣傳諸事，河南會員乃推車鉞任同盟會河南分會長，劉基炎、杜潛、劉積學等分任各部幹事。車鉞後返國，死難於萍鄉、醴陵之役（詳本章下文），豫省同志乃推曾昭文繼其任。昭文字可樓，時就讀東京士官學校，誓不婚娶，以排滿爲職志；於是豫省留學界

❸ 段醒豫「有關河南革命文獻的幾項補述」，中原文獻第三卷第三期，民國六十年三月出版。

❹ 中國同盟會成立初期（乙巳丙午兩年）之會員名册，載革命文獻第二輯，頁二五，黨史委員會編，民國四十二年七月版。

❺ 馮自由「河南志士與革命運動」，載「革命逸史」第三集，頁二八一，商務印書館，民國三十四年九月版。

❻ 同上書。

黨務蒸蒸日上❼。

同年十一月，滿清政府震於革命黨聲勢，命駐日公使楊樞，要求日政府，宣佈取締留學生規則，限制留日學生不得從事政治活動。革命黨人對此事分為兩派：一派主張回國創辦學校，鼓吹革命，以雪日政府取締之恥，陳天華、秋瑾、田桐等主之。一派主張忍辱負重，繼續求學，胡漢民、朱執信、汪兆銘等主之❽。豫籍留日學生對兩派主張各有贊同，以其均有理由焉。

同年冬，同盟會庶務長黃興，離日赴廣西策劃起義，由張繼代理庶務長。光緒三十二年（一九〇六）春，張繼赴南洋，由豫籍會員朱炳麟代之。庶務長職權極重要，國父不在本部時，例由庶務長攝理會務，足見炳麟之得國父信任❾。

光緒三十二年（一九〇六）夏，車鉞卒業東京法政大學速成班，返回河南開封從事活動，組織同盟會河南分會。同年十月，會黨領袖龔春臺等率革命軍起義於萍鄉、醴陵一帶，屢敗清軍，衆至三萬餘人。車鉞自豫趕往參加，瀕行寄書河南留日同學會，極言國事之危急，及革命之必要，語極沉痛，旋以清軍大舉圍攻，春臺失敗，鉞亦被清吏所執，從容就義死。當萍、醴之役革命軍與清軍苦戰之時，東京同盟會員莫不激昂慷慨，亟思飛渡內地，身

---

❼ 參照田桐「同盟會成立記」，載革命文獻第二輯，頁四。
❽ 馮自由「革命逸史」第二集，頁一三〇，商務印書館，民國三十六年五月版。
❾ 革命逸史第三集，頁二八一。

臨前敵，與清軍一拼，自動回國參加，或謀響應者數十人。豫籍會員時明荇因旅費短缺，乃假託其祖母病故，向滿清駐日官費留學生監督請假三月，領取百元，乘日船歸上海。溯長江而上，過九江，遇同志趙青峰，知事已敗，黨人多走避，乃間道經安徽、湖北回河南故里。其兄弟中有以明荇參加革命，恐受拖累，謀綑送於縣官，其母夜送銀三十兩，縱明荇逃天津，復返日本留學❿。

其後留日豫籍學生，曾集資發刊「豫報」，用作啓導本省革命之宣傳機關。光緒三十三年（一九〇七），朱炳麟、曾昭文、劉積學等，以「豫報」內部份子複雜，遽將「豫報」停刊，另由河南同盟分會刊印「河南雜誌」以代之。以張鍾端爲發行人，劉積學爲總編輯，其鼓吹民族民權二主義，鴻文偉論，足與同盟會之黨報「民報」相比美。當時留日學界其他各省之革命刊物，如「湖北學生界」、「浙江潮」、「江蘇」、「湖南遊學譯編」等，早已停刊，留日學界以本省名義發行雜誌而大放異彩者，「河南雜誌」實首屈一指。「河南雜誌」持論激切，故出版未久即風行海內外，每期銷售數千份，而輸入河南者佔半數，豫省革命思想之啓發，此雜誌之貢獻甚大。黨人馮自由記其事曰：

此報（按：指河南雜誌）鼓吹民族民權二主義，鴻文偉論，足與民報相伯仲。時湖北學生界、浙江潮、江蘇、湖南遊學譯編等月刊停刊已久，留學界以自省名義發行雜誌而大

---

❿ 時明荇「回憶車翰如」。

放異彩者，是報實爲首屈一指。出版未久，即風海行內外，每期銷流數千份，以輸入本省者佔半數，河南人士革命思想之開發，此雜誌之力爲多焉。⓫「河南雜誌」爲月刊，出版至第十號，滿清駐日公使以其言論過於激烈，要求日政府禁止該雜誌發行，日本警察廳乃將「河南雜誌」查禁，張鍾端被拘禁數日，其官費生學籍亦被滿清駐日使館所革除。

與「河南雜誌」先後出版者，尚有河南女同盟會員燕斌、劉馬青霞所創辦之「女界雜誌」，由朱炳麟任發行人，燕斌、劉馬青霞等任編輯，爲留學女界組織女報之先河。發行至第六號，以論文內有「婦女實行革命應以暗殺爲手段」等標題，爲日本警察廳禁止出版⓬。光緒三十二年（一九〇六）九月，「民報」第十二號增刊之「天討」中，刊有豫籍同盟會員署名「光武」所撰「討滿洲檄文」，就歷史傳統與地理位置指出河南在未來全國革命中所佔之重要地位。略曰：

河南排斥異族，較他省尤力，歷史固彰彰可考。方金人之入寇也，岳、韓諸前輩，激戰於黃、淮，而歸附者如市。元之入寇也，史、孟、趙、仝輩，往來汴、洛，而景從

⓫ 革命逸史第三集，頁二八二。

⓬ 同上書。

如雲。……今虜清政府建設北方，將來革命軍除起自晉、齊諸省外，無論發自何地，皆必經由河南。河南不早自爲計，何以相助爲力？而南方諸省可以有新國奠都之資格者，厥爲江南，又與河南指臂相聯，有密切之關係。荀彧曰：「先武據河南，深根固本，以制天下；進足以勝敵，退足以固守。」河南者，江南之外圍也。設不早爲之備，蓄養潛勢，及時機一至，江南北伐之師，必不能乘勢直前。……孟子曰：「待文王而後興者，凡民也。若夫豪傑之士，雖無文王猶興。」人貴自立耳！天豈待人，夫豈擇地。況河南表裏山河，與幽、燕犬牙相錯，倘革命之際，有豪傑起，飈舉雲興，相率北上，則直抵虜巢，行將不遠。岳忠武有知，應亦掀髯於湯水之陰矣。若徒謬意觀望，安坐待時，遲之又久，則滿虜排漢之策，既已鞏固，雖欲噬臍，其將何及。⑬

三、同盟會河南分會

宣統元年（一九〇九），東京同盟會總部議決：留日之各省同盟會支部，派人各歸本省組織同盟會分部，藉以聯絡內地革命志士，於是同盟會河南支部，遂派杜潛（扶東）、楊曾蔚、劉醒吾等，秘密赴開封組織河南同盟會分會。

---

⑬ 民報，第十二號，頁四八。

初滿清中葉，河南滑縣李文成，合直隸大興縣林清，於嘉慶十七年（一八一二），趁黃河決口，創設「天理教」，勾通太行、少林寺僧人，施賑集衆，密謀起義。嘉慶十八年（一八一三）十二月，清總督那彥成派提督楊遇春破滑縣，屠城殘殺二萬三千餘人。其徒衆乃改名「仁義會」，仍流行於黃河流域。至光緒二十九年（一九〇三），開封舉人李元慶，在湖南受華興會影響，返豫後大倡革命主張，河南之「仁義會」乃奉之爲領袖，並吸收上層社會人士監生車鉞、段勛等參加，聲勢大盛。會開封知府竇棻，勾結劣紳阮霖等，擅增糧捐，從中漁利，元慶乃率衆數萬，在薄酒店起義，進圍開封，在黃河大堤外與清軍激戰兩晝夜，兵敗自弑，死者三千餘人。車鉞赴日留學，段勛逃亡，會衆遂缺乏有力之領導⓮。

光緒三十四年（一九〇八），留日豫籍同盟會員曾昭文、李烱齋、羅殿卿等相繼返國。曾昭文任職滿清政府陸軍部，刺探北京虛實；李烱齋等在開封設立「大河書社」，作爲代理發行「河南雜誌」、「女界雜誌」，及各種革命書報機關。暗中吸收同志，連絡豫東之「仁義會」領袖李幹公、岳秀華、姚璜、段勛等，圖謀進行實際起義行動。旋「大河書社」被清吏查禁，李烱齋等以事前聞警，幸免於難。

宣統元年（一九〇九），河南滿清當局特派委員赴日，偵查留學界行動，爲豫籍同盟會員程克（仲漁）偵悉，乃誘至東京郊外暗殺之。事後程克逃避香港，黨人「中國日報」主持人

⓮ 段劍民「辛亥年河南革命逸事」，引自「開國文獻」第二編第五冊，頁一五〇至一五七，民國五十一年十月版。

馮自由，匿之於灣仔東海旁街七十六號四樓自宅，居年餘始他適。

是時同盟會總部派豫籍會員杜潛、楊曾蔚、劉醒吾等回河南擴張黨務（已詳第二章），杜潛乃召集開封學界同志楊源懋、劉芬佛、閻子固、張宗周、暴式彬、楊漢光、劉純仁（粹軒）、南玉笙、李子儀、段厚浦、李心梅、韓警亞（立綸）、王庚先、李炯齋、王治軍、任芝銘、王梅溪、王鍾遠等數十人，開秘密會議於南關「中州公學」，該校校長爲楊源懋，教務長爲暴式彬，楊漢光、韓警亞、李心海等任教員，故衆議即假該校爲河南同盟會總會所，推劉純仁代理支部長，所有組織各縣分會及吸收會員事務，皆在該校秘密進行。有劉馬青霞者，滿清湖北按察使馬梏梓之妹，嫁河南尉氏縣富户劉小五爲妻，留學日本，參加同盟會，創辦「女界雜誌」，在開封有當鋪兩座（桐茂、松茂），會費皆由其所資助⑮。

河南同盟會成立未久，各地同志先後加盟者二百餘人。「中州公學」學生幾全部入會，各縣分會亦次第成立。因劉純仁、劉積學、劉積勛、任芝銘、劉芬佛等皆新蔡籍，故新蔡成績最爲優異，分會所即置於劉芬佛所設之私塾內，於是同盟會勢力逐漸蔓延於全省各地⑯。

宣統二年（一九一〇），直隸同盟會員商震，因參預熊成基在哈爾濱謀刺滿清貝勒載濤嫌疑，避難來豫。山東革命黨人劉冠三在青島「震旦公學」鼓吹革命，被清吏通緝，亦逃至開

⑮ 醒園主人「黃克强先生與河南革命」，中原文獻第五卷第七期，民國六十二年七月。

⑯ 參見「革命逸史」第三集，頁二八三至二八四；鄒魯「中國國民黨史稿」頁九一八，臺灣商務印書館，民國五十四年十月版。

封，「震旦公學」學生同來者十餘人，均由河南同盟會妥善招待。其後劉冠三及「震旦公學」學生，在豫繼續宣傳革命，冠三經常至「中州公學」演說，鼓吹排滿，並曾偕閻子固至新蔡活動，所至「豪傑多歡納款契」。[17] 閻子固一度至豫西臨汝成立組織，繼續招收同志，後被縣警拿捕，閻所識綠林同志甚衆，展友亮、馮甲嶺等乃聚衆數十人，劫之出獄，再避匿開封[18]。

宣統三年（一九一一）春，河南全省革命思潮日益蓬勃，會廣州三月二十九日之役失敗，同盟會總會乃議決：留日各省同盟會支部派員分返內地密圖舉事，互相策應，以矯正過去各省起義勢單易摧之弊。留日河南同盟會支部，因派劉積學再回開封，與河南同盟會支部長劉純仁再三討論，除決定在開封創辦「國是日報」，由劉芬佛、楊源懋、閻子固等負責，繼續作文字鼓吹外，復派劉積學赴北京，發行「國維日報」，以資聯絡[19] 並議決嗣後河南革命活動分四部進行，其部署如下：

㈠甲部：公推楊源懋、劉純仁、畢太昌、張鈁等，負責運動各縣陸軍巡防營。

㈡乙部：公推王傑（從周）、楊銓西、劉榮棠、王庚先等，負責運動學界教職員。

㈢丙部：公推岳秀華、王天傑、張照發、姚璜、李幹公等，負責運動豫東各縣之仁義會。

㈣丁部：公推劉鎮華、王天縱、石言、蔣莪等，負責運動豫西各縣之綠林豪傑。

---

[17] 山東近代資料，第二册，頁三八三，「劉冠三傳」，濟南，一九五八年出版。

[18] 革命逸史第三集，頁二八三至二八四。

[19] 同上書，頁二八四。

此外更議決每部刊刻將軍大印一顆，何部起義，即稱某部將軍，俟起義成功後，再公推都督以一事權。從此河南之革命活動，由最初之學界，轉而爲多途並進⑳。

是時河南巡撫寶棻、齊耀琳（寶棻宣統二年三月十七日到任，辛亥年十月十三日由齊耀琳接替），布政使余鍾穎，按察使申保衡，學政孔祥霖，豫東道江瀚，督練公所營務處長商作霖，巡警道鄒道沂，開封知府呂耀卿，祥符知縣舒樹基。駐軍兵力如下：

㈠滿營將軍增祺，駐防龍亭，部下皆紈袴子弟，名爲萬人，實僅三千。

㈡毅軍翼長趙倜所部約一萬五千人，相當一鎮，甲協統領寶德全，乙協統領米振標。

㈢陸軍第二十九混成協，轄步兵兩標，及騎、砲、工輜各營隊，約五千人，統領應龍翔（湖北黃陂人），標統張錫元等。

㈣巡防營三協，約六千人，由河南督練公所營務處指揮，協統劉鴻順、柴得貴、成慎。總兵力約三萬人，可稱雄厚，防範鎮壓革命黨而有餘。惟河南諮議局議長杜嚴（友海）、副議長楊源懋（勉齋，兼中國公學監督）、秘書長胡汝麟（石青），議員張登雲、李槃，法政學堂監督畢太昌、河南高等學堂監督劉盥訓、李敏修等皆同情革命，是以黨人活動仍不稍懈㉑。

---

⑳ 段劍岷「辛亥年河南革命軼事」，引自「開國文獻」第二編第五册，頁一五二。

㉑ 段醒豫「武昌首義與開封起義之前後」，中原文獻，第十卷第九期，民國六十七年九月。

四、河南諮議局領導革命

辛亥革命之成功，立憲派之同情革命，亦爲主要原因。各省諮議局爲立憲派之大本營，遂成爲領導排滿之團體。河南因地當衝要，關係尤鉅。先是日俄戰後，國人鑒於立憲而强，掀起一片立憲呼聲，清廷迫於輿情，始有派遣五大臣出洋考察憲政之舉。光緒三十二年（一九○六）七月十三日，爲安撫人心，始頒預備立憲上諭，詔書不確定時間，而嚴禁人民干預政事，查禁立憲團體，立憲黨人漸感不平。

是時國內立憲團體，以上海張謇、湯壽潛等所領導之「預備立憲公會」爲最著，於是移書各省，以爲力爭；河南各界隨之響應。光緒三十四年（一九○八）六月十四日，開封立憲團體所派代表楊源懋、胡汝霖等，在北京向都察院呈遞國會請願書，要求兩年之內召開國會。楊等固同盟會員，欲借機有所活動也。七月初，在北京河南紳耆以蔣良爲首，復作立憲之請求㉒。各省繼之，清廷不得已，於八月一日規定九年預備國會之期，分刊逐年籌備事項，並公佈欽定憲法大綱。以其預備期限之長，而欽定憲法君權之無限制，其立憲之無誠意可知，立憲黨人大爲不滿。

宣統元年（一九○九）九月一日，除新疆外二十一省諮議局同時開幕，於是立憲運動有

㉒ 光緒三十四年七月，東方雜誌第五年第七期，憲政篇。

正式之領導機構。乃由江蘇諮議局發起，邀請各省諮議局，酌派代表，集會上海，共同討論請願立憲切實辦法。河南諮議局議長杜嚴（友梅）、秘書胡石青等，均贊同革命。議員楊源懋、劉純仁、張登雲等係同盟會員，河南諮議局遂成爲革命黨人潛身活動之場所㉓。故接到通知後，即派彭運斌、宮玉柱等多人赴會㉔。自十月五日起，舉行各省諮議局聯合會於上海跑馬廳「預備立憲公會」事務所，除河南外，他省代表參加者有直隸、奉天、吉林、黑龍江、山西、山東、湖北、湖南、江西、安徽、浙江、福建、廣東、廣西、江蘇等省，至十五日閉幕，指定北上請願代表，期以十一月底集中北京。

十二月初，各省諮議局代表先後抵京者三十二人，至都察院呈遞請願書，要求從速召開國會。朝旨嘉獎，但不允許所請；各省諮議局代表乃電告各省紳商學校團體，選派代表繼續進行，以便明年三、四月間，各省團體所選代表到京後，再上第二次請願書。

宣統二年（一九一〇）五月十日，各省團體請願代表，分別以呈摺十封遞交都察院代奏，仍諭命必須九年後籌備完全，方可召開國會。各省代表復決定第三次大請願，定於明天二月舉行，簽名須普及工商各界，人數每省至少百萬以上，赴京請願代表，近省者至少百人，遠省至少五十人。

同年九月一日，資政院在北京開幕。留京各省代表乃上書資政院，請於明年召開國會，

㉓ 李守孔「清季河南諮議局議員姓名錄」，中原文獻第一卷第四期，民國五十八年六月。

㉔ 東方雜誌第六年第十三期，憲政篇。

設立責任內閣。各省諮議局及人民團體，亦分別在各省作請願之行動。九月十四日，河南各界在諮議局領導下，假開封遊梁祠開會，參加紳民三千餘人，當場簽名即赴撫院請願，要求代奏速開國會。並公推諮議局議員楊源懋等十人爲代表，入見巡撫寶棻，寶棻面允代奏，始行退出㉕。十月三日，清廷被迫下詔將立憲籌備期限縮短，於宣統五年（一九一三）召開國會。同日諭令民政部及各省督撫，驅逐解散請願國會代表。於是舉國輿論譁然，河南及湖北、福建、江西四省諮議局，乃致電北京請願代表，繼續努力，促其實現。

辛亥年（一九一一）四月十日，清廷頒佈內閣官制十九條，依此官制，則內閣無異於過去之軍機處，國家大權仍操皇帝之手，故其立憲與不立憲實無區別。同日清廷任命慶親王奕劻爲內閣總理大臣，那桐、徐世昌爲內閣協理大臣，在十三閣員中，漢四人，滿八人，蒙古旗籍一人，其中皇族又佔五人，故號稱「皇族內閣」，清廷之無立憲誠意可知。同月十四日，各省諮議局及各省團體代表，假北京順治門外松筠菴開會，討論國事，河南參加代表爲方貞幹。決議用各省諮議局聯合會名義，再請都察院代奏，要求改組內閣；而清廷仍悍然不顧。立憲黨人憤激之餘，乃轉而同情於革命事業。迨鐵路國有風潮發生，八月十九日（一九一一年十月十日），革命軍乘勢發難武昌，四海遂以鼎沸。湖北軍政府成立後，以河南爲南北衝道，倘河南響應革命，足以撼搖清廷，乃移檄豫省曰：

㉕ 宣統二年九月二十五日，上海「申報」，緊要新聞。

豫省古稱文明中區，三王以來，迭爲都會，先祖先宗之典章文教，萃聚於茲。其人質直樸厚，有太古之風。自明之亡，每有會黨揭竿起義。近今革命事發，人人視死如歸。豫省民氣勇悍若斯，而大梁又爲四戰之地，京漢鐵路交軌於湖北；倘能與我同心協力，趁此時機，河南守其樞紐，湖北壯其聲援，西則陝西，北則山西，東則山東、安徽，不難一鼓而應也。

夫十八行省，誰非炎黃之子孫，汴豫開化尤早，想能憶先聖哲王之化。且地處中區，尤當知夷夏之大防。昔者陸渾寄居，伊民猶深戒懼，矧茲滿奴，盜我國土，宰我人民，亂我冠裳，決非陸渾之可比，而可坦然置之？嗟乎！同胞止於何所？試登嵩嶽之頂，俯瞰黃河；順箕山、潁水之鄉，懷思古人，能勿惄焉心傷乎？所願念先哲之遺化，思亡國之宿恥，右助湖北，共成義舉，斯則我漢族萬萬世之幸也。不然義軍北發，必道出豫境，彼時款誠，不有後至之羞乎？願我同胞速定大計，勿貽後悔。㉖

是時同盟會黨人河南諮議局議員兼「中國公學」監督楊源懋，高等師範兼公立法政學堂監督畢太昌，聯合同志議員劉純仁、張登雲等，亦謀發動起義，（已詳第三章）劉積學亦自北京返汴策劃一切。同盟會員楊漢光、王庚先、劉榮棠等助之，機關分設於開封北土街和合堂，及優級師範學堂、中州公學、公立法政學堂、諮議局等處。起初河南黨人欲透過不流血革命，

㉖ 錄自「滿夷滑夏始末記」，第八編「滅亡迅速記」，見「開國文獻」，第二編第五册，頁一五七。

利用諮議局及軍隊，宣佈河南獨立。其故有四：（一）河南巡撫寶棻懦弱無能，有機可乘。（二）諮議局中之新派人物如議長杜嚴、副議長楊源懋、秘書胡石青，議員劉純仁、張登雲、李磐等，均同盟會員，贊同革命。（三）開封駐軍新軍協統應龍翔因與黎元洪有戚誼關係，傾向革命。（四）洛陽駐軍毅軍趙倜有同情革命表示㉗。於是在同盟會員居間奔走下，革命黨人、諮議局及新軍結成半公開大聯合，計劃於九月二十日響應獨立。於是河南諮議局迅速採取六項秘密計劃：

㈠派畢太昌往洛陽說趙倜，以主力發動，公推為都督。

㈡說二十九協統應龍翔在汴起義，維持秩序，並推為副都督。

㈢推豫東道尹江瀚代理河南民政長，以應龍翔、江瀚皆湖北籍，素同情革命者也。

㈣由諮議局副議長楊源懋，往說議長杜嚴、秘書長胡石青，召開臨時大會，九月二十日宣佈獨立。

㈤派劉積學、曾昭文南迎武漢之革命軍。

㈥任楊源懋、畢太昌、劉純仁為總代表，迎張鈁、王天縱入鄭州，迎趙倜入開封㉘。

趙倜初允省城獨立，即進軍鄭、汴。應龍翔允諮議局宣佈獨立後，即扣留巡撫寶棻，解決滿營。巡撫寶棻得密報大驚，一面調柴得貴所統巡防十三營盡入開封城中，以資保衛，一

㉗鄒魯「中國國民黨史稿」，頁九一八，臺灣商務印書館，民國五十四年十月版。

㉘段醒豫「武昌首義與開封起義之前後」，中原文獻，第十卷第九期，民國六十七年九月。

面遣人語龍翔，謂己決意辭職，即將攜眷離汴，欲以事權交其署理，請至撫署辦理交代。龍翔信之，及至撫署，竟被禁錮。寶棻乃以標統張錫元代統其軍，將軍中知識份子一律押解回籍，四處遞捕革命黨人，並告變於清廷，請求離豫。會九月六日袁世凱受命爲滿清欽差大臣，率北洋精銳南下，京漢鐵路沿線均駐紮重兵，趙倜猶疑觀望，遂改變初衷，九月二十日河南之獨立計劃因之而失敗。段劍岷「辛亥年河南革命軼事」，對當時黨人聯合諮議局運動軍隊之經過，以及舉事不成之原因，記載甚詳，其言曰：

武漢起義，各省紛紛響應，河南同志召開會議，以巡撫齊耀琳官僚無能，所有武力操之於毅軍翼長趙倜之手。趙汝南人，與畢太昌爲莫逆之交。同志楊源懋以少年進士任諮議局議員，兼中國公學監督，乃由畢說趙，在洛陽響應。由楊聯絡新派議員張登雲等，召開緊急會議，定於九月二十日宣佈河南獨立，並公推趙倜爲臨時都督。業已活動成熟，剋日高舉義旗，擬電待發中，不意袁世凱再起，所部新軍進至鄭州。趙倜猶疑觀望，改變初衷。巡撫齊耀琳得袁支持，態度轉硬，下令張錦元、柴得貴等派兵監視諮議局議員活動。楊源懋等秘密開會，推李盤、張登雲等爲全權代表，赴滬、漢聯絡，並另圖大舉。齊耀琳偵得楊、劉等爲革命主謀，即派兵嚴緝，楊源懋、劉純仁等在汴不能立足，乃化裝踰城逃往洛西，此一獨立運動乃告失敗。㉙

㉙ 載「開國文獻」第二编，第五册，責一五二。

十月十三日，清廷罷寶棻職，派齊耀琳繼任河南巡撫，並遣北洋精銳協統周符麟、唐天喜等部分佈河南各地以資彈壓，清廷駐豫兵力高達五萬餘人。齊耀琳嚴緝楊源懋、劉純仁等，楊等逃豫西，劉積學、李槃、張登雲等，則分走上海、武昌求援㉚。

同年十月十日，響應革命各省所派代表集會漢口英租界順昌洋行，討論組織臨時政府。河南雖非獨立省份，諮議局仍派代表黃可權參加。同月二十四日，各省代表復集會南京勸業場，由李槃代表河南出席㉛。

當是時清廷已於九月十一日命袁世凱組織責任內閣，革命軍於十月六日放棄漢陽，南北正接洽和議，而清軍迭次在河南、山西、陝西、安徽、山東境內進攻革命軍。河南諮議局以袁氏籍隸河南，基於鄉誼，先後於十月七日、十一月十四日、十五日、十六日，四度電達袁內閣，要求袁氏速飭各軍，實行停戰，而全中國。措詞激烈，甚至謂「河南人民誓與朝廷斷絕關係，寧死不納租稅。」㉜復以齊耀琳大肆搜捕黨人，殺戮無辜，河南諮議局特致電清內閣曰：

豫省各屬不靖，滋蔓勢成，愈剿愈激，深恐生靈塗炭，靡有孑遺。且不靖者，不能盡

㉚ 中國國民黨河南省黨部編「河南辛亥革命十一烈士殉難傳略」，民國十八年版。
㉛ 谷鍾秀「中華民國開國史」，附民國會議人物表，文星書店，民國五十一年六月影印版。
㉜ 辛亥革命資料叢刊，第八冊，頁一四八至一五七，上海，一九五七年出版。

目爲匪，一概用剿，玉石俱焚，亦與撫鄂及宣慰各獨立省分之意願有强弱而分異同。祈同電令齊撫設法招撫，並飭屬勿得於疑似之人，妄事殺戮。鄉誼有關，公理具在，幸垂督焉？汴議局叩。㉝

十月底，上海南北和議大開後，河南諮議局以各地清軍破壞停戰，失信人民，再電清內閣曰：

和議方始，戰禍又烈。秦、晉進攻，已非持平；倪軍（按：指倪嗣冲）入皖，更屬失信。激怒人心，幾敗和議。設竟因此決裂，兵連禍結，全國糜爛，必致損失外人商務，破壞東亞和平。列强眈眈，安能坐視，將更藉口保護債權，維持治安，派人監督財政，駐兵彈壓地面，人民永墮奴劫，皇室不獲優待。推原禍首，罪有攸歸，公縱多術，寧能自保？漢陽戰事已誤事機，馮某（按：指馮國璋）開爵，段（祺瑞）、倪（嗣冲）垂涎，爭欲效尤，公素明斷，萬勿再爲若輩所誤。請速飭各軍實行停戰，以維和議，而全中國。㉞

㉝ 同上書，第七册，頁三七九。
㉞ 錄自「革命文牘類編」，電報類，第八册，上海自由社，民國元年二月版。

是河南諮議局之革命活動，不因楊源懋等之離汴而停止。有黨人化名「朱覆胡」，假藉「總理河南革命事務」名義，就同鄉之誼，且致書袁世凱，力勸其倒戈討滿。書曰：

袁公足下：慨自滿人入關以來，逞其狼心，肆其兇虐，戮誅我人民，斬絕我漢裔，烝淫我祖先，變亂我法制。凡少有血氣者，當無不痛心疾首，不與共戴天，矧明達如公者乎！曩者，公督北洋時，同人等曾致書于公，勸公早提六師，直搗幽燕，斬其首□，復我邦家。公復書則曰：時機未熟，恐將卒多不用命。又曰：苟有機可乘，當爲天下謀幸福，爲我河南增光榮。嗚乎！今何時耶？武昌一倡，天下響應，未逾兩旬，投入義軍者數萬人，歸順者十餘省。是可知政府罪大惡極，神人之所共憤，天地之所不容。今公既總統海陸，全權在握，苟一反手，滿□不難剷滅。拯漢族於水火，垂勳名於千秋，雖昔之華、拿不是過也。同人等不禁爲我公前途賀。雖然或有言曰：滿政府善用以漢人殺漢人之策，昔者楊芳、楊遇春之與川、陝，近日左宗棠、曾國藩之與洪、楊，是其例也。斯時清政府苟動公以利害，公必爲之效忠。嗚乎！明達如公者，豈遽肯出此下策者哉？且今日之革命，非同洪、楊，而公所處之地位，又異曾、左，公縱爲滿洲效忠，必保攝政王，隆裕后能忘昔日乃兄乃父之大仇，而不殺公乎？同人等再四思維，□朝用人，無時不用其猜疑。試觀川、陝平，而楊芳、蒲大芳遇害，回、藏定，而年羹堯被戮。此一役也，公不成必死，成亦不免於禍。瞻往事以鑒將來，不禁爲公寒心也。況公蓄□滿與漢之心已久，滿廷早悉，今日不取，後必有菑。語曰：需者事之賊也。望公早提六師，指日北伐，摧其巢穴，殲其渠魁，洗滌腥羶，光復漢族，第一次中華民國大統領之得也，猶如反掌，不較之效忠□朝，受萬古之唾罵者強萬萬哉？同人等生長河南，與公同里，敢效蒯通之愚，聊進芻蕘之言。伏維亮察，不宣。總理河南革命事務朱覆胡頓上。[35]

其有意挑撥袁世凱與清廷嫌隙躍然紙上。袁世凱以河南諮議局爲革命之策源地，乃授意豫籍京官民政部大臣趙秉均等三十餘人，呈請解散河南諮議局。袁氏乃致電豫撫齊耀琳，將河南諮議局加以解散。電曰：

開封齊撫臺：辰，頃據汴省京官趙大臣秉鈞等三十八人聯名函稱：汴議局自議長杜嚴、副議長楊凌閣辭職後，議員諸人舉止離奇，多方煽惑，致釀成本月初三日之變（按：指十一月三日開封起義之失敗），其行事尤駭聞者：（一）清軍漢陽之捷，該局暗助南軍，飛電指責內閣，且密電黎元洪洩露消息。（二）陝匪殘殺，慘無人理，清軍進駐潼關，保全豫境，乃該局電詰內閣，指爲不應防剿。即如土匪王天縱等三十餘起，聚衆槍殺，乃該局竟一一電認作民軍，不知何故？（三）汴議局係本君憲而立，乃該局密電上海，實已佔領全省，容俟北伐。陸續又電內閣，誓與朝廷斷絕關係，寧死不納租稅等語。

---

[35] 錄自「民國軍行政用軍文牘」第二集，引自「開國文獻」，第二編，第五冊，頁一六五。

今該局既有如許違法情事，不得不據實上陳，懇飭汴撫將該局立予照章解散等因。希即查照辦理，內閣，效印。[36]

據袁氏之電，可見河南諮議局於武昌起義後同情革命之表現，以及與河南革命運動之密切關係。

五、豫籍黨人與武昌首義

中國同盟會成立後，豫籍革命同志先後參加其武漢外圍組織文學社、共進會者總數在二百二十人以上[37]。武昌首義時，豫籍黨人徐萬年、王鶴年、馬雲卿、李亞東、孟發成、張富國、梅青福、汪錫九、劉鳳梧、樊鍾秀等貢獻尤大。徐等均隸張彪所統之第八鎮第八標礮隊第三營，駐防武昌郊外南湖，矢志革命，並由譚人鳳介紹加入同盟會。發動之前，徐萬年充砲隊代表，辛亥年（一九一一）八月三日下午二時，因梅青福等請假離營，張富國、孟華臣等設宴餞別，猜拳鬧酒，興高采烈，排長劉步雲忽來干涉，致激公憤，暴動遂起。黨人乃蜂擁至子彈庫，撞開庫房，拖砲實彈，意欲攻城。幸附和者少，黨人亦有反省恐誤大事者，乃

---

[36] 郭孝成「中國革命紀事本末」，第二編，頁二五〇至二五一，上海商務印書館，民國元年版。

[37] 段醒豫「有關河南革命文獻的幾項補述」，中原文獻第三卷第三期，民國六十年三月。

相率自動引去㊳。

八月十九日夜，革命軍發動時，因事起倉卒，久攻督署不下，適徐萬年率南湖礮隊至，乃架礮蛇山、中和門、楚望臺，由王鶴年等手定標尺，擊中督署，湖廣總督瑞澂、第八鎮統制張彪逃走，武昌遂以光復㊴。徐萬年、馬雲卿、王鶴年等，曾偕同蔡濟民、方維迎黎元洪出任都督，並追隨戰時總司令黃興充敢死隊作戰㊵。

至於漢陽之光復，豫籍黨人李亞東之貢獻最鉅。亞東名斌，河南信陽人，少負大志，性篤厚，弱冠入湖北將弁學堂，卒業後任鄂軍第八鎮第二十九標第一營左隊官，以革命嫌疑褫職。後任工業傳習所、師範學校體操教官，對學生鼓吹革命，不遺餘力。光緒三十一年（一九〇五）春，武昌日知會成立，亞東爲重要份子，會例星期日集會員演講，亞東每登壇，慷慨激昂，聽者無不動容。光緒三十二年（一九〇六）冬，萍、醴事起，亞東與劉靜菴等謀在武漢響應，事洩被逮，與胡瑛、詹大悲、張難先等被判終身監禁。訊供時，按擦使梁鼎芬鞭其背以逼供，亞東抵死不屈，翌年五月，復移禁漢陽監獄。

亞東在獄中，變姓名皇甫觀，字上逸，潛與沔陽陳少武創辦「通俗白話報」，繼續鼓吹革命。光緒三十四年（一九〇八）夏，集合同志，暗中組織「湖北軍隊同盟會」。鑒於日知會之

㊳ 胡祖舜「武昌開國實錄」，引自「革命文獻」第四輯，頁二三，民國四十二年十二月版。
㊴ 段劍岷「辛亥年河南革命軼事」，引自「開國文獻」第二編第五册，頁一五四。
㊵ 醒園主人「黃克强先生與河南革命」，中原文獻第五卷第七期，民國六十二年七月。

失敗，不訂會章，黨人舉動自相約束。同年冬，復改爲「群治學社」。漢陽知府疑其往來軍人多，嚴令典獄不許亞東通賓客。辛亥武昌起義前，黨人常就亞東決事，多所指導。八月十九日革命軍發難武昌，次日第四十二標第一營響應於漢陽，黨代表胡玉珍、邱文彬等，乃迎亞東出獄，公推爲漢陽知府。黃興設戰時總司令部於漢陽，亞東贊助之力甚大。旋知荊州府事，因豫軍王天縱電迎回籍，被任爲豫南革命軍總司令㊶。

豫籍黨人馬雲卿，南陽縣人。光緒二十九年（一九〇三）與李元慶等密謀在開封起義，事洩失敗，因清吏緝拿，逃往武漢，入陸軍第二十九標當兵，先後加入日知會、湖北軍隊同盟會、共進會等革命團體。武昌起義時，組織敢死隊，奮勇攻督署，手擲炸彈入東轅門，復越垣蛇行至花廳，被機關槍射中要害，而督署竟被攻下㊷。

武漢光復後，旅鄂豫籍軍官徐萬年等，以河南久未光復爲憂。會河南民軍王天縱之代表樊鍾秀來武漢求援，特在中州會館開會，決定組織奮勇軍，以進兵本省，豫人參加者二千餘人。衆舉馬雲卿、查光佛、魯鴻賓等爲代表，晉謁鄂督黎元洪，要求收復河南。黎許之，即以馬雲卿爲奮勇軍總司令，樊鍾秀爲副司令，劉鳳梧任參謀長，而使荊襄招討使季雨霖所部相機援助。取道隨縣、棗陽，進軍至河南新野，一舉佔領縣城，繼又攻克鄧州、唐河等地，與自豫西南撤之王天縱部會師，圍攻南陽。清南陽鎮總兵謝寶樹拼命頑抗，雙方相持不下，

㊶ 張難先「湖北革命知之錄」，頁一〇〇，商印務印書館，民國三十四年十一月版。

㊷ 辛亥年河南革命逸事，引自「開國文獻」第二編第五冊，頁一五五。

黨人魏承烈、楊鶴汀等恐曠日時久，地方生靈塗炭，乃走說謝寶樹，以地方爲重，勿逆犯潮流，謝遂率殘部退往方城，革命軍乃於是年除夕兵不血刃光復南陽，天縱自稱河南臨時都督[43]。馬雲卿委黨人楊鶴汀爲縣長，安撫地方。時清帝已退位，南北統一，而袁世凱部吳慶桐竟違約偷襲南陽，城破後，楊鶴汀及劉鳳梧等同時死難，王天縱率部退走老河口。派往各地活動同志，孫振淼在南陽被害，王治軍在鄧縣被害，高樹敏在方城被害[44]。

樊鍾秀則於失敗後逃往陝北，避居宜君縣。鍾秀字醒民，河南寶豐縣大營鎮人，貌俊秀而性剛毅，讀書不多，而深明大義，有古俠士之風。幼習藝於嵩山少林寺，與王天縱同遊。既充王天縱代表至武昌，向鄂軍都督黎元洪求援，得與革命黨領袖張振武等相結納。並由李亞東之介紹，得識革命要人黃興、田桐等。豫籍黨人組織奮勇軍，鍾秀任副司令，既光復南陽，復從王天縱。南北統一後，天縱部解散（詳第七章第一節），因河南都督張鎮芳通緝，乃舉家避居陝北宜君縣。袁世凱洪憲帝制期間，揭竿而起，聚衆千人於黃龍山，與革命黨人往還甚殷。民國七年春，于右任奉　國父命由滬返陝，革命黨各將領公推爲靖國軍總司令，設司令部於三原，經黨人井勿幕汲引，鍾秀參加靖國軍，任第二路司令。乃進擊至西安近郊，轉攻渭南，破潼關，復西趨鳳翔，克盩屋。奉軍許蘭洲、直軍張錫元合數萬衆圍攻，相持兩月，卒以衆寡懸殊，糧盡援絕，突圍而出，活動於扶風、岐山等地。

---

[43] 段醒豫「紀念河南革命教育家魏承烈先生」，中原文獻第二卷第九期，民國五十九年九月。

[44] 豫溪居士「辛亥開國河南十一烈士成仁事略」，中原文獻第三卷第一期，民國六十年一月。

民國八年，南北議和，陝西停戰。九年乃整隊東行入豫，改編所部爲豫軍第五混成旅，歸督軍趙倜節制。旋調往湘北，受直系將領第二十四師師長張福來指揮。民國十二年，張福來將直魯豫巡閱使吳佩孚新編之任應岐、陳青雲二支隊撥歸鍾秀統率，鍾秀實力驟增至七千餘人。吳佩孚乃命其入贛，援助東江陳炯明，企圖顛覆廣州革命根據地。經大本營參議李肖庭從中連絡，鍾秀毅然在贛南公開反直，重歸革命陣營，破大庾嶺，擊潰沈鴻英部，連克南雄、始興等地。

同年十一月，陳炯明得直系領袖吳佩孚、孫傳芳餉械接濟，傾巢猛撲廣州，革命政府討賊各軍久戰疲憊，死傷積野，劉震寰、許崇智等部潰兵如潮，數萬之衆擁擠於途。逆軍已陷石龍、石牌，越龍眼洞，進抵市郊，穗垣商店閉户，鍾秀簡精鋭三千，自韶關星夜馳援，於十七日黎明抵廣九車站集合，國父親臨訓勉，鍾秀身先士卒，縱兵痛擊，大破逆軍。十八、十九等日，復合朱培德、楊希閔、王秉鈞、范石生等部滇軍，及許崇智部粤軍，譚延闓部湘軍，與逆軍林虎、洪兆麟、楊坤如、劉志陸等部，苦戰於廣州東郊，再敗之。廣州解圍，林虎幾被俘，鍾秀進克石龍、博樂、增城等地，廣州從此轉危爲安。十二月二日，國父歡宴各軍將領，鍾秀年最輕，讓居首席，國父乃任鍾秀爲大本營豫軍總司令㊺。民國十三年元月，中國國民黨第一次全國代表大會，鍾秀當選候補中央監察委員。同年九月，改任建國豫軍總司令。時國父誓師韶關，討伐直系，任譚延闓北伐討賊軍總司令，鍾秀前敵總指揮。

㊺參照李肖庭「樊鍾秀傳記」，中原文獻第一卷第四期，民國五十八年六月。

革命軍越仙霞嶺深入江西，先後克復崇義、遂川、贛州、吉安等地，南昌爲之震動。於是直系贛粤邊防督辦方本仁集合重兵親至樟樹鎮督戰，湖南省長趙恆惕命所部夏斗寅自西路來援，東江陳炯明復遣林虎自東路夾攻，革命軍乃陷入三面背敵形勢。譚延闓集中所部退守大庾、南雄一帶，鍾秀則率衆沿湘鄂邊境，越長江，北歸河南，沿途難苦備嘗，有三日夜不進食者㊻。

鍾秀既至豫，擴充所部至三師二旅之衆，兵力增至三萬餘人。及聞 國父逝世北京，搥胸痛哭，不進飲食者多日。令全軍掛孝，自服孝服半載，如喪考妣，終其生不改 國父所委建國豫軍名義。

民國十五年夏，國民革命軍出師北伐，鍾秀乘革命軍與吳佩孚苦戰岳陽、汀泗橋之際，在豫南突破吳部包圍圈，一日夜行軍二百里，佔領武勝關，南下廣水、花園等地，襲擊吳佩孚後路。同年九月，與北上革命軍會師武漢。寧漢分裂期間，反對武漢政權被共黨所利用，仇視馮玉祥之狡詐反覆，遂爲武漢政權領袖所不容。嘗面詰汪兆銘，痛斥鮑羅廷，衆皆色變，而鍾秀不顧。一日與武漢諸高級將領宴會，自居上席，當場指責鄧演達、唐生智之媚共，以致不歡而散。曾擊斃中共操縱之工人糾察隊多人，卒遭馮玉祥所襲擊，實力大損。

民國十九年，閻錫山、馮玉祥、李宗仁、張發奎、唐生智等聯合反抗中央，中原大戰期

㊻ 陳訓正「國民革命軍戰史初稿」，第一輯，卷一，第二編第三章，頁一一六至一二一，民國四十一年七月臺北再版。

間，鍾秀駐軍許昌，當平漢鐵路交通要衝，閻錫山派鄧寶珊前來勸誘，被政府軍飛機誤傷而歿，年僅四十四歲。中央給予優恤，其妻趙氏拒不受云：「鍾秀遺志，死後能陪葬中山陵，始終侍奉大元帥，於願足矣。」㊼ 鍾秀生平之志可知矣。

六、開封起義之失敗

武昌起義後，各省紛紛響應，湖北軍政府以河南爲南北衝道，倘河南響應革命，足以動搖清廷根本，一面移檄豫省「速定大計」（已詳第四章）；一面由鄂軍都督黎元洪名義，致書陸軍第二十九混成協統應龍翔，儘速發難，截斷武漢清軍退路。九月一日，陝西獨立，東路司令張鈁亦致書河南諮議局副議長兼「中國公學」監督楊源懋，及時響應革命。及上海光復，滬軍都督陳其美復派豫籍同盟會員劉積學（按：積學爲河南諮議局議員兼開封「中國公學」總教習劉純仁之侄，舉人出身。）由天津轉回開封，催促河南同盟會支部，作發難之準備。會清軍陷漢口，革命軍戰時總司令黃興退守漢陽，欲斷清軍後路，減輕對革命軍壓力，乃電命留日同盟會員張鍾端回汴，主持起義行動。頻行告之曰：「河南地處中原，一旦起義，清室

㊼ 參照李肖庭「樊鍾秀傳記」，中原文獻第一卷第四期，民國五十八年六月；段劍民「樊鍾秀事略」，載「革命先烈先進傳」頁九四六至九五四。

敗矣。中原如不能起義，武漢必不能久守，革命大業，功虧一簣，所關者大，萬不可緩。」[48]時黨人在豫東活動「仁義會」大收成效，劉莪青糾合豫東同志王夢蘭、張斗垣、李慨卿、張雲亭諸人，創立「仁義分會」於蘭封、考城各縣，不數月糾合同志五六千人，講授革命大義，歃血爲盟，共圖大舉[49]。而徐振泉、單鵬彥、崔德聚諸同志，亦與豫東各地之「仁義會」暗相結納。

張鍾端於十月十日抵汴，十月十二日在小行宮張照發寓開會，諸同志咸以活動清軍反正失敗，無力再舉爲慮(已詳第四章)，鍾端聲淚俱下曰：「今茲革命成敗，即漢人存亡關鍵，諸君當以決心從事，努力進行，毋遺漢族羞。人生自古誰無死，惟取義成仁，方能不朽，彼飽食暖衣，醉心利祿，逸居待斃者，與禽獸奚擇哉？」[50]於是衆皆感奮。乃與公立法政學堂監學王庚先、李心梅，及留日學生王印川、段世垣、岳秀華、吳燃然、周維屏、李福遐，法政學堂學生王從周，師範畢業生劉莪青，高等警察學堂學生李心昂等，共議以開封小行宮法政學堂、第一師範、中國圖書公司爲革命機關。桐茂當鋪女店東劉馬青霞慨捐銀三千兩爲活動費，崔寅彤、段拱辰各捐小麥千石作軍糧。乃集合同志百餘人，每夜秘密開會，積極進行。推派李心海赴黃河北聯絡彰德、衛輝、懷慶三府志士韓警亞等，掘斷京漢鐵路，阻止清軍南

[48] 醒園主人「黃克強先生與河南革命」，中原文獻第五卷第七期，民國六十二年七月。
[49] 「河南辛亥革命十一烈士殉難傳略」，「開國文獻」第二編第五冊，頁一七六。
[50] 張鍾端事略，引自「開國文獻」第一編第十二冊，頁三八四。

下。王從周、劉莪清等，往豫東歸德、考城，聯絡「仁義會」，佔據隴海鐵路。孫振淼、張四箴等赴臨汝、南陽等縣，姚黃、鄭硯農等赴許昌、郾城等縣，秘密活動。高書範、李錦公、沈雲珊等數十人，赴湖北襄陽、樊城一帶，設立「共和會」，歡迎北伐軍，爲之嚮導。其他各縣派代表前來接洽者，亦大有人在。乃刊刻木質關防一顆，文曰：「河南軍政府都督之印」，用甲、乙、丙、丁四大將軍名義，號召各縣民衆之有革命實力者。於是共舉張鍾端爲臨時總司令兼都督，王庚先副之。督練公所何伯龍爲軍政府參謀長，張照發爲巡防營司令，李幹公、岳秀華、段勛、王夢蘭分任民軍司令，王天傑爲敢死隊司令，單鵬彥爲放火隊司令。以和合堂及聚盛店爲指揮所，以郊外北神崗、黃龍寺、謝灣、老府莊爲革命軍集合所，以陽正門、橫船灣、宋門關、楊家花園爲糧臺，一切佈置就緒，乃四處招集仁義會員，組織革命軍。時清吏城內戒嚴，五城門盤查過往行旅，黨人通訊連絡，乃物色學生充任[51]。

九月二十日，河南諮議局所領導之獨立運動失敗後，河南巡撫齊耀琳將不穩新軍各營分調外縣，改調柴得貴所統巡防營十三營入駐開封。開封黨人見巡防營均係目不識丁，難以曉以大義，於是乃變更計劃，分自外縣運動各民團首領及駐紮之新軍。其步驟：若能各縣蜂起，省城所有防營必調兵外出，急由城外陸軍兩營，城中巡警一千三百名，及附近之民軍二千餘人，宣告獨立，自易成功[52]。

---

[51] 段醒豫「武昌首義與開封起義之前後」，中原文獻第十卷第九期，民國六十七年九月。

[52] 郭孝成「中國革命紀事本末」頁二七四。

黨人旋劃分開封及附近各縣爲五路，除中路由張鍾端、王庚先親自策劃，在開封發動外，另決定楊漢光、楊源懋、劉純仁、王天縱等擔任西路，劉積學、段厚甫、孫豪、海廷璧、趙伯階、焦文齋、魏士騤等擔任南路，劉榮棠、謝鵬翰、李銳五等擔任東路，暴式彬、韓立綸等擔任北路，四路在外得手，會攻省城，中路即在城中發動內應53。旬日之間佈置次第就緒。河南四境各路革命軍相繼失敗後，（詳第七章）張鍾端等以開封爲省會所在，仍當積極進行。迭次集會，有以開封革命勢力不足成功爲慮，鍾端即席慷慨而言曰：「方今漢陽失守，上海民立報著泣血篇，全章大字，罵河南人爲袁黨，爲滿奴，爲漢奸，諸君見之乎？上海和會河南代表李槃在議席無發言權，諸君聞之乎？吾輩再不努力奮鬭，將自絕於黃帝子孫！」衆皆俯首，泣數行下。少頃有質者曰：「此舉策萬全乎？」王庚先起立曰：「吾輩爲河南三千萬同胞爭人格，原不計成敗得失。」衆皆破涕爲笑，舉手歡呼，願效死命。乃推周維屏、蘄培之任秘書，吳芋僧擬討滿洲檄文，中國圖書公司店東王天傑負責繕印文件，南區警署劉泗芳、警校教員李福遐，聯絡省城巡警，李幹公聯絡開封仁義會黨，張照發聯絡巡防營士兵，吳古岳聯絡陸軍小學學生，王庚先聯絡南關陸軍及馬隊礮兵營，督練公所科長何伯龍、科員黃復東，隨時報告軍情；並嚴督進行54。其詳細佈置如下：

(一)王天傑、徐振東等爲敢死隊，進攻撫署及滿營。

---

53 革命逸史第三集頁二八五。

54 參照「河南辛亥革命十一烈士殉難傳略」，引自「開國文獻」第二編第五冊，頁一七一至一七七。

㈡張得成率暗殺隊，預定十一月四日黎明設法刺殺巡撫齊耀琳。
㈢李幹公、李夢蘭、段勛等聯絡仁義會，組織民軍。
㈣張照發等負責聯絡巡防營。
㈤吳古岳聯絡陸軍小學。
㈥王傑、劉莪青、沈雲山、李心梅、段世垣、岳秀清、張寄園、暴式彬，分往各地聯絡，響應起義。
㈦李鴻緒、崔德聚、崔重彤等主持糧臺，籌辦各路接濟。
㈧王賡先等聯絡陸軍三營及礮兵。
㈨單鵬彥等組織放火隊。
㈩劉鳳梧等督隊巡察，參謀戎機[55]。

乃決定乘十一月初四日冬至日，巡撫齊耀琳出城祭天時，將其刺殺，即行宣佈河南獨立。擬命豫東各縣仁義會黨三千餘人，於前數日化裝販夫走卒模樣，陸續混入城內或住城外，以便屆時壓制清軍，維持秩序。另由王天傑、單鵬彥等率敢死隊一千餘人，包圍撫署及滿營，而張照發等領導巡防營同時響應。沿京漢鐵路各州縣民團掘毀鐵道，斷絕清軍後路，並印就安民告示檄文各數千張，以便屆時散發[56]。

---

[55] 張金鑑「辛亥革命河南起義志士的壯烈犧牲」，中原文獻第九卷第十一期，民國六十六年十一月。
[56] 郭孝成「中國革命紀事本末」，頁二四七至二四八。

巡防營統領柴得貴、劉鴻順思破獲革命組織以爲進身之階，對人揚言同情革命，願意響應起義，命巡防營總稽查張光順、奸民江玉山，托人介紹請求加入同盟會，黨人多不信任，張等於夜間當衆焚香發誓，且歃雞血爲盟，示無他意，乃得出席會議，遂將同盟會內情及起義計劃探悉無遺[57]。

十一月三日，豫撫齊耀琳，乘黨人佈置未周，命柴得貴等，率其所部，於夜十一時先搜查省立師範，值張鍾端等正在開會，當場束手就擒者數十人。繼搜查法政學堂、第一中學、中州圖書館等處，續獲黨人甚多。王庚先、李福遐等因赴山東會館布置司令部，得免於難，計黨人前後被執者四百餘人[58]。

諮議局議長杜嚴聞變，合紳耆多人晉謁齊耀琳，請求釋放黨人，齊本不擬殺戮，營務處候補道商作霖堅持，經巡警道鄒道沂、開封知府呂耀卿、祥符知縣舒樹基等訊以非刑，誣鍾端等爲土匪。黨人皆正氣懍然，或慷慨陳詞，或罵口不絕。初五日晨六時，張鍾端、王天傑、張照發、劉鳳棲、徐振泉、單鵬彥、張得成七人成仁於西關馬市街。初六日上午，李幹公、王夢蘭、李鴻緒、崔德聚四人，復就義於南關。周維屏、馮廣才、徐洪祿、王盤銘等二百餘人亦均處死刑，忽接上海和會來電干涉，始於民國成立後解回原籍開釋[59]。死難諸烈士陳屍

---

[57] 同上書，頁二五〇。
[58] 張蓋臣「辛亥河南革命之失敗」，黨史會庫藏原稿本，引自「開國文獻」第二編第五册，頁一四七。
[59] 河南辛亥革命十一烈士殉難傳略。

三日，血肉狼藉，由黨人段拱辰借銅錢三百串，托縣衙司書姚啓俊、生員張翠岩，賄通士兵叢葬於開封南關之三里堡亂墳塋中[60]。

民國成立後，軍閥橫行，內戰不已，烈士遺族不敢露面，直至北伐成功，民國二十年河南省黨部始呈報中央，將烈士遺骸遷葬，修祠立碑，以示崇敬與紀念，烈士楷模遂得永垂不朽。

死難諸烈士以張鍾端最爲人稔知。鍾端字毓厚，別號鴻飛，河南許昌人。爲人慷慨不羈，好大言。光緒三十一年（一九〇五），遊學日本，入宏文書院習普通科，後入中央大學校，專攻法政。其種族思想堅固不拔，而一切進行常主用激烈手段。在東京曾加入同盟會，聯合豫籍留學生，創辦「豫報」，鼓吹革命。辛亥年（一九一一）夏，被派返豫，適武昌起義，乃推爲領袖，計劃響應。被執受訊時，滔滔而言曰：「天不祚豫，事之不成數也，漢族健兒豈屑向滿奴乞命哉！矧自由幸福，靡不由積血購來，吾人不流血，誰復肯流血者？但爾輩亦屬漢種，居然效忠滿奴，自殘同類，反躬自問，良心應知愧怍。指日民軍北上，掃除穴廷，凡屬漢奸，難逃斧鉞，幸抉吾目懸諸國門，旦暮望之耳！」商作霖等爲之氣沮。就義是與同囚黨人周維屏握手痛言曰：「吾等亡日，係生死離別之時，願君生一時負一時之責任，刻骨銘心，勿忘今日。倘異日脫離難關，再接再厲，吾等九泉相助，共成大業，爲吾等復仇不啻爲同胞

[60] 醒園主人「黃克強先生與河南革命」，中原文獻第五卷第七期，民國六十二年七月。

復仇也。」鍾端死時，被槍數十，體無完膚，而齊耀琳遂為豫人所不容[61]。

清帝退位南北統一後，河南旅寧陸軍將校團長楊鴻昌等，以齊耀琳糜爛豫省，殘殺革命黨人，聯名致電袁世凱，推薦同盟會豫籍會員曾昭文為河南都督。電曰：

> 袁大總統鑒：現在民國統一，舊時各督撫改為都督，且其人必由民間公舉，再經大總統委任。豫撫齊耀琳殘殺張鍾端等及南陽府民黨至數十人之多，全國切齒，其與地方感情之壞達於極點。前因共和之局甫成，北方各省因爭執都督之故，奮激萬狀，河南為公桑梓之邦，同人等不能再以此事困公，所以隱忍不言，至於今日。唐總理既已南來，統一政府行將就緒，河南人豈能長此靦顏事仇，甘心媚敵？且聞齊耀琳近來自知為全省所不容，久存去志，凡事任其敗壞。日前因謠傳兵變，省垣閉城三日，外府州縣騷擾之狀，罄筆難書，其撫馭無方，又可概見。而南陽之奮勇軍，以該撫為共和之敵，聲言索餉，志在復仇，若於此時不亟思補救，則河南之糜爛恐不在共和未成立之前，而在共和既成立之後。查曾昭文留學日本多年，歸國以來聲譽甚優，此次隨同陸軍部黃總長，久著賢勞，南京臨時政府籌餉購械事，尤倚之為左右手，北來歡迎我大總統，更能斡旋大局，收效無形，若以之為河南都督，必能勝此重任，同人等為桑梓起見，敢求大總統俯順輿情，速加委任，則河南幸甚！大局幸甚！河南旅甯陸軍將校

---

[61] 張鍾端事略，黨史會庫藏原件，引自「開國文獻」第一編，第十二冊，頁三八四至三八五。

團楊鴻昌等叩。（南京去電）」62

袁氏則另有野心，不肯接受。派其表弟張鎮芳出任。昭文原任職清廷陸軍部，於辛亥革命期間，自北京南下參加革命軍。南京臨時政府成立後，任陸軍部軍需局長，爲陸軍總長黃興之得力助手。籌餉購械，貢獻甚大。民國元年二月中，曾被派爲特使，與蔡元培、宋教仁等北上，歡迎袁世凱南下就職臨時大總統。

七、河南各地之革命軍

(一) 王天縱劉鎮華之發難

河南各地之革命軍，以西路發動最早，聲勢亦較大。初嵩縣大俠王天縱（原名天從），幼習藝於嵩山少林寺，與寶豐樊鍾秀、信陽李亞東、南陽徐萬年等，拜寺中恆林和尚爲師。立志與滿清抗衡，仗義疏財，廣交豪傑，因打抱不平，殺人越獄，逃亡上海。因娶一女學生毛奎英，受其影響，革命思想更加濃厚，乃加入同盟會。辛亥前返開封，奉派擔任丁部工作，負責運動豫西綠林。與李永魁、柴雲陞、關老九、張平、金恆超、魯景博、孫官、憨玉琨、

62 錄自中華民國元年三月二十八日上海「民立報」。

關芙蓉結爲十大弟兄，集衆數萬於嵩縣境之羊山（陽山）寨，將圖大舉[63]。

此外洛陽地區另有反清農民組織「在園」，由南大定所領導，最初參加成員多爲農民，以後亦有一部分知識份子加入。南大定在組織「在園」以前，即結識同盟會員邢滄漁，組織「在園」之後，又與同盟會員郭鴻恩相交往，同盟會勢力因此滲入其中，爲之規劃，明定以推翻滿清爲活動目標[64]。

武昌起義後，鄂軍都督黎元洪、晉軍都督閻錫山，派人至嵩縣連絡天縱，欲爲聲援，堵截清軍南下。開封同盟會支部復派劉鎮華來豫西山區運動當地豪傑，說天縱以大義。及開封起義失敗，同盟會員楊源懋、劉純仁等，乃來豫西，謀結合王天縱之綠林，及洛陽之「在園」，定期舉事。天縱遂集衆宣佈革命大義，自稱丁部大將軍，起兵討滿。並檄告遠近曰：

河南義軍統領王，爲曉諭事：照得武漢起義，原爲興漢之舉，凡有智識者，莫不揭竿而起，以興義師，非爲個人稱雄計也。本統領現奉山西大都督面諭：聯合全豫義軍，以圖光復。月餘以來，所致欣從，歸者如市。現已在嵩、洛、伊、登、汝、許、開、陳等處，招集民軍十萬人，以爲收復全省之計，誓師北伐，以爲秦、晉後援。所至之

---

63 參照擷蒓「燈前述往」內「中州大俠王天縱」，未刊稿；「辛亥年河南革命逸事」，引自「開國文獻」第二編第五冊，頁一五三。

64 楊依平「略談在園活動」，「辛亥革命回憶錄」第五集，頁三七五至三八〇，北京，一九六三年。

地，如果歸順，自當格外保護，以盡同胞之意；倘心存觀望，一經光復，絕定不輕貸。民軍餉糈，悉係優發，務望各同胞，恪守規則，自保名譽，並妥定規則，一體遵照，切勿有違，是為至要，切切此諭。[65]

據當時人相傳，天縱部之實力如下：（一）先鋒隊四千人：內分步兵三千人，馬兵五百人，砲兵三百人，雲梯兵二百人。（二）敢死隊五千人：內分馬兵二千人，步兵二千人，炸彈兵五百人，救護隊五百人。（三）義勇隊一千人：內皆富有貲財之豫人，自願參加革命者，所有軍糈皆歸自備。（四）奮勇隊二千餘人：內分退伍及歸順兩派。（五）輜重隊五百人：皆以親信及有貲產者充之。（六）接應隊五千人：預計到齊時約有一萬五千人。（七）軍需隊一千二百人：內分修造、採買、製造、督催各名目。（八）工程隊五百人：共分十哨，每哨五十人。（九）水軍七百人：分自孟津、滎澤及襄陽、樊城一帶邀到，內有一百餘人可在水中潛伏兩晝夜。（十）救濟隊一百四十人：分內外兩科，及看護、製藥各科[66]。

天縱督軍進攻洛陽，劉鎮華、張仲琴等在豫西運動會黨響應之，佔領宜陽、永寧等縣，洛陽知府滿人啓綏，率防軍頑抗，以士無鬥志，棄城出逃。袁世凱以洛陽險要，勢在必爭，派趙倜、周符麟等合軍數萬人來攻，黨人劉純仁、紀宗義任豫陝聯軍代表，往說趙倜納降，

---

[65] 辛亥年十一月二十七日「齊魯公報」。

[66] 同上。

竟爲趙所害。天縱大憤，率部猛攻，一時伊陽、孟津、偃師、鞏縣先後起義。晉省民軍復自平陸渡河與天縱軍會合。天縱與清軍相持月餘，卒以衆寡不敵，軍糈彈藥不繼，撤圍西走[67]。合張鈁之東征軍與清軍爭奪於閿鄉、靈寶、陝州等地，大兵所至，秋毫無犯，潼關得而復失者三次，終因軍火不濟，退屯陝南之龍駒寨[68]。

未幾因所部關老九違令，擄掠婦女，被天縱槍決，引起內鬨，憨玉琨、柴雲陞等部改投張鈁，李永魁等叛變爲匪，天縱勢大弱，乃將親軍六千餘人復東下，兵不血刃，連下荊紫關、內鄉、南召、鎮平等地，於辛亥除夕，與湖北軍政府北伐先鋒隊馬雲卿等會師南陽城下。滿清鎮守使謝寶樹聞風逃遁，遂克南陽。旋被推爲河南臨時都督，兼北伐左路總指揮，進而收復宛西各縣，駐兵於老河口一帶。(已詳第五章)

南北統一後，袁世凱下令解散天縱所部，授天縱陸軍中將。民國三年任其爲京師軍警執法處長，天縱辭不就。民國四年，袁世凱圖謀稱帝，天縱逃往鄂西，與藍天蔚、黎天才等組織豫鄂討袁聯軍，起兵討袁。自民國四年十二月，至翌年春，苦守夔州達百餘日之久，袁氏復增派唐天喜、田作霖等旅繼續圍攻，城終被攻破，豫鄂討袁聯軍以衆寡不敵，餉彈兩缺，而全軍覆沒，天縱逃匿。

民國五年六月，袁世凱死後，黎元洪繼任總統，段祺瑞出任國務總理，發生府院之爭。

---

[67] 馮自由「革命逸史」第三集，頁二八五。

[68] 王天縱上孫大總統電，引自民國元年五月五日上海「民立報」。

民國六年夏，因對德宣戰問題召致督軍團叛變，黎元洪被迫再度解散國會，引起張勳復辟。先是張勳屢遣人招天縱，願撥所部萬人歸其指揮，並贈以鉅金，天縱拒之。民國六年四月，黎元洪囑秘書康仲寅函邀天縱至京，天縱告黎氏曰：「徐、兗軍中多舊交，張勳貌似忠厚，頭腦陳舊而頑固，久蓄復辟思想，必爲亂，務請審慎勿爲所賣。」黎氏不聽。及七月一日復辟難作，天縱本居康仲寅處，化裝入總統府，腰掛雙槍，保護黎元洪走避日本公使館。

復辟亂平，馮國璋繼任總統，因段祺瑞不肯恢復舊國會，國父組織護法政府於廣州，天縱憤段氏違法亂紀，乃於同年秋乘輪赴香港，在西南各省接觸頻繁，月餘再返上海，轉赴豫南南陽一帶活動。民國七年一月四日，在豫南宣佈獨立自主，響應西南護法政府[69]。

天縱憾段祺瑞假借參加歐戰之名，以國家利權爲抵押，與日本軍閥勾結，乃反對其參戰借款，反對巴黎和會，同情「五四」愛國運動。民國九年春，直皖戰爭爆發前夕，天縱贊同護法政府資助直系吳佩孚引兵北上，討伐皖系。其同年三月，天縱自夔州通電，反對北京政府以皖系吳光新督豫，並電雲南督軍唐繼堯一致行動[70]。旋即赴豫南，集中所部以爲支援。同年六月十四日，天縱以靖國軍豫軍總司令名義，密電雲南督軍唐繼堯，轉達直系將領，告以段祺瑞所部定國軍佈置情形曰：

---

69 擷莼「燈前述往」內「中州大俠王天縱」，未刊稿。

70 中華民國史檔案資料叢刊「直皖戰爭」，所錄「雲南省長公署檔案」，頁七八至七九，一九八〇年十一月版。

段賊於六月一日招集安福派諸要人，在團河密開會議，有邊防軍師長陳文運、曲同豐，邊防事務處參謀長傅良佐、交通曾毓雋、財政李總長、司法朱總長等九人，會議大要爲：吳佩孚撤防，南軍乘勢進攻，恐有不虞，段督辦意欲督師南下，再觀數日，如南軍再不退讓時，再爲決議，名爲剿匪，暗爲作戰，共帶邊防軍三師，改編爲三混成旅，邊防軍師長陳文運、曲同豐、馬良等均隨同前往。71

皖系失敗後，直奉兩系復水火不容，天縱憂國事蜩螗，戰亂仍靡有定，乃攜妻毛奎英，避居山中，結茆墾荒，不知所終。或有謂其殉國於三峽，人言殊殊，仍有待於史家之考證72。

王天縱之起義，劉鎮華運動協助之功甚鉅。天縱部攻洛陽不下，南撤以後，鎮華率餘衆西走，合張鈁之東征軍，與清軍苦戰於豫、陝之間達三月之久（詳本章第二節）。鎮華河南鞏縣人，生於光緒九年（一八八三），原著茂業，字雪亞，生員出身，光緒三十一年（一九〇五）入保定北洋優級師範，在校與陸軍速成學堂學生張鈁友善，暗中加入同盟會，鼓吹革命。光緒三十三年（一九〇七）返豫，與黨人楊源懋、劉純仁等共商革命大計。旋入北京法政學堂，宣統二年（一九一〇）秋畢業，返回開封充任省視學，革命活動益力。辛亥年（一九一一）春，河南同盟會支部既決定大舉分四部進行（已詳第三章），以丁部活動綠林豪傑之責委劉鎮華

71 同上書，頁五四至五五。
72 擷蒓「燈前述往」內「中州大俠王天縱」。

等，鎮華乃前往豫西熊耳山區宜陽、洛寧、嵩縣等地，策動綠林豪傑起義，一時如洛陽之張治功，宜陽之賈濟川、梁海亭、楚功奇，洛寧之張棣榮、丁公甫，伊陽之趙長榮、王修己、賀月德，嵩縣之王天縱等十大弟兄，均有所結納。集衆一萬六千餘人，推王天縱爲首領，號稱「河南民軍」，光復嵩縣，圍攻洛陽不下，乃移軍而西，策應陝西東路都督張鈁，受張節制，連破清軍於靈寶、陝州等地區，與清軍毅軍翼長趙倜對峙洛陽以西。及清將周符麟率援軍大至，劉純仁復招降清軍遇害，加以天縱所部內鬨，天縱率大隊南撤宛屬各縣，鎮華將餘衆合張鈁組織「豫陝聯軍」，佈置反攻。得陝軍陳樹藩部支援，與周符麟、趙倜，爭奪豫、陝之間。及清帝退位，北京政府編鎮華部爲陝軍第一混成協，任鎮華爲協統，號稱「鎮嵩軍」。分由柴雲陞、張治功、憨玉琨任標統，旋移駐洛陽一帶。

民國八年，鎮華任陝西省長。民國十一年繼馮玉祥任陝西督軍兼省長。北伐成功全國統一後，任國民革命軍第八方面軍總指揮。民國十九年夏，中原大戰期間，東遊日本，命所部響應政府號召，襲擊隴海鐵路沿線叛軍後路，扭轉戰局，厥功至偉。民國二十二年任安徽省主席，兼豫鄂皖邊區剿匪總司令。民國四十四年卒於臺北，享年七十三歲[73]。

(二) 張鈁之東征

---

[73] 參照王天從「劉鎮華與辛亥革命」，載「中原文獻」第三卷第九期，民國六十年九月。

張鈁繼王天縱而起，鈁字伯英，河南新安縣鐵門鎮人，生於光緒十三年（一八九〇），幼倜儻不群，年十七隨父宦遊西安，以客籍入陝西陸軍小學，績優擢送保定陸軍速成學校。在校暗與同志呂公望等，組織軍學會，策劃革命。宣統元年（一九〇九）畢業，分發陝西陸軍見習，道經開封，與黨人楊源懋、劉純仁等相結納，遂加入同盟會。至陝西後，與新軍中黨人張鳳翽、張雲山、井勿幕等，日夕密謀發動。武昌起義後，九月一日晨乃與張鳳翽等，率領同志黨忠昭、劉蔭遠、余永寬、王廣慶、朱敍五等十餘人，逕入西安城，攻佔軍械局，並即以該局爲革命軍總部。聯絡潛伏同志，縱火攻擊，血戰二晝夜，滿城清兵潰散，西安遂告光復[74]。

西安既光復，黨人共議組織秦隴復漢軍，公推張鳳翽爲都督，萬炳南、錢定三爲副都督，張鈁爲軍政部副長。定三輕車東出，至渭南被亂兵所害，鈁以光復桑梓爲念，於九月十四日以東路都督名義，率步兵兩營，礮兵一隊，攜礮四尊，首次東征。十九日屯軍華陰，附近豪俠嚴紀鵬、楊彥彪等，各率部衆千數百人前來助戰。二十日，鈁乃分兵三路進圍潼關，冒雨苦戰，二十一日晚攻克，守關清軍突圍東走，居民簞食壺漿相迎於道。鈁出榜安民，招集流亡，數日大定。

十月初一日，鈁率軍攻入河南境，計統步兵三營，馬隊一營，礮兵一營，十月初五日克

[74] 河南同鄉會「張伯英先生事略」，載「中原文獻」第七卷第八期，民國六十四年八月。

閿鄉，初七日逼近靈寶，與劉鎮華所率革命軍會師於虢略鎮，聞清將翼長趙倜統毅軍大至，十一日退守潼關，補充兵力，作二次東征準備。

十月十六日，鈁率曾紹魁、丁同聲、李恆芝、屈全等部革命軍，二次東征，進至閿鄉，十九日與毅軍大戰於盘豆鎮，以兵力懸殊，遭毅軍重礮轟擊，頗有損傷，敗退潼關。二十日毅軍陷潼關，鈁率部退華陰。張鳳翽聞敗訊，親統大軍來援，革命軍聲勢復振，十一月初二日再度克復潼關。初五、初六等日，王天縱率柴雲陞、楊鳳歧、趙長榮等數千人至，鈁乃編制各隊，統稱東征軍，作三次東征準備。

十一月初十日，鈁督師三次東征，與毅軍苦戰於靈寶以西，大破毅軍，十五日克復靈寶，十七日克復陝州，澠池、新安等縣知縣皆逃亡，乃計劃進攻洛陽。袁世凱以洛陽爲形勢之區，中原鎖鑰，命北洋精鋭第六鎮第十二協統周符麟，率數十營來援，雙方乃苦戰於英豪、觀音堂之間。時上海南北議和大開，趙倜來書詭稱息兵講和，鈁誤信之，乃派黨人劉純仁、紀宗義等前往接洽，竟被殺害。(詳本章第一節)毅軍合周符麟部，以馬隊乘勢襲擊，革命軍敗於張茅鎮，陝州、靈寶、閿鄉復失，潼關三度淪陷。

鈁收集散卒，於十二月初四日自華陰石頭谷入秦嶺太峪，王天縱則退屯陝南之龍駒寨。幸張鳳翽親至華陰布署，清軍亦無西犯能力，雙方乃成對峙之局。十二月二十五日，鈁再至華陰，與張鳳翽會商收復潼關之策。會南北議和成功，清帝退位，民國元年二月十八日(正月初一日)，鈁率官佐四十人，與毅軍翼長趙倜、第六鎮第十二協統周符麟會於潼關，簽押和議條件，毅軍退出潼關，移駐閿鄉、靈寶等地。十九日，革命軍三度光復潼關[75]。

辛亥年張鈁率革命軍與清軍豫西之戰，以新集之衆，槍械窳劣，當豫軍趙倜及北洋第六鎮第十二協周符麟部兩萬餘人，前後達三個半月之久，大小二十餘戰，潼關三得三失，革命軍再接再厲，使清廷有後顧之憂，減輕對長江流域革命軍壓力，其精神有足稱道者。

南北統一，袁世凱下令編遣豫陝聯軍，任鈁爲陝西第二師師長。民國二年，升陝南鎮守使。三年，因陝西將軍陸建章迎合袁氏意旨，與鈁積不相容，袁乃調鈁將軍府參軍。籌安會洪憲帝制議起，鈁以密謀反袁，曾被逮下獄，旋間關走陝西，籌組討袁軍，直至袁氏斃命，共和重建，始停止活動。

民國六年後，國父領導護法運動期間，于右任擔任陝西靖國軍總司令，鈁任副司令，與廣東革命政府相呼應。北伐成功後，鈁先後出任河南省政府建設廳長，代理河南省政府主席，國民革命軍第二十路總指揮。民國二十年率所部追剿豫鄂皖邊區中共徐向前部，二十三年參加贛南對中共第五次大圍剿。全面抗戰軍興，張氏兼第十九集團軍總司令，淞滬之戰，屢挫日軍。同年十月，任第一戰區預備軍總司令。二十八年任國民政府委員兼軍事參議院副院長，襄贊中樞，獻替良多。三十四年抗戰勝利，受聘國策顧問。三十八年中共擴大叛亂，

---

[75] 張鈁「辛亥西安舉義東征日記」，黨史委員會庫藏原稿，引自「開國文獻」第二編第三冊，頁一四六至一七五。

奉派爲豫陝鄂邊區綏靖主任。大陸撤守陷敵，五十五年逝世，享年八十一歲[76]。

(三) 各路之武裝起義

河南之南路革命軍，由劉積學等負責。劉設機關於葉縣城北黨人焦文齋家，由焦及魏士駿等以辦民團名義往開封購取槍械子彈，運至南陽，謀奪取縣城，組織軍事機關。事爲南陽知府偵悉，預派軍警在葉縣城下將槍械奪去，劉以計劃失敗，遂赴開封另圖進行，豫南軍事改由孫豪負責。孫與海廷璧、趙伯階等往來魯山、郟縣、寶豐等地，招聚豪傑，搜購槍械，經營月餘，遠近來投者千數百人，於是大舉進攻魯山。知縣一面求援於南陽鎮總兵謝寶勝，一面託縣中紳耆出城謁孫請降，願以身家性命爲知縣擔保。孫誤信紳耆言，竟不之疑。乃相偕入城，知縣遽下令槍殺之，並懸首城上以示威。趙伯階等大憤，督衆猛攻縣城，及謝寶勝援兵至，革命軍腹背受敵，勢遂崩潰，趙伯階陣亡，南路軍遂以瓦解。

河南之北路革命軍，主要任務在破壞黃河鐵橋，阻止清軍南下，加重對武漢革命軍壓力，由暴式彬負責進行。以清軍在各火車站均駐有重兵，戒備嚴密，無從下手，乃率所部數百人，間關渡河而南，併入西路。

河南之東路革命軍，在商邱、睢縣一帶，聯絡仁義會，附和者萬數千人，惟槍械甚缺，黨人劉榮棠等乃挑選敢死隊若干人，擬乘隙突入開封城內，縱火爲號，而以大隊自外接應。

---

[76] 參照河南同鄉會「張伯英先生事略」，載「中原文獻」第七卷第八期，民國六十四年八月。

某日天未曉時，敢死隊曾衝入開封曹門以內，被守軍發覺驅散，城外大隊以所圖不成，乃逐漸散去[77]。

他若汝寧府屬之新蔡、正陽、遂平等處，閻子固率領民團三千餘人，起義未成，投效安徽民軍。又如南陽、鄧州、新野、葉縣一帶民團，亦皆秣馬礪兵以待時機。豫北衛輝、湯陰、滑縣一帶黨人，亦各聚眾三五千人不等，盼望北伐隊到時，即行拆毀鐵道，斷絶清軍後路。又開封屬之杞縣、陳留、通許、鄢陵等處，由黨人姚某、曹某，團聚六千餘人，揭竿起義，十月二十七、八日，遭省城防營進攻，死五百餘人，被掠馬五百餘匹，通許知縣毛任乘機率隊洗劫數村寨，擊斃無辜人民無算[78]。

先是武昌起義後，留日豫籍同盟會員先後歸國抵上海者，有劉基炎、潘印佛、張國威、李慜、田璧臣、夏述唐、王書雲、陳冠群等十餘人，其中就讀士官學校者殆居半數。適陳其美等正計劃在滬發動，劉基炎等乃毅然參加。九月十四日進攻製造局之役，河南同志擔任先鋒，最爲奮勇。張國威嘗以木棍解除守軍武裝，衆多稱之。故滬軍都督府成立後，豫籍同志咸居要職。時都督府内共設四科，由河南同志出任科長者三人，計軍事科長潘印佛、軍務科長劉基炎、軍械科長李慜。

河南境内獨立運動失敗後，河南同盟會員劉積學、劉芬佛、閻子固、陳伯英、馮甲嶺等

---

[77] 革命逸史第三集，頁二八六。

[78] 參照郭孝成「中國革命紀事本末」，第二編。

相繼亡命上海。劉積學持河南同盟會公函分謁黃興、陳其美求援，擬集合各省豫籍同志，組織河南北伐隊，黃、陳允其請，遂有「河南威武軍」之成立。以張國威爲司令，楊杰任參謀，丁騫、劉積勳任軍需，張善與、鄭誠任文書，其軍官强半爲河南籍，共數千人，而由青年同盟會員三百人爲基本隊伍。當由南京陸軍部，及滬軍都督府，各撥發槍枝子彈炸彈等物備用，旅上海、蘇州、湖州等處之豫省同鄉，亦損款數萬元以助軍需，自南京渡江入安徽。師發，移檄遠近曰：

> 武漢起義，全國響應，大江以南，次第獨立；秦晉遼魯，相繼反正。胡虜命窮，將失其穴；大好河山，還歸故土，此誠我中國志士奮起有爲之秋也。
>
> 河南古爲四戰之地，民氣强悍，英特奇偉之才，史不絕書。滿清竊國，中原遺老，不受僞命，多奔走於淮、潁、伊、洛間，潛謀恢復；事雖不成，而聲光節烈，尚在人間。即如滑縣林清一役，幾一蹴而顚覆僞朝。其後洪、楊起義，長、淮豪傑，聞風響應，遙爲聲援，致使僧格林沁疲於奔命。先哲典型，令人歌泣。
>
> 此次武漢起事，我河南蜷伏於異族惡劣政府之下，沈沈酣睡，不聞有一成之衆，一旅之師，起而反抗！受同胞之唾罵，爲外人所輕蔑。加之認夷狄爲君父之袁世凱，忘其祖宗之仇，切身之痛，爲滿清效死力，阻我義旗，即此不肖之子孫，更足遺人以口實。然而河南鐵路，直貫全境，北自彰德，南抵信陽，盡爲虜軍盤踞，四面受敵，舉動爲艱。而僞撫寶芬，本非同種，助桀爲虐，以視各省之獨立，誠非易易。我伯叔兄弟，

所以持重不發之故，當爲天下所共諒。雖然不冒險不能成功，不破壞不能建立，難之一字，未足以困英雄。矧天命有歸，人心思漢，革命旗幟已遍東南諸省，所難崛起者，祇此北方二三省耳！儻使燕趙豪傑，伊洛健兒，赫然斯怒，奮死直前，則小醜么麼，何難立碎。我等鑒茲大勢，糾合同志，先後來滬者，業已招集大兵，籌有的款，剋日分道進征，以圖大河南北之光復，爲北方樹聲援。雖進行的方法不便宣佈，而要以斷賊兵之後路，搗滿酋之巢窟，聯合東南民軍，以達我共和政治爲目的。此固我北方同胞大義所當爲，亦責任不能旁貸者也。凡我父老兄弟，聞茲風聲，其投袂而起者，必相踵接，爭先恐後之不遑，固意中事耳！今設河南北伐軍支部，爲我豫民軍機關，以期大集運籌帷幄荷戟從戎之士，洗盡胡兒腥穢，還我漢室山河，皆將於群策群力是賴。嗟呼！誰非黃帝子孫？誰無國民責任？河南不急起獨立，使他人越俎伐謀，則我豫二千七百萬之同胞，將何顏立於大地乎？伯叔兄弟，其勿觀望徘徊，失此千載一時之機會，則幸甚。79

威武軍師次皖北，以清將倪嗣冲統重兵駐潁州，乃改道經湖北黃州、陽羅，進至河南光山縣境。豫籍黨人劉芬佛、閻子固、陳伯英等，則早離滬，合安徽黨人張匯滔等，組織淮上革命軍，與威武軍彼此連絡，分道向豫南進攻。先後光復固始、商城等地，逼近信陽，開封、

---

79 錄自「革命文牘類編」，節錄「開國文獻」第二編第五册，頁一六四至一六五。

洛陽爲之震動。以清帝退位，威武軍旋被民國政府所解散[80]。

當劉積學赴滬請援時，任職滬軍都督府之劉基炎、杜潛等，均擬參加河南威武軍。適南京臨時政府計劃發動山東軍事，陳其美乃命杜潛率閩兵三千乘軍艦赴煙台，繼命劉基炎率兵三千往援。杜潛抵煙台後，即代胡瑛爲山東都督[81]。

初河南固始人凌鉞，字子黃，幼富革命思想，肄業天津法政學堂，憤滿清政治腐敗，外患日岌，嘗語同志曰：「若不急起革命，將爲波蘭之續矣！」光緒三十一年（一九〇五）中國同盟會成立，分派同志赴各省組織支部，凌鉞在天津毅然加入。辛亥武昌起義，黨人約凌鉞赴武漢參加革命軍，凌鉞則主張在京津發難，最易奏功，衆以爲然。乃與王法勤、王葆真，及其從弟凌亮等，在天津日法租界，組織機關，運動華北軍隊，並編敢死隊，自任隊長兼主軍事。組織大定，乃往說第二十鎮統制張紹曾，請其宣佈獨立，合第六鎮統制吳祿貞，進兵北京，傾覆滿清巢穴。張乃於九月六日提出十二項政綱以要脅清廷。清廷被迫提出憲法十九信條，終以大勢已去，無法挽回已失人心。後張辭職出走，鉞乃率敢死隊數十人，至灤州附近之坨子頭，化裝潛入第二十鎮第十九標防地。先與該標第一營管帶施從雲、第二營管帶王金銘有約，乃於十月三日起兵灤州，組織北方革命軍，推王金銘任都督，施從雲任總司令，組織都督府，鉞任外交部長，傳檄各州縣，共覆滿清。時天津領事團派代表二人前來，意在

---

[80] 革命逸史第三集，頁二八八。

[81] 同上書，頁二八八至二八九。

偵察軍情，鉞以禮相待，迫令其承認灤州民軍爲交戰團體，簽字後始送出境。灤州民軍進攻北京，行至雷莊，被清將王懷慶所愚，遭受突襲，金銘、從雲死之，鉞化裝走天津，幸免於難。

民國成立後，鉞當選衆議院議員，堅貞自矢。二次革命失敗後，追隨　國父逃亡日本，爲中華革命黨主要份子，其後參預討袁、護法、靖國諸役。北伐成功，任中央黨史委員會編纂，旋改任立法委員，卒於民國三十四年，享年六十四歲[82]。

八、結　語

國父倡導國民革命，光緒三十一年（一九〇五），組織中國同盟會於日本東京，河南留學生參加者有車鉞、曾昭文、張鍾端等數十人。豫籍黨人在東京所創辦之「河南雜誌」，鴻文偉論，足以與民報相伯仲。燕斌、劉馬青霞等所創辦之「女界雜誌」，尤爲女留學生發行女報之先聲。同盟會迭次在各地之起義，豫籍黨人多有參加者，車鉞即首次死難於光緒三十二年（一九〇六）萍鄉、醴陵之役。

豫籍黨人曾昭文、李烱齋、羅殿卿等返回豫省後，組織河南同盟會分會於開封「中州公學」，參加者二百餘人，並在各地成立組織，創辦報刊，連絡豫東之「仁義會」，及豫西之綠

[82] 黨史委員會編「革命先烈先進傳」頁九二四至九二五，民國五十四年十一月版。

林豪傑，並各縣學界及陸軍防營，積極從事革命活動，直接受同盟會總會所指揮。

　　辛亥武昌起義時，豫籍黨人參加者甚多，僅次於湖北、湖南兩省，其著者有李亞東、徐萬年、馬雲卿、王鶴年等，多爲文學社、共進會重要份子。至於河南境內之革命活動，並不遜於他省，黨人死難之壯烈，亦可與他省相比美。所特別不同於他省者，豫省革命軍純係民衆力量，非如他省多爲清軍之反正，因之組織比較渙散，武器尤其窳劣；況滿清內閣總理大臣袁世凱，籍隸河南，視豫省爲其根本，防範鎮壓不遺餘力，是以省會開封之起義行動迭遭挫折，黨人被捕者高達四百餘人，致有張鍾端、王天傑、張照發等十餘人之死難。然各地民衆所組織之革命軍聲勢浩大，其中以豫西之王天縱、張鈁、劉鎮華等爲最著，總兵力不下數萬人，與清軍爭奪於洛陽以西各州縣。在滬豫籍同志則自動組織威武軍，以張國威爲總司令；在鄂同志另組織奮勇軍，以馬雲卿爲總司令，樊鍾秀爲副司令，各集合同志數千人，分道出兵河南。前者收復固始、商城，圍攻信陽；後者收復新野、鄧縣，克復南陽。以清帝退位，兩部革命軍均被民國政府所解散。

　　河南諮議局，初則聯合各省共同向清廷請願立憲，以目的不達，繼則以諮議局爲大本營，在議長杜嚴、議員楊懋源、劉純仁等領導下，密謀發難。迨武昌革命軍起，河南雖未公開宣佈獨立，諮議局初派代表黃可權出席漢口之各省都督代表聯合會，制定「中華民國臨時政府組織大綱」；繼派代表李盤出席南京之各省代表團，討論組織中華民國臨時政府，並以河南諮議局名義，基於鄉誼，電勸袁世凱響應共和。袁氏則不顧輿論，下令解散河南諮議局，以實現其政治陰謀。

清帝退位，南北統一後，袁世凱視河南為其禁臠，以其表弟張鎮芳為河南都督，黨人被捕殉難者不計其數，革命種子遂被摧殘殆盡。殉難黨人類多青年才俊，可蔚為國家棟樑，否則民國二年二次革命期間，豫省黨人連合秦晉兩省，則國民黨都督張鳳翽、閻錫山不致舉措不定，當可與長江流域討袁軍互相聯為一起，動搖袁氏根本，其結局或有所不同。是以國民革命軍北伐成功後，國民政府中河南籍人士擔任重要職位者，在各省中比較稀少，此亦重要原因之一。是以河南辛亥革命獨立之失敗，其影響民國歷史者既深且鉅也。

至於參加辛亥革命豫籍黨人之幸存者，若王天縱、樊鍾秀、劉鎮華、張鈁等，在民國史上仍有其不同之表現。王天縱於張勳復辟之役，曾保護總統黎元洪。國父領導護法期間，天縱以靖國軍豫軍總司令名義，在河南宣佈獨立，響應護法政府。樊鍾秀則於民國十二年冬大破陳炯明叛軍，鞏固廣州革命根據地，並於十三年底自粵孤軍北征，深入豫南，擴充兵力。十五年九月，襲擊吳佩孚後路，與國民革命軍會師武漢。劉鎮華於民國初年迭任陝西省長、督軍，響應北伐，任國民革命軍第八方面軍總指揮。民國十九年北平「擴大會議期間」，因被挾制，明不反對叛軍，暗則與政府通消息。故當中原大戰方殷之時，在隴海路沿線，突襲叛軍馮玉祥後路，扭轉戰局。旋任安徽省政府主席，兼豫鄂皖邊區剿匪總司令。張鈁於護法期間任陝西靖國軍副司令，北伐成功後，先後出任河南省政府建設廳長，代理河南省政府主席，國民革命軍第二十路總指揮，參加圍剿中共，貢獻良多。抗戰初期任第十九集團總司令，迭創戰果。大陸撤守前夕，奉命於危難之秋，任豫陝鄂邊區綏靖主任，其精神均有足稱道者。

（臺北，辛亥革命討論會論文集，中央研究院近代史研究所，
民國七十二年六月，頁二九三至三二六。）

三一 辛亥革命期間之國際背景

一、引言

促成辛亥革命成功之因素甚多，列强顧忌其在華權益實居有決定性之影響力。在此期間各國互相猜疑，彼此傾軋，充分表現出對華之野心。其中尤以英國之偏袒袁世凱，居間調停，爲袁氏舖平竊取民國總統之道路。論其利中華民國得以早日建立；論其弊造成民國以後袁氏禍國，及十餘年軍閥割據之局面。

二、武昌中華民國軍政府之對外政策

辛亥八月十九日（十月十日）夜武昌起義，二十日晨清湖廣總督瑞澂逃登駐泊長江之楚豫艦，商請漢口英領事葛福（Heybert Goffe），派海軍阻撓革命軍渡江。同日葛福致電英國駐北京公使朱邇典（Sir John Jordan），朱乃命長江英國海軍竭力相助清軍❶。一時局勢極爲險惡。八月二十一日（十月十二日），武昌軍政府派胡瑛、夏維松等至漢口，以軍政府名義照會駐漢口各國領事，聲明革命政府並無絲毫排外之性質。略曰：

我軍政府自廣州之役團體潰後，乃轉而西向，遂得志於四川。在昔各友邦未遽認我爲與國者，以惟有人民主權而無土地故耳！今既取得四川之土地，國家三要素於是乎備矣。軍政府復祖國之情切，憤滿清之無狀，復命本都督起兵武昌，共圖討賊，推倒專制政府，建立民國。同時對各友邦益敦睦誼，以期維持世界之和平，增進人類之幸福。所有國民軍對外之行動，特先知照，免致誤會。

㈠所有清國前此與各國締約條約，亦繼續有效。

㈡賠款外債照舊擔保，仍由各省按期如數攤還。

㈢留居軍政府佔領地區之各國人民、財產，均一律保護。

㈣所有各國既得利益亦一體保護。

㈤清政府與各國所立條約，所許權利，所供國債，其事件成立於此次知照後者，軍政府概不承認。

❶ 陳國權譯「英國政府刊佈中國革命藍皮書」，一九一二年五月出版。引自湖北文獻社編印「辛亥武昌首義史編」，下册，頁八六三，民國六十年十月，台灣中華書局出版。

(六)各國如有助清政府，以妨害軍政府者，概以敵人視之。

(七)各國如有接濟清政府，以為戰事用之物品者，搜獲一概沒收。

以上七條，特行通告各邦，俾知師以義動，並無絲毫排外之性質參雜其間也。相應照會貴領事，轉呈貴國政府查照，須知照者。❷

加以革命軍起義後，軍紀嚴肅，市面秩序井然，人心安定，二十二日（十月十三日）漢口各國領事團會議，卒接受法國領事羅氏（Ulysse – Raphael Reäu）、俄國領事敖康夫（Ostoverkhov）建議，採取中立態度。同日漢口英領事葛福致電北京英國公使朱邇典曰：

租界防守基固，由日本水師提督統帶，兼之革命黨亦保全治安，今最急之問題，即食物及金融兩宗，各教士現在幾於全居租界，外人性命財產並未波及。本署已接革命黨首領公文，內稱業已建設一政府，其對於外人從前及現行條約，除此次起事之後不承認外，所借之款及賠款均一律承認。且外人如始終不助滿政府，則概予保護。此事現候尊處訓條辦理。至恢復秩序及信用，本署現與革黨首領間接商辦云云。❸

❷ 張難先「湖北革命知之錄」頁二七一至二七二。民國三十五年五月，上海商務印書館出版。
❸ 英國刊佈中國革命藍皮書，引自「辛亥武昌首義史編」下冊，頁八六四。

朱氏一面請示英國外務部，一面電覆葛福曰：「目下除保護英人性命財產必不得已之事外，該總領事一概不准與革命黨首領公文往來。」❹其態度已較八月二十日緩和矣。

同月二十三日（十月十四日），武昌軍政府再派夏維松、李國鏞分訪漢口各國領事，請其承認革命軍爲交戰團體，並要求清軍離開租界三十里作戰。領事團領袖俄國領事敖康夫與夏維松有舊，（按：夏曾留學俄國，習法律，曾任方言學堂俄文教習）告之曰：

各國國民革命，必對政府軍經過勝仗，外國始肯承認爲交戰團體，現清政府有戰艦五艘泊劉家廟，瑞瀓在楚豫兵艦，張彪亦在其處，蔭昌不日率軍南下，貴政府不先發制人，尚待何時？若拘於戰地遠近，是自失機宜也。❺

對軍政府公開表示同情之態度。二十五日（十月十六日），漢口各領事團集會，決議承認革命軍爲交戰團體。同日漢口英領事葛福致電駐京英使朱邇典曰：

帶軍器之革軍前來租界，致屢次發生轇轕，但此事正與革軍首領間接商辦。該首領來文五六次，因中立問題辯論甚長。昨日有一人在浦灘海關附近被革命軍槍擊，實並不

❹ 同上書，頁八六四。

❺ 李廉方「辛亥武昌首義記」頁一二八，民國五十年十月，中央黨史委員會影印。

在租界內，今日革軍首領已來文道歉。❻

同日英外務大臣葛壘（Edward Grey）覆駐北京英使朱邇典電曰：「我國遇英人生命財產危險之時，應用全力保護。然無論如何辦法，總不能稍使越此範圍之外。」❼同日朱邇典再致英外務大臣葛壘電曰：

此次革軍舉動，秩序井然，並於外人利益非常尊重，與從前此等亂事大不相侔。並得漢人之感情，蓋滿人已不能再施管轄之力也。革軍統帥黎元洪，聞係非常靈敏之人，能操英語，並在外洋曾有閱歷。黎已知照漢口各領事，以業已建設一政府，對於外人現行條約及合同，皆將尊重。且外人如不助滿政府，則予以完全之保護。英國署理漢口總領事已奉有訓條，除保護英人性命財產萬不得已之事外，不得與之往來。❽

與前此之觀望政策顯有不同。二十六日（十月十七日），漢口外國領事團乃請英國領事葛福派遣代表，持函至武昌軍政府，謁都督黎元洪，表示嚴守中立。張國淦記其事曰：

---

❻ 英國刊佈中國革命藍皮書，引自「辛亥武昌首義史編」，下册，頁八六八至八六九。
❼ 同上書頁八六六。
❽ 同上書頁八六七。

二十六日午前十時，各國領事公派英人盤恩（按：英國萬國商會會長），持公函至武昌軍政府，面晤黎都督，說明：「各國甚歡迎中國軍人之勇武文明，在武漢之外僑又承軍政府之保護，極爲感激，故特承認民軍爲交戰團體，各國嚴守中立」云云。黎都督答云：「此次武昌首義，對於本地方之外人百姓，自當盡保護之責，但湖北軍隊之革命亦屬萬不得已，庚子之役滿清政府太無知識，很對各國不起，近來對於各國人民甚爲猜忌，今年又派瑞澂來鄂，遇事壓迫，所以人民都不願意，力謀自主，故有今日之舉。既勞閣下之駕，又承各國嚴守中立，甚爲感激，請閣下回漢口代爲致謝」云云。[9]

二十七日（十月十八日），駐漢口英、俄、法、德、日諸國領事，乃正式會銜佈告中立。文曰：

爲布告嚴守中立事，現值中國政府與中國國民軍互起戰爭，查國際公法，無論何國政府與其國民開釁，其駐在該國之外國人，無干涉權，並應嚴守中立，不得藏匿兩有關係之職守者，亦不得輔助何方面之狀態。據此，領事等自應嚴守中立，並照租界規則，不准攜帶軍械之武裝人，在租界內發現，及在租界內儲藏各式軍械及炸藥等事。此係本領事遵守公法，敦結交誼上應盡之天職，爲此闔切布告，希望中國無論何項官民，

[9] 張國淦「辛亥革命史料」頁一〇二至一〇三，文海出版社近代史資料叢刊本。

輔助本領事等遵守，達其目的，則本領事幸甚！中國幸甚！謹此布告，西曆一千九百十一年十月十八日（八月二十七日）。❿

於是軍政府乃備文五份，派胡瑛、夏維松至漢口，分交五國領事。文曰：

爲照會事，貴各領事深明法理，篤愛友邦，本軍政府不勝感戴。本軍政府起義之由，全係民族奮興，改革立憲假面，建立中華共和民國，維持世界和平，凡有欲限制本軍政府之意思，促本軍政府不得獨立自由者，本軍政府縱用如何損害之手段，亦是我民族應有之權利。貴各領事既經嚴守中立，本軍政府必竭盡義務以表敬愛友邦之微忱。除另派專員致謝外，理合備文照會。

附：領事團與民清兩軍聲明中立事件之款：

一、領事團宣言，勿論何方面，如將砲火損害租界，當賠償一億一千萬兩。黎都督即承認保護，清提督薩鎭冰抵漢後，亦照此聲明簽字爲據。

二、領事團宣言，如兩方交戰，必於二十四點鐘前通告領事團，俾租界婦孺可以先期離避。

---

❿ 辛亥武昌首義記頁一二九。

三、領事團宣言，如兩方交戰，必距離租界十英里以外，勿論陸軍水軍皆然。⓫

此種中立之宣佈，對於革命勢聲大有俾益，亦爲辛亥革命成功之一主要原因。於是軍政府乃頒佈禁止洋商販賣軍用品接濟清軍辦法，包括兵器、彈藥、被服、馬匹、通訊，及交通材料等，並徵求各國之贊助。

三、列強對華態度之演變

武昌起義後，八月二十七日（十月十八日）漢口各國領事團雖有中立之宣佈，有利於革命事業之發展，旋因南北僵局遲遲未能打開，影響各國商務利益，列強乃逐漸放棄中立態度，在軍事、心理、財政、外交各方面，作出種種不利於革命之措施。其中尤以德國、日本爲最甚，俄國、英國次之，惟美國、法國始終同情中國革命政府。茲分別敍述如下：

㈠德國　武漢光復之初，德國頗思乘機漁利。八月二十一日（十月十二日），派遣砲艦Tiger號一艘，河道砲艦Vaterland、Otter兩艘，前往漢口，竟與革命軍發生衝突，德國並欲動員膠州灣駐軍佔領山東⓬。九月底，清軍對漢陽實施總攻時，德國軍官協助之力甚多。九月

⓫　同上書。

⓬　德國外交文件彙編，錄自王光祈譯「辛亥革命與列強態度」，民國十八年四月，上海中華書局出版。

二十七日（十一月十七日），駐漢口日本總領事松村貞雄向東京所發出之電報稱：

十六日（九月二十六日）晨一時，官軍利用通向德租界之支線，向德商祥泰木行起運木料三車，類似火藥子彈之木箱一車，上午十一時運至劉家花園新馬路。⓭

清軍將領歐陽萼於九月三十日（十一月二十日），向滿清內閣總理大臣袁世凱報告：

幸遇舊識之德員延與阿君，先借現銀五萬兩，暫資開辦；向相識之瑞記洋行定購煤一千噸，米兩萬包，麵粉四萬包，馬料柴草俱全，並租小艇四艘，拖駁四隻，常川轉運，遴洋員以資偵探，倩丹國人另設電局，藉通消息。⓮

由於德國此種支持滿清政府態度，引起光復各省人民之普遍憤慨，各地報紙對德國大施攻擊。十月二十四日（十二月十四日），德國駐華公使 Haxthausen 自北京致電德國國務總理 Bethmann Hollweg 曰：

⓭ 辛亥革命資料，一九六一年第一號，頁五七二，引自彭澤周「辛亥革命與日本西園寺內閣」，原載「中國現代史叢刊」第六冊頁四至五，民國五十三年十一月，文星書店出版。

⓮ 近代史資料，一九五四年第一期，頁七八。前引書頁四。

近數星期以來，一部分中國報紙對德大施攻擊，其原因係由於懷疑德國對華亂事所持之態度而生。其主要材料則爲德國方面曾以軍火及軍官幫助清政府，同時更疑德國抱有特別計劃，尤其在山東方面。

德國販賣軍火之事，誠然現在尚未歸停止，但其中大部份係實行交付從前已定之貨，且德國前此受託代交之奧國 Skoda 砲廠大砲，亦必掛在自己帳下，蓋因此種貿易係由一家德國商店代表 Skoda 砲廠介紹作成者也。但是此外卻有一事不容疑惑者，即德國小商店小商人，曾經乘機發售軍火，蓋嚴令禁止之舉，一如英國根據一九〇四年十月二十四日議決所頒佈者，其在德國以及他國方面自昔未嘗有也。

大部分東亞德僑，尤其是寓居北方者，對於清室政府表示同情之心，實較對於革命黨人爲多。⑮

原電並云：「余曾接到共和代表上海 Huang Tsche'n hua（伍廷芳）一封長信，其中對於德國售賣軍火與清室事，加以抗議，並爲中德邦交與保守中立計，請求禁止德商此種交易。」⑯ 惟其後德國政府由於日本之欲乘機割裂中國，顧忌本身在華權益，表示關於恢復中國秩序問題，應由中國本身決定，致於對中國之外交干涉，亦應由列強一致行動。十一月八日（十二月二

---

⑮ 德國外交文件彙編，引自「辛亥武昌首義史編」下冊，頁八九九至九〇〇。

⑯ 同上書頁九〇一。

十七日），德國外交部代理秘書 Zimmermann 致德國駐美大使 Bernstorff 伯爵之文件曰：

閣下早已熟知，帝國政府自中國亂事開始以來，即已抱定宗旨，認爲此事係中國內政，所有恢復秩序之舉，首應聽華人自爲，但是假如一旦發生必須加以干涉之情形，則據帝國政府之意，此項干涉應由在華列強先期協商一致，然後共同實行，至於一國單獨進行，意欲由此以得特別利益之舉，則吾人無論如何，皆不願有此項情事發生。⑰

十二月七日（一九一二年一月二十五日），德國外交部代理秘書 Zimmermann 再致德國駐美大使 Bernsrtorff 伯爵電曰：

據日本報紙登載，現有一萬軍隊準備動員，開往滿洲，又據秘密消息，日本確已準備軍事行動，召集預備兵隊，大批購買米糧。日本單獨行動足以使他國亦復效尤，起而干涉。其結果我們與美國以及英國所引爲憂慮之瓜分中國成爲勢力範圍一事，竟將促現。⑱

⑰ 同上書頁八九八。

⑱ 同上書頁九〇八。

於是德國對華之態度，乃採取消極旁觀之政策。

㈡日本　日本與中國爲近鄰，在華享受特權獨多，爲維護其既得之利益，自不願清廷之崩潰。武漢光復後，各省紛紛響應。九月六日（十月二十七日），清駐灤州第二十鎮統制張紹曾，聯合第二混成協統藍天蔚等，提出政綱十二條，電促清廷即時立憲，赦免黨人。復扣留解運前線軍火，要求進兵南苑，清廷已呈土崩瓦解之勢，日本駐華公使伊集院，於九月六日（十月二十七日）、九月七日（十月二十八日）、九月九日（十月三十日），三次電請日本政府速派海陸軍至天津、大沽、秦皇島等地，維持治安。其外相內田對派兵問題極爲慎重，九月十二日（十一月二日）覆電曰：

> 閣下再三要求派海陸軍前往中國，此一措施不但會引起各國之疑忌，而且革命黨人更可藉口帝國政府有援助清政府行動。在實現此一措施以前，至少要徵得英國之同意與諒解，這樣一來，將來如有重大國際問題發生，日英兩國可以共同擔當責任。⑲

在伊集院與朱邇典磋商前，朱氏已認爲列強有派兵保護京津鐵路之必要。十月十日（十一月三十日），朱氏致英外相格雷（Edward Grey）電曰：「中國之革命關係京津路線之安全，如欲保全海口交通，無論如何必須由兵隊駐留鐵路。蓋京津情況之危險日甚一日，本大臣之意，

---

⑲日本外交文書第四四至四五卷，別册，頁五七至五八。

以爲應由英軍駐守，想邀核准。」⑳ 及十一月五日（十二月二十四日），朱氏訪晤伊集院，磋商列强出兵問題，正符合日本之願望。於是在英國政府諒解下，十一月十三日（一九一二年一月一日），日本乃派遣海軍陸戰隊五百名進駐漢口。日本當時並有意在中國情況發生嚴重變化時，希望獲得俄英兩國之同意，自旅順海運第五師團一步兵旅至大沽口或山海關，佔領天津、北京，以及北京、天津、山海關鐵路沿線㉑。

大體而言，日本民間輿論多主張援助革命黨，元老、官僚則始終堅持維護清室，但無論抱持何種見解，大多數認爲中國革命實係日本千載一時之良機，正可利用以擴展日本在華之權益。日本國內意見既不一致，出兵干涉之主張復受英美等國所牽制，因此其對華態度可以說是極爲複雜之兩面外交政策。由泰平組織之大倉洋行及三井物產公司，一面售軍火給清軍，一面售軍火給革命軍。其來源多係日本陸軍部在日俄戰爭時所剩餘不能使用之劣械廢彈，泰平組織以低價自陸軍部買下，然後以高價售給清軍和革命軍，從中所取得之利益相當驚人。因此革命軍與清軍雙方在作戰時，常有槍砲失靈，砲彈不炸情事發生。

根據俄國駐北京代辦史契金（Schtschekin）和駐日代辦布寧斯基（Bronewski）所偵悉，

---

⑳ 英國刊佈中國革命藍皮書，第二六號，引自「辛亥革命」第八冊，頁二九五。

㉑ Die Internationalen Beziehungen im Zeitalter der Imperialismus - Dokumente aus den Archiven der Zaris - Chenund der Provisorischen Regierung 1878 - 1917. Hrsg. Von Komissino Beim Zentralexekutivkomitee der Sowjetregierung Unter dem Vositz Von M. N. Pokrowski. 俄文原名：Mezhdunarodnye Otnosenja Vepoehu imperializma. 1878 - 1917. 第三輯第七八六號，頁九○五；第七八七號，頁九○五至九○六。

日本當時曾提供清廷價值一百八十萬日元軍火與戰略物資㉒，陸軍大臣蔭昌與日本清木少將磋商，購買砲彈三十萬發，子彈六千四百萬發，步槍一萬六千枝，暗中透過泰平組織代理店北京大倉洋行，於九月二日（十月二十三日）與清廷陸軍部締約，共價二百七十三萬二千六百四十元，分三期付款。日外相內田並密令其駐北京公使伊集院，向清廷表示，日本政府將不顧一切困難支援清軍作戰，惟清廷應尊重日本在滿洲之優越地位㉓。

革命軍方面，大倉洋行於十月十八日（十二月八日），由「海雲丸」密輸步槍一萬枝至上海，售於滬軍都督府，駐上海日總領事聞知此事，曾報告其外相內田，內田覆電曰：「關於此事，可以默認之。」㉔十一月二十日（一九一二年一月八日），大倉洋行復利用「巴丸」，密運步槍一萬二千枝，子彈二千萬發，機關槍六挺，山砲六門，砲彈五千發，駛至南京下關，向中華民國政府交貨㉕。同時三井物産公司，亦向中華民國政府兜攬軍火生意。據十一月二十一日（一九一二年一月九日）日本廣東總領事瀨川致其外務省之電曰：「三井與軍政府間於十二月三日簽訂步槍及彈藥買賣契約，其價格爲四十三萬九千日元，軍政府已於一月八日向台灣銀行交納四十四萬四千日元（按：此數目疑不確），三井方面至一月三十日爲止，擬將

㉒ 郭恆鈺「俄國與辛亥革命」，第一屆國際華學會議論文。
㉓ 日本外交文書第四四至四五卷，別册，頁一三五至一三六，一九一一年十月十六日，內田外相致駐華伊集院公使電。
㉔ 同上書，別册，頁一七〇。
㉕ 同上書，頁一八一至一八二。

以上所售賣之物品，向停泊於廣東某地（地點未定）之軍艦交貨。」㉖

當時民國臨時政府財政困難，無力支付此項鉅款，大倉、三井兩公司，乃引誘民國臨時政府以礦山鐵道作抵押。陸軍總長黃興遂倡議以漢冶萍公司歸中日合辦，集股三千萬，中日各半，由公司轉借五百萬交政府，以應燃眉之急。未經參議院同意，逕秘密簽字。實業總長張謇在滬致電政府反對，略曰：「區區數百萬之借款，貽他日無窮之累，爲萬國所譏笑。」㉗繼乃堅辭以爲抵制。參議院乃嚴辭質問政府，臨時政府遂以日人交款濡滯爲理由，撤消漢冶萍公司中日合辦之議。

先是十月十二日（十二月二日），滿清內閣總理袁世凱，與日本駐華公使館武官坂西利八郎晤談之際，曾强調時局之嚴重，擬與南方革命軍逕行妥協，希望日本從中斡旋。其真正用意僅在窺探日本意向。坂西不察，伊集院亦信以爲實，不加猶豫表示願竭力協助㉘。不數日袁氏撤消對日本之要求，並與英國取得諒解，在漢口英領事葛福斡旋下，和漢口革命軍繼續停止戰鬥，使日本政府感到異常難堪。

日外相內田鑑於其駐華公使伊集院跼促北京一隅，接觸範圍太小，對中國大局判斷不確

㉖ 同上書，頁一八三至一八四。
㉗ 張孝若「南通張季直先生傳記」，頁一七四，民國二十年一月，上海中華書局出版。
㉘ 日本外交文書，第四四至四五卷，別册，頁三九〇至三九一（第六二四號，極秘），明治四十四年十二月三日，伊集院致內田電。

實，乃派參事官松井慶四郎赴北京，協助伊集院，從事支持清廷之交涉㉙。同時另派外務省法律顧問丹尼遜（Henry Willard Denison）赴滬，與革命軍接觸，向革命軍提出日本支持之保證。將逼使滿清政府承認長江流域之共和國，企圖獨佔華南鐵路礦山之利權，使即將成立之共和國政府，置於日本保護之下㉚。惟松井慶四郎北京之行既無結果，丹尼遜上海之任務因遭革命軍之拒絕亦遭遇失敗。及清帝退位已成定局，日本趁袁世凱尚未能控制全局，乃利用外交手腕，影響列强，以期藉承認新政府問題，確保其在長江流域利益，以擴大其在中國之勢力範圍。

㈢俄國　俄國殊不願中國成爲一富强國家，其最大之野心欲乘中國内部不安之時，企圖併吞東北及外蒙，並在新疆享受特别之權益。因此亦希望中國革命後南北分立，從中漁利。是以在辛亥革命期間操縱外蒙古「獨立」，而成爲其附庸國，在外蒙取得工商、漁牧，及路礦等特權。九月二十日（十一月十日），漢口領事團首席俄國領事敖康夫致清軍第一軍總統馮國璋照會，大意如下：

> 自官軍佔領漢口市區以來，一隊官軍士兵佔領招商局碼頭，射擊非戰鬥之民船，或狙擊租界沿江馬路一帶，因此數日來已發生死者數人，此實毫無道理，而將租界置於危

㉙ 日本黑龍會編「日支交涉史」，下卷頁一五。

㉚ Ibid, pp.66–67.

險之地。故本領事團對貴總統提出抗議，要求貴總統制止此種事態，並將招商局碼頭駐軍撤出。㉛

十月二日（十一月二十二日），俄代理外相尼拉特夫（Neratow）電告其駐北京公使果勞維茲（Korostowez），已奉俄皇指示，一個分裂爲許多自主國家之中國，與俄國遠東久遠利益相符合㉜。十二月五日（一九一二年元月二十三日），俄外相 Sasonow 復向俄皇提出建議，宜乘中國政府交替之際，將中俄兩國間許多懸案一氣呵成解決。當經俄皇批准。是以俄國當時雖有所顧忌，無立即使用武力吞併中國內地之舉動，但確有此種之意圖，而俟機以逞㉝。

㈣美國　美國在華權益較少，對中國內政本不甚關心，惟堅決反對列強對華之干涉，維護中國門戶開放之政策㉞。希望中國能建立一個類同美國聯邦政府式之民主國家。故　國父孫中山先生就職臨時大總統後，曾接廣東都督陳炯明來電，略曰：

美國駐廣州總領事告粵外交部員李君，謂美國南支那艦隊曾受政府命令，倘遇中華民

㉛ 日本外務省有關檔案，引自「辛亥武昌首義史編」，下册，頁八一二。

㉜ Mezhdunarodnye Otnosenija Vepoehu imperializma. 1878－1917. 第三輯第六十號，頁七三。

㉝ 德國外交文件彙編，引自「辛亥武昌首義史編」下册頁八九四至八九五。

㉞ Foreing Relations of the United States, 1912. pp. 49－52. John Gilbert Reid, The Manchu Abdication and The Powers, 1908－112, p.245.

國軍艦下駛施禮時，應一體回禮，以爲承認我國之聲明等語。據美領意，美海軍認吾國旗後，法、德、日、葡等國必隨之。此事關係甚大，未悉鈞處有無此項通告，應由中央抑由粤省先施，懇速覆。㉟

可爲美國政府同情中國革命之具體證明。

㈤法國　法國因係民主國家，對中國革命事業素表同情，況在四國銀行團中有舉足輕重之地位，對借款中國最爲熱衷。故武昌革命軍起，始終主張不干涉中國内政，但懼中國秩序混亂影響其在華利權，而表示對袁世凱之支持。九月初（十月底），袁世凱東山再起，奉命南下督師時，其高級參謀曼德（Munthe），晤法國東方匯理銀行（Banque de l'Indo - China）駐京負責人卡塞那夫（Casenave），要求予以財力之支持。卡氏表示不願借款給清廷，但願以私人名義援助袁氏，以恢復中國秩序㊱。一個月後，獲悉清帝即將退位，由袁世凱繼任中華民國臨時大總統，四國銀行團駐北京代表，由法國代表起草，分別報告本國，應借款給袁世凱，以便促成和議，維持中國秩序於不亂㊲。十月中（十二月初），英、法、德、美四國政府，遂決定四國銀行團可以少數之款借給袁世凱，作爲普通行政費用，以便中國南北雙方和議早日

㉟ 辛亥革命資料，一九六一年第一號，頁四六。
㊱ 法國外交檔案 Affaires Etrangeres 卷二十八，天律領事一九一一年十月三十一日報告。
㊲ 張忠紱「中華民國外交史」，頁五十六，民國三十二年十二月，正中書局出版。

獲得成功。

四、以英國爲主南北和議之調停

英國外交政策一向中庸而穩重，在華不僅擁有雄厚産業資本與强大軍力，且在外交上得到美國之諒解，藉「英日同盟」關係，對日本有所影響力。故其態度舉足輕重，對中國大局具有決定性之影響力。因英國對華貿易額所佔比例極大，因此只希望中國亂事不致擴大，盡速恢復和平，以保障其在華利權；至於中國政體究竟採行君主立憲或民主共和，則爲次要問題。所以自武昌起義後，英國即嚴守中立不干涉政策，而竭力促進南北議和，並支持袁世凱建立一强有力政府，此一外交目標，形成日本對華政策最大之牽制力量。

九月六日（十月二十七日），袁世凱奉命以欽差大臣督師南下，一則袁氏擁有强大北洋兵力，再則袁氏與駐京英使朱邇典交誼甚深，英外相葛雷遂認爲中國混亂局面，惟有袁氏可以收拾。並訓令朱邇典曰：「我們對袁世凱已有極友好的情感與崇敬，我們願意看到一個强有力的政府，公正的處理對外關係，維持國內秩序，及革命後在華貿易的有利環境，這樣的政府將要受到我們所給予的一切外交上的支持。」朱邇典乃於十月六日（十一月二十六日）與袁世凱密商，作成如下之建議：（一）即日停戰，（二）清帝退位，（三）支持袁世凱爲大總統[38]。決定之後，朱氏乃電告駐漢口英國領事葛福，設法徵求武昌軍政府領袖黎元洪、黃興之同意。

葛福初介紹袁氏代表鄂籍道員劉承恩、海軍正參領蔡廷幹，於九月二十日（十一月十日）渡江至武昌，與軍政府接洽和議，惟被軍政府所拒絕。十月七日（十一月二十七日）清軍陷漢陽，黃興離鄂赴滬，由蔣翊武代理戰時總司令，設指揮部於洪山。袁世凱認為此乃重提和議之最佳時機，復請求朱邇典出面斡旋。同日朱氏再訓令駐漢口英領事葛福，促成兩軍停戰議和。武昌軍政府都督黎元洪所擬條款如下：

㈠停戰十五日，在此期內現在兩軍所佔地方，應各自佔領。㈡各省與革命聯合者，應派代表聚集上海，以便公舉全權委員，與袁世凱之代表會商。㈢如須展期，即再停戰十五日。本署尚未知照馮國璋統制，然如飭彼承認以上條款，實可免多數流血之事。[39]

十二月一日（十月十一日），朱邇典據葛福來電，電覆袁世凱，對黎元洪所擬之條款，修正如下：

---

[38] 張國淦「辛亥革命史料」頁二八二。

[39] 英國刊布中國革命藍皮書，引自「辛亥武昌首義史編」下冊頁八九〇。

㈠現在兩軍所佔地方仍舊佔領，不准私行偵探。㈡停戰之期以三日爲限。㈢停戰期內各兵輪不得乘此時間停泊武昌或漢口之南北岸，以佔優勝之地位。停戰期滿，該兵輪等須向離武昌稍遠之下游退去。㈣停戰期內，兩方面皆不得增調兵隊，建築砲台，以及有他種增加武力之事。㈤由英國總領事將停戰條款簽押作識，以免與所定法辦有違背。[40]

同日龜山清軍砲焚武昌軍政府都督府，黎元洪出賓陽門走避王家店，職員星散，人心惶恐。葛福乃擬定武昌局部停戰草案，派英國萬國商會會長盤恩，偕顧問孫發緒渡江至武昌洪山司令部接洽，提出停戰三條件，要求同意蓋印。革命黨人蔣翊武、孫武、吳兆麟等蓋都督印後，交盤恩轉達清軍。其內容如下：

㈠範圍：武漢兩軍所佔之地。

㈡日期：自十月十二日上午八時起，至十五日上午八時止，停戰三日。

㈢民軍應守之條款

甲、民軍於停戰範圍日期內，一律按兵不動。

乙、民軍之兵船於停戰範圍日期內，不得行使，並將機關卸交駐漢英水師官收存，

---

[40] 同上書。

須於十五日上午六時轉交該船收回。

㈣北軍應守之條款

甲、北軍於停戰範圍日期內，一律按兵不動。

乙、北軍之軍火於停戰範圍日期內，不得往來作軍事上之運動，由駐漢英水師官監視。㊶

十月十六日（十二月六日），漢口英領事葛福，分別通知武昌軍政府及清軍，雙方繼續停戰三日，自本日晨八時起，至十九日晨八時止㊷。十七日清廷乃以袁世凱爲全權大臣，命其委派代表，馳至南方，與革命軍接洽議和。袁氏即日委前郵傳大臣唐紹儀爲總代表，嚴修、楊士琦爲代表（嚴修未行），以汪兆銘、魏宸組、楊度爲參贊，又以在京各省京官一人爲各省代表，相偕南下。十九日湖北軍政府都督黎元洪，致電在滬之伍廷芳，十一省軍政府公推其爲革命軍代表，與清方談判。並任命溫宗堯、王寵惠、鈕永建、胡瑛、王正廷爲參贊㊸，同日雙方仍由葛福介紹續議停戰十五日。當葛福初與清軍前敵將領馮國璋接洽時，馮竟稱革命軍爲匪黨，並有匪黨須退出武昌城十五里，及匪黨軍艦之砲門須卸下交英國領事收存等語。值

㊶ 湖北革命知之錄頁三八六至三八七。

㊷ 辛亥武昌首義記頁三九四。

㊸ 易國幹等編「黎副總統政書」，卷二頁一，民國四年二月，上海古今圖書局印。

各省代表團集會漢口英租界，黎元洪派員出席報告和談經過，經代表團決議：「清軍須退出漢口十五里以外，及清軍所有軍火應由介紹英領事簽字封閉。經葛福疏通，均作罷論㊹。是爲上海談判之濫觴。

在此期間，英國基於英日同盟關係，一度曾邀請日本政府共同調停中國南北和議，而日本外相內田則藉口與日本主張中國採取君主立憲之基本精神不合，予以婉拒㊺。由此可見英日雖有同盟關係，但彼此之間對中國問題之觀點並非完全一致。

十月二十五日（十二月十五日），北京公使團有鑑於中國戰事之延長，將危及各國在華之利益，及外僑之生命財產，遂採納朱邇典之建議，擬由英、美、德、法、日、俄六國公使，分電南北議和代表唐紹儀、伍廷芳，促請早日達成和議，其最初所擬照會全文如下：

頃奉各該國政府命令，擬不用正式公文，敬陳和議大臣之前，現在所辦之事，係擬議各款，以復回中國大國太平。中國現在仍然爭戰，各該國認爲中國地位危險，有礙治安，即於各國實在利益亦屬有礙，並致極危險之地位。各國一向確守中立，現雖不用正式公文，仍應請兩方議和大臣注意，須早日解決和局，以息現爭，諒兩方亦具同此

㊹ 辛亥武昌首義記頁二〇九。

㊺ 日本外交文書，第四十四、四十五卷，別册，清國事變，頁四一〇至四一一。

意。㊻

公使團並議定兩點：㈠須各國政府皆表同情，方將該文遞送。㈡照會由各國駐上海領事負責轉達㊼。十月二十八日（十二月十八日），南北和議代表在上海英租界市政廳舉行首次會議，十一月一日午前，駐滬英、日、德、美、俄、法六國領事，相偕訪伍廷芳、唐紹儀，以德國領事為首，交其意見書，文辭與初擬者略有變動，勸雙方早日解決和局，以息爭端，並重申嚴守中立。略曰：

> 駐京某國使館，奉本國政府訓令，向議和使陳述私見，某國政府以為中國如果繼續戰爭，不特有危本國，並有危於外人之利益及安寧。現某國政府依舊嚴守中立，但不得不為私交上之忠告，願兩議和使設法，將戰事早日消滅，從兩造之所自願，辦理一切事宜云云。㊽

該照會由法國署理公使畢柯（Francois Georgespicot）以法文起草，再由上海英領事館譯成漢

㊻ 英國刊布中國革命藍皮書，引自「辛亥革命」第八冊，頁二一三。

㊼ 同上書，頁四〇九。

㊽ 東方雜誌第八卷第十號，中國大事記頁七至八。

文[49]。表面爲敦促南北和議之成功，實則另含有支持袁世凱之深意。蓋畢柯一向同情袁世凱，巴黎外交當局亦認爲惟有袁氏可以維持中國秩序[50]，法外長保安卡累（Raymond Poincare）甚至照會各國，公然主張由列強直接推薦袁世凱爲中華民國總統候選人[51]。

五、結語

辛亥革命期間，列強中德日俄三國欲乘中國內亂從中漁利，英國除欲染指西藏外，懼中國局勢混亂日久，影響其在華商業利益，竭力促成中國和議之成功。其他美法兩國，大致採取同情革命政府態度。上海南北公開議和期間，各國獲悉南方默許以總統地位酬袁世凱，咸認爲惟有袁氏可組織一強固有力之新政府。終因彼此間利害之衝突，復受日本之影響，懼將來中國新政府對外債及外人在華權益無切實之保障，以致對於中華民國之承認問題因之而遲延。

（台北，中華民國史料研究中心十週年論文集，民國六十八年十一月，頁二五七至二七八）

---

[49] 日本外交文書，第四十四、四十五卷，別冊，清國事變，頁四一三。

[50] 張馥蕊「辛亥革命時期的法國輿論」，載中國現代史叢刊第三冊，頁七〇。

[51] 余繩武「辛亥革命時期帝國主義列強的侵華政策」，見「辛亥革命五十週年紀念論文集」，上冊，頁二五四。

三二　南京臨時政府成立前後清帝退位之交涉

一、前　言

中華民國之誕生，在我國推翻五千年之專制政體，在亞洲建立第一個民主共和國。況自武昌首義至宣統遜位，其間僅四閱月，各地戰事短暫，國家元氣不傷，此乃 國父孫中山先生十餘年領導國民革命，以及革命先烈先進犧牲奮鬥之成果。

南京臨時政府成立前後，清帝之退位交涉，革命軍與袁世凱內閣間所採取之途徑甚多，惟秘密交涉重於公開，或同時並進，或前後相因，或此仆彼起，官僚政客與立憲派人士趁機活動，國際間尤其是英國更調停不遺餘力。迨上海會議失敗，革命軍與清軍均無再戰能力，袁世凱乃利用北洋將領作工具，進行其兩面策略。一面要脅南京臨時政府以爭取總統，一面逼迫清帝退位而鞏固其實力，其運用之成功，當時足以欺盡天下人耳目，內幕之錯綜複雜，非深入探討無法知其究竟。茲扼舉其脈胳，以就正於方家。

二、劉承恩武漢之接觸

光緒三十四年（一九〇八）十月二十一日清德宗死，十一月初九日溥儀即位，改明年爲宣統元年，由生父醇親王載灃攝政，銜袁世凱戊戌政變出賣德宗舊恨，復忌其位高權重，十二月十一日奪其軍機大臣兼外務部尚書職，袁氏歸隱河南彰德，而心懨之。

辛亥年八月十九日（一九一一年十月十日）武昌革命軍起，二十一日清廷命陸軍大臣廕昌督率近畿兩鎮軍隊赴鄂彈壓，海軍提督薩鎮冰統率海軍，程允和統率長江水師，即日赴援。二十三日清廷從慶親王奕劻請，起用袁世凱爲湖廣總督，湖廣所有軍隊曁各路援軍均歸袁世凱節制，陸軍大臣廕昌、海軍提督薩鎮冰所統水陸各軍，亦歸袁世凱會同調遣❶。袁氏怨憤叢集，堅辭不就。二十九日，清內閣總理大臣奕劻，派徐世昌自北京微服至彰德，探詢袁氏意旨，袁氏乃向清廷提出要求多端：㈠明年即開國會，㈡組織責任內閣，㈢寬容此次起事黨人，㈣解除黨禁，㈤須委以指揮水陸各軍及關於軍隊編制之全權，㈥須與以十分充足之軍費❷。前四項在用以緩和革命黨人及立憲派之心理，後兩項則借以收攬軍事實權，既可見好革命黨人，又可逼使清廷不得不對其倚重，而自居於調停之地位，從中操縱，以坐收漁人之

❶ 宣統政紀，卷六十一，頁三四。

❷ 李廉方「辛亥武昌首義記」，頁一四五。

利。載灃對其條件固不同意，然一日不接受，前敵軍事永無好轉之望。直至九月六日湖南、陝西、江西、貴州等省均響應革命軍獨立，不得已始授袁世凱爲欽差大臣，所有赴援之海陸軍，並長江水師暨此次派出之各項軍隊，均歸節制調遣。凡關於該省剿撫事宜，由袁世凱相機因應，軍諮府、陸軍部不爲遙制❸。清廷並從袁世凱請，召廕昌回京，以軍諮使馮國璋充第一軍總統，江北提督段祺瑞充第二軍總統，在信陽一帶擇地集合❹。馮、段均袁氏小站練兵時舊人，係袁氏得力幹部，袁氏益有所憑藉，而玩弄其權術。

袁氏既奉欽差大臣之命，九月八日命與湖北都督黎元洪有舊之鄂籍道員劉承恩，致書元洪提出和議主張。略曰：

> 疊寄兩函，未邀示覆，不知可達典籤否？頃奉項城宮保諭開，刻下朝廷有旨：㈠下罪已詔；㈡實行立憲；㈢赦黨禁；㈣皇族不問政事等因。似此則國事尚有挽回之期也。遵即轉達臺端，務宜設法和平了結，早息一日兵事，地方百姓早安靜一日，否則必兵連禍結，勝負未見，不但荼毒生靈，糜費巨款，迨至日久息事，則我國已成不可收拾之國矣。（下略）❺

---

❸ 宣統政紀，卷六十二，頁二八。

❹ 同上書，卷六十二，頁一四。

❺ 引自曹亞伯「武昌革命真史」，頁一七三至一七四。

劉信云事前曾由郵寄兩函，但黎元洪實未接彼一函。且談判和平何等嚴重事，信函豈有郵寄之理，完全出於虛造，其無誠意可知❻。九月九日元洪集衆討論劉承恩來信，孫武、胡瑛等主張覆信談判，以反對者衆，遂作罷論。黨人胡鄂公記其事曰：

十時半，都督府會議時，都督接到劉承恩代表袁世凱要求軍政府談判和平函，爲初八日所發。……都督當將該函交張振武閱看。振武問余曰：「袁世凱胡爲此者？」余曰：「此乃袁於奪取漢口前故施狡獪耳！」振武因交會討論。孫武、胡瑛二人主張覆信談判，振武、吳兆麟暨在會諸人主張不理。孫武、胡瑛等猶刺刺不休。朱樹烈、范義俠二人擲指揮刀於會議席上。厲聲喝曰：「有再言覆信和平者，可視此刀！」於是孫武、胡瑛遂默然而罷。❼

九月十一日，革命軍放棄漢口。十二日袁氏挾戰勝餘威復命劉承恩致函湖北軍政府都督黎元洪，重申罷兵言和之希望，黎氏仍不答覆❽。九月二十日袁氏乃遣劉承恩及海軍正參領蔡廷幹，由漢口英領事葛福（Herbert Goffe）之介至武昌，與軍政府接洽和議。下午六時承

---

❻ 胡鄂公「武昌首義三十五日記」，錄自「湖北文獻」第十七期至二十期。

❼ 同上書。

❽ 武昌革命真史，頁二一九。

恩等至，攜有袁世凱致黎元洪手書，聲稱如能承認君主立憲，兩軍可罷戰言和，否則仍以武力解決。軍政府各領袖共同接見，力勸劉、蔡轉達袁氏，倘能贊助共和，將推之爲汴冀都督。黨人胡鄂公記其事曰：

> 關於討論袁世凱代表是否接見，袁來函是否答覆事，會衆多數主張接見蔡、劉二人，袁之來信則由都督具名作函答覆，勸袁贊成革命，不要爲滿族效忠。而於袁之代表蔡廷幹、劉承恩二人在都督府予以招待，使其於説明來意時，而我則集善辯之士向其闡發革命意義，揭破爲滿族效忠之非。以上辦法，到會者均一致贊同，余獨起而反對，謂革命是用武力和用各種手段將敵人打倒，萬不可與之言談和平二字，故袁世凱來信言和，是袁欲假和議以劫持清帝而便於私圖，我們應認爲是袁世凱之陰謀，僅可作爲通電，向全國宣佈將其陰謀揭破，不能作函答覆。對於蔡、劉二人，我們亦應拒絕不見，不能予以招待，並於揭破袁之通電中，將拒絕蔡、劉二人之事，亦詳爲申述，使各省知所取法。前次拒絕劉承恩不見，在各方面所得影響甚好，故此次決不可招待也。孫武、胡瑛等不以余言爲是，謂兩國交戰彼此書信往來，而於來使予以招待，歷史上均有不少先例，要知我們現在是答覆袁世凱來信，不是和袁世凱談和平，對蔡、劉二人之接見，是招待來使，向來使作宣傳，不是聽來使向我們宣傳，設能明白此，則無不贊成也。余謂兩國相戰，對於敵人來信予以答覆，對於敵人來使予以招待，在歷史上有不少先例，余亦知之，但現在湖北起義，與各省響應之情形，歷史上無有如此先

例，因爲湖北之與各省，彼此均不相統屬，其影響完全在精神上，譬如湖北是起義，各省是響應，湖北起義是革命，各省響應是響應革命，湖北若與清軍戰爭愈堅決，響應者必愈多，響應者之心情，亦愈興奮澈底，此理極易明白。設若在八月二十日以後，九月初一日以前這幾日間，我們就和清軍談和平，我想響應者決無如此之多，或者簡直沒有響應之省分，因爲響應者是響應革命，不是響應和平，你既講和平不革命，他不和平，則影響愈大，而響應者亦愈多。反之一有接近和平之嫌疑，湖北起義之作用何響應之有。所以現在我們要以革命爲各省倡導，唯有革命愈堅決，戰爭愈激烈，愈就完全喪失，而且革命亦必因之失敗。故我確定這是袁世凱之陰謀，對於來函應通電揭破，不能答覆，對於來使應拒絕，不應招待。余言畢，孫武、胡瑛等在座大笑曰：「此書生之見，不可爲。」於是遂由黎公覆函英領事，囑蔡、劉二人今日下午六時前過江來見。

六時，蔡、劉二人來見都督，孫武、胡瑛、湯化龍、孫發緒、胡瑞霖等二十餘人集於都督府，表示歡迎蔡廷幹、劉承恩二人，並請蔡、劉宣言其來意。劉承恩當向衆說明，彼係襄陽人，此次奉袁之命到武昌與黎都督接洽和平，只要革命軍贊成君主立憲，兩軍即可息戰。蔡廷幹所言與劉略同。旋湯化龍、孫發緒、胡瑛、胡瑞霖、孫武等多人相繼發言。湯謂此次武昌起義雖是種族革命，但同時又是政治革命，中國土地有二十二省之大。人民有漢滿蒙回藏五族四萬萬之多，欲求五族平等，必須改建五族共和。處此二十世紀，君主國日少，民主國日多之時代，我想項城（按袁世凱籍項城，以此指之。）

爲清室策安全，亦應順此潮流，免再見不幸生帝王家之慘劇。湯辭畢，孫發緒等相繼發言，均不外主張共和，反對君憲，勸袁世凱不爲滿清利用，其覆袁世凱函，會衆亦推湯化龍代擬，湯辭以無暇爲之，蓋湯前起草組織臨時政府通電稿時，被與會諸人各自增加刪改，致失本來面目，故不願爲也。孫發緒知湯意之所在，透謂由湯將稿擬就時，都督簽名即可繕發，會衆不得核稿，於是湯代擬覆袁函如之。❾

茲錄湯化龍代擬黎元洪致袁世凱書全文如下：

蔡、劉兩君來，備述德意，俱見執事俯念漢族同胞，不忍自相殘害，令我佩荷。開示四條，果能如約照辦，則是滿清幸福。特漢族之受專制已兩百六十餘年，自戊戌政變以還，曰改革專制，曰預備立憲，曰縮短國會期限，何一非國民鐵血奪爭而來，徐錫麟之刺皖撫，安慶之召兵變，孚琦之被炸彈，廣州督署之轟燬，滿清之膽早經破裂，然逐次廷諭，純係牢籠漢人之詐術，並無改革政體之決心，故內而各部長官，外而各省督撫，滿漢比較，漢人掌握政權者幾何人？兵權財權爲立國之命脈，今之掌握兵權財權者，非毫無智識之奴隸，即乳臭未乾之親貴，四萬萬漢人之財產生命，皆斷送於少數滿人之手，一削兵權於北洋，再奪政柄於樞府，若非稍有忌憚漢族之心，己酉（宣

---

❾ 武昌首義三十五日記。

統元年、一九〇九）革職之後（按：指袁世凱），險有性命之虞，他人或有不知，執事豈能忘之。

自鄂軍倡義，四方響應，舉朝震恐，無法支持，始出其咸、同故技，以漢人殺漢人之政策，執事果爲此而出，可謂忍矣。嗣又奉讀條件，諄諄以立憲爲言，時至二十世紀，無論君主國、民主國、君民共主國，皆莫不有憲法，特其性質稍有差異，然均謂之立憲，將來各省派員會議，視其程度如何，當採何種政體，其結果自不外立憲二字，特證諸輿論，滿清恐難參與其間耳！鄂軍起義只匝月，而響應宣告獨立者，有湘滇黔贛皖蘇浙粵桂秦晉等省，滬上反正之兵輪及魚雷艇共有八艘，其所以光復之速而廣者，實非人力之所能爲也。我軍進攻，竊料滿清實無抵抗之能力，其稍能抵拒者，惟有執事，然則執事一身繫漢族及中國之存亡，不綦重哉。執事之於滿清，其感情之如何，執事當自知之，不必局外人爲之代謀，吾輩同志皆能自樹勳業，不願再受滿人羈絆，勿勞錦注。至擬鷸蚌一層，讀各國報紙，自知鄂軍起義價值，比擬似覺不倫。頃由某處得無線電，知北京正危，有愛新去國逃走之說，果如是則法人資格喪失，雖欲贈送友邦，而已無權矣，執事又何疑焉。

比聞清廷有召還執事之說，竊爲執事分二策以研究之：㈠清廷之召執事回京也，恐係疑執事心懷不叵，藉此以釋兵權，則宜援將在外君命有所不受之例以拒之。㈡清廷果危急而召執事乎，庚子（一九〇〇）之役各國聯軍入都始召合肥（按：指李鴻章）入定大亂，合肥留滬不前，沈幾觀變，前事可師。所惜者合肥牽於舊義，僅得以文忠結局，了此一生歷史，在今日豈能終無餘憾。昔孟子數言保民，元洪本一武夫，罔識大義，惟常奉教於孟軻，其心得除信民外無第二思想，況執事歷事太深，觀望過久，不能自決，雖有智慧，不如乘勢；雖有鎡基，不如待時。全國同胞仰望執事者久矣，請勿再遲疑三思，有失本來面目，則元洪等所忠告於執事者也。餘詳蔡、劉兩君口述，特此函覆，諸維亮照不宣。⑩

劉、蔡兩人乃廢然返漢口。時黃興以革命軍苦戰已久，恐爲袁世凱和平陰謀所蠱惑，特以戰時總司令名義手諭革命軍將士提高警覺。文曰：

自鄂軍起義以來，不旬日間吾同胞之響應者已六七省，足見天命已歸，滿賊立亡，乃虜廷不揣時勢，不問民心，出其狴犴之卒，敵我仁義之師，是實妄干天誅，於我何妨？漢口之戰我師屢勝，繼雖小挫，軍隊勝敗自古常然，不必介意。現鄂軍大整，湘軍來援，恢復之功，當在旦夕。

頃據保定偵探何式微來報，虜廷已命袁世凱爲內閣大臣，仍統陸海軍隊。袁世凱甘心事虜，根據初九日罪己詔，倡擁皇帝之邪說，先運動諮政院，遍電各省諮議局，有云政府十分退讓，吾人只求政治革命，不屑爲已甚者云云。現袁已派心腹多名，分道馳

⑩ 易國幹編「黎副總統政書」，卷一頁五至六。

往各省發佈傳單，演説諭眾，冀離間我同胞之心，渙散我已成之勢，設心之詭，用計之毒，誠堪痛恨！我同胞光復舊宇，義正詞嚴，既爲九仞之山，何惜一簣之覆，自不致爲所動搖。然妖精善蠱，致熒眾聽，故此密諭同胞，速飭密探查拿前項演説之人，消滅傳單，俾鼠竊之技無由而施，大局幸甚。⑪

其時黎元洪雖表面拒和，終震於袁世凱聲威，意志顯已動搖。故當劉、蔡離開武昌後，黎之左右李國鏞、孫發緒、夏維松等，乃於二十三日約劉、蔡在漢口俄國領事館晤談。劉因北上向袁覆命，由蔡安排與清軍代表王遇甲、易甲鶥，於二十四、五兩日，先後在俄國領事館及明德飯館進行會談，後者且有曾任湖廣總督瑞澂顧問之德人延興阿參加，仍然不得要領⑫。其主要原因在於袁世凱係以戰勝者自居，立於招撫之地位，而居間奔走者均非真正革命黨人。孫發緒且被指爲皖撫朱家寶之密探，受黎元洪所庇護，因此雙方雖有謀和之接觸，顯然不能真正代表革命黨人之態度⑬。

---

⑪ 黄克强先生全集，頁二八二至二八三。

⑫ 李國鏞自述，引自王錫彤「辛亥記事」。

⑬ 辛亥武昌首義記，頁一二〇。

三、國事共濟會與京津同盟分會

九月十六日，清廷爲挽回已失人心，從袁世凱請，釋放去歲謀刺攝政王載灃之汪兆銘、黃復生、羅世勛，並命發往廣東，交粵督張鳴歧差遣⑭。汪兆銘以結合同志領導北方革命自命，袁氏乃利用之作爲與南方革命黨人接觸之橋樑。九月二十五日，汪兆銘、楊度等，承袁世凱意在天津組織「國事共濟會」，發表意見書，主張即日停戰，舉行國民會議，解決國是，協議君主民主政體問題，清廷及革命政府均應服從國民之公意，促進全國統一，以免戰爭之禍⑮。一面上書資政院請求代奏，俾能「明降諭旨，實行停戰，速開臨時國民會議，議決君主民主問題。」⑯一面致電上海軍政分府、武昌軍政府，請求贊同其主張。惟袁世凱利用國事共濟會，實現舉行臨時國民會議，協議政體，企圖奪取政權陰謀，同時遭到清廷與革命黨人之反對。九月三十日，資政院集會，討論國事共濟會陳請書，議員范源濂等贊同，多數議員則以資政院無此權限，應請內閣總理袁世凱到院說明剿撫主張，致無結果。十月六日、七日，再度集會，爭辯益烈，其後即因人數不足未再開會，無法作成由內閣代奏之議案⑰。而武昌

⑭ 宣統政紀，卷六十三，頁二七。
⑮ 渤海壽臣「辛亥革命始末記」，頁一三六三至一三六七，文海出版社近代史資料叢刊本。
⑯ 正宗愛國報，宣統三年十月七日、十日新聞。
⑰ 正宗愛國報，宣統三年十月二日、六日、九日、十二月二十日等日新聞。

軍政府亦無回電。上海革命黨人之口舌「民立報」十月初二日之社論，以「無聊之共濟會」為題諷之曰：

今天下光復過半，苟立憲黨人能省大勢之所歸，同心協力，推倒滿清皇室則戰禍自然消弭。……共濟會之設非吾全國共和黨之同意也。……吾全國同胞不承認此種荒唐之共濟會，而併力於共和之建設，使君主之不祥物，永遠不留存於二十世紀之新中國。⑱

袁氏利用國事共濟會之初計遂無法實現。迨武漢前線雙方停戰，汪兆銘、楊度等乃於十月十五日在報端刊佈啓事，宣告共濟會解散。略曰：

自戰事開始以來，兩黨之人皆知戰事延長於中國前途有無量之危險，故欲以國民會議解決君主民主問題，以息將來之戰禍。兩黨之人持此目的，發起斯會，一面由度陳請資政院呈請內閣，代表舌敝唇焦以求主張之通過；一面由兆銘電達上海軍政分府轉武昌軍政府，請求承諾所主張。乃資政院不爲議決，內閣不爲代奏，而武昌軍政府亦無回電。上海回電祇承諾國民會議，於停戰與否並未提及。

今者武漢血戰，兵事方殷，和平解決之難已爲天下所共見。在君主立憲黨之意，

⑱ 民立報，辛亥年十月初二日，第一頁社論。

終不願以殺人流血解決君位問題，北軍進攻實所反對。在民主立憲黨之意，則以爲若別無和平解決之法，惟有流血以護其宗旨，是共濟會之所主張，已歸無效，用特宣告解散，惟天下傷心人共鑑之。國事共濟會發起人：君主立憲黨楊度等、民主立憲黨汪兆銘等同啓。⑲

共濟會之不受南北雙方之重視於此可見，距其成立不過兩旬耳！惟袁世凱仍達成與長江下游革命黨領袖接觸之願望，並得到將來出任大總統之保證。十月十九日，黃興自滬覆電汪兆銘（按：黃興已於本月十四日由留上海各省代表選舉爲臨時大元帥），請其轉楊度，如袁世凱能贊同共和，決推其爲中華民國大統領。電曰：

精衛兄鑒：來電敬悉，此時民軍已肅清十餘省，所未下者纔二三耳！北京不早日勘定，恐招外人干涉。項城雄才英略，素負全國重望，能顧全大局，與民軍爲一致之行動，迅速推倒滿清政府，全國大勢早定，外人早日承認，此全國人人所仰望。中華民國大統領一位，斷推舉項城無疑。但現在事機迫切，中外皆注意民軍舉動，不早成立臨時政府，難盡進行。現在各省代表擬舉興爲大統領，組織臨時政府。興正力辭，尚未允許。萬一辭不獲已，興只得從各省代表之請，暫充臨時大元帥，專任北伐，以待項城

---

⑲ 辛亥革命始末記頁一三七六至一三七七。

舉事後即行辭職，便請項城充中華民國大統領，組織完全政府。此非與一人之言，全國人心皆有此意。唯項城舉事宜速，且須令中國爲完全民國，不得令孤兒寡婦尚擁虛位。萬一遷延不決，恐全國人皆有恨項城之心，彼時民國臨時政府如已經鞏固，便非他人所得搖動。總之，東南人民希望項城之心，無非欲早日恢復完全土地，免生意外之干涉。項城若肯從人民之請，英斷獨行，中華民國大統領與知全國人民決無有懷挾私意欲與之爭者。此事盼速成功，民國幸甚。請以弟嘗與兄談心之「難可自我發，功不必自我成」一語以爲證。朔風冰肌，伏維珍重。即頌速覆。興，效[20]。

國事共濟會成立之日，京津同盟會亦成立於天津奧租界，由汪兆銘任會長，李煜瀛副之，重要幹部有軍事部長藍天蔚、庶務部長甄元熙、財政部長冷公劍、司法部長白逾桓、文牘部長孫炳文、外交部長魏宸組、交通部長程克等[21]。據「胡漢民自傳」，謂汪發起京津同盟會之目的，亦在於執行聯袁倒清之計劃。其言曰：

精衛於湘、鄂反正時，得出獄，果如孫先生所預言。聞吳祿貞將起兵，輒走從之。中途知吳遇刺於石家莊，乃折回天津，與天津同志有秘密之運動。袁世凱起任事，其子

---

[20] 黃克强先生全集，頁一三一至一三二。

[21] 黃以鏞「記京津同盟分會成立之經過」，引自「開國文獻」，第一編第十二冊，頁三二三至三二九。

克定跅弛，以太原公子自任，精衛亦陰結之。事聞於袁，則私見精衛，謂非常之舉非兒輩所知，而自輸於民黨，既而南京光復，精衛乃至滬。時清廷與袁世凱使代表議和者爲唐紹儀，各省革命軍之代表則爲伍廷芳同志，更推精衛與王正廷、王寵惠、溫宗堯、胡瑛參贊其事。唐亦時與精衛密商，不拘形跡也。㉒

另據胡鄂公「辛亥革命北方實錄」，竟謂汪兆銘出獄後曾與袁克定有金蘭之契，證以胡漢民所記，並非盡屬子虛。其言曰：

> 十一年月七日下午五時，清內閣總理大臣袁世凱，見汪兆銘於內閣總理官署，使兆銘至滬，以革命黨人立場斡旋於伍、唐兩代表之間，以免和議局因孫先生歸國而中變。於是授兆銘議和代表參贊之名，俾得盡力協助紹儀，但對外秘不發表。同日下午七時，世凱復見兆銘，其子克定亦相偕至，世凱遂命其子克定與兆銘約爲兄弟。
>
> 先是袁世凱之見兆銘，每見必以一人，必以暮夜。蓋是時袁世凱所資利用兆銘者，則爲京、津、保革命黨人之控制，與聽取南方革命黨人之情勢，藉以縱橫捭闔耳！及聞孫先生歸國，則知非紹儀之外交所能勝任，遂使兆銘南下以周旋於內。當兆銘、克定相偕見世凱之夕，室中預設盛筵以待之。兆銘、克定見世凱。四叩首。世凱南面坐，

㉒ 引自革命文獻第三輯，頁五五。

兆銘、克定北向立，當世凱顧兆銘、克定曰：汝二人今後異姓兄弟也，克定長，當以弟視兆銘；兆銘幼，則以兄視克定。吾老矣！吾望汝二人以異姓兄弟之親，逾於骨肉。兆銘、克定二人則合辭以進曰：謹如老人命！於是又北向四叩首。叩首畢，兆銘、克定伴世凱食，食罷而退。十一月初八日，兆銘遂由北京經天津，乘津浦車至上海。是晚余方解衣臥，吳若龍、羅明典來自北京，告以兆銘諂附世凱、克定之情形，余問何日事？若龍、明典答以昨日。予曰：何以知之速？若龍明典曰：此程克聞諸趙秉鈞者。㉓

程克爲京津同盟分會交通部長、趙秉鈞爲袁世凱小站練兵時舊人，時任袁內閣民政大臣，與袁氏關係極爲密切者也。而汪兆銘遂參予伍廷芳、唐紹儀上海之南北正式會議。

四、朱芾煌與廖宇春

十月九日，袁克定所密遣之留日學生同盟會會員朱芾煌，持汪兆銘介紹函至武昌，與軍政府接洽和議。芾煌四川人，早年就讀上海公學，原名紱華，後留學日本，參加同盟會，武

㉓ 胡鄂公「辛亥革命北方實錄」，民國三十七年八月，上海中華書局出版。此處引自「開國文獻」第一編第十二冊。

昌起義後自東京歸國，往來於彰德、北京、天津間，三上書於袁世凱，「痛切洞中利害」，兼說其子克定㉔。克定乃介紹於世凱親信唐紹儀、梁士詒諸人。京津同盟分會成立，朱任該會財政及外交部員，朱之至武昌可能係兆銘之授意，或京津同盟分會所正式派遣。朱向黎元洪表示，此次之來，目的在「約南北聯合要求清帝遜位。」惟應舉袁世凱爲臨時大總統。黎元洪立即召開會議，討論結果，表示同意㉕。

十日，元洪派李國鏞、馬伯援、夏維松，與朱芾煌渡江至漢口俄國領事館商議停戰，約清軍代表來會，久候不至。俄領事敖康夫（Ostroverkhov）乃親自陪同革命軍代表夏維松至清軍防地，代朱芾煌致電袁世凱，請其電示停戰。等候數小時仍無停戰電來。朱遂往見清軍第一軍統馮國璋，說明彼爲袁克定所派之代表，以聯合南北兩軍爲目的。馮方席全勝之威，因不明真象，懼爲朱所出賣，當即以專車押送朱往北京。朱登車後托俄領事敖康夫轉交李國鏞一函，謂其至北京晤袁世凱後，兩日即有停戰電到，且稱三天即可回湖北㉖。袁克定聞朱芾煌被扣消息，一面急電武漢前線，一面專函馮國璋營救。函曰：

華甫大哥爵帥大人：朱君芾煌係弟擅專派赴武昌，良以海軍背叛我軍，四面受敵，英

㉔ 胡適「跋中央研究院歷史語言研究所所藏的『毅軍函札』中的袁克定給馮國璋的手札」，載中國現代史叢刊第一册頁一至四，民國四十九年三月正中書局出版。

㉕ 李國鏞自述。

㉖ 同上書。

人有意干涉，恐肇瓜分，是以不得不思權宜之計，以定大亂。今早有電，諒達記室，朱君生還，如弟之脫死也。弟克定。㉗

該手札用殺軍（按：清軍姜桂題部）信箋，計算時間當發於十月十一日，派專人送往漢口馮處，而朱在克定手札到前已返北京。明日武漢首度停戰三日，而正式談判議起。

朱返北京後，仍代表軍政府與袁內閣秘密交涉，並和袁克定保持接觸，致力於雙方疏通工作。廖宇春奔走和議時，曾與之交換意見。十二月六日（民國元年元月二十四日）朱曾轉交廖宇春南京孫大總統來電，略曰：「皇室推翻之後，袁內閣須發表實行共和意見，文即向參議院辭職，再由參議院選舉袁內閣爲臨時大總統。其清政府當與皇室同時取消，袁內閣即來南京政府就任，且需遵照參議院所定憲法履行，誓不違背。」㉘清帝退位袁世凱繼任臨時大總統後，朱曾任臨清關監督，帝制運動起，辭職歸鄉，從事於佛學之研究。

廖宇春（少游）之奔走和平，在武漢前線停戰之後，（按：武漢前線經漢口英領事葛福（HerbertGoffe）調停，自十月十二日起雙方停戰三日。旋延長三日，並自十九日起至十一月初五日止，繼續停戰十五日，從此雙方無大戰事。）革命軍及清廷並已派出正式議和代表。惟其成就具體而有影響力。宇春江蘇人，時任保定姚村陸軍小學堂監督，與前雲南總參議靳雲

㉗ 袁克定致馮國璋的手札。

㉘ 廖宇春「新中國武裝平解決記」，引自「開國文獻」第二編第二册，頁四五七。

鵬（按：段祺瑞學生）、㉙保定陸軍預備大學堂總辦張鴻逵等，致力於促成共和推戴袁世凱爲總統計劃，袁克定、段祺瑞等始終與聞其事，楊度、朱芾煌亦曾與之接觸㉚宇春於十月十三日與靳雲鵬、張鴻逵定議於京漢鐵路火車中，預擬議和條件：㈠保存皇室之尊榮。㈡組織共和政體，公舉袁項城爲臨時總統。㈢優待戰時之將士。㈣恢復各省之秩序㉛。宇春於十月十八日抵京，翌日拜訪陸軍大臣王士珍，自十九日至二十二日，連謁陸軍副大臣田文烈四次，密商大計，田曾遣人持刺招飲，對共和有首肯之表示㉜。二十三日宇春仍偕北京紅十字會員夏清貽南下，二十五日抵漢口。

時袁世凱慮馮國璋滯留漢口僨事，已於十月十九日改調爲禁衛軍總統，前方戰事由段祺瑞一人主持，而靳雲鵬已至漢，就任第一軍參議，與段左右徐樹錚、曾雲霈等早有密議。宇春謁祺瑞，述南行疏通之策，祺瑞甚韙之，並訂密碼本交靳雲鵬代爲收藏。二十八日宇春抵上海，二十九日造訪革命軍機關部，由南京先鋒隊聯隊長朱葆誠介紹，晤蘇軍總參謀顧忠琛，及元帥府秘書官俞仲還等十餘人，決定開秘密會議於文明書局之奧室。宇春表示北洋將領多贊成共和，惟應推舉袁世凱爲總統。並要求黃興及江蘇都督程德全能頒證書予顧忠琛，作爲憑信，以便訂立草約。十一月一日，黃興遂正式委任顧忠琛，與廖宇春簽訂議和密款，同意

㉙ 跋中央研究院歷史語言研究所所藏的「毅軍函札」中的袁克定給馮國璋的手札。
㉚ 尚秉和「辛壬春秋」，卷二七，頁六。
㉛ 新中國武裝解決和平記，引自「開國文獻」第二編第二冊，頁四二三。
㉜ 同上書，頁四二八至四二九。

舉袁世凱爲中華民國臨時大總統。廖宇春記其事曰：

十一月初一日，顧君暨諸同志復來會晤。顧君曰：黃元帥與程都督均極贊成廖君之手續，可以保全中國，並可以消釋以往兩軍之嫌，善莫大焉。元帥且云：前次各省推舉某爲臨時總統，某所以堅辭不受者，正虛此席以待項城耳！前黃公致汪精衛書，頗主推袁。余曰：見之。言次即以黃元帥之委任狀付余，余受而藏之。㉝

雙方再三討論，決議推袁爲總統一層無須明言，乃議定條款如下：㈠確定共和政體。㈡優待清皇室，㈢先推覆清政府者爲大總統。㈣南北滿漢軍出力將士各享其應得之優待，並不負戰時害敵之責任。㈤同時組織臨時議會，恢復各地之秩序㉞。四日，宇春返漢口，與段祺瑞更有進一步之密議，並上書段氏，剖陳利害，請段氏利用武力脅迫清廷要求宣佈共和，段氏深然其說。初六日，宇春分別與前敵清軍各將領晤談，說明南行宗旨，於是陽夏清軍人心一變。時上海正式和會已開，雙方談判進行順利，於是各地革命軍與清軍往來絡繹，已無敵意。

十二月九日（民國元年元月二十七日），廖宇春返京，初與袁氏左右袁克定、王士珍、馮國璋、田文烈、段芝貴、孔文池等接觸，十八日（二月五日）乃與孔文池具名上書袁世凱

㉝ 同上書，頁四三八。
㉞ 同上書，頁四三九。

曰：

時機日急，迫於燃眉，中國存亡，決於和戰，宮保躬操政柄，身繫安危，輿望所歸，群生托命，正宜力維大局，幸勿爲左右所惑，致蹈危機。蓋中外古今斷無獨背民心，而可以倖然成事者，神機默運，端在此時。㉟

書由袁克定代轉。十九日，靳雲鵬自孝感第一軍來。二十日謁見袁世凱，力陳大局利害，袁氏意益決，於是袁克定、靳雲鵬分函各方清軍將領，授意贊成共和。

迨清帝退位，南北統一，袁氏繼　國父出任臨時大總統，以廖宇春、顧忠琛有功於己，賞勳三位。民國元年（一九一二）六月，宇春著成「新中國武裝解決和平記」，由陸軍部編譯局刊布，袁氏見焉，大爲惝恨，以宇春揭其隱密，乃盡没收其書，而宇春遂錮不見用㊱。

五、上海之公開談判

辛亥年十月二十八日（一九一一年十月十八日），革命軍、清廷代表舉行正式談判於上海

㉟　同上書，頁四四八。

㊱　錢博基「辛亥南北議和別記」，引自「開國文獻」第二編第二册，頁四八一。

英租界南京路之市政廳，革命軍代表與會者伍廷芳之外，有中央軍政府代表王正廷，總代表參贊溫宗堯、王寵惠、汪兆銘、鈕永建。清廷代表與會者唐紹儀之外，有參贊楊士琦、許鼎霖、馮懿同、趙椿年。彼此驗看文憑後，伍廷芳提出革命軍議和條件四項：㈠廢除滿清政府，㈡建立共和政府，㈢優給清帝歲俸，㈣優卹年老貧苦之滿人。又提議陝西、山西、湖北、安徽、山東、江蘇七省一律停戰㊲。唐紹儀允即電告袁世凱，並得袁氏覆電表示贊同。

十一月初一日，伍廷芳、唐紹儀舉行第二次會議，廷芳之共和主張紹儀並無反對表示。但聲明變更國體問題關係重大，須電達袁內閣，俟得覆電後再行會商。雙方協議應由國民大會決定君主民主問題，以表決方式取決於多數。並議定繼續停戰七日，自本月五日晨八時起，至十二日晨八時止，紹儀乃於初八日電請袁內閣代奏曰：

> 查民軍宗旨以改建共和爲目的，若我不承認，即不允再行會議。默察東南各省民情，主張共和已成一往莫遏之勢，近因新製飛艇二艘，（原註：按我軍購置飛艇共有五艘，唐所知者僅二艘耳！）又值孫文來滬，挈帶巨資，並偕泰西水陸軍官數十員，聲勢愈大。正擬組織臨時政府，爲鞏固根本之計。且聞中國商借外款皆爲孫文說止各國，以致阻抑不成。此次和議一敗，戰端再啓，度支竭蹶可虞，生民之塗炭愈甚，列強之分割必成，宗社之存亡莫卜。倘知而不言，上何以對皇太后，下何以對國民。紹儀出都時，總理大臣

㊲ 張國淦「辛亥革命史料」，頁二九〇。

以和平解決爲囑，故會議時曾議召集國會，舉君主民主問題付之公決，以爲轉圜之法。㊳

顯有恫嚇清廷之意。袁世凱接唐紹儀來電後，曾約同徐世昌密議，由徐、袁先後與慶親王奕劻討論推動召開國民會議方法，由奕劻在近支王公會議席上提出，使頑固親貴無法反對。張國淦記其事曰：

據徐世昌言：「唐電到後，袁約余（徐自稱）計議，認爲共和國體已是大勢所趨，但對宮廷及頑固親貴不能開口，若照唐電召開國民大會，可由大會提出，便可公開討論，亦緩脈急受之一法。」乃由余先密陳慶邸，得其許可，袁即往慶處計議，當約集諸親貴在慶處討論（載澤未到），決定先由內閣奏皇太后召集王公大臣會議。次早，皇太后據內閣奏，召集近支王公會議，慶邸首先發言，毓朗、載澤表示不贊成，然亦說不出理由，其餘俱附慶議，於是允唐所請，當即下召集臨時國會之諭。㊴

㊳ 上海立報，辛亥年十一月十一日第五頁新聞。

㊴ 辛亥革命史料，頁二九四。

是日，清廷諭命由內閣迅將臨時國會選舉法妥擬協定，剋期召集國會，共和立憲付諸公決㊵袁氏即電覆唐紹儀，紹儀乃要求伍廷芳於初十日舉行第三次會議。屆時雙方除議定國民會議之辦法外，並議定國體未解決前，清廷不得提取已經借定之洋款，亦不得再借洋款。所有山西、陝西、湖北、安徽、江蘇等處清軍，一律退出原駐地百里以外，山東、河南等處停戰。另討論清帝退位後之待遇，及滿蒙回藏之待遇等事。其會議條件如下：

一、開國民會議解決國體問題，從多數取決之後，兩方均須依從。

二、國民會議未解決國體以前，清政府不得提取已經借定之洋款，亦不得再借新洋款。

三、自十一月十二日早八時起，所有山西、陝西、湖北、安徽、江蘇等處之清軍，五日之內一律退出原駐地百里以外，祇留巡警保衛地方，民軍不得進佔，以免衝突。俟於五日之內商妥罷兵條款後，按照所訂條款辦理。其山東、河南等處民軍已經佔領之地方，清軍不得來攻，民軍亦不得進取他處。㊶

於是國體問題由國民會議解決，已爲清廷與革命軍共同所承認。其尚未解決者爲國民會議代表産生之方法，進行之程序，及開會之地點。會後唐紹儀電告袁世凱，革命軍之要求如下：

㊵ 宣統政紀，卷六七，頁十一至十二。

㊶ 上海民立報，辛亥年十一月十一日，第五頁新聞。

㈠國民會議由各省代表組織，每省三人，每人一票，若到會代表不及三人者，仍有投三票之權。㈡到會省數有三分之二即可開議。㈢共和問題從多數取決之後，兩方均須服從。㈣開會場所在上海城。㈤開會時間定十一月二十日㊷。

十一日，伍廷芳、唐紹儀第四次會議，乃以昨日伍廷芳之要求，議定國民會議產生方法四條：

一、國民會議由各處代表組織，每省爲一處，內外蒙古爲一處，前後藏爲一處。

二、每處各選派代表三人，每人一票，若有某處到會代表不及三人者，仍有投三票之權。

三、開會日期，如各處到會之數有四分之三，即可開議。

四、各處代表除直、魯、豫、甘、新，及東三省代表由清政府召集，蒙古、西藏由民、清二政府分電召集外，均由中華民國政府召集㊸

十二日，伍廷芳、唐紹儀第五次會議，唐紹儀同意十日伍廷芳之要求，國民會議在上海召開，日期爲十一月二十日。其決議內容如下：

一、山西、陝西由兩政府派員會同前往，申明和約。

二、唐使允電袁世凱查辦張勳違約縱兵事。

三、皖、鄂、蘇、山、陝等處清軍，退出原駐地百里外，民軍不得追擊事，須由雙方軍

㊷ 正宗愛國報，辛亥年十一月十三日新聞。

㊸ 民立報，辛亥年十一月十二日，第三頁新聞。

隊簽字遵守。

四、康使允電袁世凱，關於伍廷芳所提十一月二十日在上海召開國民會議事[44]。於是召開國民會議之一切問題均告解決。依此條件以民軍控制區域之廣，會議期限之迫切，滿清退位已成定局。袁世凱本欲藉和談達成竊取民國總統之目的，對迭次會議之決定並無反對表示，隨時與唐紹儀保持連繫。及十一月十日 國父當選中華民國臨時大總統，袁氏以野心不遂，態度驟變。十一日，袁氏先電唐氏，認爲北京爲全國適中點，久爲中央政府所在地，萬國具瞻，可昭大信。國民會議代表選舉法應採各國普選法始能收效。[45] 再電唐氏，一切簽押條件，非其本人認可斷無效力[46]。於是南北公開正式之和議遂告停頓。

六、南京臨時政府與袁世凱之協商

辛亥年十一月六日（一九一一年十二月二十五），國父孫中山先生自海外歸來抵上海。十日由各省代表團選舉爲臨時大總統， 國父窺知袁世凱奪取政權之陰謀，而爲大局關鍵之

---

[44] 民立報，辛亥年十一月十三日，第五頁新聞。
[45] 正宗愛國報，辛亥年十一月十四日新聞。
[46] 同上。

所繫，同日一面囑告在滬清廷議和代表唐紹儀，說明暫時承乏之意，一面直接致電袁氏曰：

> 文前日抵滬，諸同志皆以組織臨時政府之責相屬，問其理由，蓋以東南諸省久缺乏統一之機關，行動非常困難，故以組織政府爲生存之必要條件。文既審艱虞，義不容辭，祇得暫時擔任。公方以旋乾轉坤自任，既知億兆屬望，而目前之地位尚不能引嫌自遜。故文雖暫時承乏，而虛位以待之心，終可大白於將來。望早定大計，以忍四萬萬人之渴望。㊼

另托與袁氏曾有密切關係之立憲派人士張謇，電勸袁氏，以堅其贊同共和之心。張謇乃於十一月十一日（十二月三十日）電告袁氏曰：「甲日滿退，乙日擁公，東南諸方一切通過，昨由中山、少川（按：唐紹儀號）先後電達，茲距停戰已十餘小時矣，南動（按：指張勳）北懷（按：指張懷芝）未可得志，俄蒙、英藏圖我日彰，即公所處，亦日加危。久延不斷，殊與公平昔不類，竊所不解。願公奮其英略，旦夕之間戡定大局，爲人民無疆之休，亦即爲公身名俱泰之利。」㊽袁氏則藉口同盟會所提和議大綱中，並無推舉國父爲臨時大總統之條件，責成唐紹儀向南方革命政府抗議。唐氏無法辦理，於十一日電請袁世凱另派代表接替。

㊼ 國父全集，第四集，頁一四四，民國四十六年五月，中央文物供應社版。

㊽ 張謇「張季子九錄」，政聞錄卷四。

電曰：

此次奉派代表來滬，討論大局，原爲希冀和平解決，免致地方糜爛起見。到滬後民軍堅持共和，竟致無從討論。初經提出國會議決一策，當遭全體反對。多方設法方有此結果。今北方議論既成反對，而連日會議所定條款，宮保又不承認，儀等才識庸懦，奉職無狀，自明日始不再蒞會場，除知照伍廷芳外，請速另派代表來滬，不勝迫切待命之至。㊾

民國元年元旦（辛亥年十一月十三日，以下改用陽曆），國父就職臨時大總統，南京臨時政府正式成立，袁氏益感不懌。同日唐紹儀再電袁氏請撤消其議和代表之職，袁氏遂以唐紹儀逾越權限，擅訂和議條款嚴予否認，並准唐氏辭職。元月二日，袁氏乃直接電告民國政府議和代表伍廷芳，藉口一時委派代表尚難其人，嗣後和平事件由袁氏直接與伍廷芳往返電商。同日袁氏嗾使北洋將領聯銜通電主張維持君憲，凡兩通電，均由古北口提督姜桂題、禁衛軍總統馮國璋領銜，一電係致清內閣，凡十五將領，主張死戰，要求請旨飭親貴大臣將銀行存款提充軍用㊿，另一電係致南北議和代表伍廷芳、唐紹儀，凡二十一人，謂北方軍人主張君

㊾ 民國元年一月四日北京「正宗愛國報」，國事要聞欄。

㊿ 清軍機處電報檔。

憲，國會應在北京召開[51]。同日 國父再電袁氏重申相讓之意，以釋其疑。電曰

> 文不忍南北戰爭，生靈塗炭，故於議和之舉，並不反對。雖民主君主不待再計，而君之苦心，自有人諒之。倘有君之力不勞戰爭，達國民之志願，保民族之調和，清室亦得安樂，一舉數善，推功讓能，自是公論。文承各省推舉，誓詞俱在，區區此心，天日鑒之，若以文有誘致之意，則誤會矣。[52]

元月五日、六日（十一月十七、十八日），袁世凱迭電伍廷芳親往北京商談[53] 謂唐紹儀無決定國體之權，並要求切實答覆國會選舉辦法。元月六日廷芳電覆曰：「會議地點宜在上海，唐紹儀所簽定者萬無更動之理。」[54] 八日，再電袁氏，或親自或另派代表前來上海，勿再電商，「以免互駁，無濟於事。」[55] 九日，袁世凱再電伍廷芳，勿再堅持唐紹儀所簽條款，拒絕另派代表，並堅持以北京為國會開會地點。十日，廷芳電覆袁世凱，唐紹儀所簽之約不可移動，上海為開會地點亦萬無可易之理。十一日，袁世凱再電伍廷芳，仍堅持國會地點必在北

---

[51] 觀渡廬「共和關鍵錄」，第三編，頁二七至二八。
[52] 國父全集，第四集，頁七一。
[53] 「共和關鍵錄」，第一編，頁五三。
[54] 同上書，第一編，頁六十。
[55] 同上書，第一編，頁六七。

京。同日伍廷芳分函各界，自本日起交卸外交任務，嗣後南京臨時政府外交事件，均請與新任外交總長王寵惠、副總長魏宸組接洽[56]。

在此期間，唐紹儀表面雖已卸除全權代表，但實際談判仍由紹儀繼續負責秘密進行。談判地點在立憲派人士趙鳳昌寓中，國父常自南京趕來參加。談判中之要點如下：㈠清室宣佈退位後，國父自動向參議院辭職，並於辭職書中向參議院推薦選舉袁世凱爲臨時大總統，其任期直到正式國會成立，正式總統選出後爲止。㈡仿照法國憲法內閣須經國會之同意，將來內閣問題可俟正式國會成立後，由國會決定之。㈢現在臨時政府之內閣，必須經參議院投票多數之同意，關於袁世凱接任臨時總統後第一任內閣問題，同盟會堅持內閣總理必須得到同盟會之同意，再由總理提出閣員名單，請參議院投票決定。最後接受趙鳳昌建議，由唐紹儀組織第一任內閣，並加入同盟會。鳳昌摯友劉厚生記其事曰：

> 在討論此問題時，趙鳳昌亦列席旁聽，鳳昌是官僚出身，最能揣摩各人心理，他已覺得紹儀對此問題十分爲難。鳳昌便開口說：「我是以地主的資格，列席旁聽的人，不應有什麼主張。但現在對內閣問題我有一個意見，可以貢獻備諸君參考。我認爲新總統第一任內閣，是新舊總統交替的一個橋樑，所以這國務總理必須是孫文、袁世凱兩位新舊總統共同信任的人物。我以爲只有少川（按：唐紹儀別號）先生最爲適當，只要

---

56 同上書，第一編，頁六九至七〇。

孫、袁兩先生不反對，我很想勸少川先生加入同盟會爲會員，這是雙方兼顧的辦法。」鳳昌這些話剛說完，孫文、黃興同時拍掌，表示歡迎紹儀入黨，同時即決定請紹儀爲國務總理，此問題就這樣圓滿解決了(57)

此爲唐紹儀出任南北統一後首任內閣總理之背景，亦爲袁世凱、唐紹儀日後水火之主要原因。

七、清帝之被迫退位

元月中旬，國父讓臨時大總統予袁世凱秘密談判已臻成熟，袁氏乃授意慶親王奕劻，於十二日（十一月二十四日）清廷王公秘密會議中，提出自動退位，接受優待辦法。十六日（十一月二十八日）袁氏上朝歸第，在東安市場丁字街遭京津同盟會革命黨人張先培、楊禹昌、黃之萌等投擲炸彈，中外大震。同日袁氏密請早順輿情，贊成共和，以免九廟震驚，乘輿出狩(58)。二十一日，伍廷芳在滬以唐紹儀所接受袁世凱密電轉電國父，主張清帝退位後由袁世凱與南京臨時政府協商，組織全國統一政府。電曰：

---

(57) 劉厚生「張謇傳記」，頁一九六至一九七。

(58) 張國淦「辛亥革命史料」，頁二九九至三〇〇。

日來與袁內閣切實籌商清帝退位辦法，本定於初三日即發表清帝退位之諭旨，後因發生難題，以致稍滯。此難題之發生，在清帝退位後對北方如何處置。清帝統治權已經消滅，而我臨時政府事實上尚不能直接統轄北方，則北方將陷於無政府之狀態。目下情形是北方各官吏將士贊同共和，對於組織全國統一政府，宜得其同意。故廷芳以爲清帝退位，宜由袁世凱君與南京臨時政府協商，以兩方同意組織一全國之政府，如此則統一政府成立之後，於內必能統一全國之秩序，於外必能得各國之承認。廷芳受議和全權代表之委任以來，往復籌商，以爲惟此可期解決。今有陳都督其美、溫參議宗堯、汪參議兆銘在場贊成，已告唐君紹儀轉電袁內閣，特此奉聞。[59]

袁氏攫取民國總統之陰謀益加明顯。會唐紹儀致電段祺瑞，勸其贊成共和，迅令清帝退位[60]，同月二十三日（十二月五日）段祺瑞遂公開致電清內閣、軍諮府、陸軍部，報告所部弁兵已多與革命軍勾結，共和思想有不可遏止之勢[61]。袁氏與段氏之內外呼應，雖無確證出於袁氏之授意，而段氏能瞭解袁氏野心，比較認識大局，則無庸置異。二十五日段氏再電清內閣，以民心軍心均趨向共和，已與各路將領熟商，擬即聯銜陳請代奏[62]，遂公開提出共和之要求。

---

[59] 「開國文獻」第二編第二册，頁五九八至五九九。
[60] 民立報，新紀元一月二十九日，第二頁緊要電報。
[61] 清軍機處電報檔。
[62] 同上。

二十六日，清內閣以徐世昌、袁世凱、馮國璋、王士珍四人名義，電覆段祺瑞，戒勿輕舉妄動。電曰：

> 忠君愛國，天下大義，服從用命，軍人大道，道義不存，秩序必亂，不爲南軍所俘，便爲亂軍所脅，利害昭著，萬勿誤歧。我輩同澤有年，敢不忠告。務望剴切勸解，切勿輕舉妄動。聯奏一層，尤不可發，亦不能代遞，務望轉請諸將領三思。涕泣奉覆。
>
> 昌、凱、璋、珍。

是電由前內閣協理大臣徐世昌領銜，至馮國璋則非內閣閣員，況電文並無反對共和之明確表示，袁氏之故弄玄虛，雖至愚之北洋將領亦能體會其居心。同日段祺瑞遂聯合北洋將領致電清內閣、軍諮府、陸軍部，並各王公大臣，請即電奏清廷，明降諭旨，宣示中外，立定共和政禮[63]列名中最初爲四十二人，後增加至五十人，北洋將領幾乎包羅無遺[64]。岑學呂「梁燕孫先生年譜」，謂此電係袁氏心腹梁士詒所從中策劃[65]。張國淦「辛亥革命史料」，謂此電係袁世凱授意，出自徐樹錚手筆[66]。此兩種說法均有其可靠性。復據曹汝霖「一生之回

---

[63] 吳廷燮「合肥執政年譜」，頁十至十一。

[64] 臨時政府公報第八號，民國元年二月五日。

[65] 岑學呂「梁燕孫先生年譜」，上冊，頁一六〇。

[66] 辛亥革命史料，頁三〇六。

憶」，記載南北議和期間，袁世凱從中操縱之陰謀，用梁士詒以定策，命段祺瑞連合北洋將領以要脅清廷退位67。當時北洋將領最初之兩種不同行動似乎有兩項可能性：一種可能性係袁世凱之兩面政策，一面授意段祺瑞等運動共和以見好民國，一面授意姜桂題等恫嚇革命軍，以謀取臨時總統。另一種可能性係北洋將領姜桂題、段祺瑞等窺袁氏野心，各爲袁氏設想君憲共和之不同主張。惟自元月十六日（十一月二十八日）袁氏密奏清廷實行共和後，兩派在袁氏操縱下，行動乃趨於一致。

是時段祺瑞奉袁世凱命已將所部自漢口北撤，集中在孝感以北，以免與革命軍發生誤會，並與京中北洋將領密商，暗中佈置，欲逼使清帝退位。二月五日（十二月十八日），段祺瑞復合王占元、何豐林、李純等九將領自信陽電奏，措辭激烈，斥責王公敗壞大局，聲稱即率全軍將士入京，與之剖陳利害68。是電爲清廷之催命符。袁氏族授意段祺瑞、馮國璋等六十清軍將領於二月八日（十二月二十一日）致電伍廷芳，附和袁氏所提修正優待清室條件，主張「帝號相承不替」，及不用「遜位」一語，以要脅民國政府。電曰：

屢聞南方宣言，如國體改定，朝廷不失其安富尊榮，今條件中大清皇帝尊號相承不替，爲尊榮中最要之大綱，靳而不予，抑獨何心？應請仍照原文，萬勿更易。遜位一語軍

67 曹汝霖「一生之回憶」，頁九一至九二，一九六六年一月香港春秋雜誌社出版。
68 民立報，民國元年二月十三日，新聞。

界同仁極爲駭異，應請修正。此兩層最關重要，絕對不敢附和，其餘各節均聽袁內閣與代表協商。如貴代表有和平解決之眞心，期免生靈塗炭，決不因此爭執，致敗大局。⑥⑨

二月九日，署理直隸總督張鎭芳、署理湖廣總督段祺瑞、署理兩江總督張勳、署理山東巡撫張廣建、河南巡撫齊耀琳、安徽巡撫張懷芝、山東巡撫張錫鑾、署理山西巡撫李盛鐸、吉林巡撫陳昭常等九人，再電清廷速降明諭，宣佈共和⑦⓪。措辭之激烈不亞於二月五日（十二月十八日）段祺瑞領銜之電奏。張鎭芳爲袁氏之表弟，在北洋將領中與袁氏關係最親密，出於袁氏之授意甚爲明顯。清廷被迫，十二日（十二月二十五日）乃宣佈退位之詔。翌日　國父向南京臨時參議院推薦袁世凱以自代，十五日臨時參議院乃選舉袁世凱爲第二任臨時大總統，統一之功告成。

八、結　語

辛亥革命期間，部分革命黨人但求清帝退位，袁世凱則乘機謀奪取政權。一方面挾清廷

⑥⑨　共和關鍵錄，第一編，頁一〇七。
⑦⓪　引自許師愼「國父當選臨時大總統實錄」，下冊，頁二八四。

以要脅革命黨，一方面張革命黨之勢以壓迫清廷。舊日立憲黨人憤滿清之失信於國人，推波助瀾，推動共和遂成爲一致之目標。列強間對華態度最初雖不相同，終賴英國之力促成南北之停戰。上海之公開談判徒具形式，雙方實以秘密協商爲解決之途徑。南京臨時政府諸領袖之所以贊同　國父讓臨時大總統於袁世凱，實有其不得已之苦衷。其後袁氏遷政府於北京，破壞約法，解散國會，陰謀帝制，討袁、復辟、護法諸役相繼發生，國本飄搖達十餘年之久。追根溯源，民國初建南北和議雖成功於一時，竟遺無窮之禍根。

（臺北，孫中山與辛亥革命論文集，下冊，中華民國史料研究中心，民國七十年十二月，頁一四八九至一五一八。）

三三　辛亥革命時期張謇與南北和議

一、前言

清光緒二十年（一八九四）中日戰爭，係中國近代史上劃時代之大事。就國際形勢而論，此一戰役使中國在世界地位一落千丈，招致瓜分危機；就民族意識而論，此一戰役引起知識份子之覺醒，共謀自救之道。於是有 國父孫中山先生所領導之國民革命，有康有爲、梁啓超輩所領導之維新運動。起初維新派顯佔上風，國人同情革命者不多；迨戊戌政變後，康、梁亡命海外，改以保皇相號召，與革命派發生激烈之論爭。及八國聯軍發生，清廷敗政畢露，革命派聲勢遂凌駕保皇派之上。其時張謇居國內，以江蘇士紳地位，隱然成爲推動立憲之主流。終以清廷缺乏立憲誠意，迭次失信於國人，逼使立憲派走上反清之路。辛亥革命成功之原因甚多，而立憲派與革命派攜手實居於重要之地位。影響所及，造成民國初年舊日立憲派人士先後組織統一、共和、進步等黨，與國民黨抗衡之局面。袁世凱因利乘便，違法竊國，陰謀帝制，民國基礎因之不固。

二、張謇由擁清至反清

光緒二十六年（一九〇〇）七月二十日，八國聯軍陷北京，慈禧太后挈德宗出奔西安，創痛之餘，爲遮羞計，於十二月十日下再變法之詔。翌年春，張謇著「變法評議」一書，以六部爲分項總目，斟酌中國歷史習慣，參照西方立憲國可取法之處，主張在不流血不紛爭狀態下，循序以進❶。光緒二十九年（一九〇三）夏，張謇東遊日本歸來，益感立憲之迫切，刊刻日本憲法，鼓吹立憲更力。會日俄戰爭日本戰勝，國人立憲之呼聲若江河之潰決，內外大臣奏請立憲者相繼而起。清廷爲收拾已失之人心，光緒三十一年（一九〇五）秋，派五大臣出洋考察憲政，翌年夏張謇乃糾合同志創設「預備立憲公會」於上海，用作鼓吹立憲之工具，推鄭孝胥爲會長，湯壽潛、張謇爲副會長❷。

光緒三十二年（一九〇六）七月十三日，清廷頒佈預備立憲之詔，詔書不確定立憲時間，但以忠君愛國服從朝廷旨意告誡國人。至光緒三十四年八月一日，迫於內外情勢，始定九年爲預備國會之期，分刊逐年籌備事項，並公佈憲法大綱，其內容抄自日本，惟君權較之日本天皇更無限制，實際成爲鞏固君權之工具，故就立憲之精神而論，毫無價值之可言，其無立

❶ 張孝若「南通張季直先生傳記」，頁一三五，民國二十年五月，上海中華書局訂正版。
❷ 嗇翁自訂年譜，卷下，頁五九至六〇，見「南通張季直先生傳記」附錄。

憲之誠意可知，立憲黨人大感不平。宣統元年（一九〇九）九月，各省諮議局成立，立憲運動有一正式領導機構。十月，各省諮議局聯合會集會於上海，遂成爲請願國會之主流，與清廷儼若立於對峙之態度。於是推定請願國會代表，赴京請願。瀕行，張謇以江蘇諮議局議長身份，設酒祖餞曰：

聞諸立憲國之得有國會也，人民或以身命相搏，事雖過激，而其意則誠。……設不得請，而至於三，至於四，至於無盡。誠不已，則請亦不已，未見朝廷之必忍負我人民也。即使誠終不達，不得請，而至於不忍言之一日，亦足使天下後世知此時代之人民，固無負於國家，而傳此意於將來，或尚有絕而復蘇之一日，是則今日之請迫於含創茹痛，就使得請無所爲榮，得請且不足榮，則不得請之不得爲辱可以釋然矣。❸

其對清廷之憤激形於辭色。十二月初，各省代表抵京者三十餘人，托都察院呈遞請願書，朝旨嘉獎，仍堅持九年預備之期。各代表乃致書各省團體，期以明年三、四月間，各舉代表到京，再上第二次請願書❹。是時國內請願國會輿論激昂，同月底北京各界假西珠市口當業商會開歡迎各省諮議局聯合會代表時，到會者極爲踴躍，演說者語皆激昂。有市民徐某於會場

❸　南通張季直先生傳記，頁一四三至一四四。
❹　宣統二年二月，東方雜誌，第二期，記載三。

斷其指，郭某則割其臂，以示決心❺。清廷聞京師人民集會討論國事，由民政部飭令內外城巡警廳，此後遇有假名政黨開會演説情事，即行嚴加禁阻❻，而人心益不服。

宣統二年（一九一〇）三月下旬，各省政團商會及海外僑民團體所推舉之代表先後抵京，乃由各省諮議局聯合會合併爲一大請願團體，定名「國會請願代表團」，推舉孫洪伊等十人爲職員，準備作第二次大請願。並創辦一言論機關，定名「國民公報」，以請願速開國會，提倡政黨，督促行政，並維繫各省諮議局間之關係爲宗旨。五月十日，各代表分別以呈摺十封遞交都察院代奏，清廷重申九年預備國會之期，再降旨慰諭諸代表，令其不得再行瀆請。

同年九月一日，北京資政院開院，乃清廷之顧問機關，而非立法機關。六日，國會請願代表團向資政院呈遞請願書，請於明年召開國會，設立責任內閣。資政院表決贊成，專摺具奏❼。清廷不得已，於十月三日下詔，准將立憲籌備期限縮短，於宣統五年召開國會，國會未開前，先將官制釐定，並預行組織內閣。同日諭令民政部及各省督撫驅逐解散請願國會代表，至此國人始知清廷確無立憲之誠意。是夕，國會請願代表集會於「國民公報」館，密商善後之策，決議：「同人各返本省，向諮議局報告清廷政治絕望，吾輩公決秘謀革命，並即以各諮議局中之同志爲革命之幹部人員，若日後遇有可以發難之問題，各省同志應竭力響應

---

❺ 宣統二年元月八日，上海中外日報，北京專電。

❻ 宣統二年正月五日，上海中外日報，北京專電。

❼ 宣統二年十月一日，上海時報，北京專電。

援助起義獨立。」❽十月二十一日，直隸各學堂學生推舉代表，齊集天津自治研究總所，會議進行請願國會方法，直隸總督陳夔龍立時派兵馳往調解。十一月二十三日，清廷諭命民政部、步軍統領衙門，將東三省要求速開國會代表迅速送回原籍。不准在京逗留。「此後倘有續行來京藉端滋擾者，定惟民政部、步軍統領衙門是問。各省如再有聚衆滋鬧情事，由該督撫等查拿嚴辦，毋稍縱容。」❾東三省請願各代表臨行，向軍機大臣徐世昌及肅親王善耆辭別，咸拒不得見，於是悻悻而返❿。清廷仍恐其回省後有所舉動，電令東三省總督錫良嚴加防範。復恐各省代表互相通函，有所協商，由民政部與郵傳部會同審查往來信件，並嚴令各地報館今後不得刊登評論有關政治報導⓫。十二月八日，以天津人溫世霖等三千八百五十九人聯各通電各省，創議聯合全國學界罷課要求國會，旨命發往新疆，交地方官嚴加管束，舉國輿論爲之譁然。

宣統三年（一九一一）四月十日，清廷頒佈內閣官制十九條，依此官制則內閣之與過去之軍機處無異，國家大政仍操皇帝之手。同日任命慶親王奕劻爲內閣總理大臣，那桐、徐世昌爲內閣協理大臣，在十三閣員中，漢四人，滿八人，其中皇族又佔五人，蒙古旗籍一人，

---

❽ 徐佛蘇「記梁任公逸事」，引自丁文江編「梁任公先生年譜長編初稿」，中册，頁三一四至三一五，民國四十七年一月，世界書局出版。

❾ 政治官報，宣統二年十月二十四日條。

❿ 宣統二年十二月四日，上海中外日報，要聞。

⓫ 宣統二年十二月五日，上海中外日報，要聞。

故號稱「皇族內閣」，於是熱心國會內閣之立憲黨人，更加失望。張謇因各省諮議局聯合會要求改組內閣無效，以各省諮議局領袖地位，於新內閣成後兩月，致書攝政王載灃，請新閣依照憲政常規發表政見⑫。而清廷敷衍塞責如故。謇於失望之餘，於其自訂年譜記曰：

政府以海陸軍政府權及各部主要均任親貴，非祖制也，復不更事，舉措乖張，全國爲之解體。至滬合湯壽潛、沈曾植、趙鳳昌諸君，公函監國切箴之。更引咸、同間故事，當重用漢大臣之有學問閱歷者。趙慶寬爲醇邸（按：醇親王奕譞）舊人，適自滬回京，屬其痛切密陳，勿以國爲孤注。是時舉國騷動，朝野上下不啻加離心力百倍，可懼也。⑬

是時適有北方某省諮議局代表二人至南通訪張謇，以國是蜩螗不可終日，要求張謇親至北京一行，窺探清廷情形，以決定各省諮議局對於國是應取之態度。會上海、天津、廣州、漢口四地總商會，公推張謇至北京，陳請組織中國報聘美國團，以答謝去年南京博覽會美商組團之來華參觀，及中美聯合興辦銀行航業公司事，謇遂偕江蘇諮議局議員雷奮、孟森，及劉厚生同行⑭。五月十一日過彰德，訪袁世凱於洹上村，袁氏熱情款待，「道故論時，覺其意

---

⑫ 張季子九錄，政聞錄，卷三，請新內閣發表政見書。
⑬ 嗇翁自訂年譜，卷下，頁六六。
⑭ 劉厚生「張謇傳記」，頁一七八至一七九，一九六五年十一月，香港龍門書局出版。

度遠在碌碌諸公之上，視二十八年前大進。」（按：張謇與袁世凱有師生之誼，自光緒九年朝鮮離別，二十八年不通音問。）[15] 謇事後告同行雷奮等曰：「慰亭（按：世凱別號）畢竟不錯，不枉老夫此行。」與張謇同行之劉厚生則謂：「謇與世凱一夕之談，竟發生極大效用，並已決定清廷之命運。」[16] 因此種下辛亥革命期間諮議局派對袁世凱妥協之禍根。

武昌革命軍起，滯留北京各省諮議局聯合會諸代表，回本省從事策動起義工作者甚多，而各省諮議局各政團，無不以改建共和爲職志。浙江諮議局以武昌軍政府已經成立，清廷覆亡在即，九月一日停止開議[17]。江蘇諮議局雖開議，而首要決議則爲致電各省諮議局各報館，反對清廷借款發動內戰[18]。清廷知各省之醞釀獨立，其幕後由各省諮議局所策動，命資政院通電各省諮議局及海外華僑團體，謂清廷已實行立憲，開誠布公，概允人民之要求，與天下相見以信，希望勸導人民，勿以政府爲敵[19]。

自八月十九日武昌首義，至九月中，響應獨立省份不過湖北、湖南、陝西、山西四省，且均發動於軍人，在清廷尚不認其爲大患。九月十四日江蘇獨立後，情勢爲之一變。蓋江蘇都督程德全原係江蘇巡撫，平素同情立憲，至是被江蘇諮議局所擁戴。乃由江蘇諮議局議長

---

[15] 柳西草堂日記，第二十三冊，辛亥年五月十一日條。
[16] 張謇傳記頁一八〇。
[17] 宣統三年九月一日，上海申報，專電。
[18] 宣統三年九月二日，上海申報，專電。
[19] 宣統三年九月十三日，上海申報，專電。

張謇，致電各省諮議局，並內外蒙古各地，請其贊成共和。以張謇之聲望，及各地立憲黨人之素怨於清廷，至九月十九日五日之間，全國宣告獨立者達十四省之多。土崩之勢已成，清室遂不可爲矣。

三、張謇與袁世凱之接觸

武昌起義後，長江下游立憲黨人，認爲是擁袁倒清之良好時機，上海金融、實業、教育、政治各界人士，如湯壽潛、狄葆賢、席子佩、張元濟、雷奮、孟森、楊廷棟、馬良、沈恩孚、趙鳳昌等，迭次在趙鳳昌寓中惜陰堂集議，決定先促成袁世凱出山，充任內閣總理，進而擁之爲共和政府總統。八月二十三日推雷奮、楊廷棟至南通迎張謇到上海，由張謇領導，積極展開對袁世凱之勾搭工作⑳。

九月六日，駐灤州第二十鎮統制張紹曾提出要求十二項，電促清廷即時立憲，並赦免黨人。復要求進兵南苑，扣留解運前線軍火。張謇乃合湯壽潛等致電讚賀。略曰：

南北一致趨向共和，適見諸公連章，不啻雙方代表。和平解決已可繼葡萄牙之功，統一維持尚望作華盛頓之助。人民有希望於正當之軍隊，而軍隊重。軍隊能以正當慰人

⑳ 黃炎培「我所親歷的辛亥革命事實」，辛亥革命回憶錄㈠，頁六二至六三。

民之希望，而軍隊愈重。全國之福，不世之勳，惟諸公圖之。謹以公民資格，遙致歡忱，並以爲祝。[21]

九月十一日，清廷以袁世凱爲內閣總理大臣。同月二十四日，清廷以各省之響應革命多爲立憲派人士所領導，企圖收買人心，分派各省宣慰使，其中江蘇爲張謇，浙江爲湯壽潛。同月二十六日，袁內閣成立，張謇任農工商部大臣，梁啓超任法部副大臣。張謇於請辭宣慰使及農工商大臣電中，明白提出其共和主張。略曰：

兵禍已開，郡縣瓦解，環觀世界，默察人心，舍共和無可爲和平之結果者，趨勢然也。……與其殄生靈以鋒鏑交爭之慘，毋寧納民族於共和主義之中。……如翻然降諭，許認共和，使謇馮憑有詞，庶可竭誠宣慰。……至於政體未改，大信已漓，人民託庇無方，實業何以興起？農工商大臣之命並不敢拜。[22]

當時張謇、袁世凱間暗中接觸，密謀清帝退位後，由袁世凱繼任總統。清攝政王載灃退位前，張謇一面藉趙鳳昌通過民政部秘書洪述祖，經唐紹儀轉達袁氏；一面指導各省諮議局

㉑ 張季子九錄，政聞錄，卷三，

㉒ 同上書。

共同排滿。例如十月一日洪述祖致趙鳳昌之密函曰：

竹哥鑒（按：趙鳳昌字竹君）上月初在少川（按：唐紹儀號）處讀哥密電，次日弟草一詔稿，托人轉說前途，迄未有效。直至項城（袁世凱）入京，方以此稿抄兩份，分途達之，（原注：少川之力）項城甚爲贊成，而難以啓齒。不得已開少川之缺（原注：非開缺不肯行），于二十七日入都商定辦法。弟二十八日入都，于二十八日少川自往晤老慶（奕劻），反復言之，老慶亦談之聲淚並下，然亦不能獨斷，允於次日決定。不料一夜之後（原注：想必與戴灃等密商矣），二十九日全局又翻，說恐怕國民專要共和云。菊人（按：徐世昌號）、項城均力爭不得，項城退直，焦急萬分。少川代謀，即以此宗旨由項城奏請施行。（原註：約五日後即可見）倘不允，即日辭職，以去就爭之。時機千載一時，南中切勿鬆動。（原注：惟到漢議員殊難其人，以少川來，南中人願否？乞密示。）手此密布，敬請道安。敝寓天津宿偉路，弟洪述祖，十月朔日。㉓

復參照張國淦「辛亥革命史料」，更可得進一步之瞭解：

㉓ 張靜廬編「辛亥史料」，北京圖書館藏，抄本。引自徐崙「張謇在辛亥革命中的政治活動」，辛亥革命五十週年論文集，頁四一五。

據趙秉鈞言：「唐紹儀到京，住東交民巷六國飯店。直隸侯補道洪述祖，在北洋時與唐有舊，力勸其不就郵傳大臣職務，乘此機會，做照美、法，將中國帝制改造民主。其進行：一方面挾北方勢力與南方接洽；一方面借南方勢力以脅制北方。其對宮廷、親貴、軍隊、外交、黨人，都有運用方法，照此做去，能使清帝退位。清廷無人，推倒並不甚難，可與宮保（袁世凱）詳密商定，創建共和局面。宮保爲第一任大總統，公爲新內閣總理」云云。後來大都不出其策劃。㉔

是時直隸官紳李煜瀛、劉春霖等，與總督陳夔龍密議，迎袁世凱至天津獨立，袁已允之，嗣以計非萬全，未即行㉕。可爲袁氏決心反清爭取民國總統之明證。十月初五日，順直諮議局、直隸保安會，致電清攝政王，主張清廷早日退位。電曰：

自川鄂起事，不期月間全國響應，天下大事，不卜可知。今南中已大開國民會議，新政府不日成立，近畿人心亦皆感動憤勵，有岌岌不可終日之勢。爲今之計，若朝廷能早行揖讓，公天下於民，民必以優禮報皇室。……若失此不爲，則新政府既成，各省已一律承認，不但直隸不能獨異，且恐南軍北上，京師蒙塵，雖欲爲堯舜之事而不可

㉔ 張國淦「辛亥革命史料」，頁二八九，文海出版社近代史料叢刊本。

㉕ 尚秉和「辛壬春秋」，卷二七，頁四。

得，禍福安危在此一舉。㉖

各省諮議局繼之。十月十日，各省代表團（亦稱各省都督府代表聯合會），集會漢口英租界順昌洋行，明日致電清內閣總理大臣袁世凱曰：

現各省到會代表已一律承認共和國體，無庸至北京取決。資政院已失代表人民之本意，院議各省概不承認，並請萬勿再持君主立憲與共和立憲之歧說，以為全國輿論之敵。㉗

十二日決議：如袁世凱響應革命，即選舉為臨時大總統㉘。十三日，順直諮議局、直隸保安會，再電清內閣主張共和。電曰：

漢陽克復，軍事順利，人心未回。殺戮愈多，益難收拾。若乘此戰勝之後，罷兵息戰，由朝廷自行謙遜，宣佈共和，最足示大公於天下，保全中國，維持皇室，端在此時。否則恐激而益烈，禍機相尋，終難倖免。乞奏明朝廷，立即實行，舉國幸甚！㉙

㉖ 軍機處電報檔，引自「辛亥革命」第四冊。
㉗ 同上書。
㉘ 張難先「湖北革命知之錄」，頁三九一，民國三十五年五月，商務印書館出版。
㉙ 文獻叢編，上冊，頁四八五至四八六，民國五十三年三月，國風出版社影印版。

十月十六日，清攝政王載灃被迫退位，內閣政權益專，袁世凱益無所顧忌。表面於十七日命唐紹儀爲總代表，馳赴南方與民國代表伍廷芳進行談判，暗中由張謇等作媒介，以爭取民國總統。

四、張謇促進清帝退位

十一月十三日（民國元年元月一日），南京臨時政府成立，國父孫中山先生就任中華民國臨時大總統。袁世凱以野心不遂，利用北洋將藉端要脅。十四日（元月二日），由古北口提督姜桂題、禁衛軍總統馮國璋等領銜，通電維持君主立憲。一電致清內閣，凡十五將領，主張死戰，要求請旨飭親貴大臣將銀元存款提充軍用。電曰：

> 革命黨堅持共和，我北方將士十餘萬人均主君憲。現奉懿旨，將君主民主付諸公決。然革黨强橫，斷不容有正式選舉。則必仍循少數人私見，偏主共和。我將士往返電徵意見，均主死戰，並已將利害電知唐、伍兩代表。然言戰必先籌餉，軍興以來，朝廷屢發內帑，已將告罄，懿親與國同休戚，亦應將所有財產全數購買國債，以充軍用。懿親以財產報國，軍人以性命報國，國存則款仍有著，國亡則財可殺身，明季覆轍可爲殷鑒。方今時局危迫，餉源苦竭，現聞北京各外國銀行存現銀不下三四千萬，統爲親貴大臣所存放，應請旨飭下各親貴大臣分別提回，接濟軍用，作爲國債。並飭下度

支部妥定章程，以便事後歸還。毀家紓難，自好者猶慷慨爲之，況各親貴大臣世受國恩，豈宜吝此區區？儻有不知大體，揹勒阻抑，或故意隱匿，不將所有現款全數實報者，並請從嚴治罪，以循私誤國論。果能湊集大宗鉅款，庶餉源既裕，戰備有資，我大小將士既犧牲性命，亦甘之如飴矣。事迫勢危，不勝悚惶待命之至。謹請代奏。姜桂題、馮國璋、張勳、張懷芝、曹錕、王占元、陳光遠、李純、潘榘楹、吳鼎元、王懷慶、洪自成、周符麟、聶汝清、張作霖。㉚

另一電係致南北議和代表伍廷芳、唐紹儀，凡二十一人，謂北方軍人主張君憲，國會應在北京召開。電曰：

唐大臣、伍代表公鑒：革黨主張共和，我北方軍人主張君憲，現奉懿旨召集國會，公決國體，各省代表必須由正式選舉，國會尤宜開在北京，方合文明辦法。倘以上海少數人之私見，偏執迫脅，直是野蠻專制作成，一二人之所爲，其餘不過盲從，司馬昭之心，路人皆見。果能即此成功，笑罵正可由他。無如中國幅員甚廣，四方不乏豪傑之士，誰肯甘心降伏？即我軍人亦誓不承認。干戈相見，死亡枕藉，兩面所傷非均是我四萬萬同胞乎？釁自誰開，不仁孰甚！兵連禍結，外人更難袖視，似亦非兩代表所

㉚ 故宮軍機處電報檔，引自「辛亥革命」第四冊。

不願，謹進最後忠告，請熟思之。姜桂題、馮國璋、張懷芝、張勳、王懷慶、王占元、陳光遠、李純、曹錕、潘榘楹、吳鼎元、洪自成、張作霖、聶汝青、趙倜、伍祥禎、李際春、馮德麟、陳希義、李思遠、凌淮琪等，及各部將士同叩。寒㉛

前一日，袁世凱指斥清方議和代表唐紹儀逾越權限，擅與伍廷芳訂立和議條款，嚴予否認，並准唐氏辭職。張謇乃自滬致電袁氏曰：

甲日滿退，乙日擁公，東南諸方一切通過，昨由中山、少川先後電達，茲距停戰期止十餘小時矣！南勳（按：指張勳）北懷（按：指張懷芝）未可得志，俄蒙英藏圖我日彰，即公所處亦日加危，久延不斷殊與公平昔不類，竊所不解。願公奮其英略，旦夕之間戡定大局，為人民無疆之休，亦即為公身名俱泰之利。㉜

袁氏接電後，故意推宕，覆電略曰：「凱衰病斷無非分之想，惟望大局早定，使生民少遭塗炭。但在北方之不易言共和，猶在南方不易言君主。近日反對極多，情勢危險，稍涉孟浪，秩序必亂。外人乘之，益難收拾，困難萬分，筆難罄述，非好為延續，力實不足，請公

㉛ 觀渡廬「共和關鍵錄」，第三編，頁二七至二八。

㉜ 張季子九錄，政聞錄，卷三，勸告袁內閣速決大計電。

諒之。」㉝張謇爲取得袁世凱信任，再致一密電，加以關解。略曰：

南省先後獨立，事權不統一，秩序不安寧，暫設臨時政府專爲對待獨立各省。揆情度勢，良非得已。孫中山已宣言，大局一定，即當退位。北方軍隊由此懷疑，實未深悉苦衷。若不推誠布公，急求融洽之方，恐南北相峙，將兆分裂，大非漢族之福，心竊痛之。㉞

十一月二十三日，張謇三致袁世凱密電曰：

謇前以第三位自任，今危象已露，不容坐視。現以紗廠事須親自赴鄂，擬借與段芝泉（按：段祺瑞別號）密商。一則表示南方設立政府，絕無擁護權利之思；一則酌擬國民會議辦法數條，請其與黎元洪雙方結約，作爲南北軍人之公意，各自電請政府照辦。意即出於軍人，設南北政府不允照行，軍人即不任戰鬥之事，則南北政府得以軍人爲借口，可免許多爲難。此事與敬輿（張紹曾）密議數次而定。如公以爲可行，請一面迅速電復，一面密告芝泉，俾可決於陳請。倘公不以爲然，亦請明晰電示，謇亦不便再過

㉝ 南通張季直先生傳記，頁一五〇。

㉞ 徐崙「張謇在辛亥革命中的政治活動」，辛亥革命五十週年紀念論文集，頁四〇八至四二五。

問。但恐一決裂，此後即難收拾耳！所擬辦法如下：(一)開會地點及議員，照應(德閎)代表與伍(廷芳)代表簽定辦法。(二)蒙藏即派在京王公喇嘛。(三)開會期至遲不得過兩旬。(四)多數決定政體後雙方即須照行。(五)政體決定共和，即舉總統。千萬秘密，切盼，謇，養。[35]

是電發後，張謇即離滬赴鄂，知段祺瑞有左右全局力量，與段密議後四電袁世凱曰：

竊謂非宮廷遜位出居，無以一海內之視聽，而絕舊人之希望。非有可使宮廷出居之聲勢，無以爲公之助，去公之障。在鄂及北方軍隊中，誠甚少通達世界大勢之人，然如段芝泉輩，必皆受公指揮。設有前敵各軍以同意電請政府，云軍人雖無參預政權之例，而事關全國人民之前途，必不可南北相持，自爲水火。擬呈辦法請政府採納執行，否則軍人即不任戰鬥之事云云。如是則宮廷必驚，必畀公與慶邸(奕劻)爲留守，公即可擔任保護，遣禁衛軍護送出避熱河，而大勢可定矣。所擬辦法如上，公如以爲可行，須請密電段芝泉等。謇默觀大勢，失此機會，恐更一決裂，此後愈難收拾。幸公圖之，亟盼電復。謇，魚。[36]

---

35 同上書。

36 同上書。

張謇教唆袁世凱利用軍人干政之訣竅，躍然紙上，遂爲袁氏所領悟。乃覆電曰：

張季直大人：鄂魚電悉，國會公決，繫朝廷存亡關鍵，須經皇帝同意，非行政官所得擅專，極多困難。連日協商，漸有頭緒，已迭電少川矣。凱，陽第一電。㊲

是時北方革命黨人，不明南北和議之真象，竟認袁世凱反對清帝退位。同月二十八日，袁氏散朝歸，在東安市場附近遭黨人張先培等投擲炸彈，同日袁氏密奏早順輿請，贊成共和。略曰：

環球各國，不外君主民主兩端，民主如堯舜禪讓，乃察民心之所歸，迥非歷代亡國之可比。我朝繼繼承承尊重帝系，然師法孔孟以爲百王之則，是民重君輕，聖賢業已垂法守。且民軍亦不欲以改民主，滅皇室之尊榮。況東西友邦因此次戰禍，貿易之損失。已非淺鮮，而尚從事調停者，以我祇政治之改革而已。若其久事爭持，則難免不無干涉，而民軍亦必因此對於朝廷感情益惡。讀法蘭西革命之史，如能早順輿情，何至路易之子孫，靡有孑遺也。民軍所爭者政體，而非君位，所欲者共和，而非宗社。

㊲ 同上書。

我皇太后皇上，何忍九廟之震驚，何忍乘輿之出狩，必能俯鑒大勢，以順民心。[38]

十二月五日、七日、八日，段祺瑞承袁世凱之意，遂連合北洋將領明電要求共和，大局乃急轉直下。十二月二十五日（民國元年二月十二日），清廷遂被迫宣佈退位。

五、結語

張謇出身於中國封建社會，在舊禮教束縛下，自庚子拳亂後迄辛亥保路運動發生，始終遷就現實，思以和平漸進方法，達成君主立憲之目的。終以清廷不明世界潮流所趨，一惟因循敷衍，不召開國會逕自成立皇族內閣，張謇激憤之餘始轉而同情革命事業。一面與袁世凱勾結，教唆其利用軍人要挾清帝退位，一面利用其影響力，敦請 國父讓臨時大總統位於袁世凱，以促成南北之統一。甚至清帝退位詔書亦出自張謇之手筆，預伏日後袁氏違法竊國之把柄。倘張謇及立憲派人士，稍能理解 國父之三民主義主張，與近代民主真諦，在辛亥革命期間不走彌縫調和路線，能效忠於中華民國臨時政府，則民國以後之政局當又不同也。

（臺中，東海學報第二十一卷，民國六十九年六月，頁一至一〇）

---

38 辛亥革命史料，頁三〇〇。

三四　段祺瑞與辛亥革命

一、引言

段祺瑞爲民國初年政壇上之風雲人物，功過參半，難作定論。一般稱其重要貢獻在於「三造共和」：一爲促成辛亥革命之成功，二爲反對袁世凱之洪憲帝制，三爲討伐張勳復辟之亂；其中尤以在辛亥革命期間之表現最具影響力。

向之治民國史者，誤列段祺瑞、馮國璋爲一丘之貉，錯認辛亥革命期間同爲袁世凱竊奪政權之工具，段氏既聯合北方軍人領銜通電主張君主立憲於前，復糾集前敵將領要脅清帝退位於後。其實段氏在辛亥革命期間並未參予對革命軍戰事，在北洋將領中比較能夠認識大局，首先贊同共和，起初並非袁氏所左右，爲促成南北統一之一大力量。

二、段祺瑞未參予對革命軍戰爭

辛亥年八月十九日武昌起義，二十三日清廷起用袁世凱，授爲湖廣總督，節制長江一帶水陸各軍。九月一日，清廷從袁世凱電奏，命段祺瑞酌帶得力將弁，剋日由海道北上，迅赴前敵，與袁世凱協商布置。（按：祺瑞時任江北提督）❶ 初四日，復從袁世凱請，以軍諮使馮國璋充第一軍總統，段祺瑞充第二軍總統，在信陽一帶擇地集合，早圖規復武漢❷。初六日，清廷授袁世凱爲欽差大臣，命第一、二兩軍均歸袁世凱節制調遣，軍諮府、陸軍部不爲遙制，以一事權❸。九月十一日清廷復授袁世凱爲內閣總理大臣，仍節制派赴湖北陸海軍。馮國璋先祺瑞南下，遂於九月十二日陷漢口。九月十七日第六鎮統制吳祿貞在石家莊被刺，清廷命祺瑞前往查辦。二十七日復命祺瑞署理湖廣總督。遲至十月四日祺瑞始請訓南下，八日抵漢口，而漢陽已於前一日被馮國璋所統第六鎮李純部攻佔，清廷賞馮氏二等男爵，此後武漢清軍與革命軍已停止衝突，故祺瑞始終未參予對革命軍戰事。

當是時袁世凱已命劉承恩、蔡廷幹南下與革命軍接洽議和，漢口領事團領袖俄領事敖康夫（Ostroverkhov）從中調停，欲邀馮國璋與武昌軍政府代表孫發緒、夏維松談叛，馮氏拒之。十月二日馮氏致袁內閣電曰：

俄領由劉道介請仍和平了結，匪仍執前議，作爲無效。俄領欲先行罷兵，另開談判。

❶ 宣統政紀，卷六十二，頁三至四。
❷ 同上書，卷六十二，頁十四。
❸ 同上書，卷六十二，頁二十八。

其意：一、使我兵退灄口，靜候談判，事如不成，仍回原地。一、黎元洪不得攔阻此舉，隊伍不得渡過漢江。已將此意函致國璋，璋不敢擔任，函亦未收，聞渠即以此函轉達宮保。惟事已至此，萬無和理，退兵之議，更有難行。❹

祺瑞抵漢口之翌日，亦致電清內閣、軍諮府，主張乘時掃清黃陂、應城，以免清軍後顧之憂，略曰：

綜觀全局，漢陽雖下，當休息兵力，威脅武昌，令其投誠，明知非口舌所能爭，然不得不示以仁義之名。乘時掃除黃陂、應城兩方，便無後顧憂，而後專心武昌，請以鈞諭諄告，當能動當事之聽。此事宜令華甫（按：馮國璋號）竟全功，不可稍有移易。漢陽克捷，張敬堯執旂先登，應爲首功，密令石家莊傳布捷音，晉匪自當氣餒。❺

可見最初祺瑞對革命軍之態度，與馮國璋並無二致。惟祺瑞比較認識大局，瞭解袁氏心理，能處處爲袁氏設想，不似馮國璋之亟欲有所表現也。故此後祺瑞思想逐轉變，成爲北洋將領推動共和之主要力量。

❹ 文獻叢編上册，頁四七一，台聯國風出版社影印版。
❺ 同上書，頁四七八。

三、北洋將領中段祺瑞首先贊同共和

保定陸軍學堂總辦廖宇春奔走和平期間，祺瑞暗中操縱之功居多。尚秉和「辛壬春秋」記其事曰：

段祺瑞主張和平，其參議徐樹錚、曾毓雋等，既迭與湖北民軍往來，企共和，訂密約，乃復遣參議靳雲鵬北來游說各軍。雲鵬與陸軍學堂總辦廖宇春友善，宇春蘇人，而北京紅十字會會長夏清貽亦蘇人，與南軍有連，數人者私計，覆舊政府，立新政府，南北同趨。南軍欲共和，北軍忠袁氏，南軍能推袁內閣爲總統，則共和可望，而北軍易從，欲以此意疏達南北軍，乃相率赴鄂，白於祺瑞，祺瑞諱之。即遣宇春、清貽赴滬，晤會寧軍參謀顧忠琛，忠琛爲言於蘇都督程德全，副元帥黃興，興大喜，爲訂誓約五：一、確定共和，二、先覆清室者爲總統，三、優待清室，四、南北將士不負敵害責任，五、恢復各省秩序。約既定，宇春返鄂。❻

其言大致可信。廖宇春「新中國武裝解決和平記」，記其十月十三日與前雲南總參議靳雲鵬

---

❻ 尚秉和「辛壬春秋」，卷二十七，頁五至六。

（按：祺瑞學生），保定陸軍預備大學堂總辦張鴻逵等，討論促成共和計劃，欲推戴袁世凱爲總統之事甚詳。其言曰：

維時（十月十三日）余與靳君雲鵬（翼卿，雲南總參議）、張君鴻逵（志中，保定陸軍預備大學堂總辦）偶遇於京漢車中，（是日由京赴保）二君皆關懷大局，憂時志士也。而靳君尤發揚踔厲，有不可一世之慨。然是時朋儕相見，無敢昌言共和者，余等乃別尋密室，促膝而談，余謂二君曰：時至今日，危亡即在旦夕，二君以爲君主愈乎？共和愈乎？請一言決之。二君曰：十九信條，果能實行，君權既廢，責在內閣，中國不難轉弱爲強，與共和無異也。

余曰：十九信條，若頒佈於革命起事之前，誠足以饜人心，乃不於其前，而於其後，際此天下擾擾，排斥君主之時代，雖百信條，亦不足取信於人，況區區十九信條乎？此等空言，何補中國之危亡。

靳曰：吾亦知十九信條，於議和恐無效力，然欲北軍服從共和，談何容易？

余曰：南北終於決裂，勢必兩敗俱傷，同歸於盡。目前雖有和意，然政體解決，目的不同，分道而馳，各宗一說，排解之術，尚待研究。

靳曰：余於共和，素所贊成，余於大總統一席，則不能無猶疑。竊揆北軍之趨向，必不甘聽命於南政府耳！

余曰：君之所慮，吾亦云然。吾輩所當研究之問題，正在此耳。以常代中國人材而論，新學界不乏堅卓環奇之士，然能操縱一切，有軍事上、政治上之經驗，威望素著，兼得外交上之信用者，無項城若。

靳曰：北軍之主動在袁，北軍將士之感情亦在袁。倘南軍果能贊成推袁之舉，則最後之問題，某雖不敏，尚可以利害陳說當道，從此迎刃而解，亦未可知。但保護滿清皇室，及恢復各省序秩序之條約，似不可不預行議訂。

余曰：余等所籌之計劃，果能如願，匪特中國可保，皇室克存，即項城與北軍諸將士之生命名譽，亦不致有所喪失，所謂一舉而三善備焉。但入手之策，須以國利民福爲前提，游說於兩方面，必可得當。且南軍已改變其最初方針，主張人道主義，注重政治革命，倘清帝能效法堯舜，宣布共和，則優待皇室，自是應有之義，今吾試立一假定議和條件，以質二君。

(1)保存皇室之尊榮。

(2)組織共和政體，公舉袁項城爲臨時總統。

(3)優待戰時之將士。

(4)恢復各省之秩序

以此四條爲標準，然後共謀進行，無所顧慮，誓非達此目的不止，二君以爲何如？

靳曰：綱舉目張，頗得要領，吾等敬如君約。

余曰：此事關係大局存亡，我輩須具決心，雖死不能中變。

靳曰：英雄任事，一言取決，若首鼠兩端，直傖父耳！君其毋慮。

張曰：靳君爲運動北軍之主力，廖君爲運動南軍之主力，各盡其責，何患無成，吾則勉附驥尾，遙爲二君之後援可耳。

靳曰：吾在雲南，殊憾蔡鍔輩不謀於我，爲排北舉動，余受創不死而生還者幸也。本當披髮入山，不復與聞天下事，第念袁、段二公，既陷絕地，且大局糜爛至此，若恝然坐視，漠不關懷，區區此心，良所弗忍。吾當先作漢渚一行，兼酬段公數年知遇之雅。段公天分絕高，不同流俗，必當有以報命。

余曰：天之留君北來，正所以救中國，存亡之機，唯君操之。僕不日當偕同志夏君清貽，赴南一行。南北兩方，彼此分任利害禍福，在所不計。

張曰：計劃既定，靳君可先成行，吾與夏君尚須謀面，以取南軍之信用，廖君其速爲介紹，商訂會晤之期，居時當在京踐約也。於是三人乃共述誓詞，珍重而別，此即運動北軍贊成共和之緣起也。❼

其爲袁、段謀劃之用心表露無遺。十月十六日祺瑞請辭湖廣總督。同日清廷諭曰：「現在軍事未靖，國步阽危，該署督文武兼資，韜略素裕，所請開去差缺之處，著毋庸議。」❽爲祺瑞

---

❼ 廖宇春「新中國武裝解決和平記」，引自中華民國開國五十年文獻第二編第二冊，頁四二二至四二四。以下簡稱「開國文獻」。

❽ 宣統政紀，卷六十六，頁一至二。

態度轉變之公開表現。

當是時袁世凱內閣已於九月二十六日成立，其左右陸軍大臣王士珍、副大臣田文烈等，窺袁氏篡奪政權野心，亦有贊同共和表示。廖宇春於十月十八日抵京，翌日拜訪王士珍。自十九日至二十二日連謁田文烈四次，密陳大計。田曾遣人持刺招飲，對共和有首肯之表示❾。袁氏復慮馮國璋滯留武漢憤事，十月十九日改調爲禁衛軍總統，由祺瑞兼充第一軍總統，前方戰事遂由祺瑞一人所主持❿。獨立各省革命軍將校，知天下大局操在祺瑞，致書祺瑞勸其促成共和者頗不乏人。保定陸軍學堂畢業湘籍軍官數十人曾致書祺瑞曰：

> 民立報館及各報館轉清軍司令官段祺瑞芝泉夫子鈞鑒：滿奴氣數已盡，非人力所能挽回，鄂省起義，響應東南，三分中國已有其二。此次民軍將校半出公門，夫子素明大義，同係漢人，試思戊申、己酉間（光緒三十四年、宣統元年），滿奴鐵良、鳳山輩所以傾軋夫子，及袁項城是何魄力？今漢族起義，若輩偷生，專用以施殘漢之策，縱夫子能善謀善戰，試問肝腦是何種族？殘殺同種以媚異姓，李鴻章所以見譏於外人也。鳥盡弓藏，前鑒具在，夫子清夜興思，能勿汗流浹背？見滿族坐擁巨貲，膜視國運，殺漢之聲日騰報紙，餉需募窮，軍中多數與民軍通消息者實繁有徒，滿清無論遲速終歸滅

---

❾ 新中國武裝解決和平記，引自「開國文獻」第二編第二冊，頁四二八至四二九。

❿ 宣統政紀，卷六十六，頁八。

亡，夫子盧墓族戚均在南方，倘有知己之感情，供一姓之驅使，結仇天下，是何居心？生等不忍以夫子之道反害夫子，指日北上，師生對壘，相見干戈。生等所不忍，當亦爲夫子所不願也。從違順逆，夫子三思之。亡清陸軍部陸軍學堂湖南學生王者師、王恩渥、劉輔章、劉端廉、鄧　超、高振濤、李節堅、劉文錦、張瑤、黃彥升、李益、簡□驤、陶制冶、譚澤瀛、歐陽震成、應充孟、廣　珩、朱道根、汪□漢、楊作棟、王如春、黃清瑞、王英銳、曹佟、彭湘同叩⑪。

十月二十五日晨，廖宇春南下抵漢口時，馮國璋業已交卸，並定於午後回京。靳雲鵬已先至漢口，就任第一軍參議，與祺瑞左右早有密議，廖宇春記其事曰：

出晤同志靳君翼卿（現充第一軍參議），靳君密告余曰：「吾儕之計劃可以實行，此間參謀徐君樹錚、曾君雲沛，亦頗贊成。旋謁段公密陳大計，且述與夏君南行疏通之策，文池（按：孔慶塘號文池，官雲南臨元鎮總兵）亦在旁慫恿，極言此行關乎大局，段甚韙之。並訂密碼本，交靳君收藏。⑫

---

⑪ 上海民立報，新紀元一月三十日第三頁。

⑫ 新中國武裝解決和平記，引自「開國文獻」第二編第二册，頁四二九至四三〇。

可爲祺瑞贊同共和之明證，及廖宇春十二月一日在滬與江浙聯軍總參謀顧忠琛議定和平辦法（按：一、確定共和政體。二、優等清皇室。三、先推覆清政府者爲大總統。四、南北滿漢軍出力將士各享其應得之優待，並不負戰時害敵之責任。五、同時組織臨時議會，恢復各地之秩序。）四日返回漢口後，與祺瑞更有進一步之密議。廖宇春記其事曰：

初四日午後四時抵漢。……晉謁段軍統於軍司令部，段公扣予協議情形甚悉，余先以日記進，繼陳述江南民氣激昂，所謂革命狂熱，已達極點，斷難和平解決。以大勢而論，倘存君主，南軍必不甘心，勢必仍出於戰，當此民窮財盡，餉源已竭，戰則兩敗俱傷，同歸於盡，能贊成共和，和局自易就緒。又恐北軍不能屈於南軍勢力範圍下，必有反抗舉動。惟推舉項城，則民軍之希望可達，北軍之威權不墜，兩方感情自能融洽，救時良策，無善於此。段公曰：項城焉肯出此？余曰：項城只可居於被動地位，而主動者則在公耳！段公意甚動，然猶陽以軍人不便干預政治爲詞，余向之略辯數語而退。[13]

祺瑞之矯揉造作躍然紙上。翌日（初五日）廖乃上書祺瑞，剖陳利害，書曰：

---

[13] 同上書，引自「開國文獻」第二編第二册，頁四三九至四四〇。

宇春兩月以來，愓於時局阽危，南北奔馳，焦慮苦心，寢食俱廢者無他，實以民心爲治國之本，國家存亡之樞紐，視民心向背爲轉移。現在民心既去，勢難挽回，財政外交毫無所恃，萬一餉源不濟，譁潰堪虞，列强乘虛，立將瓦解。待至束手坐斃之日，雖欲亡羊補牢亦不可得，非過慮也。蓋今者中國安危問題不過和戰兩途，其事至明，一言能決。然以大勢觀之，與其戰而兩敗俱傷，招豆剖瓜分之慘，曷若和而同心協力，爲福民利國之謀。況此次議和之初，春以個人名義前往長江一帶，悉心體察，竊見民黨雖逞血氣之私，跡似近於鹵莽，然本願所在，無非韶羨歐美之郅治，欲步先進之後塵，雪數十年喪師失地之讎，爲四百兆吐氣揚眉之計，是以一唱百和，舉國若狂。僉曰：民黨不死，共和不生，破釜沉舟，等於孤注。雖其中主張君主立憲未嘗無人，而爲大勢潮流所趨，如康梁一派，亦惟有改變方針，作助瀾推波之舉；否則稍生異議，必遭不測之殃。春小住滬濱，驚心動魄，知專使之和議，已陷於種種困難之危境，效力已失，險象叢生，倘有違言，便須決裂。若復干戈相見，必致淪胥以亡。際此一髮千鈞，不得不求最後之解決，遂偕同志夏君清貽毅然與民黨最要機關開誠布公，陳說利害，並因勢利導，委曲疏通，而推崇項城一言，實先出諸彼黨之口，至優待北軍將士一節，亦皆樂於贊成。春因事有端倪，爰即星夜遄返。惟是個人私約，何補時艱，大力迴天，非異人任。若夫軍人不能干預政治，春私心熟計，竊不謂然，蓋聚人立教，原有經權，自古賢哲秉鈞，必達變通權，而後可以決大疑、定大難；若墨守常經，拘牽成例，事機坐失，雖悔何追。不然爲臣當忠，湯何以有放桀南巢之事，爲子當孝，禹何以有過門不入之時，無他焉，亦量其緩急擇之。淚竭聲嘶，繼之以血，臨風愴悼，不知所云。⑭

是夜廖氏復私謁祺瑞於寢室車中，祺瑞語廖曰：「所言誠善，但項城立於最危險之境，不可不慎耳！」廖對曰：「祇要我公居於主動地位，項城之厄不難解也。」祺瑞深然其說，廖乃興辭而出。是祺瑞已堅定贊同共和之決心矣。⑮

初六日，廖宇復分別與前敵清軍各將領晤談，說明南行宗旨，於是陽夏清軍人心一變，從此南北軍將士往來絡繹，已儼然成一家人。

四、段祺瑞並未聯合北方軍人領銜通電主張君主立憲

段祺瑞之贊同共和已如上述，然一向談史者誤爲民國元年元月二日（陰曆十一月十四日，以下改用陽曆）北洋將領主張維持君憲之通電，係袁世凱授意祺瑞領銜發出。其造因見之於李劍農所著「中國近百年政治史」，其言曰：

⑭ 同上書，引自「開國文獻」第二編第二册，頁四四〇至四四一。

⑮ 同上書，頁四四一。

> 在中山就任臨時總統的那天（按：此誤），他（按：指袁世凱）授意於段祺瑞、馮國璋、段芝貴等，聯絡大小將校四十餘名，電請內閣代奏，主張維持君憲，極端反對共和，又將此電傳達伍代表，措詞異常激烈。謂若以少數意見採用共和政體，必誓死抵抗，這是袁世凱使用北洋軍閥的武力作工具，來威嚇民黨最初的一次。（這一著，除了威嚇民黨之外，還可以堅清廷之信用，假補充軍費之名，搾取清室內帑，作特別使用。）袁於正月二日入朝，將段、馮等電意代奏時，謂民軍要求太酷，宜依段、馮等主張，即行討伐，惟苦於軍費無著，不能實行，願辭總理之職。清太后溫諭慰留，並發內帑黃金八萬錠，袁以售於各外國銀行，此爲確切事實。⑯

其實通電者不僅祺瑞未署名，參予廖宇春共和運動之將領均未署名。是日北洋軍人凡兩通電，均由古北口提督姜桂題、禁衛軍總統馮國璋領銜。一電係致清內閣，凡十五將領，主張死戰，要求內閣請旨飭親貴大臣將銀行存款提充軍用。電曰：

> 革命黨堅持共和，我北方將士十餘萬人均主君憲。現奉懿旨：將君主、民主付諸公決。然革黨强橫，斷不容有正式選舉，則必仍循少數人私見，偏主共和。我將士往返電徵意見，均主死戰，並已將利害電知唐、伍兩代表。然言戰必先籌餉，軍興以來，朝廷

---

⑯ 李劍農「中國近百年政治史」上册，頁三三六，民國四十六年五月商務印書館版。

屢發內帑，已將告罄，懿親與國同休戚，亦應將私有財產全數購買國債，以充軍用。懿親以財產報國，軍人以性命報國，國存則款仍有著，國亡則財可殺身，明季覆轍可爲殷鑒。方今時局危迫，餉源苦竭，現聞北京各外國銀行有現銀不下三四千萬兩，統爲親貴大臣所存放，應請旨飭下各親貴大臣分別提回，接濟軍用，作爲國債。並飭下度支部妥定章程，以便事後歸還。毀家紓難，自好者猶慷慨爲之，況各親貴大臣世受國恩，豈宜吝此區區？儻有不知大體，措勒阻抑，或故意隱匿，不將所有現款全數實報者，並請從嚴治罪，以循私誤國論。果能湊集大宗鉅款，庶餉源既裕，戰備有資，我大小將士既犧牲性命，亦甘之如飴矣。事迫勢危，不勝悚惶待命之至。謹請代奏。

姜桂題、馮國璋、張　勳、張懷芝、曹　錕、王占元、陳光遠、李　純、潘榘楹、吳鼎元、王懷慶、洪自成、周符麟、聶汝清、張作霖。⑰

另一電係致南北議和代表伍廷芳、唐紹儀，凡二十一人，謂北方軍人主張君憲，國會應在北京召開。電曰：

唐大臣、伍代表公鑒：革黨主張共和，我方軍人主張君憲，現奉懿旨召集國會，公決國體，各省代表必須由正式選舉，國會尤宜開在北京，方合文明辦法。倘以上海少數

---

⑰ 故宮軍機處電報檔。

人之私見、偏執、迫脅，直是野蠻專制作成，一二人之所爲，其餘不過盲從，司馬昭之心，路人皆見。果能即此成功，笑罵正可由他。無如中國幅員甚廣，四方不乏豪傑之士，誰肯甘心降伏？即我軍人亦誓不承認。干戈相見，死亡枕藉，兩面所傷，非均是我四萬萬同胞乎？釁自誰開，不仁孰甚！兵連禍結，外人更難袖視，一經兵力干涉，瓜分立見，大陸永沉，恐亦非改革政治之初心，似亦非兩代表所不願，謹進最後忠告，請熟思之。姜桂題、馮國璋、張懷芝、張勳、王懷慶、王占元、陳光遠、李純、曹錕、潘榘楹、吳鼎元、洪自成、張作霖、聶汝清、趙 倜、伍祥禎、李際春、馮德麟、陳希義、李思遠、凌淮琪等，及各部將士同叩。寒。⑱

此兩電發之前一日，袁氏指斥清方議和代表唐紹儀逾越權限，擅與伍廷芳訂立和議條件，嚴予否認，並准唐氏辭職；姜桂題等之舉動容或爲袁氏所唆使，以爲要脅民國總統之工具，祺瑞之未參預其謀則可斷言也。

五、段祺瑞聯合北方軍人通電主張共和

元月中旬，國父讓臨時大總統位予袁世凱，密祕談判已臻成熟，袁氏乃授意慶親王奕

---

⑱ 觀渡廬「共和關鍵錄」第三編，頁二七至二八。

勗於十二日（十一月二十四日）清廷王公親貴祕密會議中，提出自動退位，接受優待辦法。十六日（十一月二十八日）袁氏在東安市場附近遭黨人張先培等投擲炸彈，中外大震。同日袁氏密請清廷早順輿情，贊成共和，以免九廟震驚，乘輿出狩。奏曰：

自武昌亂起，旬日之間，民軍響應，幾偏全國，惟直隸、河南未經叛離，然人心動搖，異於恆昔。臣世凱奉命督師，蒙資政院投票選舉，得以多數同意，設立內閣，組織雖未完善，兩月以來，將士用命，業已克復漢陽、漢口，收回山東、山西。然而戰地範圍過於廣闊，幾於餉無可籌，兵不敷遣，度支艱難，計無可出。籌款之法，羅掘俱窮，大局岌岌，危迫已極。朝廷念國步之艱虞，慨民生之塗炭，是以停戰媾和，特簡唐紹儀、楊士琦前往滬上，爲民請命，此萬不得已之苦衷，亦從未有之創舉也。屢接該大臣來電稱：民軍之意，萬衆一心，堅持共和，別無可議等語。現期已滿，展限七日，能否就範，尚難逆料。惟論目前情形，北方一隅，雖能稍保治安，而海軍盡叛，一旦所議不合，艦隊進攻，天險已無，何能悉以六鎭諸軍，防禦京津，而棄各戰地於不顧？危逼萬分，等於呼吸，宗社所寄，民命所關，早夜以思，良用悚懼。若激勵將士，勉强一戰，財賦省分全數淪陷，行政經費若如捕風，蒐討軍費，餉源何出？惟魯惟豫，滿目瘡夷，地方素瘠，就地籌款，爲勢所難，常此遷延，必有內潰之一日。倘大局至此，雖效周室之播遷，已無相容之地。遼東已爲强鄰所虎視，庫倫早有背順之萌芽，悉索敝賦，力與一戰，未嘗不能收復一二行省，然而彼衆若狂，醉心民主，兵力所能平定者土地，不能平定者人心。人心渙散，如決江河，莫之能禦，爵祿已不足以懷柔，刀兵莫知其所畏，似此億萬之所趨，豈一二黨人所能煽惑？臣等受命於危急之秋，誠不料國事壞至於此也。

環球各國，不外君主民主兩端，民主如堯舜禪讓，乃察民心之所歸，迥非歷代亡國之可比。我朝繼繼承承，尊重帝系，然師法孔孟，以爲百王之則，是民貴君輕，聖賢業已重法守，且民軍亦不欲以改民主，滅皇室之尊榮。況東西友邦，因此次戰禍，貿易之損失已非淺鮮，而尚從事調停者，以我祇政治之改革而已。若其久事爭持，則難免不無干涉。而民軍亦必因此對於朝廷感情益惡。讀法蘭西革命之史，如能早順輿情，何至路易之子孫靡有孑遺？民軍所爭者政體，而非君位；所欲者共和，而非宗社。我皇太后皇上，何忍九廟之震驚，何忍乘輿之出狩，必能俯鑒大勢，以順民心。⑲

會唐紹儀致電祺瑞，勸其贊成共和，迅令清帝退位⑳。同月二十三日（十二月五日）祺瑞遂公開致電內閣、軍諮府、陸軍部，報告所部弁兵已多與革命軍勾結，共和思想有不可遏止之勢，電曰：

---

⑲ 張國淦「辛亥革命史料」，頁二九九至三〇〇。

⑳ 民立報，新紀元一月二十九日第二頁緊要電報。

昨夜四鎭參謀忽電傳來，謂施統帶云：二營目兵鼓噪特甚，求立即調往後路，以免意外。一三營亦有染等語。今晨陳統制來，求即調開，有刻不容緩之勢。詢其所以，吞吐不言。瑞見情急，當准將該標調至李家寨，即派員密訪情形。據稱：該標目兵已與革命軍勾通，約今夜叛去，四鎭亦有云云。側聞共和思想，近來將領頗有勃勃不可遏阻之勢，徵今日之事，益信其然，但瑞職責所在，惟有旁引遠喻，力爲維持，未知能持久否？惟十九標又去，力益單弱，彼若環攻，惟有盡其力之所有，成敗利鈍未敢料也。祺瑞歌。㉑

措詞婉轉，對革命軍已有同情之表示。二十五日（十二月七日）段氏再電清內閣，以民心軍心均趨向共和，已與各路將領熟商，擬即聯銜陳請代奏。電曰：

恭讀上月初九日懿旨，政體付諸公決，以現在人民趨向，何待再卜，不禁涕泣久之。邇來各將領不時來言，人民進步非共和不可；且兵無餉補，餉械俱匱，戰守無具，敗亡不免，稍一遲回，東、皖、豫亦無完土，即皇室尊榮勢必因之而滅，瓜分慘禍將在意料之中。我輩死不足惜，將何以對皇室？何以對天下？已與各路將領熟商，始則責以大義，令其鎭靜，而竟刺刺不休，退有後言。昨聞恭王、澤公阻撓共和，多憤憤不

㉑ 清軍機處電報檔。

> 平，要求代奏，各路將領亦來聯銜，壓制則立即暴動，敷衍亦必全潰，十九標昨幾叛去，業經電陳，是動機已兆，不敢再爲遲延，擬即聯銜，陳請代奏。㉒

已公開提出共和之要求。翌日清內閣以徐世昌、袁世凱、馮國璋、王士珍四名義，電覆祺瑞，戒勿輕舉妄動。電曰：

> 忠君愛國，天下大義，服從用命，軍人大道，道義不存，秩序必亂，不爲南軍所俘，便爲亂軍所脅，利害昭著，萬勿誤歧。我輩同澤有年，敢不忠告。務望剴切勸解，切勿輕舉妄動。聯奏一層，尤不可發，亦不能代遞，務望轉請諸將領三思。涕泣奉覆。
>
> 昌、凱、璋、珍。㉓

是電由前內閣協理大臣徐世昌領銜，至馮國璋則非內閣閣員，況電文並無反對共和之明確表示，袁氏之故弄姿態至堪玩味。加以其既密奏共和於前，此電欲欺騙國人之意不辨自明。同日祺瑞聯合北洋將領聯銜致電清內閣、軍諮府、陸軍部，並各王公大臣，請即電奏清廷，明降諭旨，宣示中外，立定共和政體。電曰：

㉒ 同上。

㉓ 同上。

敬請代奏事：竊維停戰以來，講和兩月，傳聞宮廷俯鑒輿情，已定議改共和政體，其皇室尊榮，及滿蒙生計、權限各條件：曰大清皇帝永傳不廢；曰優定大清皇帝歲俸，不得少於三百萬；曰籌定八旗生計，蠲除滿、蒙、回、藏一切限制；曰滿、蒙、回、藏與漢人一律平等；曰王公世爵，概仍其舊；曰保護一切原有私產。民軍代表伍廷芳承認，列於正式公文，交海牙萬國和平會立案云云。海宇聞風，率士臣民，罔不額手稱慶，以爲事機至順，皇位從此永保，結果之良，軼越古今，眞國家無疆之庥也。想望懿旨，不違朝旭。乃聞爲輔國公載澤、恭親王溥偉等一二親貴所尼，事遂中沮，政體仍待國會公決。祺瑞等自應力修戰備，靜候新政之成。惟念事變以來，累次懿旨，莫不軫念民生，惟國家利福是求，惟塗炭生靈是懼，既頒十九信條憲法，誓之太廟，又允召集國會，政體付之公決，可見民爲國本，宮廷洞鑒，具徵民視民聽之所在，決不難降心相從。茲既一再停戰，民軍仍堅持不下，恐決難待國會之集，姑無論遷延數月，有兵潰民亂、盜賊蠭起之憂；寰宇糜爛，必無定土，瓜分慘禍，迫在目前。即此停戰兩月之間，民軍籌餉增兵，佈滿各境，我軍皆無後援，力太單弱，加以兼顧數路，勢益孤危；彼則到處勾結土匪，勒損助餉，四出煽擾，散布誘惑，且於山東之煙台，安徽之穎、壽境界，江北之徐州以南，河南之光州、商城、固始，湖北之宜城、襄、樊、棗陽等處，均已分兵前逼，而我皆固守一隅，寸籌莫展。彼進一步，則我之魯、皖、豫即不自保，雖祺瑞等公貞自勵，死生敢保無他，而餉源告匱，兵氣動搖，大勢所趨，將心不固，一旦決裂，何所恃以爲戰?深恐喪師之後,宗社隨傾,彼時皇室尊榮,宗藩生計,必均難求滿志。即擬南北分立,勉强支持,而以人心論,則西北騷動,形既内潰,以地理論,則江海盡失,勢成坐亡。祺瑞等治軍無狀,一死何惜?特捐軀自效,徒殉愚忠,而君國永淪,追悔何及?甚非所以報知遇之恩也。況召集國會之後,所公決者,尚不知爲何項政體,而默察人心趨向,恐仍不免出於共和之一途。彼時萬難反汗,是待以數月水火之患,貽害民生,何如預行裁定,示天下以至公,使食毛踐土之倫,歌舞聖明,零涕感激,咸謂唐虞至治,今古同揆,不亦偉哉?祺瑞等受國厚恩,何敢不以大局爲念?故敢比較利害,冒死陳言,懇請漁漢大號,明降諭旨,宣示中外,立定共和政體,以現在内閣及國務大臣等,暫時代表政府,擔任條約、國債,及交涉未完之事項,再行召集國會,組織共和政府,俾中外人民,咸與維新,以期妥奠群生,速復地方秩序。然後振刷民氣,力圖自强,中國前途,實維幸甚!不勝激切待命之至!謹請代奏。㉔

列名中,元月二十六日(十二月八日)通電主張共和之將領甚多。最初爲四十二人,後增加王占元、何宗蓮、張士鈺、姜桂題、倪嗣沖五人,共四十七人,至二月二日(十二月十五日)伍廷芳得唐紹儀轉告段祺瑞復電時,又增加王懷慶、張懷芝、徐邦傑三人,遂成五十人,茲表列如下:

㉔ 吳廷燮「合肥執政年譜」,頁十至十一。

署理湖廣總督、第一軍總統：段祺瑞。
古北口提督、毅軍總統：姜桂題。
護理兩江總督、長江提督：張勳。
察哈爾都統、陸軍統制官：何宗蓮
副都統：段芝貴。
河南布政使、幫辦軍務：倪嗣沖。
陸軍統制官：王占元、陳光遠、李純、曹錕、吳鼎元、潘榘楹、孟恩遠。
總兵：高金敍、謝寶勝、王懷慶。
參議官：靳雲鵬、吳光新、曾毓雋、陶雲鶴。
參議官：徐樹錚。
砲隊協領官：蔣廷幹。
陸軍統領官：朱灃藻、王金鏡、鮑貴卿、盧永祥、陳文運、李厚基、何豐林、張樹元、馬繼曾、周符麟、蕭廣傳、聶汝清、張錫元、施從濱、蕭安國。
營務處：張士鈺、袁乃寬。
巡防統領：王汝賢、洪自成、高文貴、劉金標、趙倜。仇俊圖、周德啓、劉洪順、柴得貴。
幫辦天津防務：張懷芝。

正定鎮總兵徐邦傑亦同意，惟覆電較遲㉕。

李劍農「中國近百年政治史」，誤列爲元月二十七日（十二月九日），謂列名贊同共和之將校四十餘人，亦與事實不合。其言曰：

到二十七日，（袁世凱）自己的法寶也出現了，——就是段祺瑞等大小將校四十餘人聯名向內閣軍諮府陸軍部並各王公發出一長電，主張立採共和政體，以安皇室而奠大局，請他們向皇帝代奏，這是袁世凱第二次使用北洋軍閥的武力作工具來威嚇清廷。㉖

岑學呂「梁燕孫先生年譜」，謂此電奏係梁士詒所從中策劃㉗。張國淦「辛亥革命史料」，謂此電係出自徐樹錚手筆，其言曰：

據曾毓雋言：「辛亥革命前敵各將領電請退位，係中央授意。一月二十五日段軍統四十二人通電，爲徐樹錚擬稿，稿就多日，段擱置不發。司令部駐孝感，不意某日所部第四鎮第七旅兵變，謠有轟司令部之說。廣水駐軍得信，急車來援，又與孝感兵車相

㉕ 臨時政府公報第八號，民國元年二月五日出版。

㉖ 李劍農「中國近百年政治」上冊，頁三四二。

㉗ 岑學呂「梁燕孫先生年譜」上冊，頁一〇六，五十年六月文星書店影印版。

撞，倉卒間不能鎮攝。乃急將此通電拍發，一面將司令部車北開，過信陽未停，一直到保定。內幕如此，而其效力乃至於不可思議也」云云。曾係局中人，自是事實。㉘

以上兩説均有其可靠性。復據曹汝霖「一生之回憶」，記載南北和議期間，袁世凱從中操縱之陰謀，用梁士詒以定策，命祺瑞連合北洋將領以要脅清廷退位。其言曰：

總理大臣奏請派唐紹儀、楊士琦、嚴修爲議和代表，南下議和，嚴修辭不就，還派各省代表，每省一人，眞是冠冕堂皇，但各省代表只等於戲劇中之跑龍套而已。南方派伍廷芳爲議和代表，會議有正式非正式之分，重要會議都是密談，各省代表亦無從預聞，然於清室終處於不利地位。項城方面參予密勿者只梁士詒（燕孫）一人。梁亦善於用權謀，與袁水乳交融，相得益彰。唐紹儀則偏向南軍，梁、唐之間，密電往來，由袁主持，梁亦時參意見。袁對清室存廢，尚在游移，聽説策士進言，以斬草不除根，春風吹又生，袁意遂決，定了三部曲，首由前方統帥以兵餉兩缺無法作戰，電請清帝退位，改共和政體，以存元氣。繼以駐外公使以外論贊成改制爲言，籲請改爲共和政體以保和平，終於逼宮遜位。遂密電段祺瑞聯名前方將士四十餘人來電籲請代奏，請

㉘ 辛亥革命史料，頁三〇六。

清帝順從民意遜位，改共和政體。電文甚長，措辭婉轉得體，聞係徐又錚手筆。㉙

按：此一電奏已決定清廷之命運，以後清內閣再無勸說祺瑞等之電文。蓋當時北洋將領最初之兩種不同行動似乎有兩項可能性。一種可能性係袁世凱之兩面政策，一面授意祺瑞等運動共和以見好民國，一面授意姜桂題等恫嚇革命軍，以謀取臨時總統。另一種可能性係北洋將領祺瑞等窺袁氏野心，各爲袁氏設想君憲共和之不同主張。惟自元月十六日（十一月二十八日）袁氏密奏清廷實行共和後，兩派在袁氏操縱下，行動趨於一致，祺瑞遂成爲推動共和之領導人物。

六、段祺瑞促成清廷退位

自元月中旬（十二月上旬）以後，祺瑞一面電請清廷主張共和，將所部集中孝感以北，以免與革命軍發生誤會；一面與京中北洋將領密商，暗中佈置，欲逼使清廷退位。同時代表北洋軍人，一面由唐紹儀作媒介，與民國議和代表伍廷芳有所接洽；一面迭次直接致電孫總統，轉告黎元洪，勿再進兵，就近派員洽商，倘清帝不退位，可合兵北上㉚。元月二十六日

㉙ 曹汝霖「一生之回憶」，頁九一至九二，一九六六年一月，香港春秋雜誌社出版。
㉚ 民立報，新紀元一月三十日，緊要電報。

（十二月八日）祺瑞所致唐紹儀電曰：

陽電悉（陰曆十二月七日）：瑞與各統兵大員於今日晨聯銜電奏，請定共和政體，都中已有部署，切告各路軍民，萬勿稍有衝突，以免貽誤大局。瑞齊。㉛

祺瑞另於元月二十七日（十二月九日）致電唐紹儀，認爲南北雙方應從大處著眼，早日實現共和，勿爲外人漁利。電曰：

三電均悉：某國欲漁利，又豈止一某國？尚有慫恿外蒙獨立，爲吞併計者。禍機之變，不知胡底？兄弟鬩牆，外猶禦侮，謀國利民福者，似宜遠瞻近矚，審愼出之。瑞夙抱宗旨，不忍南方再有糜爛，塗炭生靈。且公使俱在都門，秩序一亂，是將授人干涉之柄。聯奏昨夜半已到京，今日未知如何？況兩軍相搏太近，時有衝突，已擬稍退，民軍不可再進，致生惡感，孫黃兩公統祈代爲致意。瑞青。㉜

唐氏轉電伍廷芳，伍氏乃於翌日分電南京孫大總統、黃陸軍總長、武昌黎副總統，及各省都

㉛ 民立報，新紀元一月二十九日，第二頁緊要電報。又黎副總統政書卷五頁十五。

㉜ 民立報，新紀元一月二十九日。

督、北伐聯軍總司令曰：

詳觀此電，段君洵明大義，廷已屢電黎副總統，請派員與之接洽。黃陂等處兩軍尤爲接近，更須妥爲措置，並望孫大總統、黃陸軍總長致電段君，與之聯絡，以期一致進行，完全達到共和目的，是所切盼。廷芳儉。[33]

黎元洪接電後，即於二十八日派員至孝感車站與祺瑞接洽，祺瑞派人接待，表示對於共和政體，久已同意，此次軍隊退卻，實不願與民軍衝突，損傷國家元氣。雙方救國方法雖不一致，而目的相同。乃協議革命軍駐紮祁家灣，相離五十里，免致誤會[34]。及聞清廷親貴阻撓共和，二月五日（十二月十八日）祺瑞復合王占元、何豐林、李純、鮑貴卿等九將領自信陽電奏，指辭激烈，斥責王公敗壞大局，聲稱即率全軍將士入京，與之剖陳利害。電曰：

近支王公、諸蒙古王公、內閣各部院大臣鈞鑒：共和國體原以致君於堯舜，拯民於水火，乃因二三王公迭次阻撓，以致恩旨不頒，萬民受困，現在全局危迫，四面楚歌，穎州則淪陷於革命軍，徐州則小勝而大敗，革艦由奉天中立地登岸，日人則許之。登

[33] 黎副總統政書，卷五，頁十六。
[34] 同上書，卷五，頁十五至十六。

州、黃縣獨立之影響，蔓延於全魯。而且京津兩地暗殺之黨林立，稍疏防範，禍變即生，是陷九廟兩宮於危險之地，此皆二三王公之咎也。三年以來，皇族之敗壞大局罪難髮數，事至今日，乃幷皇太后皇上欲求一安福尊榮之典，四萬萬人欲求一生活之路而不見允，祖宗有知，能不痛乎！蓋國體一日不決，則百姓之困兵燹凍餓死於非命者，日何啻數萬？瑞等不忍宇內有此敗類也，豈敢坐視乘輿之危而不救，謹率全軍將士入京，與王公痛陳利害，祖宗神明，實式鑒之，揮淚登車，昧死上達，請代奏。第一軍總統段祺瑞，統制王占元、何豐林、李純，協統王金鏡、鮑貴卿、李厚基、馬繼增、周符麟。嘯。㉟

是電爲清廷之催命符。其後祺瑞合馮國璋等六十清軍將領，迭電伍廷芳，附和袁氏所提修正優待清室條件，主張「帝號相承不替」，及不用「遜位」一語。其二月八日（十二月二十一日）之電曰：

伍代表鑒：魚電敬悉。屢聞南方宣言，如國體改定，朝廷不失其安富尊榮。今條件中大清皇帝尊號相承不替，爲尊榮最要之大綱，靳而不予，抑獨何心？應請仍照原文，

㉟ 渤海壽臣「辛亥革命始末記」，頁九四四至九四五，文海出版社近代中國史料叢刊本。又民立報，民國元年二月十三日新聞。

萬勿更易。遜位一語，軍界同人極爲駭異，應請修正。此兩層最關重要，絕對不敢附和，其餘各節均聽袁内閣與代表協商。如貴代表有和平解決之眞心，期免生靈塗炭，決不因此爭執，致敗大局也。(姓名略)㊱

是乃在袁氏授意下北洋軍人之一致行動。二月九日（十二月二十二日）祺瑞已北上抵達保定，復單獨分電南京孫大總統、黃總長，上海伍代表，武昌黎副總統，認爲政體解決已有頭緒，主張南北政府同時取消，並預行推定臨時大總統。電曰：

急。南京孫逸仙先生、黃克强先生、上海伍秩庸先生鑒：瑞昨日率兵到保，二次電奏想有所聞。政體解決已有端緒，善後手續自應預籌。鄙見宣佈共和之日，兩方政府同時取消，臨時大總統並須預行推定。至臨時政府必要人員及臨時政府暫設地點，應由全體公同商定，即以退位之時，爲共和臨時政府成立之日，庶統治機關不致曠時，兩方不致陷於無政府之危險。諸君如以爲然，即請將應推之大總統及臨時政府必要之人員與地點，迅速電示，俾與北方軍界公議，免相猜疑。現在南北軍民均盼解決，望將善後綱領迅示，以便催促宣佈。瑞才疏身弱，毫無希圖，俟國利民福之目的達到後，

㊱ 觀渡廬「共和關鍵」第二篇，頁一〇七。

當即解甲歸農，藉藏鳩拙，區區微忱，統望鑒原。段祺瑞禡。㊲

足見祺瑞根本不承認南京臨時政府，及欲推袁世凱爲臨時大總統之用心。黎元洪致電上海伍廷芳，竟贊同祺瑞之主張，並建議各省代表赴鄂，籌商組織臨時政府㊳。同日署理直隸總督張鎮芳，復合祺瑞，及署理兩江總督張勳、署理山東巡撫張廣建、河南巡撫齊耀琳、安徽巡撫張懷芝、山西巡撫張錫鑾、署理山西巡撫李盛鐸、吉林巡撫陳昭常等九人，再電請清廷速降明諭，宣佈共和。電曰：

共和政體，久延不決，危機四伏，險象環生，內多糜爛之虞，外召干涉之禍。徐州、潁州、潼關各前敵，屢以兵單力竭見告；登州、黃縣、高密相繼獨立，影響遍於全魯。俄則陰助蒙古，庫倫、伊犂，及黑龍江之呼倫、臚濱各屬，群謀構變。日則屯兵朝鮮，進逼遼瀋，有乘隙思逞之志。直豫等省黨人潛布，盜賊蠡起，閭閻驚恐，廛市蕭條，不但瓦解土崩，人民已陷火熱水深之境，且恐亡國滅種，皇室將有覆宗絕祀之憂。尚何有於朝廷？何有於宗社？何有於皇族？思之惴慄，言之慘傷。比者屢讀詔旨，以公天下爲言，仰見宮廷俯順輿情，遠邁隆古，朝野喁喁企望，若待雲霓。而共和問題，

㊲ 臨時政府公報第十四號（民國元年二月十三日出版）。

㊳ 引自許師慎「國父當選臨時大總統實錄」下册，頁二八四，國史研究社出版。

遷延未定，遜讓政權之明詔，遲久未頒，中外失望，軍民解體。轉瞬春融，民軍北上，戰無可戰，和不及和，必召剝膚之災，可勝噬臍之悔。現在存亡呼吸，間不容髮，伏懇宸衷獨斷，速降明諭，宣佈共和，悉以政權公諸國民。大計早一日決，即大局可早一日定，一轉瞬間，而四萬萬生靈得解倒懸之危，數百年宗廟陵寢仍保磐石之安。上以幸福於國民，下以尊榮酬君上，其爲懿美，超軼唐虞，全國蒙庥，萬世仰德。鎭芳因事危迫，禍福利害，無待再計，不避斧鉞，呼籲上聞，遏勝涕泣禱祈之至。除陝西、甘肅、新疆三省電報不通外，鎭芳等往返電商，意見相同，謹聯銜請代奏。㊴

此電之激烈不亞於二月五日（十二月十八日）祺瑞領銜之電奏。張鎭芳爲袁氏之表弟，在北洋將領中與袁氏關係最親密，出於袁氏之授意甚顯。是爲同月十二日（十二月二十五日）清廷宣佈退位詔書之由來。該詔書出自張謇手筆，原詔中無「即由袁世凱以全權組織臨時共和政府」字句，係袁氏發表時臨時竄人㊵。由祺瑞本月九日（十二月二十二日）所致孫總統等之電觀之，祺瑞顯參予其陰謀，而非倉卒間所決定也。

㊴ 同上書，下册，頁二三八至二三九。

㊵ 胡漢民自傳，引自革命文獻第三輯，頁六二，又張孝若「南通張季直先生傳記」，頁一五五，民國二十年五月上海中華書局版。

七、結語

祺瑞在辛亥革命期間之表現既如上述，然因出身中國舊社會，對民主政治缺乏深刻之瞭解。加以個性倔强，重實權，迷信武力，無優秀之幹部與幕僚，故於民國初年，雖三任閣揆，一任參戰督辦，一任臨時總執政，施展殊失人望。然其重道義，不苟且，生活嚴肅，故仍不失爲失敗英雄。況其克保晚節，希望中國富强之心始終不渝，似仍應予以適當之同情。

（臺北，中國歷史學會史學集刊第六期，民國六十三年五月，頁二七七至二九七。）

三五　中共曲解國父思想與辛亥革命的本質

——紀念同盟會成立八十週年——

一、前　言

清光緒三十一年七月二十日（一九〇五年八月二十日），國父孫中山先生糾合海外青年，成立中國同盟會於日本東京，這是革命人士的大團結。在此之前，無論是興中會、華興會、光復會，黨人彼此之間只是道義的結合，在共同目標下分別爲革命理想而努力。黨的組織不夠嚴密，興中會雖有分會的設立，並不能真正收到以身使臂之效。在此之後，黨的組織已相當週全，總會設執行、評議、司法三部，顯然具有政府型態❶。並推定各省分會會長，先後在各地成立支部。同盟會不僅決定了革命的四大基本宗旨：驅除韃虜，恢復中華，建立

❶ 田桐「同盟會成立記」，見「革命文獻」第二輯，頁二五五，黨史委員會出版。

民國，平均地權。並將實行程序分為三期：軍法之治，約法之治，憲法之治❷。更決定了中華民國的國號和國旗❸。於是刊行「民報」，鼓吹三民主義，分派同志回國活動。從此革命聲勢大張，革命思潮瀰漫全國，革命行動益加頻繁，六年期間卒收推翻專制，建立民國之大功。

孫中山先生自稱：

> 自革命同盟會成立之後，余之希望則為之開一新紀元。蓋前此雖身當百難之衝，為舉世所非笑唾罵，一敗再敗，而猶冒險猛進者，仍未敢望革命排滿事業能及吾身而成者也。其所以百折不回者，不過欲有以振起既死之人心，昭蘇將盡之國魂，期有繼我而起者成之耳！及乙巳之秋（按：指光緒三十一年），集合全國之英俊而成立革命同盟會於東京之日，吾始信革命大業可及身而成矣，於是乃敢定立中華民國之名稱，而公佈於黨員，使之各回本省，鼓吹革命主義，而傳佈中華民國之思想焉。不期年而加盟者已逾萬人，支部則亦先後成立於各省，從此革命風潮一日千丈，其進步之速，有出人意表者矣。❹

---

❷ 同盟會革命方略，見「國父全集」，第一冊，頁二八五至二八六，民國六十二年六月，黨史委員會出版。

❸ 馮自由「中華民國開國前革命史」，頁一九九至二〇〇，民國四十三年四月，世界書局影印版。

❹ 「孫文學說」，第八章「有志竟成」，見「國父全集」，第一冊，頁四九七至四九八。

由此可見中國同盟會的成立，實關係近代中國的命運。它不僅開啓了近代中國的新紀元，同時奠定中華民國立國的基礎。

二、中共御用「史學家」對國民革命的歪曲

中共於本年二月，在大陸舉辦「孫中山研究述評國際學術研討會」，曾發表有關孫中山先生及辛亥革命論文多篇，先後刊佈於「人民日報」，綜合其內容，發現其各篇論文主旨，表面讚揚孫中山先生革命功績，其實誣指孫中山先生係受二十世紀初西方資產階級民主思潮之影響。其所領導之國民革命，係資產階級的革命，有意歪曲史實以貶低孫中山先生的偉大人格，對中國國民黨及我政府之反共基本國策，顯具有統戰之意圖。

參加該會議之所謂「新中國史學家」，一致認爲自中共政權建立後，毛澤東連續所發表的文章，曾經高度評價中山先生領導辛亥革命之豐功偉績，尤其中山先生之「聯俄、容共、扶助農工」政策，深刻影響到學術界，使整個關於中山先生和辛亥革命的研究，轉移到馬克斯主義的科學立場。至今毛澤東對中山先生所有的評論，學者們仍然奉爲經典文獻。因之馬克斯主義和毛澤東思想，應爲研究中山先生及辛亥革命學者所遵循。並認爲中共竊據大陸三十餘年來，研究中山先生和辛亥革命應分爲兩個階段，而以民國五十五年（一九六六）文化大革命發生爲界限。前一階段自民國三十八年至五十五年（一九四九至一九六六），沒有專門研討中山先生和辛亥革命的論著，基本上屬於史料編纂階段。近代史工作者，共同承認中山先

生是先知先覺，一部辛亥革命史係中山先生的活動史，一切成功歸於中山先生，一切錯誤均屬他人，一切與中山先生關係不密切的革命活動，均被貶低或遺漏。後一個階段自民國五十五年（一九六六）至今，所謂「新中國史學家」，比較全面的研究中山先生，基本上看法已經完全一致，共同認爲：㈠中山先生所領導的是「資產階級民主革命」。㈡中山先生提出了反帝反封建的資產階級民主革命綱領——三民主義。㈢中山先生建立了最早革命團體「興中會」，並成立了全國性的革命政黨「中國同盟會」。㈣中山先生堅持武裝起義和革命戰爭，推翻了專制政體。㈤中山先生建立「第一個資產階級革命政權」——中華民國臨時政府。

三、中共「新中國史學家」對 國父偉大人格的褒和貶

所謂中共「新中國史學家」，共同承認遠在光緒二十九年（一九〇三），國內外革命者已公認中山先生是自己的革命領袖，中山先生領導革命的豐功偉績不可埋沒，武昌起義是中山先生領導革命運動長期發展的結果。但爲配合其統戰需要，蓄意刻劃出研究中山先生和辛亥革命的模式，對中山先生作出並不公允的指評。綜合其謬論如下：

㈠就早年批評保皇派問題上，「章太炎並不稍遜於中山先生」。中山先生係受章氏反對「紀孔保皇」所「啓發」，不過中山先生提出了「驅除韃虜，恢復中華，建立民國，平均地權」比較完全的民主革命綱領，是章氏所不及的地方。就立國主張而言，楊篤生的「民族建國主義」和中山先生的「建立民國」，「同屬一個思想體系，同是資產階級

進軍的號角」。

㈡中山先生「忽視群衆的某些富有積極意義的創造，忽視革命運動發展的潛在形勢」，「中山先生草檄不如章太炎，臨陣退敵不如黃克强，組織政黨不如宋教仁、胡漢民，密謀起義不如武昌三武（按：指孫武、張振武、蔣翊武而言）」，不過中山先生能適應時勢的發展變化，集中群衆活力，改善自身的活動，從而找出前進之路。在總的方面，在推動整個革命運動發展方面，無人能取代中山先生的地位。

㈢中山先生「與武昌革命無關」，對辛亥舉義「全然爲一局外者」。但卻認爲武昌起義是中山先生所領導的革命運動發展的結果。

㈣中山先生「未能親自領導推翻滿清決戰」，是一憾事。中山先生「長期忽視內地革命運動」，造成武昌起義準備不足的「惡果」。由於中山先生與武昌起義及各省響應沒有「直接淵源」，確實影響了中山先生在臨時大總統上的實力地位。

㈤中山先生發動革命，提出革命政綱，組織全國性的革命黨，他的威望無人可以取代，但他，「沒有給各地革命以具體指導，沒有很好的統籌全局」。中山先生「始終不曾建立一個有效率的總指揮部，同盟會在孫、黃遠離，『民報』被禁後，已形同虛設」。領導中心隨孫、黃所至，變成多元化和流動性，後來所成立的南方支部、同盟會中部總會，只是前進指揮所而已。

㈥宣統二年（一九一〇），中山先生曾通知一些海外同盟會員，將革命團體易名爲「中華革命黨」，並改變會章，顯有「分裂」、「背離會章」的罪名，其事早於宣統三年（一九一一）閏六月上海中部同盟會的成立，而論者僅罪後者，而不罪前者，違背了在真理前應該人人平等的原則。

(七)大陸文化大革命期間，給研究中山先生及辛亥革命的人士製造了十年以上的混亂。林彪、江青等貶低了中山先生，「替孫先生梳妝打扮以適合他們的反動政治需要」，雖然推崇中山先生爲「聖之時者」，但中山先生成了「反孔」與「尊孔」，及「儒」、「法」之爭的工具。在粉碎四人幫之後，應該剝去替中山先生梳妝打扮的「史學」外衣。

該會最後綜合結論中，所謂中共「新中國史學家」强調，目前研究孫中山先生的爭論，不是評價高低之爭，而是無產階級革命政治觀點和資產階級的反革命政治觀點之爭，是唯物史觀和唯心史觀之爭，是革命的、科學的歷史觀點，和反動的、反科學的歷史觀點之爭。「新中國史學家」正在把中山先生、辛亥革命的研究，建立在科學基礎上而作出巨大努力。

四、批判中共「新中國史學家」觀念的錯誤

基於中共「新中國史學家」們，對中山先生和辛亥革命的錯誤認識，茲依據有關資料，分項加以駁斥，和證明彼等的斷章取義，對中山先生所領導的國民革命，欠缺深入之研究。

(一)中山先生自稱，在光緒十一年（一八八五）中法戰後即立志革命❺。中山先生家境貧

❺ 同上書，頁四九一。

困，父達成公曾在澳門業皮革、縫紉，兩位叔父學成、觀成，應募華工，一死海上，一死美國加州礦區。兄德彰在檀香山從事農墾❻，自不能算是「資産階級」。中山先生立志革命之年爲二十歲，大部時間居香港，就讀皇仁書院❼，就時間上計算，實早於所謂「二十世紀西方資産階級民主思潮」。

㈡光緒二十年十月二十七日（一八九四年十一月二十四日），興中會成立於檀香山，參加份子包括了當地社會各行業，如何寬、李昌、劉祥、黃華恢、劉壽、李祿、劉卓、曹彩、黃亮、鄭金、程蔚南、鄧蔭南、鍾木賢、卓海、宋居仁等❽。

次年正月，組織總會於香港，參加份子陳少白、陸皓東、黃詠商、史堅如等出身學堂，楊鶴齡是小商人，尢列是小公務員，楊衢雲是教員，謝讚泰、鄭士良是會黨，絕少有所謂真正「資産階級」。

光緒三十一年（一九〇五）七月二十日，中國同盟會成立於日本東京，參加者固多留學生，但其家世各不相同。早期的起義主力係會黨，後期是新軍，沒有鉅紳豪富傾家捐助起義行動，親冒矢石參加革命軍行列者；否則中山先生在革命過程中籌措革命軍費，當不致如此的艱難了。中山先生經常自稱生平所致力的是國民革命，也就是全民

❻ 羅香林「國父家世源流考」，頁三七至三八，商務印書館，民國四十三年出版。

❼ 國父年譜，上册，頁三三至三四，黨史委員會編印，民國五十四年十一月版。

❽ 馮自由「革命逸史」初集，頁二二至二三，商務印書館，民國二十八年六月出版。

革命，絕不能誣指是「資產階級的民主革命」。

㈢從事歷史研究，尤其對人物的評價，不能先有假設，刻劃出一個模式。中山先生三民主義學說，完成於光緒二十二年（一八九六）倫敦蒙難之後❾，有繼承中國的道統，有汲取西方文化之所長。其時馬克斯的資本論（以唯物史觀、剩餘價值、階級鬥爭爲主旨）尚未大行於世，雙方實扯不上任何關係，而毛澤東於半個世紀後曲解附會，更難以自圓其說。

㈣中山先生是反共的先知，民國十三年（一九二四）的「聯俄容共」政策，只是一時權宜之計，目的在便利北伐統一，納盲目青年於革命陣營，以免誤於共産邪說。沈定一、譚平山、周佛海、陳公博、邵力子等以後的幡然覺悟，脱離共産黨，就是最好的例證。至於三民主義的遠景是爲全人類謀幸福，並不僅限於所謂「農工」階級。

㈤辛亥革命成功所建立的中華民國臨時政府，時間不足四個月，號令不及於各省。就其組織成員而言，臨時大總統中山先生所任命的九部總長人選，係各就其所長，包括社會面甚廣：陸軍總長黄興，早年留學日本，係華興會會長，爲軍國民教育會主要份子，曾主持多次起義行動，武昌起義後任戰時民軍總司令。外交總長王寵惠，曾留學日、美、英等國，爲國際法權威，其父煜初爲牧師。教育總長蔡元培，出身翰林，曾任光復會會長，留學德國，研究文學、哲學、實驗心理學等，三人屬同盟會會員。其他海

---

❾「孫文學説」，第八章「有志竟成」，見「國父全集」，第一册，頁四九四。

軍總長黃鍾瑛，清末任海籌艦長，響應革命後任海軍總司令。司法總長伍廷芳，留學英國，習法律，清末出使美國、秘魯、古巴等國。財政總長陳錦濤，清末任袁世凱內閣度支部次官。內務總長程德全，清末任江蘇巡撫。實業總長張謇，實業家，清末任袁世凱內閣農商部大臣。交通總長湯壽潛，清末曾經理浙江鐵路。在過渡期間仍能因才而用，實不能誣指爲「資產階級革命政權」。

(六)臧否人物應從大處著眼。中山先生首倡國民革命，開始即知道利用廣大群衆以發展組織，光緒二十一年（一八九五）首次廣州之役，和光緒二十六年（一九〇〇）惠州之役，即係以農民、散兵游勇爲主力，就是最好的例證。中山先生爲人坦誠，始終如一，著作平實而有遠見。不像章太炎的爲人驕縱，標新立異，文章詰屈聱牙，及楊篤生之憂憤國事，投海輕生。至於黃興、胡漢民、宋教仁等人對革命的貢獻，各限於某一方面，因才而用之，全局仍有賴中山先生所輻轂。至於武昌發難三武，雖有首義之功，實受中山先生精神所感召。諸人無論識見能力均非大才，器具遠遜於黃、宋、胡諸人。

(七)辛亥革命不同於我國任何一個朝代的興起。中山先生鼓吹革命於海外，開風氣之先。光緒二十一年（一八九五）廣州之役失敗後，清廷緝拏，國內、香港皆不能立足。以後甚至日本、越南、新加坡均不許登岸，自無法在內陸有所活動。僅能指揮黨人起義於西南沿邊各省，影響漸及於長江流域。

(八)辛亥年四月，由於清廷成立皇族內閣，收回鐵道國有辦法失當，才引起立憲派和各界人士的不滿，一致同情革命，其基礎才真正動搖。加以袁世凱憾被罷斥舊恨，陰挾北洋六鎮軍隊以自重。故武昌革命軍起，各省紛紛響應，三個月內民國建立，四個月後清帝退位。大致說，沒有大規模長期的戰爭，清帝所享受的禮遇也爲歷代所僅有。中山先生於各界歡迎聲中返國，雖被推爲臨時大總統，究以革命思想尚未深入人心，響應革命份子背景複雜（包括舊官僚、立憲派、實力軍人、政客等），各有所私，民國基礎因之並不穩固。此乃形勢所造成，和過去一個朝代末年，天下大亂，群雄併起，最後由强者消滅異己，統一天下，建立强固新政權的情形完全不同。這不能算是中山先生個人的失算，更不是中山先生「未能親自領導推翻滿清決戰」的問題。中山先生當時雖是國人共同敬仰的領袖，但野心軍人政客並不樂於聽受約束。中山先生爲了顧全大局，促成全國統一，讓臨時大總統位於袁世凱，就可以證明他的人格光明磊落了。

㈨興中會、中國同盟會，自始就富於民主自由色彩，同志之間在共同目標之下，只是道義的結合，各貢獻才智於革命的大業。何況二十世紀之初，任何政黨的組織不像今天共產政權之嚴密殘酷，中山先生在無地盤、無財力、人心不開、滿清全力防範的情形下，又如何能夠統籌全局？又如何能夠建立一個有效率的總指揮部？中山先生能夠在華南、華中成立一個發動機構已經算是難能可貴了。至於迭次起義的失敗，價值不在起義的本身，而在於促成人心的覺醒，壯大革命勢力，關於這一點，應該特別的予以肯定。

㈩中山先生爲了革命黨人在新加坡活動方便起見，曾於宣統二年（一九一〇）八月，由檳榔嶼致函當地同志鄧澤如，內有擬將「前之中國同盟會員字樣，今改爲中華革命黨黨員，以得名實相符，且可避南洋各殖民地政府之干涉。」「以後新章欲一概不收入會費，支部辦事費概由會員樂捐，庶免新進者之畏難退縮。」[10]一段文字，此僅限於南洋分會，且係一時權宜之計；至於新加坡同志是否採納，尚待考證，中共「史學家」斷不能斷章取義，以此爲藉口，誣指中山先生有「分裂」同盟會、「背離會章」的罪名。

(十)中共「史學家」認爲文化大革命期間，林彪、江青等利用中山先生思想作爲奪權的手段，確是事實。但今天中共領導階層鄧小平等，又何嘗不是利用大陸同胞對中山先生的景仰心理，對內曲解中山先生思想，對外施展統戰攻勢。

五、結語

所謂中共「新中國史學家」，於「孫中山研究述評國際學術研討會」的綜合結論中，强調研究中山先生和辛亥革命，應重視「無産階級革命政治觀」、「唯物史觀」和「革命的科學歷史觀」，純係無稽之談。研究歷史史事和人物，貴於客觀，但不可以先肯定一模式。早在中國同盟會成立之前，中山先生即介紹民主科學理論給留學生們。留日學生胡漢民初識中山先生，即歎其素養爲所不及，承認個人真正認識革命之意義，實由中山先生之指導。中山先生爲同志言一問題，必就實際上求其原因結果之關係，必言其所以然，而不僅言其所

---

❶ 國父全集，第三冊，頁一一四至一一五。

當然。中山先生常謂：「解決社會問題要用事實做基礎，不能專用學理的推論做方法。」這才是真正的科學家⓫。光緒三十一年（一九〇五）十月二十一日，中國同盟會黨報「民報」創刊號發行，中山先生所親撰的發刊詞，不僅公開揭櫫三民主義旗幟，並且提出政治革命和社會革命主張⓬。中山先生經常告訴同志們說：其思想繼承於中國道統，自堯、舜、禹、湯、文、武、周公、孔子傳遞而來⓭。中山先生並不特別重視那一階級的利益，國民革命係以全民革命爲宗旨，對唯心、唯物並不作左右袒。「孫文學說」的精神講求的是知難行易，力行而不尚空談。這是中共「新中國史學家」所應該認清的。

（臺北，近代中國第四八期，民國七十四年八月，頁一三六至一四一。）

⓫ 胡漢民自傳，見「革命文獻」，第三輯，頁一四至一五，黨史委員會，民國四十二年十月出版。
⓬ 民報，第一號，頁一至二，黨史委員會，民國五十八年六月影印版。
⓭ 張繼「黨史概要」，引自「張溥泉先生全集」，頁二一四，民國四十年十月，中央文物供應社出版。

三六 中國國民革命與韓國早期復國運動關係之研究

一、前言

中韓兩國歷史關係久遠，十九世紀末葉同遭日本之侵略，咸爲謀求本國之獨立自主而奮鬥不懈。一八九四年，中國爲保護朝鮮，引起對日戰爭；戰敗之後，割地賠款，招致瓜分危機，引起八國聯軍之禍，清廷基礎因之動搖。韓國則於中日戰後受到日本嚴密控制，一九〇五年日本復戰勝俄國，於十一月十七日迫韓國訂立保護條約，設置統監府，監督韓國國政。一九〇七年七月三十日，日俄訂立第一次密約，日承認俄在中國外蒙古之利益，俄承認日在韓國之地位。一九一〇年七月四日，日俄復第二次締結密約，彼此同意互不阻礙對方在其勢力範圍內自由行動，日本遂於同年八月二十二日强迫韓國訂立「合邦條約」，二十九日正式宣佈吞併韓國。

國父孫中山先生於一八九四年中國戰敗之後，十一月二十四日創立興中會於檀香山，提倡國民革命，不僅要救中國，同時要解放全世界被壓迫民族，對於韓國遭遇尤表同情，乃予韓國志士抗日復國運動，直接間接加以援助。一九一一年九月，韓國志士謀乘日本陸軍大臣兼日本駐朝鮮總督寺內正毅在韓國各地巡視之際，加以暗殺。因事機不密，韓國志士被捕者百餘人。一個月後中國辛亥革命成功，予韓國愛國志士極大之刺激，從此來華者日衆，而以棲居東北、上海者佔多數。流亡上海「朝鮮社會黨」領袖申圭植（申檉、又號睨觀）等，經常與中國革命領袖維持密切關係，並獻身於中國革命陣營，從此兩國革命活動打成一片。一九一九年三月一日，韓國境內發生「三一革命」事件，韓民傷亡及被囚禁人數之多，駭人聽聞。同年四月十七日，韓國臨時政府在上海成立，從此在中國支持下，邁向復國歷程。

二、孫中山先生關切韓國獨立自由

孫中山先生倡導國民革命，其目的不僅在求中國之自由平等，更謀全世界殖民地及弱小國家擺脱列强之枷鎖。故中國國民黨奮鬥之目標，乃團結被壓迫民族，以顛覆世界帝國主義之强暴❶。孫先生關切韓國之言論，首見於一八九六年所著之「倫敦被難記」，孫先生於被囚中，與滿清駐英公使館館員鄧廷鏗（按：原文譯作唐先生）之對話。鄧侃然擧一八九四年三月，韓國志士金玉均在日本被韓人洪鐘宇誘至上海，槍殺於英租界，韓王因而超擢鍾宇以官

❶ 中國國民黨接受 總理遺囑宣言，國父全集第一册，頁九二九至九三三，中國國民黨黨史委員會，民國六十二年六月版，以下同。

爲例。以此比　孫先生之被誘禁，清廷駐英使館人員，將獲不次之賞。孫先生正言而告之曰：「汝知高麗志士之案，即中日開釁之一因。今汝等致余於此，或招起極大之交涉。」❷一八九八年，孫先生旅居日本，與韓國獨立黨人開化派領袖朴泳孝、安來馴、俞吉濬等，經常接觸❸。一九〇五年八月，中國同盟會成立於日本東京，發行「民報」爲革命之宣傳品。雖在日本政府監視下，仍經常刊載同情被壓迫民族言論。一九〇八年六月十日，「民報」第二十一號，轉載旅美韓僑李麟榮在美國韓僑經營之「共立新報」，所刊登之「告韓僑檄文」及「檄告海外同胞文」，措詞激烈。前者略曰：

> 大抵所謂日奴，每曰東洋維持，實有獨帝東洋之志。又曰韓國獨立保全，實爲併呑我國之計。其於清國臺灣之役，昭見其陰詭之包中。而馬關條約，日皇詔勅，墨痕未乾，證眼尚在，肆然跳躍，施其暴惡。勒成條約，專奪國權，藉托軍用，强佔民地。半夜宮中，脇廢皇位，白晝都城，砲殺人命。我韓宗祀將邱墟焉！我生民將魚肉焉！則其維持保全云者，所以欺蔽萬國之明眼，暗售其騙奪之計，此非徒我國之讎賊，即天下之罪人，豈可容宥在世界上。

---

❷ 參照「國父全集」第二册，頁一三至一四。

❸ 秋憲樹編「韓國獨立運動」資料(一)，頁五八五至五八九，漢城延世大學出版部，一九七一年出版。

後者略曰：

「須望在外諸君子，不以我卑鄙，惟以國事爲重，結心仗義，齊心協力，內外響應，互相援助。或談辯於列國公眼之下，或說明於各港會社之場。正其義，聲其罪，撓其權，伐其謀，即皇天必有感動，公論自有大發。一舉而倭賊討滅，則宗社可享，君位可復，吾道可傳，人民可保矣。❹

此後，孫先生乃命同志戴季陶等，負責與朝鮮「去國懷鄉志在光復之士」經常保持接觸，並加以扶持與照顧❺。一九〇九年十月二十六日，韓國志士安重根，趁日本前朝鮮統監伊藤博文會見俄財相微德（Count Sergel Yeilevitch Witte）之際，將伊勝刺殺於哈爾濱車站。一時國際震驚，中國革命黨報紙紛紛表示强烈之聲援。上海于右任所發行之「民吁報」，自伊滕決定巡視滿洲起，即爲文揭發其陰謀。及伊藤被刺案發生，更以最多篇幅爲最詳細之報導與評論，直到十一月十九日因此被迫停刊，始告終止。特別讚揚安重根之壯舉，及對韓國排日復國運動之同情。列舉如下：

❹ 節錄「民報」第二十一號，來稿，頁八至十一。

❺ 「戴季陶先生文存」第一册，頁三八八，民國四十八年三月，中國國民黨中央委員會出版。

三韓民氣雖不逮五印，然國社始覆亡，勝朝遺黎，頑民未化，苟即是力疾反省，其光復舊物，豈當在印度後。今果有起而轟斃世界政治之偉人三韓之舊監國者，吾知此志不忘，雖即益後板蕩陸沉，三韓終有中興之望。蓋東亞有史以來，大小十餘邦，迄今未嘗有聞見也。❻

刺伊藤之韓人，被獲連聲呼朝鮮萬歲，壯矣哉！韓國之民也。❼

噫！生龍活虎之伊藤，豈料冰天雪地中有一亡國之血性男兒也耶！吾人試思此韓人，堅苦如何？立志如何？手腕之敏捷如何？一生無敵之伊藤有知，亦當低首。❽

一九一〇年，日本既吞併韓國，孫先生至表憤慨，決心盡力扶持韓國復國運動。一九一一年二月，孫先生致日本同志宮崎寅藏函曰：「貴國政策已變，既吞高麗，方欲併支那，自不願留一革命黨在國中也。」❾一九一二年九月一日，孫先生蒞臨北京蒙藏統一政治改良會演講，特別强調：「日本之於高麗，牛馬視之。日本雖强，高麗人乃日即于苦痛，無絲毫利益之可言」❿。一九一三年二月，孫先生訪問日本，正值桂太郎第三次組閣不久，桂爲日本

---

❻ 民吁報，己酉九月十五日（一九〇九年十月二十八日），「社說一」。
❼ 民吁報，己酉九月十七日（一九〇九年十月三十日），「殘山剩水」欄。
❽ 民吁報，己酉九月十八日（一九〇九年十月三十一日），「大陸春秋」欄。
❾ 國父全集，第三冊，頁一四七。
❿ 同上書，第二冊，頁二五四。

軍國主義領袖，以首相兼外相，方發起成立「中日同盟會」。孫先生曾與桂太節密談兩次，披瀝所見，孫先生告桂太郎曰：「就大亞洲主義之精神言，實以真正平等友善爲原則。日俄戰前中國同情於日本；日俄戰後中國反不表同情，其原因在日本乘戰勝之勢，舉朝鮮而有之。朝鮮果何補於日本？然由日本之佔有朝鮮，影響於今後之一切者，不可以估量，此種措施，爲明智者所不肯爲。」桂太郎聞言悚然。未幾中國二次革命討伐袁世凱失敗，孫先生再蒞日本，而桂太郎因政潮辭職，同年十月病故。孫先生聞之嘆息曰：「日本今後更無足與共天下事之政治家矣！東方大局之轉變更無可望於日本者矣！」⓫

一九一五年春，日本向袁世凱提出苛刻之二十一條要求，五月九日袁氏屈辱接受，時孫先生居東京，主持討袁軍事。孫先生在「復北京學生書」中，特別指出：「第五項（按：二十一條共分五項）則我國實爲第二高麗，城下之盟，局外亦訶其非。」⓬一九一九年巴黎和會期間，孫先生爲中國收回青島事答日本朝日新聞記者書曰：「以中國視之，則日本今日尚不忍使臺灣、高麗服他人之務，而已坐享其利也。是日本已處中國於臺灣、高麗之下矣！是可忍孰不可忍？儻以此爲先例，此後世界凡有戰事，日本必使中國參加而坐收其利矣，此直以豬仔待中國耳！」⓭

⓫ 羅家倫主編「國父年譜」上册，頁四九五至四九七，中國國民黨黨史委員會，民國五十八年十一月增訂版。
⓬ 國父全集，第三册，頁三二八。
⓭ 同上書，第三册，頁六六〇。

一九二〇年，韓國「三一革命」失敗（詳第四節），韓國獨立運動領袖先後來華，孫先生經常與申圭植等保持接觸，討論韓國復國問題⑭。同年八月，適美國國會議員團來華訪問，申圭植函請 孫先生向美國議員解釋韓國復國問題⑮。孫先生在上海美國議員團歡迎席上演講，乃要求美國議員幫助中國解決二十一條款，認爲二十一條「差不多完全把中國的主權讓給日本了。在這種協定底下，中國就要變成日本的附屬國，日本的陪臣國，恰如日本從前在高麗所用的方法一樣。」⑯並向上海通訊社記者表示：「應先要求恢復馬關條約，扶持韓人獨立，以緩其衝。」⑰向北京益世報駐滬記者表示：「高麗獨立問題，按照馬關條約，中國亦應過問。」⑱於是命令同志胡漢民、戴季陶、朱執信等，在「建設」雜誌刊載鼓吹韓國獨立之合理性，及韓國復國成功之可期性文字，將韓國代表在巴黎和會之請願書譯爲中文發表，並鼓勵韓人從事武裝抗日行動⑲。

---

⑭ 韓國國史編纂委員會「韓國獨立運動史」㈣，頁六三六至六四三，一九七〇年漢城出版。

⑮ 申圭植致孫總理函，黨史委員會庫藏文件。

⑯ 國父全集，第二冊，頁三八九至三九三。

⑰ 同上書，頁八四八。

⑱ 同上書，頁八四九。

⑲ 朱執信「韓國代表在和會之請願」，見「革命先烈先進闡揚國父思想論文集」，第一冊，頁五九四至六一四，民國五十四年十一月，中國國民黨黨史委員會出版。

三、中國革命黨人早期協助韓民復國之努力

日本吞併韓國前，由於韓國國內報刊之報導，韓民已得知中國在 孫先生領導之下之革命活動⑳。影響所及，日本吞併韓國前後，韓國志士或投入義兵組織，及從事救國教育工作；或逃亡海外致力於復國運運。因中國地利之便，加以辛亥革命成功，中國革命黨人關切同情韓國遭遇，因之來華人數最多，東北和北京、天津、上海，乃成爲日後韓人獨立活動中心地區，與中國之間關係更加密切。彼等或交結中國革命領袖人物，或親自獻身中國革命陣營。一九〇七年，中國同盟會員幫辦吉林邊務吳祿貞，對延吉地區韓僑之抗日獨立軍活動，常暗中給予掩護和支持㉑。在上海之韓國獨立黨領袖申圭植、趙素昂、朴贊翊（濮精一）、閔石麟等，曾先後加入中國同盟會與國民黨，申圭植並曾參加武昌起義工作。根據中國革命黨領袖鄒魯記載，另有一位韓國志士金凡齋，遠在辛亥革命前即參加中國革命行列，協助鄒魯、陳其美等，從事推翻滿清工作，一直到一九四五年韓國復國，雙方仍保持密切關係。鄒氏記其事曰：

---

⑳ 「大韓協會報」，五號「一九〇八、九」，九號（一九〇八、十二），均有專題記載孫先生活動消息。

㉑ 錢公來「吳祿貞與韓僑」，民國三十九年七月十四日，臺北中央日報。

我和朝鮮的關係已有四十年了。（按：鄒魯一九四五年十月二十五日所撰「祝朝鮮復國的回顧」一文時）當前清我在南方從事革命運動之初，就有一位韓國同志金凡齋先生來參加。金同志很忠實，我有很多秘密文件都交給他保管，尤其是他穿的朝鮮古代衣冠，許多消息由他傳遞，更不怕有人懷疑。他在民國未成立前的費用，多是我供給他。民國成立後，他做了廣東省政府顧問。㉒

中華民國成立後，以申圭植為中心之「同濟社」同志們，多聚集在上海法租界普慶里一帶，經常與中國革命黨中堅人物戴季陶、宋教仁、陳其美、胡漢民、鄒魯、朱執信、廖仲愷、葉楚傖、呂志伊等保持聯繫，共同組織「新亞同濟社」，並參加中國革命黨人「南社」等組織，彼此提供金錢之支援。申圭植即曾以其全部川資，捐贈於革命黨人戴季陶所辦之「民權報」，並曾在上海設立博達學院，以便聯絡同志。更出版書報，以資宣傳㉓。一九一二年元月，韓國在華革命領袖，曾由宋教仁引介，謁見臨時大總統　孫先生，陳訴日本吞併韓國後，韓民亡國之痛苦，希望中國政府在可能範圍內給予援助㉔。孫先生雖面允支持，因旋即讓位於袁世凱，政府北遷，並未實現。

㉒ 鄒魯「回顧錄」，下冊，頁七〇〇，民國三十五年七月，獨立出版社出版。

㉓ 申圭植遺著「韓國魂」（暨兒目淚），頁七二至七五，民國四十四年八月，臺北晥觀先生紀念會出版。高岩「韓國革命志士申圭植」，民國四十四年四月二十五日，臺北中央日報。

㉔ 金正明「朝鮮獨立運動」㈠，頁二七九，東京原書房出版。

一九一三年夏，中國爆發二次革命，陳其美及　蔣中正先生主持上海討袁軍事。一九一五年，陳氏及　蔣先生先後主持東北討袁軍事，及上海肇和起義。韓國獨立黨領袖申圭植、趙素昂、曹成煥等，分別在上海和東北多方加以協助。陳其美除在經濟上支持韓人生活外，對韓國之復國運動更能傾全力加以扶植㉕。陳其美侄果夫曾記其事曰：

叔在申（按：上海簡稱），與朝鮮人某某等組織一秘密結社名「新亞同濟社」，專為謀朝鮮獨立。叔為該社之監督，且作物質上精神上之援助，此事極為秘密，予祇聞叔說起此事，而不知該社名稱，至十五年始向朝鮮友人探得之。叔於弱小民族竭盡扶助之力。民國元年底，袁氏（按：指袁世凱）促叔出洋考察工商，先匯四萬元來申，此款由我代管，但不滿兩月即用罄，其中大半為幫助同志。其五之一約八千元左右，為幫助朝鮮、安南、印度革命黨，及朝鮮在中國留學生之學費等，可知其對於世界革命之工作也。㉖

韓國獨立黨人一方面與中國南方革命黨人接觸，一方面試圖對北京政府、各地實力軍人，及高級知識分子進行活動。一九一二年夏，韓國獨立黨人樂馨，曾利用其祖父與當時臨時大

㉕ 漢城愛國同志援護會「韓國獨立運動史」，頁四七八，檀紀四二八九年二月版。
㉖ 陳果夫先生全集，第二册，頁八八，民國四十一年八月，正中書局發行。

總統袁世凱舊交關係，多次謁見袁氏，請求袁氏協助韓人復國，因而得與北洋系人物唐紹儀、趙秉鈞、段芝貴、張勳等交往。一九一四年以後，因日本出兵山東，向中國提出二十一條要求，中日兩國關係惡化，韓國流亡中國獨立黨人，趁機再推樂馨、金起漢等往北京，向袁世凱及其左右錢能訓、楊士琦等遊說，建議以中、韓、德三國聯合方式，共同抗日。由韓人在朝鮮內應，負責切斷日人後方之交通線，並借機由中國幫助韓人復國㉗。未幾，袁氏稱帝敗亡，中國陷入軍閥割據局面，韓國獨立黨人呂運亨等，曾與實力軍人洛陽之吳佩孚、山西之閻錫山等有所接觸㉘。雲南唐繼堯除以金錢支持韓人革命外，並在所辦雲南講武堂中，代訓韓國籍軍官五十名㉙。當時天津「大公報」負責人張季鸞、胡霖等，因經常與韓國獨立黨人申圭植等有密切交往，因而該報言論一直鼓吹韓國獨立運動。保皇復辟派人物康有爲，曾幫助韓國故臣李儁之子李鍾聲，進入浙江一軍事學校，及康氏故人門生朴殷植等，以後均成爲韓國復國運動中重要分子㉚。

一九一七年八月，瑞典首都斯德哥爾摩（Stockholm），舉行萬國社會黨大會，常時亡命上海之金圭植，以「朝鮮社會黨」代表前往參加，呼籲各國同情韓國之獨立自立。一九一九年夏，韓國臨時政府在上海成立後，值中國因巴黎和會將德國在山東利權轉讓於日本，爆發

㉗ 愛國同志援護會「韓國獨立運動史」，頁四二六。
㉘ 金承學「韓國獨立史」，頁三六一，一九六七年，漢城獨立文化社印行。
㉙ 申圭植遺著「韓國魂」，頁九七，民國四十四年八月，睨觀先生紀念會出版。
㉚ 胡春惠「韓國獨立運動在中國」，頁四三，民國六十五年三月，中華民國史料研究中心出版。

「五四運動」。五月七日上海青年學生在國民黨領導下，舉行群衆示威大遊行，韓國臨時政府曾策動上海韓僑響應參加。事後中韓雙方團體，召開一抗日聯席會議，由中國方面代表正式聲明，支持朝鮮民族之獨立革命運動[31]。

同年夏，韓國獨立黨人曾推代表金圭植，到巴黎向和會請願，要求獨立。以呂運亨爲主在上海所組織之「新韓青年團」，一面向美總統威爾遜（Wilson）提出「獨立請願書」，一面推呂運亨、張德秀等，分赴各地連絡同志。以列强不能主持正義，更增加韓國獨立黨人之失望與憤懣。

四、旅居中日兩國韓僑與「三一」革命運動

日本吞併韓國後，韓國志士亡命於中國、日本、美洲、俄國等地。中國辛亥革命之成功，在中國活動之韓國獨立黨人，對孫先生之三民主義學說，獲得深刻之印象。而留日韓國青年，於閱讀中國革命黨人刊行之書報，及與中國革命黨人接觸後，對中國同盟會之革命精神，更有進一步之瞭解。一九一九年韓國之「三一」革命運動，近年中韓兩國學者不乏討論文字，不再作詳細贅述。惟其發生原因雖多，受中國辛亥革命影響，反抗日本高壓統治，要求民族

[31] 胡春惠「中國革命與韓國獨立運動」，載「中國現代史專題研究報告」㈡，頁一九六，中華民國史料研究中心，民國六十一年八月出版。

自決之願望，當居主要成分。而旅居中日兩國韓僑，彼此聯繫，實爲策動之主要力量。如一九一三年韓國之獨立義禁府事件，一九一五年之朝鮮國權恢復運動，一九一六年之光復團活動，以及一九一七年之光復會事件等，均與僑居中日兩國韓國獨立黨人有密切之關係。

先是一九一二年，旅日韓國學生組織「朝鮮學生學友會」，刊行「學之光」雜誌，一九一八年十二月二十八日，假演講比賽，在李琮根、徐椿、崔謹愚等領導下，集合六百餘位韓籍留學生，於日本東京「朝鮮基督青年會館」，議決成立「朝鮮青年獨立團」，並當場選出實行全權委員。一九一九年一月三日，由李光洙乘小倉丸至上海，利用挪威人經營之萬國電信局，致送宣言書於巴黎和會之威爾遜、克里蒙梭（Clemenceau）、勞合喬治（Lloyd George）三巨頭。並投稿中國各大報，在英人經營之「North China Daily News」發表「青年朝鮮之熱望」（Young Koreas Ambition），將東京韓籍留學生之獨立運動内容宣告於世界。翌日復在美人經營之「Chjina Press」，作更詳細之報導。二月八日下午二時。留日韓籍學生在東京「朝鮮基督青年會館」，發表獨立宣言，並將宣言送達日本政府及駐日各國公使館，高呼「大韓獨立萬歲」，與日警發生衝突，三十餘人受傷，六十餘人被捕，是爲「三一」革命運動之前奏㉜。消息傳出，國內外韓人極爲激憤。

「三一」獨立運動雖由孫秉熙所領導，實由天道教領袖吳世昌、權東鎮等所支持，並取得基督教牧師朴熙導、崔聖模等，及僧侶韓龍雲、白相奎等合作。利用高宗（光武皇帝）被日

㉜ 韓國「亞細亞研究」，第七卷第一號，頁一四至一八。

人嗾使韓奸李相鶴所毒殺，全國人民悲憤乘機起事㉝。獨立宣言書爲崔南善所撰㉞。獨立運動民族代表共三十三人，原定三月三日高宗舉行葬禮之日發動，後感對逝世之高宗之不敬，二日則係禮拜天，接受基督教方面要求，始決定改爲三月一日午後二時，在漢城塔洞公園集會。二月二十八日夜，秘密分發宣言文，相約各道同時響應。屆時獨立宣言由儆信學校畢業生鄭在鎔宣讀，「大韓獨立萬歲」之聲震動天地。漢城示威群衆多達數十萬人，迅即散布全國各地，韓國最南端濟州島遲至三月二十日響應，最北端穩城遲至四月四日響應。

自三月一日至五月三十日，各道參加獨立運動人數高二、〇五一、四四八人，死亡人數高達七、五〇九人，受傷人數高達一五、八五〇人，被捕人數高達四六、三〇六人㉟。三十三位獨立運動民族代表，除基督教牧師金秉祚亡命上海外，三月一日下午一時半，在明月館支店泰和館集會被補者二十八人，計：無宗教信仰者孫秉熙、崔麟；天道教權東鎭、吳世昌、林禮煥、植秉悳、李鍾一、羅仁協、洪基兆、金完圭、羅龍煥、李鍾勳、洪秉箕、朴準承、梁漢默、李昇薰；基督教朴熙導、崔聖模、申洪植、梁甸伯、李明龍、李甲成、金昌俊、李弼桂、吳華英、朴東完；佛教韓龍雲、白相奎。另基督教牧師吉善宙、劉如大、鄭春洙三人，於當天深夜始趕至漢城，聞諸人被逮，乃向日警自首㊱。民族代表所以不到塔洞公園參加大

㉝ 金承學「韓國獨立史」，頁一六三至一六四。
㉞ 趙容萬「六堂崔南善」，頁一四七，一九六四年三中堂出版。
㉟ 朴殷植「韓國獨立運動之血史」，頁七七至九六，引自「亞細亞研究」，第七卷第一號，頁一五八。
㊱ 李炳憲「三一運動秘史」，頁五四至五六，檀記四二九二年，時事時報社出版。

會，坐待日警逮捕，因當時該處已經有數千民衆及學生集合，如在該處領導發表獨立宣言，因日警干涉，可能發生意外事件，反而影響群衆之示威遊行㊲。

三月一日當天，事出突然，日警不知所措，次日始開始彈壓。並逮捕撰寫獨立宣言之崔南善及咸台永、宋鎮禹、玄相允等十六人，因金秉祚之亡命上海，故有四十九位民族代表，或四十八位民族代表之稱。此役，日本動員兵力計正規軍一個半師團，憲兵二萬人，其他警察及韓國憲兵補助員數萬名。四月初，又從日本增調半師團兵力以資彈壓。

五、結語

一九一九年韓國「三一」革命運動，直接間接受中國辛亥革命成功之影響，彼此之間實發生連帶之關係。其規模之大，犧牲之慘重，在近代世界革命運動中罕能匹比。此後韓人始發覺有組織統一領導機關之必要，曾在漢城秘密召開一個來自十三道全韓代表會議，通過以代議制度精神爲基礎之臨時約法，並組織一象徵性之臨時政府，推李承晚爲總裁，李東輝爲國務總理㊳。

在上海之韓國獨立黨人士呂運亨、張德秀等，亦在法租界設立一事務所，負責向中國各

㊲ 同上書，頁二六七。

㊳ 羅拔奧立佛原著、華望平譯「李承晚傳」，頁一三三，民國五十二年臺北淡江書局出版。

界及外國報紙散發有關韓人獨立革命宣傳文件。於是各地韓國獨立領袖紛紛自美國、日本、俄國，及韓國本土匯集於上海。及姜大鉉將漢城臨時政府之閣員名單與臨時約法帶來中國，四月十七日，韓國臨時政府遂在上海法租界霞飛路四百六十號正式成立之，從此韓國獨立運動與中國革命運動結合爲一體[39]。

一九二〇年冬，粵軍驅逐桂系，孫先生重返廣州，行使大元帥職權。次年四月經非常國會選舉爲大總統。五月五日，孫先生就職。韓國臨時政府初派代表呂運亨到廣州道賀，續派朴殷植、呂運弘到廣州與孫先生有所洽商[40]。同年十月，韓國臨時政府經國務會議議決，以國務總理兼外務總長申圭植爲專使，赴廣州，爭取護法政府外交之承認。申氏一行結果至爲圓滿，十一月三日謁見孫先生，十六日呈遞國書，並獲准派朴贊翊（濮精一）爲代表，長期駐紮廣州，且促成廣東各界「中韓協會」之成立，與重慶、漢口、長沙等地「中韓互助社」之組織，參加者多國民黨中堅人物，負責接待韓國臨時政府所派之演講員，從事於朝鮮獨立革命之聲援工作[41]。

是時，中國軍閥混戰，政局不安，護法政府與韓國臨時政府，同不被國際上所承認。中國護法政府是承認韓國臨時政府惟一政府，而外國專使赴廣州呈遞國書，派駐使節，亦僅韓

---

[39] 金正明「朝鮮獨立運動」㈡，頁三。

[40] 同上書㈡，頁四七二。

[41] 閔石麟「中國護法政府承認韓國臨時政府始末記」，載「革命文獻」第七輯，頁一二九至一三八，中國國民黨黨史委員會，民國四十三年十二月出版。

國一國，彼此之間給予精神上極大之鼓勵。中國革命黨人以韓國亡國爲殷鑒，韓國獨立黨人認爲中國富强之日，即韓國獨立復國之時，從此兩國革命領袖攜手合作，共同踏上革命成功之路。

此外，孫先生所手創之三民主義，對韓國之復國運動，亦產生極大之影響。日本呑併韓國前後，韓國留日青年接觸到　孫先生本人及其著作。和中國革命黨人書報，充分了解三民主義精神，趙素昂即爲其中之一。趙氏於留日後，在一九一三年到上海，韓國臨時政府成立時任國務院秘書長，及外務總長等職。一九二九年趙氏創立韓國獨立黨，其黨綱內所提出之「三均主義」，實採自三民主義之架構。（其政治均等仿自民權主義，經濟均等仿自民生主義，而以教育均等代替民族主義。趙氏認爲民族獨立乃天經地義之事，不必另立項目）一九三一年，韓國臨時政府之對外宣言，確定三均主義之理論與體系，一九四一年，三均主義基本政策成爲韓國臨時政府之建國綱領㊷，三民主義對韓國復國運動影響之大，可以概見。

（韓國漢城，一九八二年，第四屆中漢學術會議論文。臺北，近代中國第四十四期轉載，民國七十三年十二月，頁一七四至一八一。）

㊷參照洪善熹「趙素昂之三均主義研究」，漢城太極出版社，一九七三年出版。金容新「趙素昂三均主義在歷史上地位」，頁五七，高麗大學史學會，「史歌」第二三輯，一九七八年出版。

三七　民初之國會與黨爭

前　言

民國初年之政局至爲複雜，其關鍵在於國會與黨爭。革命黨以數十年艱辛締造之民國，希望納之於憲政常規，袁世凱則欲實現其野心，造成帝制自爲之局面，加以官僚政客以政黨爲掩護，操縱其間，而中國因之多事矣

先是，辛亥十月，各省代表團集會武昌，已初具國會雛形。當時除同盟會外，各種政黨尚未成立，故各代表間政見衝突尚不顯者。其波瀾之始在於大元帥、副元帥之選舉，滬、鄂代表各持一端，黃興、黎元洪互相推讓。代表團遷就現實，依勢苟且，知袁世凱有贊同共和之意，不惜改變選舉臨時大總統之決議案。及聞蘇、浙軍人對代表團選舉之大元帥表示異議，復對選舉之結果加以變更，純以一時之特別因素爲轉移。迨孫中山先生當選臨時大總統，關於政府組織，各代表對總統制或內閣制爭執頗烈。臨時政府組織大綱爲一時國家之根本大法，忽而議修正，忽而對議決之修正案再修正之，反復紛紜，正見當時各代表之無固定政見也。

民國元年下月底，參議院成立後，各種政黨漸趨形成。加以議員份子複雜，且狃於立法

行政分立之說，事事喜與政府持異端，國都問題其尤著者也。忽而議決設北京，忽而議決仍設南京，最後卒從袁世凱之要求遷設北京。足證當時之人心，但求迎合現實而已。

民國元年四月，臨時政府既北遷，參議院內政黨紛立，政見之爭，日漸顯著。除同盟會具有悠久之歷史與持有遠大之政治理想外，其他或舊爲同盟會員別豎一幟，或官僚政客用作投身政治之工具。其著者若統一黨、統一共和黨、共和建設討論會、民社、中國社會黨、國民共進會、國民公黨、共和實進會、國民黨、共和統一黨、國民協進會、民國公會等。各黨之通病在於黨綱宗旨無重大區別，而一人身跨爲數黨黨員不足爲怪也。

是時同盟會因建都南京之計劃失敗，乃促勸首任內閣總理唐紹儀加入同盟會以爲補救。唐氏亦頗欲建設一理想政府，故對臨時大總統袁世凱不肯惟命是從。袁氏遂利用共和黨以與同盟會相抗衡。袁系各總長及共和黨人財政總長熊希齡既不與唐氏合作，參議院中共和黨議員復屢對唐氏加以攻擊，唐氏處境日益困難。及王芝祥督直問題起，唐氏乃憤而辭職出京，唐內閣因之而瓦解。

民國元年五月，以章炳麟、張謇等領導之統一黨，與黎元洪領導之民社爲核心，更合併潘鴻鼎等領導之國民黨，清季資政院憲友會支派范源濂領導之國民協進會，及清季立憲派之民國公會三政黨，改組爲共和黨。以反對同盟會爲宗旨，以擁護袁世凱爲己任，在參議院中與同盟會勢相若。其後，因章炳麟未取得黨內之領導權，乃辭去共和黨理事，率其徒衆，仍維持統一黨名義，在參議院中居於第三大黨之地位。因其仇視同盟會，仍與共和黨保持相當之友好關係。

相抵制。唐紹儀內閣既瓦解，共和黨恐政黨內閣實現，終爲同盟會所壟斷，乃提倡超然內閣主義。袁世凱因於六月底，提出陸徵祥爲內閣總理，並徵得參議院之同意。後因陸氏在參議院發表政見措辭失當，致其所提六閣員一律遭到否決。袁氏遂通電全國，責難參議院。於是各省軍政首長紛紛響應，軍警干涉之印刷品布滿北京通衢。參議員因受脅迫，意志瓦解，故對七月底陸氏再提出之閣員，除工商總長蔣作賓外，其餘均邀同意。以其非出自參議院之本意，未幾復有彈劾陸總理失職案之提出。若前之通過爲是，則今之彈劾爲非；若今之彈劾爲是，則前之通過爲非，各參議員直視國事如兒戲。

民國元年八月，同盟會聯合統一共和黨、國民共進會、國民公黨、共和實進會，改組爲國民黨，黨勢雖擴張，革命精神大不如前。是時國民黨以籠絡袁世凱爲目標，黃興且以內閣政黨相號召，袁世凱亦樂以利用之，趙秉均遂以國民黨員身分順利組閣，各國務員除海、陸軍外亦一律加入國民黨。既無主義之認識，徒爲袁氏之耳目，此亦民初政界之奇特現象也。

梁啓超爲清季立憲派之指導者，辛亥革命後與袁世凱往返漸密。民國元年九月，梁氏幕後操縱之共和建設討論會，與國民協進會、共和統一黨、共和促進會、共和俱進會、民國新政社六政團，合併爲民主黨。在參議院中形成國民、共和、民主三大政黨對立之形勢。同年十月梁氏自日返國，反國民黨聲勢爲之一振。民國二年春，梁氏乃正式加入共和黨。民主、共和兩黨之行動既一致，復得統一黨之合作，在參議院中漸居上游，國民黨反有不敵之勢。於是，乃致力於參衆兩院議員之競爭，欲在未來國會中，仍能取得多數黨領導之地位。

民國二年二月上旬，各省參衆兩院議員選舉告竣，國民黨利用其地方之雄厚勢力，獲得絶對之勝利，對於國會前途抱以無窮之希望。袁世凱嫌忌之餘，遂有刺殺宋教仁之舉。同年四月，正式國會開幕，民主、共和、統一三黨乃聯合以與國民黨相抗。衆議院內勢均力敵，參議院內國民黨仍佔優勢；故兩院議長之選舉爭執甚烈。結果參議院正副議長分別由國民黨籍議員張繼、王正廷當選。衆議院正議長由民主黨籍議員湯化龍當選，副議長由共和黨籍議員陳國祥當選。

共和、民主、統一三黨既均非國民黨之敵，利害所關，三黨漸有合併趨勢。民國二年五月乃改組爲進步黨；惟其內部組織並不健全，舊共和黨人張伯烈等宣言脱離進步黨，仍守共和黨名義。而民主黨內山西議員李慶芳等則以反對與共和、統一兩黨合併爲詞，别組織議員同志會，直接與袁世凱發生關係。

袁世凱除利用進步黨爲其工具外，復採取各種手段以破壞國民黨之團結，收買國民黨籍議員。故民國二年夏，國民黨內小黨叢出。若相友會、政友會、集益社、癸丑同志會、超然社、憲政公會等。或爲袁氏而奔走，或與國民黨仍保持友好關係，惟國民黨仍不失其大黨之地位。

民國二年七月下旬，袁世凱提名進步黨人熊希齡組織內閣。時值二次革命期間，國民黨籍議員因處境困難，表示退讓之態度，熊氏遂通過於國會。以其用人行政，處處受制於袁氏，所謂第一流人才內閣，實無從施展其抱負。

自正式國會成立，至正式大總統選舉，爲國民、進步兩黨之對立時期，在國會中之主要爭執凡三：一爲宋案。國民黨籍議員分爲激烈與穩健兩派，激烈派以空文無補，相率南下參予討袁軍事。穩健派則主張早日制定憲法，以束縛袁世凱之行動。進步黨議員則一致認爲宋案純爲法律問題，應循法律途徑而解決。二爲大借款案。國民黨主張政府違法簽約斷不承認，進步黨則以爲既成事實，但應監督其用途。三爲中俄協約。國民黨認爲民國二年五月外交總長陸徵祥與俄使所議定之解決蒙古懸案協定無異割棄外蒙於俄人，應視無效。進步黨則以中國實力既不足以收復外蒙，何若忍一時之痛暫時同意該約。

二次革命期間，袁世凱對國會議員極盡詐欺之能事。既通令保護國會，承認政黨之合法。復假借內亂罪名捕殺國民黨籍議員，封閉國民黨主辦之報紙。先是民國二年六月兩院已決議先定憲法後舉總統，並組織憲法起草委員會，研擬憲法。袁氏以憲法起草委員會國民黨籍議員仍居多數，深爲不滿。同年八月，以其御用之憲法研究會所制定之憲法草案大綱，派員提出於憲法起草委員會，要求用作參考。引起起草委員之抨擊。且令政府代表退出會場，雙方鬥爭始趨表面化。

民國二年九月，袁世凱利用進步黨，藉口憲法竣事無期，主張先舉總統，徐議憲法。各省軍政首長受袁氏嗾使，復發電力爭，國會竟變更前議，於十月六日在威逼之下，選舉袁世凱爲正式大總統，十月十日袁氏就職後，更有恃無恐，乃全力以摧殘國會，欲擴大總統職權。同月十六日首提出增修約法案於國會，國會置不議。十八日再致文憲法起草委員會，爭取憲法草案公佈權，憲法起草委員會亦不作答覆。袁氏派代表陳述意見，復遭拒絕，乃通電全國反對憲法草案，用作報復。

袁世凱叛國跡象日漸顯著，進步黨人多有覺悟者。乃合國民黨之穩健派，於民國二年十月下旬，組織民憲黨，以不畏强權擁護憲法草案相號召。袁氏以憲法草案公佈在即，爲先發制人計，乃於十一月四日下令解散國民黨，國會開會因不足法定人數，乃陷於停頓之狀態。民國三年一月十日袁氏遂正式頒發解散國會之命令。於是民初國會內政黨之鬥爭息，而帝制醞釀以起，國步益加艱難矣。

茲依上述綱領，分論其事如後，以參考資料所限，紕繆之處固所不免，將有待日後之補正也。

一、各省代表團時代

㈠代表團之召集與決議

辛亥八月，武昌革命軍既起，各省紛紛獨立響應，匝月之內已有全國之半數；惟彼此各自爲政，無統一之機構，內政外交均感不便。九月十七日首由湖北軍政府都督黎元洪致電獨立各省，徵詢組織政府意見❶。同月十九日，黎氏再電獨立各省，速派代表來鄂會議，組織臨時政府❷。江蘇都督程德全、浙江都督湯壽潛，因於同月二十一日聯電滬督陳其美，主張

❶ 革命文獻第一輯，頁一。
❷ 革命文獻第一輯，頁三。

在上海組織代表民意之臨時議事機構。文曰：

自武漢起義，各省響應，共和政治已爲全國與論所公認。然事必有所取，則功乃易於觀成；美利堅合衆國之制，當爲吾國他日之模範。美之建國，起初各部頗起爭端，外揭合衆之幟，内伏渙散之機，其所以苦戰八年收最後之成功者，賴十三州會議總機關有統一進行維持秩序之力也。考其第一次第二次會議，均僅以襄助各州議會爲宗旨，至第三次會議，始能確定國會長治久安，是亦歷史上必經之階級。吾國上海一埠爲中外耳目所寄，又爲交通便利不受兵禍之地，急宜仿照美國第一次會議方法，於上海設立臨時會議機關，磋商對内對外妥善方法，以期保疆土之統一，復人道之和平。務請各省選舉代表迅即蒞滬集議，其集議方法及提議大綱並列於下：

計集議方法四條：

一、各省舊時諮議局各舉代表一人。

二、各省現時都督府各派代表一人，均常駐上海。

三、以江蘇教育總會爲招待所。

四、兩省以上代表到會即行開議，續到者隨到隨與議。

提議大綱三條：

一、公認外交代表。

二、對於軍事進行之聯絡方法。

三、對於清皇室之處置❸。

同月二十三日，滬督陳其美乃分電各省，請派代表來滬，籌建臨時政府；並請各省公認伍廷芳、溫宗堯爲外交總代表❹。是時孫中山先生已在返國途中，曾於同月二十二日自巴黎致電各省軍政府，希望將來各省代表上海會議時，速定臨時總統人選，或舉黎元洪，或推袁世凱，要以早日鞏固國基爲宗旨❺。同月二十四日，江蘇都督程德全之通電，以中山先生首創革命，臨時總統之選舉，應留待中山先生返國之後舉行❻。

九月二十五日，浙江、江蘇、鎮江、福建、山東、湖南、上海等七處代表，開第一次會議於上海，定名「各省代表團」，亦稱「各省都督府代表聯合會」。湖北軍政府都督黎元洪則致電滬督陳其美，請各代表速至武昌，會議組織政府。並云：已得湘、贛、粵、桂、黔各省覆電，不日即行派員來鄂。另遣居正、陶鳳集爲代表，赴滬接洽一切❼。

九月二十七日，代表團以上海交通便利，決議會址仍設上海。乃由江蘇代表雷奮，浙江代表朱福詵，山東代表雷光宇、謝鴻燾，福建代表林長民、潘祖彝，湖南代表宋教仁，上海

---

❸ 革命文獻第一輯，頁二。
❹ 革命文獻第一輯，頁三。
❺ 革命文獻第一輯，頁一。
❻ 革命文獻第一輯，頁四。
❼ 革命文獻第一輯，頁三。

代表朱葆康、俞寰澄、袁希洛名義，致電黎元洪、黃興，承認湖北軍政府爲中華民國中央軍政府，統籌全局，劃一軍令；並以中央軍政府名義，委任伍廷芳、溫宗堯爲全國外交總代表❽。同月三十日，再接黎元洪來電，仍請各省代表盡速至鄂，組織政府，文曰：

> 大局粗定，非組織臨時政府內政外交均無主權，極爲可危。前電請速派妥員會議組織，諒達尊鑒。惟各省全權委員一時未能全到，擬變通辦法，先由各省電舉各部政務長，擇其得多數票者來鄂，以政府成立照會各國領事，轉各公使，請各本國承認，庶國基可以粗定。❾

會十月三日湖北軍政府代表居正、陶鳳集抵滬，代表黎元洪向各省代表陳述組織臨時政府主張。翌日代表團乃決議各省代表除赴武昌外，仍留一人在上海，赴武昌者議組臨時政府；留上海者用作通訊機關。十月五日各省代表發自上海，而各省新派代表亦有逕赴武昌者，茲表列各省代表赴鄂名單如下：

---

❽ 革命文獻第一輯，頁四。

❾ 易國幹編「黎副總統政書」卷一，頁六。

湖南	譚人鳳（議長）	鄒代藩		
湖北	孫發緒	時象晉	胡瑛	王正廷
山東	謝鴻燾	雷光于		
福建	潘祖彝			
廣西	張其鍠			
四川	周代本			
安徽	趙斌	王竹懷	許冠堯	
浙江	陳毅	陳時夏	湯爾和	黃群
江蘇	馬君武	雷奮	陳陶怡	
直隸	谷鍾秀			
河南	黃可權 ⑩			

共計二十三人。其來源，獨立省份由都督府派遣，未獨立省份由諮議局派遣。值漢陽於十月

⑩ 張難先「湖北革命知之錄」，頁三九一。

七日失守，武昌在龜山清軍炮火威脅之下，乃於十月十日假漢口英租界順昌洋行召開第一次會議。選舉湖南代表譚人鳳爲臨時議長。同日代表團決議二件：一用臨時議長譚人鳳名義電告各省，在臨時政府未成立前，推請湖北軍政府都督黎元洪爲中央軍政府大都督⑪。一用各省代表團名義頒發慰問武漢各界文，除推崇鄂人首義之功外，並就當前各省之軍事行動加以概括之說明⑫。

十月十二日代表團選舉雷奮、馬君武、王正廷三人爲臨時政府組織大綱起草委員，並決議如滿清內閣總理袁世凱響應革命，即選舉爲臨時大總統。十三日通過臨時政府組織大綱二十一條，並即日宣佈之。其精神採自美國制度，是爲中國憲法之權輿。茲節錄有關參議院之第二章第七至十六條原文如下：

第七條　參議院以各省都督府所派之參議員組織之。

第八條　參議院每省三人爲限，其派遣方法由各省都督府自定之。

第九條　參議院會議時每參議員有一表決權。

第十條　參議院之職權如左：

一、參決第四條及第六條事件。（按：第四條爲臨時大總統得參議院之同意，有宣戰媾

---

⑪ 革命文獻第一輯，頁六。

⑫ 革命文獻第一輯，頁五。

和，及締結條約之權。第六條爲臨時大總統得參議院之同意，有設立臨時中央審判所之權。）

二、承諾第五條事件。（按：第五條爲臨時大總統得參議院之同意，有任用各部長及派遣外交專使之權。）

三、議決臨時政府之預算。

四、檢查臨時政府之出納。

五、議決全國統一之稅法幣制，及發行公債事件。

六、議決暫行法律。

七、議決臨時大總統交議事件。

八、答復臨時大總統諮詢事件。

第十一條　參議院會議時，以到會參議員過半數之所決爲準，但關於第四條事件，非由到會參議員三分之二之同意，不得決議。

第十二條　參議院議決事件，由議長具報，經臨時大總統蓋印，發交行政各部執行之。

第十三條　臨時大總統對於參議院議決事件，如不以爲然，得於具報後十日內聲明理由，交令覆議，參議院對於覆議事件，如有到會參議員三分之二以上之同意，仍執前議時，應仍照前條辦理。

第十四條　參議院議長由參議員用記名投票法互選之，以得票滿投票總數之半者爲當選。

第十五條　參議院辦事規則由參議院議訂之。

第十六條　參議院未成立前暫由各省都督府代表會代行其職權，但表決權每省以一票為限。⑬

同月十四日代表團接滬軍都督陳其美來電，知南京已於十二日光復，於是作如下決議：㈠由各省代表開臨時大總統選舉會於南京。㈡各省代表於七日以內會齊南京。㈢有十省以上之代表到南京，即開選舉會。㈣臨時大總統未經選定以前，仍認鄂軍都督府為中央軍政府，有代表各省軍政府之權。並由代表團將此決議致電留滬代表，依照規定逕赴南京⑭。

㈡　籌建軍政府之波折

各省代表團召集之初，代表間政見衝突尚不顯著。其波瀾之始在於大元帥之選舉。先是依照規定，留滬代表僅負通訊任務，不得議決事件。及漢陽十月七日被清軍攻陷，而南京適於同月十二日光復，革命軍指揮重心東移，長江下游各都督企望早日成立政府，有所統屬，頗咎代表團謀事之遲緩。於是江蘇都督程德全，浙江都督湯壽潛，滬軍都督陳其美，於同月十四日協商，延請留滬代表至上海江蘇教育總會，議商組織政府。投票者十六人，都督及代

⑬ 谷鍾秀「中華民國開國史」，頁三六至三八。
⑭ 革命文獻第一輯，頁七。

表均有投票權。黃興得十六票，當選爲「假定大元帥」。黎元洪得十五票，當選爲「假定副元帥」，兼任湖北都督。並暫定南京爲臨時政府所在地⑮。同日留滬代表發佈通電曰：

臨時政府前經議定武昌，現在南京光復，鄂軍務適緊，援鄂之師北伐之師待發，急需統一。今同人公議不如暫定南京爲臨時政府所在地，舉黃君興爲暫定大元帥，黎君元洪爲暫定副元帥，兼任鄂軍都督，藉免動搖而牽大局。俟赴鄂代表返滬同到南京再行發表，所有編制日內併力準備，俾得進行無滯。事機緊急，不得不從權議決，務乞鑒原，並請轉達到鄂各省代表，請即日來滬會議。⑯

十五日又議決即以大元帥名義組織中華民國臨時政府，並由陳其美、程德全等發起歡迎黃大

---

⑮ 據林長民「參議院一年史」，謂留滬代表既至江蘇教育總會，見軍隊森列，三都督强以選舉大元帥建設政府爲請。蔡元培臨時受湯壽潛委任爲浙江代表，並推薦黃興爲候選人，頗有脅迫之嫌。（引自民國經世文編政治二，頁四六。）

⑯ 革命文獻第一輯，頁六。

元帥大會以示隆重。⑰

在鄂之代表團聞得消息，決議不予承認，乃以黎元洪名義於十月十八日電滬撤銷。文曰：

各省代表均到鄂，議定臨時政府組織大綱，並訂期在南京公舉臨時大總統，組織臨時政府，敝處通電各省，諒已達覽。現忽據來電稱，滬上有十四省代表，推舉黃興爲大元帥，元洪爲副元帥之説，情節甚爲支離。如確有其事，請設法聲明取銷，以免淆亂

---

⑰ 宣統三年十月十六日上海民立報記其事曰：「昨（十五）日上午十句鐘，爲歡迎臨時大元帥，特開大會於江蘇教育總會，蘇州程都督，上海陳都督，及各省都督府代表均準時蒞會。俟黃大元帥蒞止，即開會行歡迎禮，一時歡呼聲如雷動。先由程都督雪樓起述：昨日自大元帥舉定後，即邀同陳君英士親往黃大元帥行轅道歡迎意，恭請蒞會，大元帥謙辭，不肯承認，經德全等再三勸駕，僅允到會重行選舉。繼滬軍都督起謂：昨日之選舉萬不可作無效，況大元帥責任重大，關係全國，方今北虜未滅，軍事旁午，非有臥薪嘗膽之堅忍力者，不足肩此鉅任，故其美以爲舍克强先生外無足當此者。於是黃大元帥起辭，謂：才力不勝，擬舉首先赴義之黎元洪爲大元帥，再由各都督旁舉一副元帥。且謂：興並願領兵北伐，誓搗黃龍，以還我大漢河山而後已。至於組織政府則非興所能擔任者也。嗣由各代表相謂：現今事機危迫，戰爭未息，黃大元帥苟不俯從衆意，其如全國人民何！黃大元帥復辭。謂：孫中山將次回國，可當此任。後由某君起謂：開會已兩時之久。……方今軍務倥偬，時間異常寶貴，孫君誠爲數十年來熱心革命之大偉人，然對外非常緊急，若無臨時政府，一切交涉事宜俱形棘手。況大元帥爲一時權宜之計，將來中華底定，自當由全國公選大總統，是故某以爲黃大元帥於此時，實不必多爲推讓。於是黃大元帥乃允暫時勉任，衆遂起立三呼大元帥萬歲，中華民國萬歲後散會。」

耳目。⑱

同月二十一、二十二、二十三等日，武昌代表團及留滬各省代表，先後抵達南京。二十四日乃假勸業場內舉行聯合會議，決定本月十六日召開臨時大總統選舉會，並由湖北代表電告黎元洪⑲。二十五日黎氏覆電表示反對。略曰：

各省代表在寧議舉臨時大總統，此事關係全局。竊以爲和議未決，不宜先舉總統，致後日兵連禍結，塗炭生靈，追悔莫及。公等係鄂全權代表，責任綦重，茲事體重大，亟宜注意。⑳

蓋是時清內閣總理袁世凱所派議和代表唐紹儀已抵漢口，暗示袁氏亦贊成共和。同日浙江代表陳毅由鄂續到，向各代表說明真像後，代表團乃於二十六日決議，緩舉臨時大總統，承認留滬代表所舉之大元帥、副元帥，預留臨時大總統之位以待袁世凱也。玆表列南京代表團出席各代表姓名如下：

---

⑱ 黎副總統政書卷一，頁二一。
⑲ 黎副總統政書卷二，頁一〇，革命文獻第一輯，頁八。
⑳ 同上。

浙江	湯爾和（代表團議長） 黃群 陳時夏 陳毅 屈映光
廣東	王寵惠（代表團副議長） 鄧憲甫
江蘇	陳陶怡 袁希洛
湖北	王正廷 胡瑛 馬伯援 居正 楊時傑
湖南	譚人鳳 鄒代藩 廖名搢 宋教仁
四川	蕭湘 周代本
雲南	呂志伊 張一鵬 段宇清
山西	景耀月 李素 劉懋賞
陝西	張蔚森 馬步雲
安徽	許冠堯 王竹懷 趙斌
江西	趙士北 王有蘭 俞慶麓 湯漪
福建	潘祖彝 林長民 林森
廣西	馬君武 章勤士
奉天	吳景濂

直隸	谷鍾秀
河南	李　槃
山東	謝鴻燾[21]

先是，留滬代表選舉大元帥之時，浙江都督湯壽潛，雖爲發起之重要份子，竟未投票先行返杭[22]。其後聞武昌代表團已有大都督之選舉，忽盡翻前議，致電留滬代表，不予認選舉大元帥之議案。及代表團開會南京，挾戰勝餘威駐寧之蘇浙聯軍，復聲言不願隸屬漢陽敗將之下，黃興遂憤辭大元帥之職，並薦黎元洪以自代。代表團乃於十月二十六日改選黎元洪爲大元帥，黃興爲副元帥，並決議大元帥暫住武昌，由副元帥主持一切[23]。同日代表團致電黎元洪曰：

> 昨接黃克强來電，堅辭大元帥之任，並以武昌起義爲天下倡，黎都督之功爲全國人民所敬愛，應推黎大都督爲大元帥等因。代表等以組織臨時政府刻不容緩，若往復推辭，

---

[21] 參照「中華民國開國史」，附民國議會人物表。

[22] 林長民「參議院一年史」，引自「民國經世文編」政治二，頁四六。

[23] 革命文獻第一輯，頁八。

徒延時日，深恐有礙大局。當由公衆議決推舉大都督爲大元帥，黃克强爲副元帥，但武昌軍事關係重大，恐大都督萬難離鄂，因於組織臨時政府大綱內追加一條：「臨時大總統未舉定以前，以大元帥暫行其職務，若大元帥不在臨時政府時，即以副元帥代行其職務。」除專員迎迓黃副元帥蒞寧外，特推時君象晉，陶君鳳集，陳君毅，仇君亮，於今日赴鄂趨謁，面陳一切，請大元帥承諾，以慰天下之望。㉔

同月二十九日，黃興聞中山先生將返國，欲有所待，自滬電辭不至。而元洪亦於十一月一日致電代表團，不接受大元帥之任㉕。一時代表團內革命黨人以黃興大元帥降副元帥爲奇恥大辱，有在會場跳踉暴叫者。因之遷怒於未獨立之北方各省代表，甚且目之爲漢奸或袁黨，不惜以手槍擬之；其實未獨立之北方各省代表，固未嘗有所主張也。

當是時，使者交於途，催駕電報一日數起㉖。十一月四日黎元洪來電承受大元帥名義，並委任副元帥黃興代行其職務，黃興仍不至。同月六日，中山先生抵滬，而大元帥副元帥之爭議始懸而不議。此次爭執之主因，在於各代表倚勢苟且，遷就現實，無固定之政見。一聞

㉔ 黎副總統政書卷三，頁一。

㉕ 黎元洪致代表團電云：「勘電敬悉，元洪才識凡庸，平時辦事已形竭蹶，此次起義皆賴鄂中諸君子忠勇之力，元洪何功可言。但願國是早定，民生乂定，元洪乞骸骨歸里作一公民，此心已非常滿足，大元帥之職懇公等另選賢能，元洪決不敢受。」（革命文獻第一輯頁九）

㉖ 除代表團電催外，各軍將領林述慶、柏文蔚等，亦紛紛致電黃興勸請就任。

袁世凱有贊同共和之意，不惜修改已定之臨時政府組織大綱，承認代表團之選舉不合法。及聞蘇浙軍人對代表團之選舉表示異議，竟對選舉結果加以變更。純以一時之特別因素爲轉移。

(三) 臨時政府之成立

先是臨時政府組織大綱公布後，輿論多有非議者。或謂不應略人權不言，或謂行政各部不應規定於含有憲法性質之根本大法內，致無伸縮之餘地。加以臨時政府組織大綱雖採取美國之總統制，而無副總統之設㉗。又行政單位僅限五部，組織亦欠健全。故修改之舉，勢在必行。

十一月六日，中山先生既抵滬，七日上海同盟會幹部胡漢民、黃興、汪精衛、陳其美、宋教仁、張人傑、馬君武、居正等，會商組織臨時政府方案，決議選舉中山先生爲臨時大總統。關於政府組織，宋教仁主張採責任內閣制，並推薦黃興爲內閣總理。中山先生初不同意，所持理由：「內閣制乃平時不使元首當政治之衝，故以總理對國會負責，斷非此非常時代所宜，吾人不能對於惟一置信推舉之人，而復設防制之法度。余亦不肯徇諸人之意見，自居於神聖贅疣，以誤革命之大計㉘。」卒因宋氏之堅持而曲循其要求。並與張繼磋商人選。張氏首舉宋教仁，教仁堅辭；乃改舉黃興。黃氏初亦辭　因宋教仁、居正、田桐、呂民天等相繼促

㉗ 當時輿論以黎元洪領導首義，不設副總統無以安置。

㉘ 胡漢民自傳，革命文獻第三輯，頁五六。

勸，始允出任㉙。於是政府組織由總統制一變而為責任內閣制，而修改臨時政府組織大綱逐成為當前之急務。

初八日，宋教仁、黃興等專車赴南京。當晚，宴集各省代表，發表修改臨時政府組織大綱演說，歷二時之久。討論結果，多數代表仍贊成總統制，宋氏之修正案竟遭代表團所否決。政府組織復確定為總統制，而宋氏乃為各代表所不滿。

初十日上午九時，各省代表團在南京選舉臨時大總統，到會十七省代表，共計四十五人。依照臨時政府組織大綱第一條之規定，得票在投票總數三分之二以上者始可當選。開票結果，中山先生得十六票（另一票為黃興），當選為中華民國首任臨時大總統。代表團並推舉臨時議長廣東代表王寵惠，副議長浙江代表湯爾和赴滬，迎迓中山先生來寧，復決定同月十三日（即中華民國元月一日）舉行就職典禮㉚。

十二日，黃興奉中山先生之命復由滬來寧，向代表團陳述必須修改臨時政府組織大綱理由，其範圍僅限於增加臨時副總統，及臨時大總統職權之規定。是晚九時，遂由雲南代表呂志伊，湖南代表宋教仁，湖北代表居正，向代表團提出臨時政府組織大綱修正案，經代表團決議如下：

㉙　徐天復（血兒）「宋先生教仁傳略」。

㉚　革命文獻第一輯，頁一〇。

一、原文第一章臨時大總統下，加「臨時副總統」五字。

二、原文第一條刪改爲「臨時大總統副總統，皆由各省代表選舉之，代表投票權以一票爲限。」

三、原文第五條刪改爲「臨時大總統制定官制官規，並任免文武職員，但任命國務各員，須得參議院之同意。」

四、原文第十七條全刪。〔按：第十七條規定行政各部爲㈠外交部，㈡內務部，㈢財政部，㈣軍務部，㈤交通部。」

十三日爲中華民國元年元月一日。上午十時，中山先生偕隨員離滬赴寧。午後十時，假南京江蘇諮議局舊址行接任禮，宣述誓詞如下：

顚覆滿清專制政體，鞏固中華民國，圖謀民生幸福，此國民之公意，文實遵之，以忠於國，爲衆服務。至專制政府既倒，國內無變亂，民國卓立於世界，爲列邦公認，斯時文當解臨時大總統職，謹以此誓於國民。㉛

是日代表團休會一日，初二日安徽、江蘇、浙江、福建、廣西五省代表提議，修改臨時政府

㉛ 革命文獻第一輯，頁一三。

組織大綱係重大問題，因日前之決議於夜間倉卒行之，應作無效；廣西代表馬君武持之尤堅。經大會表決，對於十二日之修正案，再作最後之修正：

一、原文第一條刪改爲「臨時大總統副總統皆由各省代表選舉之，以得票滿投票總數三分之二以上爲當選，代表投票權每省以一票爲限。」

二、原文第五條刪改爲「臨時大總統得制定官制官規，兼任免文武職員，但制定官制官規及任命國務各員及外交專使，須得參議院之同意。」

三、原文第六條後增列一條爲第七條。（原文第七條改爲第八條，餘遞推。）條文爲「臨時副總統於大總統因故去職時得升任之，如大總統有故障不能視事時，得受大總統之委任，代行其職權。」

此次修正案仍恢復臨時政府組織大綱第五條原文之規定，而於制定官制官規亦納入參議院同意之範圍，使前日代表團議決第五條之修正案仍歸無效。臨時政府組織大綱爲一時國家之根本大法，忽而議修正，忽而對議決之修正案再修正之，反復紛紜，正見當時各代表之無固定政見也。

初三日，代表團依照臨時政府組織大綱修正案，以全數十七票選舉黎元洪爲副總統。同日臨時大總統蒞代表團交議中央行政各部及其權限案，原提內務總長宋教仁，外交總長王寵惠，財政總長陳錦濤，司法總長伍廷芳，交通總長湯壽潛，實業總長張謇，教育總長章炳麟，陸軍總長黃興，海軍總長黃鍾瑛。因宋教仁曾主張責任內閣制，引起部分代表之不滿；而對於海外歸國之革命黨人王寵惠，認爲資格尚淺，不若伍廷芳之老練持重；章炳麟則因提倡擁護黎元洪，頗爲同盟會代表所厭惡，於是三人遭代表團一併否決。中山先生不得已，乃斟酌當前情勢，總長取名，次長取實，內務改提程德全，教育改提蔡元培，外交、司法兩總長對調，始獲代表團同意㉜。茲表列各部總長次長姓名如下：

陸軍總長	黃　興	次長	蔣作賓
海軍總長	黃鍾瑛	次長	湯薌銘
司法總長	伍廷芳	次長	呂志伊
財政總長	陳錦濤	次長	王鴻猷
外交總長	王寵惠	次長	魏宸組
內務總長	程德全	次長	居　正
教育總長	蔡元培	次長	景耀月
實業總長	張　謇	次長	馬君武

㉜ 居覺生先生全集下册頁五三一。另據胡漢民自傳，謂此次組織政府多採納黃興之意見。黃興初推薦張謇或熊希齡長財政，中山先生不可，曰：「財政不能授他派人，我知瀾生（按：陳錦濤字）不敢有異同，且曾爲清廷訂幣制，借款於國際，有信用。」於是用陳。亮疇（按：王寵惠字）以資格不足，欲辭，中山先生曰：「吾人正當破除所謂官僚資格，外交問題吾自決之，忽怯也。」（引自革命文獻第三輯，頁五八）

交通總長　湯壽潛　次長　于右任

上列各總長，除陸軍、外交、教育為同盟會會員，餘均立憲派人士及新同情革命者；惟次長則均為革命黨人㉝。張謇、湯壽潛僅一度就職，即出居上海，迄未任事。程德全則臥病租界，陳錦濤經常在滬接洽借款，伍廷芳因主持和議不克返寧。故實際負責者僅黃興及蔡元培、王寵惠三人，其餘五部部務，均由次長代行。時戰爭未已，中央行政不及於各省，各部亦備員而已。獨黃興掌軍事大權，雖無內閣之名。實各部之領袖也㉞。

二、南京參議院時代

(一)參議院之開幕

臨時政府組織大綱規定各省代表團之使命止於臨時大總統之選舉，至於立法重任，則屬於參議院。參議員由各省部督所派，每省以三人為限。參議院未成立前，由代表團代行其職

㉝ 臨時政府之組織，黃興多贊其事，黨內同志多有不滿者。張繼嘗記其事曰：「民國元年，革命政府成立之際，一日于右任訪克强，適展堂、鈍初在座。克强曰：『你來正好，我們組織政府的人選，大家商議商議。』右任提及應注意武漢首義同志。惟當時武漢對克强不好，克强亦厭惡武漢數人；加以孫武到上海態度殊惹人厭，英士更表示反對，竟以各部次長予海外歸國同志，而在武漢起義者，反未顧及，實為一大失策。湯薌銘即在歐洲盜總理皮包之人，克强竟未知，亦任為海軍部次長，更招物議。」（張繼「備忘錄」）

㉞ 胡漢民自傳，載革命文獻第三輯，頁五八。

權。臨時政府成立後，各省所派參議員陸續抵南京，自相更迭。至未獨立省份，仍以諮議局舊遺之代表與會。遂於民國元年正月二十八日上午十時舉行參議院開幕典禮。到會者凡十八省代表，計四十三人。茲表列其姓名如下：

福建	林森（議長）	潘祖彝	陳承澤
浙江	王正廷（副議長）	殷汝驪	黃群
四川	李肇甫（全院委員長）	熊成章	黃樹中
江西	王有蘭	文群	湯漪
湖南	劉彥	彭允彝	歐陽振聲
湖北	時功玖	劉成禺	張伯烈
安徽	常恆芳	凌毅	胡紹斌
江蘇	楊廷棟	陳陶怡	凌文淵
山西	劉懋賞	李素	
陝西	趙士鈺		
廣東	趙士北	錢樹芬	金章

廣西	鄧家彥	曾彥	
雲南	張耀曾	廣聘臣	段于清
貴州	平剛	文崇高	
山東	彭占元	劉星楠	
河南	李盤	陳景南	
奉天	吳景濂		
直隸	谷鍾秀		❶

臨時大總統及各部總次長均親臨觀禮。中山先生祝頌詞曰：

所議者國家無窮之基，所創者亘古未有之制。其得也，五族之人受其福；其失也，五族之人受其禍。嗚乎！破毀之難，各省志士先之矣；建設之難，則自今日以往諸君子與文所黽勉仔肩，而弗敢推謝者也。❷

❶ 張難先「湖北革命知之錄」，頁四〇二。

❷ 東方雜誌第八卷第十號，中國大事記，頁一一。

大會選舉林森爲議長，王正廷爲副議長，李肇甫爲全院委員長。以各議員來源不同，份子複雜，且狃於三權分立之説；故開院之初，遇事喜與政府持異議，彼此之間尤多意氣之爭。總統府秘書長湖漢民，曾代表中山先生出席參議院爲言曰：

> 今爲革命非常時期，戡亂未遑，議院不能置充分信任於政府，而反掣其肘，華盛頓抗英初期之故事可以爲鑑，即不覆亡 亦無由發展，非所以代表民意也。❸

而參議院内爭執不稍息。其著者一爲未獨立省份議員有無表決權問題。當代表團集會漢口時，曾決議未獨立省份之代表無表決權，未獨立省份之代表因當前急務在於組織臨時政府，故不與較；而事實上亦未施行。故宣佈臨時政府組織大綱時曾共同簽字，臨時大總統副總統之選舉，任命各國務員之商榷，亦皆參予投票。至開院前一日，忽有人倡議，凡舊日各省諮議局所派代表代理參議員者，但得議決事件，無選舉及被選舉院中委員之權❹。於是未獨立省份議員勢在必爭，直隸、奉天兩省議員因抗議而辭職，結果由大會表決，同意一律有選舉及被選舉之權。

其次爲借款問題之爭。臨時政府成立後，因財政困難，陸軍總長黃興乃倡議與日人交涉，

---

❸ 革命文獻第三輯頁五九。

❹ 林長民「參議院一年史」（引自民國經世文编，政治二，頁四九）

以漢冶萍公司歸中日合辦，集股三千萬，中日各半，由公司轉借五百萬交政府，以應燃眉之急。未經參議院同意，逕由大總統與陸軍總長秘密簽字。實業總長張謇在滬致電中山先生曰：勿因「區區數百萬之借款，貽他日無窮之累，爲萬國所譏笑⑤。」繼乃堅辭以爲抵制。臨時副總統兼湖北都督黎元洪以該公司爲湖北財產，爭之尤力。其二月十三日致南京臨時政府暨參議院之電曰：

> 漢冶萍公司產業前因有抵借之說，屢經敝處電請尊處阻止在案，查該項產業，關係民國前途最爲重大，只以盛宣懷於滿清時代營私舞弊，致喪失一切權利，幾於不可收拾。月前飭由財政部收歸鄂有，意在消除外患，挽回國權，並借以保守物品，留備全國軍民之用。頃聞尊處擬與外人合資開辦，藉資挹注，雖係一時權宜之計，但對外政策種種失敗實由於此。刻下民國新建，事事須確求正當辦法，萬不可再蹈滿清覆轍，致以機會均等利益均霑之說啓外人干預之漸。此間議會全體及各部處職員均不敢承認此舉，貴處如果有合資開辦情事，希迅即設法取消，切勿任少數人顢頇之爲，致拂輿情。而生惡感。⑥

---

⑤ 張孝若「南通張季直先生傳記」，頁一七四。

⑥ 易國幹編「黎副總統政書」卷六，頁二一。

參議院乃嚴辭質問政府，表示反對。臨時政府不得已，遂以日人交款濡滯爲理由，撤消漢冶萍公司中日合辦之議。

未幾湖北參議員劉成禺、張伯烈、時功玖等，聞政府將以全國賦稅向道勝銀行抵借鉅款，相繼辭職❼。三月九日，臨時副總統兼湖北都督黎元洪致電參議院曰：

日前敝省參議員劉成禺，時功玖、張伯烈等，函電辭職，究厥原因，係因政府以全國賦稅向道勝銀行抵借鉅款，該參議員等恐失國權，提議反對，乃係應行之職權，何議長竟在場呵斥，是否有違議院章程，而失民國參議院性質。至該議員等辭職，敝省決不承認，請轉知該參議員等，仍舊到院辦事，切勿放棄天職爲要。❽

於是由於參議員意見之不合，牽涉到地方政府與中央民意機構之爭執。而湖北臨時省議會，竟以參議院之議員非出自民選爲借口，發起重行組織臨時國會。且稱已得十一省覆電贊成。參議院通電力駁其非。略謂：

---

❼ 三月六日參議院特致電鄂軍都督黎元洪曰：「參議員劉成禺、張伯烈、時功玖三君，僉日在議場聲稱辭職，遽行離院，本院迭次函催出席，執意不來，昨經公決准其辭職，除一面函知三君外，特此奉聞，請迅即派員接充。」（黎副總統政書卷八，頁一〇）

❽ 黎副總統政書卷八，頁一〇。

本院之成立，根據於臨時政府組織大綱。現公布之臨時約法，亦載明十個月内由大總統召集國會。當此參議院既成立之後，國會成立之先，乃以一省議會名義，輒召集臨時國會，不知何所依據？若不承認臨時政府組織大綱及臨時約法，則已公佈之法律，已選出之總統，已組織之臨時政府，皆將無效，民國基礎，於以動搖。且今日以一省議會反對參議院而召集臨時國會，他日將又有一省議會反對臨時國會，而召集第二臨時國會，起覆紛紜，事權不定，民國前途將何利賴？方今國基初肇，所賴以維持培植者，端在守法，參議院爲法定機關，萬不可任意破壞，至於參議員本應依約法選派，規定選派方法權在各省，或民選或公派，一惟各省自定，萬不能執民選二字反對參議員，因之反對參議院，行動法外，破壞國基，湖北省議會提議實爲不當，應作無效。⑨

翌日再將此意諄切通告各省。未幾參議院復開會討論比國公債案。湖北參議員以決議不足法定人數，復未經三讀會通過，憤而辭職。江蘇議員楊廷棟、陳陶怡、凌文淵等亦引去。於是各省臨時省議會紛電參議院，認爲都督委任之參議員，不足以代表民意，主張應改爲民選，湖北省議會持之尤力。參議院乃決議即現有之參議員改爲民選，通電各省臨時省議會，選舉議員更代，未由臨時省議會省份或未選出者，則舊日都督派遣者得繼續留任。

⑨ 谷鍾秀「中華民國開國史」，頁六三。

(二) 國都之議

方各省代表團會議漢口時，曾於辛亥十月十四日議決：臨時政府設於南京（已詳第一節第一目），而各省留滬代表亦有暫定南京爲臨時政府所在地之聲明（已詳第一節第二目）。其後中山先生就臨時大總統職於南京，各省代表並無異議者，滿清政府於民國元年二月十二日退位，二月十三日中山先生提出辭職書於參議院，推薦袁世凱以自代，並附有辦法三條：

一、臨時政府地點設於南京，各省代表所議定，不能更改。

二、辭職後，俟參議院舉定新總統，親到南京受任時，大總統及國務各員乃行辭職。

三、臨時政府約法爲參議院所制定，新總統須遵守頒布之一切法制章程⑩。

蓋欲束縛袁氏之行動，恐其違法竊國也。二月十四日，參議院開會討論，中山先生復蒞臨陳述原因，當即舉行臨時大總統選舉會，袁世凱遂以十七票之滿票當選爲中華民國第二任臨時大總統。惟關於國都則違背中山先生意旨決議設於北京。

先是，袁世凱聞中山先生堅持建都南京，陰使人在參議院作建都北京之活動。於是參議員谷鍾秀、李肇甫等咸主張臨時政府地點應改設北京。其所持理由：

南北既經統一，即應籌全國所以統一之道，臨時政府地點爲全國人心所繫，應設足以

⑩ 臨時政府公報第十七號。

統馭全國之地，使中國能成完土，庶足以維繫全國人心，並達我民國合五大民族而為一大中華民國之旨。前經各省代表指定臨時政府地點於南京，係因當時大江以北尚在清軍範圍，不得不暫定臨時政府適宜之地，今情勢既異，自應因時制宜。⓫

同盟會黨人對國都問題意見並不一致，章炳麟、宋教仁均持建都北京之論。認為建都南京，無異放棄滿蒙，各議員頗受其影響⓬。故二月十四日之表決，卒以二十票對八票之多數，通過臨時政府設於北京。（反對票八票之分配情形為：南京五票，武昌二票，天津一票。）於是參議院乃咨復臨時政府曰：

⓫ 中華民國開國史，頁八〇。

⓬ 二月十三日上海「大共和日報」刊有章炳麟致南京參議院書，力陳建都南京之害有五。略謂：「首都宜在中原平陸，縱蕩滌舊污，宛平不可，猶宜在鄴洛之間，庶幾控制北維，不憂疏逖。明祖所以建金陵者，以其地不及朔漠也。今疆域之廣，西自天山，東訖難水，已倍本部而有餘，則中原輻湊之地，不在東南明矣。況自南宋以來，中原文化日益凋殘，猶賴建宅北平，民所趨向，得令萬物照蘇耳！向無成祖，恐中原已成不毛。」

另據章炳麟自定年譜：「袁世凱被選為臨時大總統，南政府將解，以袁氏難制，欲令遷都江寧以困之。余謂江寧僻不足以控制外藩，清命雖黜，其遺孽尚在，北軍未必無思舊主者，重以蒙古東三省之援，死灰將復燃，賴袁氏鎮制使不起耳。一日南遷，復辟之禍作矣。（黃）克強聞之憤甚，與予辯難。」

章炳麟於南京臨時政府追悼陣亡將士大會時，曾為輓聯云：「群盜鼠竊狗偷，死者當不瞑目；此地龍蟠虎踞，古人畢竟虛言。」公開反對建都南京。（胡漢民自傳。革命文獻第三輯頁五九。）

今日南北既經統一，即應統籌全國，圖所以統一之道。臨時政府地點爲全國人心所繫，應在可以統馭全國之地，使中國能成完土，庶足以維繫全國人心，並達我民國合五大民族爲一國之旨。前經各省代表指定臨時政府地點於南京者，因當時大江以北尚在清軍範圍內，不得不暫定臨時政府適宜之地。今情勢既異，自應因時制宜，定政府地點於北京。特新舉總統無論何人，應在南京接收事權，事經議決，請查照行之。⑬

中山先生因召黃興至總統府責讓之。黃氏亦認黨內不應有異議。遂申誡參議員同志黃復生、鄧家彥、康寶忠、李伯申等，不應於參議院中贊同此案，爲袁黨張目⑭。翌日乃由總統府秘書長胡漢民擬文退交參議院重作表決。參議院因變更議程，首先討論此案。各議員爭論頗烈。同盟會籍議員某君以此事關係大局，痛言該案若不獲通過，即將殉身會場。投票結果，以十九票對八票之多數，決議臨時政府仍設南京⑮。

以如此重大問題，一夜之隔參議員之主張判若兩人，足見當時人心之不可持。臨時副總統兼湖北都督黎元洪，爲調和南北之見，則主張以武昌爲永久國都。二月十九日黎氏致電臨

---

⑬ 林長民「參議院一年史」（引自民國經世文編政治二，頁一七〇。）

⑭ 黃興曾告同盟會諸議員曰：「政府決不爲此委屈之手續，議院自動翻案盡於今日，否則吾將以憲兵入院，縛所有同盟會員去。」（胡漢民自傳，載革命文獻第三輯頁五九。）

⑮ 北次投票仍用記名投票法，開票得二十七票，十九票主都南京，六票主都北京，二票主都武昌。直隸、奉天、江蘇、雲南、陝西、山西六省，始終主張建都北京。（參照居覺先生生全集，辛亥劄記，都城問題。）

時政府，請即派員來鄂組織政府⑯。二月二十七日復電曰：

清帝遜位已經浹旬，組織政府瞬不容緩。徒以首都地點南北爭持，遷延未決，人心皇皇，危險萬狀。夫欲為民國謀統一規久遠，則臨時政府自應以地形險要交通便利能莞全國樞紐者適當之地點，居中馭遠莫若武昌，有識者類能言之。……既足滌三百年舊染之污，亦可闢億萬世奠安之局，折衷定策，莫此為宜。⑰

另由上海「民社」總部於二月二十六日通電全國曰：

折中定制，莫若武昌。武漢倡義為全國人心所歸往，其地居交通之中樞，為東南之冠冕，西通川藏，北控燕雲，既滌除北京舊染之污，亦免蹈建業偏安之習。⑱

一時響應者，達十一省之多⑲。而各地軍政首長迎合袁氏意旨，仍多主張建都北京。二月九日，煙台都督藍天蔚通電主張，「暫以北京作臨時政府地點，維持大局，俟國會成立，或南或

⑯ 黎副總統政書卷七，頁四。
⑰ 黎副總統政書卷七，頁二三。
⑱ 黎副總統政書卷七，頁一八。
⑲ 東方雜誌第九卷第七號，中國政治通覽，第四篇「議會及政黨」，頁二十五。

北至易取決。」同日廣西都督陸榮廷通電主張，「請袁大總統即在北京受職，以支大局而安人心。」二月十六日，江北都督蔣雁行之通電認爲：「燕京南達湖廣，北枕蒙疆，東接胡滿，西連回藏，近者鐵道四通，誠得高屋建瓴之勢，此中央政府之地點所以宜取北京也。」二月十八日，蘇州都督莊蘊寬之通電認爲：「捨北取南，勝國有死灰復燃之慮，强敵有乘機侵犯之虞。」二月十九日，浙江都督蔣尊簋之通電認爲：「公署使館北京咸備，移之南京必須更築，土木之費所費不貲。」二月二十三日，北方駐軍將領張鎮芳、張懷芝、張錫鑾等聯名之通電認爲：「政府地點問題關係尤重，審時度勢，莫苦都燕。」二月二十四日，南京浙軍司令朱瑞、粵軍司令姚雨平之通電認爲：「統一政府暫設地點，若就現勢外交經濟地理歷史種種關係言之，自以參議院第一次議決之條爲適當。」三月六日，雲南都督蔡鍔之通電認爲：「建都燕京可以控馭中外，統一南北⑳。」黃興爲此代表臨時政府特發表聲明曰：

> 國都問題敝意固非主張北京。要亦不主張北京。諸公主都北京雖具有理由，究强半不甚正確。……若以軍事論，則北京今日萬非建都之地，蓋今日之所謂事軍，爲與世界各國爭衡之軍事，則軍事之佈置當爲禦外之計。首都在北京根本易動搖，一有他虞，遷移亦難爲計，此非可一一明言，謀國者斷不可不爲全局計久遠也。㉑

⑳ 黎副總統政書卷七，頁一九至二四。
㉑ 民國元年二月二十四日上海民立報。

黃氏之用意，以國都問題與臨時政府建置地點不可相混。國都問題應留待國會解決，而臨時政府則以建置南京爲相宜。

參議院既決定國都仍設南京，二月十八日，臨時政府特派教育總長蔡元培、外交部次長魏宸組、參謀次長鈕永建、前議和參贊汪兆銘、法制局局長宋教仁、海軍顧問劉冠雄、第三十一師團長黃可凱、陸軍部軍需局長曾昭文、武昌外交司長王正廷等九人，組成特使團，赴北京歡迎袁世凱南下就職㉒。同月二十五日蔡元培等抵北京，袁氏特開正陽門以迎之。當晚蔡元培等謁袁氏，次日復舉行座談會，相談甚洽，袁氏「始終無不能南行之語㉓。」不意二十九日晚，袁氏忽煽動駐北京第三鎮曹錕所部兵變，東安門外火光燭天，商民遭殃者數千家。翌日且波及天津、保定一帶，京津情形，頓形緊張。

袁氏於兵變後，致電南京臨時政府及各省都督曰：「自經此變，北京商民愈不欲凱南行，函電籲留，日數十起㉔。」袁氏不肯南下之意已決。三月二日蔡等乃致電臨時政府及參議院曰：

北京兵變，外人極爲激昂，日本已派多兵入京，設使再有此等事發生，外人自由行動

㉒ 臨時政府公報第二十號。

㉓ 蔡專使元培代表佈告全國文（臨時政府新法令第六册）。

㉔ 臨時政府公報第二十九號。

恐不可免。培等睹此情形，集議以爲速建統一政府爲今日最要問題，餘儘可遷就以定大局。㉕

三月三日臨時副總統兼湖北都督黎元洪通電全國，遂主張改都北京。略曰：「舍南京不至亂，舍北京必至亡。金陵形勢果勝燕京，猶當度勢審時量爲遷就，況利便之勢，相判天淵乎㉖。」同月六日復致電參議院曰：

北地之人以恐誤大局者函電紛至，外人亦嘖有煩言，若不從速解決以安人心，恐至敗壞不可收拾。敢請尊處迅開會議，如贊同袁君不必南行就職，及臨時統一政府設在北京之議，請即電復㉗。

當是時各議員主張不一，有主張電請黎元洪來寧，代表袁世凱行宣誓禮；有主張如黎不肯離鄂，應將臨時政府移設武昌。甚有主張黃興統兵北上，以迎袁氏爲名，乘機掃蕩北洋軍

㉕ 中華民國開國史，頁八一。
㉖ 黎副總統政書卷八，頁三。
㉗ 黎副總統政書卷七，頁二五。

閥及專制餘毒者。宋教仁、馬君武爲此竟至相毆㉘。最後，卒於三月六日議決辦法六條，允袁氏在北京就職。

一、由參議院電告袁大總統，允其在北京就職。

二、袁大總統接電後，即電參議院宣誓。

三、參議院接宣誓之電後，即覆電認爲受職，並通告全國。

四、袁大總統受職後，即將擬派國務總理及國務員姓名，電知參議院，求其同意。

五、國務總理及國務員任定後，即在南京接收臨時政府交代事宜。

六、孫大總統於交代之日始行解職㉙。

袁世凱遂於三月八日在北京就臨時大總統之職，並將誓詞電告參議院，於是民國統一政府乃告成立。

㉘ 居正「辛亥劄記」記其事曰：「我等群集總統府聽取專使報告之餘，僉主張黃總長統兵北上，仍以迎袁爲名，乘便掃蕩北洋軍閥及專制餘毒。……宋（教仁）曰：統兵北上，不是兒戲，津浦路上我前線只達徐州，直、魯有北洋重兵駐守，我若出兵，北軍那肯輕易放過，勢必惹起戰爭。宋言未畢，馬君武大聲叱宋曰：你爲袁世凱作說客，出賣南京，照著宋面一拳，宋左眼受傷流血。孫公喝馬君武曰：汝太麤生，須得向鈍初賠禮。馬君武聽命，近前與宋握手。宋曰：我眼痛，不好動手。孫公曰：茲事體大，改日再商。相率退出總統府。黃總長送宋先生回龍公館。一再安慰。宋曰：馬君武粗暴我知之，說我出賣南京，豈有此理。黃曰：君武有口無心，孫先生教他認錯，當面賠禮，革命黨說了算了，不必計較，只是對袁策略，要有整個打算，我往參謀本部去，教他們計劃，汝好好將息。」（居覺生先生全集下册，頁五四六）

㉙ 臨時政府公報第三十四號。

三　制定臨時約法

臨時政府之成立，依照臨時政府組織大綱之規定，採取總統制（已詳第一節第三目）。清帝退位交涉期間，革命黨人恐袁世凱當選臨時大總統後，違法亂政，欲以憲法國會約束其行動。復因臨時政府組織大綱規定召集國會期限應在六個月內，以籌備不及，勢須延緩。又人民之權利義務亦應規定於國家根本大法以內，為適應當前需要，勢必修改臨時政府組織大綱為臨時約法。

臨時約法草案未擬定前，中山先生曾向參議院提出「中華民國臨時政府組織法草案」，於立法、司法、行政外，隱寓考試、監察獨立之意，已略具五權憲法之雛形。參議院恐受命政府，有損立法尊嚴，未加採用，而另行起草㉚。

二月七日，參議院召集臨時約法起草會議，開始逐條討論。各議員對總統制或內閣制，中央集權或地方分權，主張頗不一致。中山先生為此特邀集同盟會籍議員及幹部共同研商。總統府秘書長胡漢民與法制局長宋教仁辯論頗烈。雙方各持理由如下：

宋：起義以來，各省紛紛獨立，而中央等於綴旒，不力矯其弊，將成分裂，且必中央有大權，而國力乃可以振復，日本倒幕，是我前師。

㉚ 中國議壇雜誌，第一卷第五期，楊幼炯「我國最早的議會」。（民國四十八年十月一日出版）

胡：中國地大而交通不便，滿清末造，惟思集權中央，挽其頽勢，致當時有中央有權而無責，地方有責而無權之譏，而清亦暴亡，則內重外輕非必皆得。且中國變君主爲共和，不能以日本爲比，美以十三州聯邦，共和既定，即無反覆。法爲集權，而黠者乘之，再三篡奪，我宜何去何從？況中國革命之破壞，未及於首都，持權者腦中惟有千百年專制之歷史，苟其野心無所防制，則共和立被推翻，何望富强。

宋：君不過疑於袁世凱耳，改總統制爲內閣制，則總統政治上之權力至微，雖有野心者，亦不得不就範，無須以各省監制之。

胡：內閣制純恃國會，中國國會本身基礎猶甚薄弱，一旦受壓迫，將無由抵抗，恐踏俄國一九〇五年後國會之覆轍。國會且然，何有內閣？今革命之勢力在各省，而專制之餘毒積於中央，此進則彼退，其勢力消長即爲專制與共和之倚伏。倘更自爲削弱，噬臍之悔，後將無及。

宋：終不謂然。[31]

雙方相持不下，最後中山先生加以排解，並作結語曰：「中華民國臨時約法，可謂是較臨時政府組織大綱進一步，但我鑑於古今中外政治上之利弊得失，創制五權憲法，非如此則不足以措國基於鞏固，維世界之和平，而卻是非一蹴可幾。我今只說要定一條：『中華民國主權

---

31 胡漢民自傳，革命文獻第三輯，頁六四。

屬於國民全體』，一以表示我黨國民革命真意義之所在，一以杜防盜憎主人者，與國民共棄之㉜。」於是衆皆言：「善」，而臨時約法之精神確立。乃由宋教仁起草，至三月八日全案遂告通過。十一日由臨時政府予以公布，凡七章五十六條。中央政府組織仿照法國內閣制度，特別著重人民之權利與義務，茲摘錄有關參議院組織法三條如下：

第十六條　中華民國之立法權，以參議院行之。

第十七條　參議院以第十八條所定各地方選派之參議員組織之。

第十八條　參議員每行省、內蒙古、外蒙古、西藏各選派五人，青海選派一人，其選派方法由地方自定之。

袁世凱就職臨時大總統後，依照臨時約法規定，乃於三月十八日通令全國各地選派參議員，令曰：

查照參議院議定臨時約法參議院章，內開參議員每行省、內蒙古、外蒙古、西藏各選派五人，青海選派一人，其選派方法由各地方自定之等語。查從前參議院參議員各省有由都督遴派，有由地方議會公推者，有尚未選派者，現在統一政府不日成立，參議

㉜ 居覺生先生全集下冊，頁五四八，梅川日記內「約法問題」。

院亟應組織完備，應由各地方迅速妥定選派方法，選派赴會。㉝依規定全國應選出參議員一百二十六人，及臨時政府北遷，各地新選議員乃陸續到北京更代。

(四) 政黨形勢

民國建立後，國人思想言論驟獲自由，各種政黨乃如雨後春筍，紛紛出現。除領導革命創立民國之同盟會，具有悠久之歷史與持有遠大之政治理想外，其他類多官僚政客用作投身政治之工具，其總數不下三百餘個，茲擇其著者依次說明如下：

一、中國同盟會 光緒三十一年（一九〇五）七月二十日成立於日本東京，分支部遍於世界各地，本係秘密之革命團體；辛亥革命後，移總部於上海，設事務所於辛家花園。及中山先先自歐返國，乃召集同志，訂定暫行章程，改秘密為公開組織。臨時政府成立後，復移本部於南京，民國元年三月三日舉行全體黨員大會於三牌樓第一舞臺。是時黨內意見分為左右兩派，右派以武裝革命已告終了，應改為公開之政黨，從事於憲法國會之運動，立於代表國民監督政府之地位。左派則以革命之目的並未完成，讓臨時大總統位於袁世凱，前途尤多荆棘，黨內宜保存過去之秘密組織，更應推廣之，不必側重合法之政治鬥爭。討論結果，右派

㉝ 東方雜誌第八卷第十一號，中國大事記，頁四。

居多數㉞。乃選舉中山先生爲總理，黃興、黎元洪爲協理，胡漢民、汪兆銘、張繼、宋教仁、劉揆一、平剛、田桐、居正、馬君武、李肇甫等爲幹事㉟。並通過政綱十端：㈠完成行政統一。㈡促進地方自治。㈢實行種族同化。㈣採用國家社會政策。㈤普及義務教育。㈥主張男女平權。㈦勵行徵兵制度。㈧整理財政，釐定稅制。㈨力謀國際平等。㈩注重移民墾殖事業㊱。

同盟會因有數十年之歷史，黨基甚爲鞏固。臨時政府各部總長中，同盟會出身者雖僅三人，而居次長者大率皆同盟會員，且非同盟會員各總長多缺席不視事，而由次長代行，故南京時代之臨時政府，實際由同盟會所控制。惟多數黨員雖不乏新思想，而少數智識簡單血氣未定份子，其行動或逸出常軌之外，不免爲反對黨所指摘㊲。

二、統一黨　先是章炳麟等所領導之光復會，爲同盟會組成之重要份子。辛亥革命後，章氏回國，臨時政府成立前，章氏獨倡異議，以爲若舉總統，以功則黃興，以才則宋教仁，

㉞ 胡漢民自傳，革命文獻第三輯，頁六三。

㉟ 協理黎元洪徒有其名，實際與同盟會毫無關係，幹事平剛以任職參議院秘書長而舉其人。中山先生因綜理國政，實際黨務由宋教仁主持。

㊱ 鄒魯「中國國民黨史稿」上册，頁三八。

㊲ 居正「辛亥劄記」記其事曰：「有冒充同盟會敲詐者，有假收會員領錢者（每人繳會費五元），吠影吠聲，同盟會幾不利於人口，潔身自好之會員則避之若浼。」（居覺生先生全集下册頁五二二）。

以德則汪精衛。並造「革命軍興，革命黨消」口號，公開發表叛黨之言論㊳。迨臨時政府成立，乃脫離同盟會，以江浙舊日同盟會員爲骨幹，於民國元年一月三日，改組爲「中華民國聯合會」，對於建都及參議院移址問題，每向同盟會施以攻擊。會江浙清季「預備立憲公會」人士張謇、趙鳳昌、湯壽潛、程德全等，欲取得民國政治之發言權，及睹中華民國聯合會對同盟會採取嫉視態度，加以地理關係，雙方乃協議合併，改稱「統一黨」㊴。同年四五月間，章炳麟致書梁啓超說明創辦「統一黨」之經過曰：

> 自金陵光復以來，弟與雪樓、季直、秉三、竹君諸公即嘗隱憂及此，與諸君子相合爲中華民國聯合會，近改署統一黨，無故無新，唯善是與，聲氣相連，遂多應和，而同

㊳ 胡漢民自傳，革命文獻第三輯，頁五五。

張謇曾致書黃興曰：「統一最要之前提，則章太炎所主張銷去黨名爲第一，此須公與中山先生蚤計之。由孫先生與公正式宣布。一則可融章太炎之見，一則可示天下以公誠，一則可免海陸軍行政上無數之障礙。願公熟思之，此爲民國前途計，絕無他意也。」（張孝若「南通張季直先生傳記」，頁一七二）

㊴ 統一黨之籌備，在南京臨時政府成立之前，張謇「嗇翁自訂年譜」記其事曰：「（十一月）與程德全、章炳麟、趙鳳昌，議創統一黨。」（卷下頁七二）

另據張孝若「南通張季直先生傳記」記其事曰：「那時候章公炳麟在上海，常與我父見面，會商民國成立以後的政治建設。一面謀鞏固民主根基，一面謀民權民氣在正當的軌道上發揚；尤其著重在政黨的建設。認爲要促進政治上的演進，政見上的表現，必得有對待的二黨在同一國體之上，各自團結，拿政綱政見互相切磋，互相砥礪，使人民有從違擇舍的自由和信從。所以當時組織政團的意志，異常積極進行，先組織了統一黨，不久又和民社、國民協進會、國民公黨、國民公會、共進會五個政團，合併爲共和黨。」（頁一六五）

> 盟會氣燄猶盛，暴行孔多。旁有民社，則黎宋卿部下舊勳不平於南京政府者，雖與弟輩意見稍殊，大致亦無差異。以言政黨，猶非其時，若云輔車相依以排一黨專制之勢，則□有□長耳。[40]

該黨在臨時政府中僅次於同盟會之地位。擔任總長者：若內務之程德全、實業之張謇、交通之湯壽潛；而地方首長若蘇州都督莊蘊寬、浙江都督蔣尊簋等均隸統一黨籍。其宗旨在「鞏固全國之統一，建設中央政府，促進共和政治」。其政綱凡十一條：㈠團結全國領土，釐正行政區域。㈡完成責任內閣制度。㈢融和民族，齊一文化。㈣注重民生，採用社會政策。㈤整理財政，平均人民負擔。㈥整頓金融機關，發達國民經濟。㈦整理海陸軍備，提倡徵兵制度。㈧普及義務教育，振興專門學術。㈨速設鐵路幹線，謀使全國交通。㈩勵行移民開墾事業。(十一)維持國際和平，保全國家權利[41]。臨時政府北遷後，以反對同盟會爲己任，爲組織共和黨之先聲。

三、**統一共和黨**　由雲南都督蔡諤、卸任廣西都督王芝祥，及參議員谷鍾秀、殷汝驪、彭允彝、吳景濂等人組成，多兼同盟會員，其政綱凡十二條：㈠釐定行政區域，以期中央統一。㈡釐定稅制，以期負擔公平。㈢注重民生，採用社會政策。㈣發達國民工商業，採用保護貿

---

[40] 丁文江編「梁任公先生年譜長編初稿」中册，頁三九八。

[41] 楊幼炯「中國政黨史」，頁五一。

易政策。㈤劃一幣制，採用金本位。㈥整頓金融機關，採用國家銀行制度。㈦速設鐵道幹線及其他交通機關。㈧實行軍國民教育，促進專門學術。㈨刷新海陸軍備，採用徵兵制度。㈩保護海外移民，勵行實邊開墾。㈡普及文化，融和國內民族。㈢注重邦交，保持國家對等權利。在參議院中佔有二十餘席，居於第三大黨之地位，實乃同盟會之支派也。

四、**共和建設討論會**　乃清季資政院憲友會演變而出之政團㊷。民國元年正月成立於上海，由湯化龍、林長民、孫洪伊、黃可權、向瑞琨、張嘉森等所發起。其宗旨在集合同志討論民國建設諸問題，以爲組黨之準備。隱奉梁啓超爲領袖㊸，爲以後民主黨成立之主流。

五、**民　社**　爲擁護黎元洪之政治組織。成立於武昌，以盧梭民約論爲主義，以健全共和政體爲宗旨。其幹部多辛亥武昌首義領袖，若孫武、張振武、張伯烈、劉成禺、饒漢祥等。

六、**中國社會黨**　亦名中國社會民主黨，由江亢虎所首倡。江氏初於宣統三年六月十五日組織社會主義同志會於上海之張園，民國成立後，始改組爲中國社會黨。及同盟會優秀份

㊷憲友會成立於宣統三年五月八日，係各省諮議局聯合會在北京請願國會代表所發起組織之政黨。同月十一日，上海申報記該會成立經過情形曰：「諮議局聯合會發起組織政黨。……將帝國統一會改組，推定黃爲基、雷奮、張國溶、徐佛蘇四君爲起草員，擬定草程二十九條，政綱六條，定名爲憲友會。初三日假松筠菴開發起會。……初八日開成立會，公推蕭君湘、袁君金鎧、康君士鐸、梁君善濟、陳君登山、孫君洪伊六人爲臨時幹事。」

㊸民國元年正月十日該會所發梁啓超之入會證曰：「滄江先生大鑑：敬啓者，茲有本會會員孫洪伊君，介足下爲本會會員，業經登册，謹此通告。足下學識資望，夙所欽仰，尚望隨時惠臨事務所，賜教一切，不勝欣幸。敬請台安。共和建設討論會敬啓。正月十日。」（引自「梁任公先生年譜長編初稿」中册，頁三七九。）

子張繼等自法返國，因其思想新穎而有系統，遂推張氏爲會長，黨勢擴展至爲迅速。其政綱凡八條：㈠贊同共和。㈡融和種界。㈢改良法律，尊重個人。㈣破除世襲財産制度。㈤組織公共機關，普及平民教育。㈥振興直接生利事業，奬勵勞工。㈦專課地賦，他税概行豁免。㈧限制軍備，注重軍備以外競爭。與同盟會主張頗爲接近。

七、**國民共進會** 爲同盟會之外圍組織，成立於上海。以伍廷芳爲會長，王寵惠爲副會長，幹部有陳錦濤、徐謙、許世英等，其宗旨在完成健全之共和政體。

八、**國民公黨** 亦爲發起於上海之政黨。以組織健全政黨，鞏固民國基礎，增進國利民福爲宗旨。岑春煊爲名譽總理，實際主持者爲温宗堯、王人文等。

九、**自由黨** 係同盟會之支派，主張激烈急進。其領導人物爲上海天鐸報社長李懷霜、民權報主筆戴天仇等。

十、**共和實進會** 亦爲發起上海之政黨，以董之雲、許廉、夏仁樹、晏起等爲領袖。

十一、**國民黨** 由中華帝國憲政會改組而成[44]。民國元年六月成立於北京，徐勤、潘鴻鼎等所主持。擁護康有爲、梁啓超爲黨外領袖，伍廷芳、温宗堯爲黨内領袖。主張在全國統一政治下，人民爲國家主體，應保護其固有權利，以發揚共和之精神。與民國元年八月成立北京之國民黨同名而異質。

十二、**共和統一黨** 爲民國元年成立於北京之政黨，乃清季資政院中憲友會所分出。由孫

---

[44] 中華帝國憲政會，成立於宣統三年十一月，由國會請願同志會改組而成，是爲憲友會之先聲。

洪伊等所領導。

十三、國民協進會　係清季資政院憲友會之另一支派，亦爲民國元年成立於北京之政黨。由范源濂等所領導，實乃官僚政客之結合。

十四、民國公會　爲清季立憲派之組織，由張國維等所領導。

十五、此外當時發起於北方之小政黨尚有共和俱進會、共和促進會、國民新政社等。

上述各政黨之通病，在多跨黨份子，無固定之主張與宗旨。民國元年春、戴天仇（季陶）主持上海民權報，日睹黨見紛歧，遺害國家，嘗以「今日國是」爲題著論曰：

> 今吾國一般人民已全陷於政治之旋渦中矣。閣員之爭也，參議院之爭也，政黨之爭也，其目的皆趨於政府；而一般人民亦遂以爲非政治上之行爲不足以展其才也，亦全趨於政治。全國人民皆舍政治而外無所爲，而國家之紛擾遂達於極點，國民之趨向遂盡聚於無可解脫之地。㊺

同年五月二十九日，共和建設討論會兼共和統一黨領袖孫洪伊致函梁啓超曰：「國人之在今日，除同盟會外，黨界本不甚嚴。……其不滿於本黨之人，或轉以資敵，而折入同盟會，或另發生小黨。（原注：例如直隸王君法勸、溫君世霖，原在統一黨，近皆出黨而入同盟會，來

㊺ 宋漁父戴天仇文集合刊，乙篇「國家與社會」，頁三七。

函痛詆直隸統一黨之複雜，兩君皆健者。直隸同盟會員爲張君溥泉，該黨之傑出者。兩君因之入黨，固無足怪，但兩君本與吾黨極密，使本會早日改黨，何至出此㊻」可爲一般政黨之寫照。

三、北京參議院時代

㈠參議院之復會

袁世凱當選臨時大總統後，依照臨時約法，任命唐紹儀爲內閣總理。三月十日，參議院同意任命案。同月二十五日，唐氏蒞臨南京。二十九日至參議院發表政見，提出各部總長人選，徵求同意。四月一日，臨時大總統孫中山先生通告解職。同日南京臨時政府公布參議院

㊻ 梁任公先生年譜長編初稿中册，頁三九六至三九七。民國元年春，章炳麟曾致書黎元洪，痛論政黨之弊曰：「邦家不造，讒慝弘多，前者公倡民社於上，而炳麟亦建統一黨於下，以爲群言殽亂，賴此整齊。邇者躬詣武昌，親聆教益，以兩黨合併，排拒異謀。浹旬以來，默觀近狀，乃知中國之有政黨，害有百端，利無毛末。若者健穩，若者暴亂，徒有議論形式之殊。及其偕在議院，胡越同舟，無非以善騰口舌爲名高，妄擴院權爲奉職，奔走運動爲真才，斯皆人民之蟊蠹，政治之秕稗，長此不息，游民愈多，國事愈壞。夫政黨本爲議院預備，而議院即爲萬惡之原，驅使赤子，陷於潢池，非吾儕之過歟？」（民國經世文編政治三，頁七〇）。

法，共計十八章，一百零五條❶。四月五日，參議院決議臨時政府移設北京，而南京臨時政府告終。

四月中旬，參議員陸續北上。同月二十六日參議院召開全體議員談話會，決議各省新選議員若報到地方超過五分之三，大會應提出全體職員改選案。二十九日參議院遂假順治門內象坊橋院址舉行北京復會後第一次院會，臨時大總統袁世凱及各國務員均到院觀禮。計參議員總數一百二十六人，已報到者七十二人。

時議長林森於新選議員到齊地方，仍留置舊日議員席次。又各地新選議員報到者，截止二十八日晚已達五分之三，復未將參議院職員改選案補列於三十日議事日程內；故三十日之常會臨時改爲茶話會。當經決議，五月一日重選議長副議長，二日推舉常任委員。屆期選舉吳景濂爲正議長，湯化龍爲副議長❷。並決議分設各種委員會，各組委員由大會分配。各置組長及理事一人，由各該組委員互選之。茲表列北京參議院時代各議員姓名如下：

---

❶ 臨時政府公報第五十五號。

❷ 東方雜誌第八卷第十二號，中國大事記頁五。

奉天	吳景濂（議長）	曾有翼	李秉恕	孫孝宗	劉興甲
湖北	湯化龍（副議長）	劉成禺	時功玖	張伯烈	鄭萬瞻（庶政委員長）
直隸	谷鍾秀（全院委員長）	王振垚	籍忠寅	李榘	谷芝瑞
吉林	王樹聲	金鼎勳	楊策	何裕康	李芳
黑龍江	高家驥	王赤卿	戰雲霽	關文鐸	喜山
山東	彭占元（懲罰委員長）	劉星楠	丁世嶧	侯延爽	周樹標
山西	李素	苗雨潤	宋汝梅	張聯魁	劉盟訓
陝西	趙士鈺	李述膺	景志傳	茹欲可	陳同熙
甘肅	王鑫潤	田駿豐	秦望瀾	宋振聲	
新疆	蔣舉清	劉熺			
河南	陳景南	阮慶瀾	劉積學	孫鐘	
湖南	歐陽振聲	劉彥	彭允彝	覃振	陳家鼎
四川	李肇甫	熊成章	鄧鎔	楊芬	劉聲元
江西	湯漪	盧士模	曾有瀾	李國珍	陳鴻鈞
安徽	曹玉德	王慶雲	江辛	俞道暄	胡壁城

江蘇	楊廷棟 秦瑞玠 汪榮寶 張鶴第 王嘉賓
浙江	殷汝驪（財政委員長） 周鈺 王家襄 王文慶 陳時夏
福建	劉崇佑 李兆年 周翰 林翰 連賢基
廣東	楊永泰 徐傅霖 梁孝肅 盧信 司徒穎
廣西	曾彥（請願委員長） 蒙啓勳
雲南	張耀曾（法制委員長） 張華瀾 段宇清 席聘臣 顧視高
貴州	劉顯治 陳國祥 陳廷策
蒙古	葉顯揚 張樹桐 阿穆爾靈圭 博迪蘇 那彥圖 祺誠武 鄂多臺
	熙凌阿 達賚
青海	唐古色 ❸

先是北京參議院開幕之日，臨時大總統袁世凱所致頌詞，以「整飭紀綱、修明法度❹」相期許。五月三日袁氏復通令嚴禁以武力脅迫國會。略曰：

❸ 參照谷鍾秀「中華民國開國史」，附民國議會人物表。

❹ 徐有朋編「袁大總統書牘彙編」，頁一。

議會一經成立，苟非按照法定手續，不能取消。無論何國議會，決不能無異議之黨派，要在改選之時於法律範圍內，用和平方法以求達其目的。斷不能於議會行使職權之時肆行干涉，更不容以部分之私見，任意要挾，希圖破壞。❺

一似遵重法治精神者。五月七日參議院決議將來國會採用兩院制，定名參議院、衆議院❻。其後陸續製定「國會組織法」、「衆議院議員選舉法」及「參議院議員選舉法」等法規，於同年八月十日由臨時大總統公布❼，爲翌年成立正式國會之張本。

當時各議員類多年富力强，年齡在四十歲以下。多欲實心任事，納國家於法治正規。惟因黨爭日烈，竟致不能顧全大局。民國元年夏，上海民權報以「私爭亡國論」爲題，諷譏參議院曰：

黨爭者以國家政治爲前提之爭也，非然者則私爭而已。今試觀彼參議院中之所謂爭者，豈有是哉？則今日社會上之自命政客者，其爭亦豈有是哉？甲黨之人發言，姑無論其

---

❺ 東方雜誌第八卷第十二號，中國大事記，頁六。

❻ 同上。

❼ 政府公報，民國元年八月，命令及法律門。

言之是否，亦未明其言之意，而乙黨之人群起反對。反是乙黨之人自發言，則姑無論其言之是否？亦遂鼓掌贊成之，若是者皆不以國家政治爲前提者也。亦皆不以政見爲討論也，私爭而已。❽

同年七月九日臨時大總統袁世凱通令勸告各政黨曰：

民國肇造，政黨勃興，我國民政治之思想發達已有明徵，較諸從前帝制時代人民不知參政權之寶貴者，何止一日千里。環球各國皆恃政黨，與政府相須爲用，但黨派雖多，莫不以愛國爲前提，而非參以個人之意見。我國政黨方在萌芽，其發起之領袖亦皆一時人傑，抱高尚之理想，本無絲毫利己之心。政見容有參差，心地皆類純潔。惟徒黨既盛，統系或歧，兩黨相持，言論不無激烈。深恐遷流所極，因個人之利害，忘國事之艱難。方今民國初興，尚未鞏固，倘有動搖，則國之不存黨將焉附？無論何種政黨，均宜蠲除成見，專趨於國利民福之一途：若乃懷挾陰私，激成意氣，習非勝是，飛短流長，藐法令若弁髦，以國家爲孤注，將使滅亡之禍於共和時代而發生，揆諸經營締造之初心，其將何以自解？興言及此，憂從中來，凡我國民務念鬩牆禦侮之忠言，懍

❽ 宋漁父戴天仇文集合刊，乙編「國家與社會」，頁九九。

同室操戈之大戒，折衷眞理，互相提攜，忍此小嫌，同扶大局，本大總統有厚望焉。❾蓋亦鑒於參議院中黨爭之劇烈也。同盟會因組織堅强，加以議長及各委員長多屬黨人，在參議院佔有舉足輕之地位。袁世凱則欲集大權於一身，乃設法制局以爲牽制❿。民國二年春，參議員或因返籍參加國會議員選舉，或因政見之不合以缺席爲抵制，參議院院會因不足法定人數，屢次流產。北京名記者黃遠庸嘗記其事曰：

參議員在京者尚八十餘人，有六十餘人即可足法定人數，顧屢次缺席不能開會。某日開會時到會者僅一共和黨某議員，於是議長秘書長文牘科長與此議員移坐談話。吳（景濂）議長顰蹙而語，將以自己名義宴請各位赴席，以一場痛哭流涕之演說感動之。其所發通告中，有「人言縱不足惜，自問究屬難堪」等語。蓋參議員之人格於焉掃地。

黄氏之言容或有所渲染，而少數議員之不能自重，要亦實情也。時議員年俸五千元，按月致送四百元，除自有宅第者外，多數寄居各省會館，以當年物價之低廉，生活均甚優裕也。

---

❾ 政府公，民國元年七月，命令及法律門。

❿ 袁世凱曾告參議員曰：「你們議員不懂法律，法制局長施愚才懂法律。」（民國四十六年七月第四期「議會雜誌」，曾彥「民初國會憶舊」。）

(二) 同盟會與唐紹儀內閣

民國元年三月，內閣總理唐紹儀既就職，乃至南京參議院發布政見，任命各部總長⑪。屬同盟會者僅教育、司法、農林、工商四部，名為責任內閣，實權仍操諸袁黨。同盟會因思拉攏唐氏促其贊助革命。

三月三十日，南京臨時政府歡宴唐氏於總統府，由蔡元培代表致辭，除對唐氏之為人備加讚譽外，乃以加入同盟會為請。黃興復力勸之，全體與會黨人並鼓掌歡迎，唐氏遂表首肯。即由居正取同盟會入會志願書，由唐氏簽字；蔡元培、黃興亦簽字作介紹人。唐氏旋起立，由中山先生主盟，正式宣誓加入同盟會⑫。

臨時政府北遷後，唐內閣頗欲建設一理政府，而唐內閣因有同盟會內閣之稱。然自開國務會議以來，內務總長趙秉鈞迄未出席⑬。財政總長熊希齡自統一黨合併為共和黨後（詳本

---

⑪ 外交總長陸徵祥，內務總長趙秉鈞，財政總長熊希齡，陸軍總長段祺瑞，海軍總長劉冠雄，司法總長王寵惠，教育總長蔡元培，農林總長宋教仁，工商總長陳其美，交通總長梁如浩。經參議院投票結果，除梁如浩未獲半數以上同意票，應予保留外，其餘九總長均獲通過。至交通總長一職，袁世凱初命唐紹儀兼任，後代以施肇基。共計十一閣員，除施肇基與唐為姻戚關係，外交之陸徵祥則無所屬，財政之熊希齡為統一黨，陸、海軍及內務皆袁氏私人。

⑫ 居覺生先生全集下冊，梅川日記，頁五五四。

⑬ 趙氏自稱宿疾未愈。或問其何病？答稱：「口腫，大米吃不進；又腎囊腫。」純係假託之詞。

節第三目），在國務會議中，處處對同盟會採取敵視態度。加以袁系各總長均同情於熊氏；以故共和黨閣員雖僅一人，而在國務院中足以與同盟會相抗衡。同盟會主張劃清總統與國務院權限；共和黨則欲事事秉命於總統。同盟會主張國務院爲一致之行政組織；共和黨則思國務員爲單獨之行動。同盟會主張國務院爲國家根本大計著想，應多負其責任；共和黨爲達成其政治目的，不惜利用機智與陰謀。同盟會主張開誠布公，國務院每一設施應兼顧全國多方面之利益；共和黨則主因利乘便，不惜以某一方面爲犧牲。同一集權中央也，同盟會主張限制漸進；共和黨採取極端襲取。同一借外債也，同盟會主張依法應由參議院所通過；共和黨則同意政府得通權辦理。因之雙方衝突乃日趨劇烈。黃遠庸曾記其事曰：

一日梁（士詒）強熊（希齡）氏曰：「君之久不肯發表財政次長者，即係不肯就職之確證。無論如何次長不可不確定，請君從速擬定如何？」熊乃勉開一單，次長某人，署次長某人，某處鹽運使某人。梁乃袖之於懷。（六月）初三日到國務院，俟唐、熊在座時，而謂唐曰：「秉三昨所擬次長甚佳。」方欲出其名單以與唐閱，熊即手搶奪過去曰：「我現已辭職，此可作罷。」此後則堅索不出矣。⑭

上禮拜六（六月八日）國務員全體到總統府會議時，閣員互相衝突，熊氏聲明：「借款

⑭ 遠生遺著卷一，頁一四八。

條件簽押之後，己必辭職。」唐氏繼之曰：「財政總長辭職，則請大總統另外派人組織內閣。」中間熊氏不知言及何事，而心平氣和溫溫學者之蔡鶴卿（元培）先生，忽抗聲而言：「財政總長不宜如此，若不滿意於現內閣，儘可另行組織一共和政府。」意諷共和黨也。⑮

至於其他閣員，海軍總長劉冠雄，自六月以後即藉口營建私宅，不到部視事。交通總長施肇基，則因赴天津療疾，久未參加國務會議⑯。故唐內閣早呈杌隉不安之勢⑰。唐紹儀蒞參議院報告財政，數目錯誤，共和黨籍副議長湯化龍當面提出質詢，唐氏不能答⑱。及王芝祥督直

---

⑮ 遠生遺著卷一，頁一五四。

⑯ 遠生遺著卷一，頁一五六。

⑰ 章炳麟鑒於國務院黨爭之烈，曾於報端發表移讓閣員書，略曰：「不意閨房媢妒之情，而見之於執政，曩者借款議起，唐、熊二君所持非異，而甲乙二黨攻守各殊，此乃門戶勢位之爭。以爲閣員雖分處異黨，倘在大廷，必能從容調護。何圖外似平夷，徐相猜忌，昌言救國，繫心在官，以辭職相要，以連持相制，機權發露，長技畢輸。遂乃徵色發辭，藉端相構，詬厲巖廊之上，咀呪廟堂之間，雖以前清末造闒茸之倫，猶不若是險側也。小慧相巧，邇言相嬈，前清既以自淪其鼎，轉益加厲，未有由不致覆亡者。」（遠生遺著卷一頁一五五）

⑱ 林長民「參議院一年史」（引自民國經世文編，政治二，頁一七〇）

問題起，唐氏被迫，遂於六月十五日辭職出京⑲。袁世凱陽示慰留，實則藉以驅唐氏⑳。於是同盟會閣員教育總長蔡元培、司法總長王寵惠、農林總長宋教仁、署工商總長王正廷，同時辭職。財政總長熊希齡、交通總長施肇基，亦不自安求去；而唐內閣遂形瓦解。袁氏乃通電副總統黎元洪暨各省都督曰：

> 自唐君紹儀離京辭職，國務員之同一黨派者，聯名乞退，該黨代表來謁，陳述竟見，謂須組織一黨之閣員，主持甚力。世凱以民國初建，政黨方在萌芽，決不能以英法等政黨內閣，例諸臨時政府。故於宋、蔡、王各員面謁時，語以代四萬萬人民挽留，竟復如水投石。且函致陸總理，某日始不到部，詞氣決裂，黨見甚堅，惟有付之太息。㉑

---

⑲ 工商總長陳其美聞唐紹儀被迫離京，特自滬致電袁世凱，加以責難。略曰：「臨時政府甫成立，忽傳有逼退總理之惡耗。丁茲時艱，奚堪演此惡劇。唐總理固受逼而退矣。試問逼之者何心？繼之者何人？果於大局無害而有益，即更舉總理可也。」袁氏復電略曰：「來電謂有逼退總理之惡耗，殊堪駭詑，參議院爲各省代表機關，聚集都下，衆目彰昭，詎能聽人逼退，即鄙人亦何能坐視。此必幸災樂禍之徒，造作謠言，挑撥惡感，敗壞大局，人心至此，恐中國不亡於前清時代，而亡於此等簧鼓是非者之手。陳總長素明大局，乃竟誤聽浮言，殊出意外。」（徐有朋編：「袁大總統書牘彙編」卷五頁十三。）

⑳ 袁世凱遣總統府秘書長梁士詒赴天津慰留唐紹儀，除傳述袁氏意旨外，復談及私交。唐氏謂士詒曰：「我與項城交誼，君所深知，但觀察今日國家大勢，統一中國非項城莫辦，而欲治理中國，非項城誠心與革命黨合作不可。然三月以來，審機度勢，恐將來終於事與願違，故不如及早爲計也。國家大事我又何能以私交徇公義哉。」（岑學呂「三水梁燕孫先生年譜」上冊，頁一二二。）

㉑ 袁大總統書牘彙編卷五，頁十二。

純屬假托之詞也。其實平心而論，唐內閣並不足以代表政黨內閣，果閣員全屬同盟會，則形勢當又不同也。上海「民權報」論唐內閣之倒因曰：

唐內閣爲政黨內閣乎？抑超然內閣乎？則總理及閣員大都列黨籍者，固爲政黨內閣無疑也。然共和黨有之也，同盟會亦有之也，無黨籍而表同情於一黨者亦有之也，則又何混同內閣無疑。夫一內閣中而政見之混雜至此，且兩黨之衝突又如彼，宜乎唐內閣之倒也。故唐內閣之倒則倒於黨見之混同，假使唐內閣而純爲同盟會之內閣，則必不能有今日之怪劇也。㉒

於是同盟會之反對黨乘機活動。六月二十五日章炳麟所領導之統一黨通電誣衊唐紹儀監守自盜，避責潛逃。謗毀宋教仁、蔡元培等結黨把持，意圖搆亂㉓。而國家從此多事矣。

㈢ 共和黨之分裂

民國元年春，南北統一之後，舊日保皇黨人徐勤等，見同盟會聲勢日盛，屢次自香港致

㉒ 宋漁父戴天仇文集合刊，乙集「國家與社會」，頁一〇九。

㉓ 廣東都督故漢民曾致電袁世凱，請追究此電來源，袁氏覆電略曰：「村婦罵詈，自詡其能，此等放縱之惡風，勢同傳染，長此不戢，民德何存？應澈究由來，以爲挾私敗公者戒，已交內務部查明嚴禁矣。」（袁大總統書牘彙編卷五，頁十四。）

書留居海外之保皇黨領袖康有爲、梁啓超，促其早日歸國，組織政黨，以爭取政治之發言權。同年四月十二日徐氏再致書康有爲曰：

> 今大局已定，實不宜如此犯衆怒，只有速組政黨一事而已。遠久遲遲而行，不知何故？自去年八月偌大風潮既不與其事，今復遲疑不決，觀上海報所刊告白，政黨紛紛而出，我尚寂然，不獨令黨外人輕視，即黨內人亦以爲驪山烽火，無不心灰意冷矣。㉔

梁啓超則致函徐勤，將來擬合併諸小黨爲一大黨，推舉黎元洪爲領袖，以與同盟會相抗衡㉕。於是組黨幕後醞釀日漸積極。

民國元年五月五日，以章炳麟、張謇等領導之統一黨，與黎元洪領導之民社爲核心，更合併舊日保皇黨人徐勤領導之國民黨，清季資政院憲友會之支派范源濂領導之國民協進會，及清季立憲派之民國公會三政黨，改組爲共和黨。其政綱如下：㈠保持全國統一，採取國家主義㈡以國家權利，扶持國民進步。㈢應世界大勢，以平和實利立國㉖。選舉黎元洪爲理事長、張謇、章炳麟、程德全爲理事，林長民、湯化龍、范源濂等爲幹事。綜其份子大別可分

㉔ 丁文江編「梁任公先生年譜長編初稿」中册，頁三八八。
㉕ 同上書頁三八九。
㉖ 楊幼炯「中國政黨史」，頁五六。

爲三類：㈠清季之立憲派，如梁啓超所領導之政聞社，與張謇所領導之預備立憲公會等。㈡舊日之官僚派，思依附政黨以達成其政治之願望。㈢無識派，但慕政黨之名，不問其主義與政綱，以加入爲榮者。

至其與同盟會基本宗旨之不同點，同盟點欲實現政令之統一，避免國務員之互起衝突，主張政黨內閣政治。共和黨則藉口避免黨爭，提出超然內閣主張。惟其既以反對同盟會爲職志，而其蘄向又率與新潮流相違反，足爲舊勢力之代表。該黨以國權相號召，故以擁護袁世凱爲已任，惟恐袁氏權勢之不張，因有御用黨之稱。黨內雖不乏傑出之人才，然一切政策多被舊官僚所操縱。在當時參議院一百二十席中，佔有四十餘席，儼然與同盟會取得對等之地位㉗。

共和黨成立未久，章麟炳因在黨內未取得領導之地位，加以不滿黨人之所爲，乃辭去理事職務，發表宣言，仍維持統一黨；甚且揚言欲以暗殺手段施之共和黨人。於是共和黨幹事王揖唐、王印川輩，均隨章氏一致行動。上海「民權報」記載章氏脫離共和黨之原因曰：

六政團併合而成共和黨，此六政團人士之公意也。既已由六政團之黨員公舉理事，即理事者又爲六政團人士之公認者也。而章炳麟竟以不能得首領之位置，而反對共和黨，且更欲以暗殺手段施之於六政團公舉之幹事。夫統一黨之份子既公意併合，章炳麟若

㉗　民國四十八年十月一日，中國議壇雜誌第一卷第五期，楊幼烱「我國最早的議會」。

不願出黨可矣，而竟欲以此種殘忍手段爲破壞之舉，無法無天至此極矣。吾非共和黨人，然殊爲共和黨不平。吾爲中國人，中國人而有章炳麟之逆賊，而無人誅之，又爲中國人羞。㉘

統一黨在參議院擁有二十五席，居於第三大黨之地位，以其仇視同盟會，仍與共和黨保持相當之友好關係。惟因兩黨之內派系紛歧，人事複雜，雖居上游，仍非同盟會所敵也。同年五月十九日舊日立憲黨人共和統一黨領袖孫洪伊致書該黨同志黃與之，力陳共和黨之弊，甚且反對梁啓超加入共和黨。略曰：

滄公向日掛名統一黨，共和黨即舉爲調查部長，滄公就之，既非黨魁，恐不能行其素志。卻之又必不能自由，爲種種方法所牽迫。試問該黨份子若何？現狀若何？章太炎宣言獨立，已非破裂之端，滄公加入，亦必有一大部分破去。（原注：統一黨份子既不純，民社尤可慮。）黨勢驟衰，何從而振起之。（原注：勿以爲有副總統爲首領，其黨即可大可久，若以政黨言之，今日之副總統尚無此信用與價値也。）……與共和黨之分子既無歷史之關係，又無感情之結合，泛然相與，勢成孤立，其團體既複雜，紛爭擾攘，何從調和而訓練之。㉙

㉘ 宋漁父戴天仇文集合刊，單刀直入錄，頁一二。
㉙ 梁任公先生年譜長編初稿中册，頁三九一。

同盟會逐以民權黨自居，操縱其間，故黨人吳景濂之被選爲議長，谷鍾秀之被選爲全院委員長，殷汝驪之被選爲財政委員長，曾彥之被選爲請願委員長，皆運用之功也。

(四)超然內閣之失敗

唐紹儀內閣既瓦解，共和黨恐政黨內閣實現，終爲同盟會所壟斷，因揭櫫超然內閣主義以相抵制。所謂「祇論才不才，不論黨不黨」，頗爲時人所傳誦。六月二十四日首由共和黨魁臨時副總統兼湖北都督黎元洪，致電臨時大總統袁世凱並各省都督，建議非黨人士外交總長陸徵祥出組內閣。略曰：

陸總長才猷穩練，識解閎通，各國既信用於前，國務員復贊同於後，舊史不書其惡，新黨不隸其名，以爲超然總理，必無窒礙。……此外國務員受託國民，斷不能以個人之進退，牽動黨派，推倒全盤，除久不到差外，悉仍舊秩。[30]

袁氏亦以陸氏溫順可用，於各黨派超然無所屬，乃於同月二十九日咨請參議院同意。同盟會、共和黨各持極端反對贊成之態度。統一共和黨雖爲同盟會之友黨，同情於政黨內閣之說；惟就各黨現勢而論，皆無組織內閣之適當人選，陸氏採其虛聲，或不致大謬，因與共和黨、統

[30] 黎副總統政書卷一一，頁一三。

一黨一律投同意票，而陸氏遂以七十四票對十票之多數得以順利通過㉛。

陸氏既獲參議院通過，其組織內閣完全承袁氏之意旨。至七月十八日提出財政總長周自齊、司法總長章宗祥、教育總長孫毓筠、農林總長王人文、工商總長沈秉堃、交通總長胡維德，徵求參議院同意；而內務、海、陸軍三部無變動。其中王人文、孫毓筠、沈秉堃三人爲同盟會黨員。因三人自入京以來，與袁氏最接近，且歷任都督於各省，又其行事穩健故也。周自齊以清季度支部之經歷，胡維德久使海外，與陸徵祥私交深，章宗祥則以法制局長之資格。七月十九日陸氏初蒞參議院發布政見時，全體議員肅然起敬，以爲陸氏對國家大政必有其遠大之計劃。乃陸氏登壇後，用「開菜單，做生日」等語比喻國家設施，始終未涉大政方針。於是議論譁然，群相謂曰：「民國正值草昧經營時代，總理如斯，國務復何望㉜？」故翌日，六國務員遂以不信任陸氏之結果，一律遭受否決。甚至共和黨人亦多投不同意票。

至於陸徵祥本人之是否應予罷免，參議院中顯然分維持推倒二派。主張推倒之理由，謂陸氏之言詞猥瑣，絕無政策之可言，不足勝總理之任。主張維持之理由，則有下列數端：㈠就法律上立論，陸氏是日出席參議院，係說明提出閣員案之理由，並非發表政見，無所謂信

㉛ 據上海「民權報」載：共和黨初擬擁護本黨人士熊希齡任內閣總理，恐同盟會反對，乃主張超然內閣，表面以欺國人，實際可擴充黨勢。陸徵祥未提出參議院同意前曾赴共和黨總部兩次，商議進行方法。並表示待就職總理後，即加入共和黨。（宋漁父戴天仇文集合刊，乙編「國家與社會」頁一〇九。）

㉜ 陸徵祥久居國外，與國人交往不相習，以嫻英語，進退周旋有度，外人多稱之。國人因其虛聲，亦以大外交家相目，固不料其不務實際也。

任與不信任。加以陸氏就職未久，政府空懸，既無政策失敗及違反法律之可言，則推倒問題自無從發生。㈡就政治上立論，陸氏是日言辭即嫌失當，然其外交上之表現決非二三十分鐘之談話所可誣衊。況時事阽危，有政府究勝於無政府。陸氏既未經試驗，爲善爲惡自無從判斷。㈢就事實上立論，陸氏是日談話猝然聽之似嫌猥鎖，然其自敍生平，絕無矯飾，正見其不欺之處。至自稱不賭博，不做生日，乃譏諷世風之弊。陸氏居外國久，用西洋人之幽默紆曲以表達其意，實無損其人格及政見㉝。

是時同盟會議員有主張宋教仁組閣者，有主張共和黨魁黎元洪組閣，而其閣員由同盟會、統一共和黨分別擔任者。更有主張由統一共和黨領袖蔡鍔組閣者。袁世凱皆不許㉞。會十九日後日俄同盟條約簽字，及英國在西藏自由行動之宣言發表，袁氏乃乘勢通電各省，認爲陸内閣六閣員之被否決，其過盡在參議院。略曰：

六總長提出之初，亦曾派員與各黨接洽，雖意見紛歧，未能一致，而私心竊冀，以爲國家危急至此，各議員具有愛國熱忱，必不以黨派之異同，忘大局之利害。用是無所猶豫，將選定各員，開具名單，於十八日提出之後，頗聞院内議論不能一致，深恐一

㉝ 袁生遺著卷一，頁一八八。

㉞ 袁世凱曾表示，陸徵祥演説雖不長，亦不見得不足爲總理，俾斯麥一到議會便面紅耳赤，則又將如何？（遠生遺著卷一，頁一八八。）

旦決裂，無可挽回，特具函請其展緩投票，再行協商，世凱之委曲求全，蓋已無所不至。不意次日，參議院宣言此函作爲無效，即日投票，六總長全數否決。此六人者，或久歷外邦，或有功民國，或學有專長，或富有經驗，縱不能全予同意，亦何至無一可用之才。乃始則拒絕協商，繼則全體否決，皆由世凱誠信未孚，以致動遭扞格，撫衣循省，疚悚殊深。㉟

於是各省軍政首長紛紛響應。北京軍警特別聯合會，通電各省，請分函切勸參議院，不得故意與政府爲難。統一黨領袖章炳麟等則聯名致電臨時副總統黎元洪，請領銜要求臨時大總統，不必拘牽約法，便宜行事㊱。七月二十二日黎元洪遂分電袁氏及全國各機關，指責參議院之否決六閣員有違共和精神。略曰：

六部改組，竟成泡幻。誰爲厲階，遂使莽莽神州陷於無政府之地位，國之不存，黨於

㉟ 袁大總統書牘彙編卷五，頁十六。

㊱ 原電略曰：「借款不決，東使西行，處分支那，已在商議，往返四月，勢即瓜分，原其藉口，在中國政府之無能力，政府無能力在參議院之築室道旁，議在錐刀，破文拆字。用一人必求同意，提一案必起紛爭，始以黨見忌人，終以攻人利己。……名曰議員，實爲奸府，時不待人，他族入主。當是時議員已各鳥獸散矣，尚能爲國民任責任耶！……宜請大總統暫以便宜行事，勿容拘牽約法以待危亡。爲議員者，亦當重國家暫捨高權，總己以聽，此蓋衆心所同，而未敢冒死以爭者也。」（遠生遺著卷一，頁一九一）。

何麗？籌思及此，五內如焚。推厥原因，皆由誤解共和，漫無界說。……前清之亡既由立憲，後來之禍，亦在共和。諸君偉畫藎籌，諒早見及，人熟無心，何忍出此？㊲一時軍警干涉之印刷品布滿北京通衢，袁世凱復屢次宴集議員加以疏通，各議員態度因之轉變。至七月二十六日對陸徵祥再提出之閣員，除工商總長蔣作賓外，其餘財政總長周自齊、司法總長許世英、教育總長范源濂、農林總長陳振先、交通總長朱啓鈐，皆獲通過。後又提出工商總長劉揆一，復邀同意。論者謂二次陸内閣之人才實遜於前次，此乃利用武力之成效；故政黨内閣之希望既未逞，人才内閣之目的亦不達也㊳。茲節錄遠生遺著「三日觀天記」，以見議員被要脅之一斑。

㊲ 黎副總統政書卷十二，頁六。

㊳ 上海民權報批評兩次陸内閣之人選曰：「財政，重要位置也，而必以周自齊任之何也？以周爲袁提拔之人耳！第一次既經參議院反對矣，其第二次乃易以周學熙。周學熙何人也？周馥之子也。馥爲袁氏之父執，齒且長於袁，當亡清之季，袁之由山東巡撫升任北洋大臣也，馥爲直隸布政使，以父執行降格而贄於袁之門，袁喜極，特保之，馥遂由布政使而洊升南洋大臣。袁以馥故，並重用其子要差，重事悉以委之。北京之自來水公司，學熙主之也，而至今虧累不知若干數，自來水蓋必能獲利之營業，而結果至於如此，此不待詳查而知其故矣。而袁乃任以財政，是並周自齊而不如矣。朱啓鈐者徐世昌之私人也，徐世昌又袁之朋比也，而以之任交通。……不啻袁之家奴輩耳！故前次提出名單，陸尚强到院解釋，此次提出則並陸氏而不到，段（祺瑞）遂突然而來，以爲武力要挾可知矣。」（宋漁父戴天仇文集合刊，乙編，頁一一九）。

（七月）二十四日　軍警會議之公電既發，大總統之招待議員，已將無政府之危險盡情披露，統一共和黨、同盟會已大生動搖，而是日復有數怪事發生。

㈠有署曰軍界公啓者，聲討吳景濂、谷鍾秀、殷汝驪罪狀，並牽及谷之死力爲王芝祥君督直者，受得賄賂若干云；且謂將與天下共誅之。

㈡又另有一傳單，謂但能取得吳、谷二人頭顱者，賞洋一萬元，下不署名。

㈢有署名曰健公十人團者，封送一百零三封信，分配各議員，謂若再不犧牲黨見者，將以炸彈從事云。

㈣參議院守衛長張某，於是日忽向議長請假五日。

㈤不知何人以電話告參議院誰某，聲稱軍警異常激烈，請貴院注意。

是日夜參議員恐發生意外，紛紛遷出財政學堂議員宿舍，有協商明日不出席以暫避者；而共和黨領袖竟打電話與共和黨幹事，商量延期投票事。

（七月）二十五日　午前參議院決議延至明日（二十六日）投票。……十一時軍警會議公所復開特別會議，中級之軍官皆到，並有來賓馬毓寶，余大鴻、鄧玉麟（前湖北第四鎮統制）、王天縱（現充稽查處總稽查）等出席。席中自有主張激烈之議論，如何如何用兵力解決參議院云云。而決議之結果：㈠請大總統規勸參議院。㈡公舉代表往謁陸總理，竭力挽留。㈢如參議院此次再不通過，則請大總統解散。

午後二時，姜桂題、馬金敍（曾任直隸提督）、陸建章（執法處總辦）、段芝貴（拱衛軍翼長）、陳策（同盟會員），假安慶會館讌請參議員新聞記者及政界各員，到者七十餘人，並有北伐隊長沈佩貞君女士一人列席。……當由陸建章演說，大意謂各界平日不甚聯絡感情，以致生出種種誤會，或謂今日之會爲調和黨見。諸君之各有其黨，各持其黨之政見，此爲諸公之天能，無調和之必要，更無軍人調和之必要。或又謂出於干涉，然以軍人干涉政治，我等雖愚，何至出此下策？亦不敢有此舉動。……北京時報總理陳紹唐，忽起而痛罵參議院，謂明日再不通過，當宣布議員死刑。

是日議員因受脅迫，意志瓦解，故明日投票通過新閣員自爲意料中之事。

（七月）二十六日　此日閱卷同考官共九十一人（按：指出席議員人數），以共和黨出身者特三十五人，其他同盟會、統一共和黨黨員同意之票，及始終全體不投同意票者張耀曾、谷鍾秀等耳。是日全場秩序甚爲靜肅，不知何故同盟會及統一共和黨員某君某君，不肯將自己所投之票送到議臺，託共和黨某君某君代理。此某君某君者不肯答應，乃祇得親自出馬，而以一種扭揑之態，撫媚生姿。有一議員於大衆投票之時，拈一條子與其鄰席議員，從旁觀席上用千里鏡視之，則「議員無骨」四字也。同盟會黨員段宇清此次同意之人也，主張用記名投票，同黨議員大鬨。問其將向誰人討好？乃遂作罷。出議場後，遇一常服之軍人某君，前南方某軍標統也，氣象赳赳，大有項莊自鴻門宴上歸來神氣，胸袋間赫然有物，記者笑問：此中得無手槍乎？究竟其中有子否？某君笑曰：「他們若不要國家，我們就不要法律。」記者唯唯，一笑而散。

六閣員之通過既爲要脅之結果，非出參議院之本意；故二十七日參議院復有彈劾陸總理失職案，其視國事直如兒戲。若前之通過爲是，則今之彈劾爲非；今之彈劾爲是，則前之通過爲非。陸氏竟因之稱病不理政務，達兩月之久。袁氏遂以內務總長趙秉鈞代理總理職務。

(五) 國民黨之聯袁

民國成立後，同盟會既由秘密之排滿組織，轉變爲公開之政治活動，一般官僚政客投機奔競之徒紛紛加入，品質駁雜，精神大不如前，而舊日同志復因政見之不合，別樹旗幟；若章炳麟領導之「中華民國聯合會」，孫武領導之「民社」等，竟依附於黎元洪，以與同盟會相抗衡（已詳第二節第四目）。加以自共和黨成立後，在參議院居於多數黨之地位，不惜違背約法，處處迎合袁世凱之意旨。有識之士鑒於英美兩黨政治而強，乃有合併小黨爲大黨之建議[39]。

---

[39] 康有爲嘗撰「中華救國論」刊諸報端。略謂：「我國政黨今初萌芽，亦即盛大，茁如雨後筍，遮如參天雲，但黨人宜以中國爲主，力以英美爲師，極以奧法爲界，勿詭法作奸，勿分地劃界，勿分多黨，勿爲小黨，小黨則化合爲大，多黨則併結爲少，合之又合，併之又併，若能至于二大政黨，則吾國其庶幾乎。」（民國經世文編政治二，頁四八）。

宋教仁爲同盟會之中堅，素持政黨內閣主張。思以政治手腕，制勝於參議院，俾成兩大黨對立之局；乃聯合統一共和黨、國民共進會、國民公黨、共和實進會各黨領袖，協商合併爲一大政黨。先於民國元年八月十一日與各黨代表集會於北京安慶會館，彼此獲致協議。復於十三日召集同盟會全體職員大會，推選宋教仁、張繼等十六人爲籌備員。至八月二十五日，乃舉行國民黨成立大會於湖廣會館。中山先生親臨主持，並致詞曰：

國家之有政黨，原以促政治之進行，故世界文明各國，無不有政黨以維持之。今日合五大政黨爲一國民黨，勢力甚爲偉大，以之促進民國政治之進行，當有莫大之效果。但望諸君振刷精神，力求本黨之發展，以冀有裨於國家。並須化除畛域，毋歧視異黨，毋各持黨見，則本黨之成立即爲中華民國富強之嚆矢焉。㊵

大會通過宣言及政綱。宣言之結論，認爲「一國政黨之興也，祇宜兩黨對峙，不宜小黨分立。」希望政黨內閣之成功。至其政綱，共分五項：㈠促成政治統一。㈡發展地方自治。㈢實行種族同化。㈣注重民生政策。㈤維持國際和平。依照規約第四章之規定，推舉理事九人，計：孫中山先生、黃興、宋教仁、王寵惠、王人文、王芝祥、吳景濂、張鳳翽、貢桑納爾布。參議二十九人，計：胡漢民、柏文蔚、陳錦濤、李烈鈞、張繼、蔣翊武、孫毓筠、譚延闓、

㊵ 引自鄒魯「中國國民黨史稿」。

尹昌衡、于右任、馬君武、田桐、閻錫山、胡瑛、沈秉堃、溫宗堯等。名譽參議鈕永建等七人，各部幹事三百餘人。九月三日各理事共推中山先生爲理事長，並由中山先生遴選宋教仁代理理事長職務。

此次組黨，中山先生並不滿意。但爲維持大局促進統一起見，勉予認諾。當時黨人之觀念，祇圖黨勢之擴張，不求主義之貫澈；甚至同盟會時代之政綱如平均地權，節制資本，及人民應享之政權等民權民生主張，皆忽略不談。各地黨人聞之多扼腕痛惜。而海外支部仍有用同盟會名稱者，昔日之革命宗旨無形變質矣。黃遠庸所記同盟會改組爲國民黨時，黨內意見之不協調曰：

同盟會改組事，宋教仁、胡瑛、魏宸組、譚人鳳、劉揆一、張耀曾、李肇甫等主之最力，屢次會議，皆無結果。……昨（八月）十四日會議，又經提議此事，由魏宸組君主席，宛轉陳詞，略謂：爲淘汰流品及融合新舊起見，不能不有此一著。若如今日往往以三數人舉動牽及全體，後來者又顯分畛域，頗有附驥之嫌云云。而白逾恆、田桐等數人即痛陳同盟會係數十年流血所成，今日當以生命擁護此名，與民國同休，奈何提及改組，聲勢激烈。於是有人主張付假表決以覘多數心理，而卒以否決，此數大有力者莫如何也。㊶

㊶ 遠生遺著卷一，頁一八八。

國民黨成立後，在參議院居於絕對之優勢，中山先生、黃興等則竭力交懽於袁世凱，希望納國家政治於正規。袁氏亦欲利用國民黨以鞏固其地位。八月二十四日、九月十一日，中山先生、黃興先後蒞北京，袁氏盛加款待，每人停留約一月之久。中山先生與袁氏會晤十三次，每次談話時間自下午四時至十時或十二時。更有三四次至翌晨二時以後者。皆屏退侍從，祇中山先生、袁世凱及總統府秘書長梁士詒三人，所談皆國家大政，中外情形。岑學呂「梁燕孫先生年譜」記其事曰：

一夕孫語袁，請袁練成陸軍一百萬，自任經營鐵路，延長二十萬里。袁微笑曰：「辦路事君自有把握，若練精兵百萬，恐非易易耳。」某夕夜深，先生（按：指梁士詒）送中山回行館。中山要先生敍談，問曰：「我與項城談話，所見略同，我之政見彼亦多能領會。惟有一事我至今尚疑，君爲我釋之。」先生問：「何也？」中山曰：「中國以農立國，倘不能於農民自身求澈底解決，則革新匪易。欲求解決農民自身問題，非耕者有其田不可。我說及此項政見時，意以爲項城必反對。孰知彼不特不反對，且肯定以爲事所當然，此我所不解也。」先生曰：「公環遊各國，目睹大地主之剝削，又生長南方，親見佃田者之痛苦，故主張耕者有其田；項城生長北方，足跡未嘗越大江以南，而北方多屬自耕農，佃農少之又少，故項城以爲耕者有其田係當然之事理也。」中山大笑，嗣復語先生曰：「曩夕府中談及改革全國經濟，聞君偉論，極佩藎籌，我以爲硬幣與紙幣，均爲價格代表，易重以輕，有何不可，苟以政治力量推動之，似尚非難事。

而君謂必先取信於民，方法如何，願聞明教。」先生曰：「幣制爲物價代表，飢不可食，夫人知之，惟中國數千年來幣制之由重而輕，由粗而細，皆以硬幣爲本位。若一旦盡易以紙，終恐形隔勢禁，未易奉行。故必先籌其所以取信於民之方法。夫以中國之大，人民之衆，發行四十萬萬紙幣，似不爲多。今者卑無高論，先從政府組織一健全之中央銀行，試行統一紙幣方策，如發行紙幣五千萬，先將現金一千五百萬鎔化，製成銀山，置於中華門外之丹墀，以示人民曰：『此國家準備庫也。』所發行之紙幣日多，所積之銀山愈大，信用既著，習慣自然，假以時日，以一紙風行全國，又何難哉！愚見所謂必先取信於民者以此。」中山稱善。㊷

九月二十五日，遂由總統府秘書廳通告合國，宣布內政大綱八條，即所謂孫、黃、黎、袁協定。文曰：

民國統一，寒暑一更，庶政進行，每多濡緩。欲爲根本之解決，必先有確定之方針，大總統勞心焦思，幾廢寢食。久欲聯合各政黨魁傑，捐人我之見，商榷救濟之方。適孫中山、黃克强兩先生先後蒞京，過從驩洽，從容討論，殆無虛日。因協定內政大綱八條，質諸國務院諸公，亦翕然無間。乃以電詢武昌黎副總統，徵其同意，旋得復電，

㊷ 梁燕孫先生年譜上册，頁一二三。

深表贊成。其大綱八條如左：

一、立國取統一制度。

二、主持是非善惡之眞公道，以正民俗。

三、暫時收束武備，先儲備海陸軍人才。

四、開放門户，輸入外資，興辦鐵路礦山，建置鋼鐵工廠，以厚民生。

五、提倡資助國民實業，先著手於農林工商。

六、軍事外交財政司法交通皆取中央集權主義，其餘斟酌各省情形，兼採地方分權主義。

七、迅速整理財政。

八、竭力調和黨見，維持秩序，爲承認之根本。

此八條者，作爲國民、共和兩黨首領與總攬政務之大總統之協定政策可也。各國元首與各政黨首領，互相提攜，商定政見，本有先例，從此進行標準如車有輒，如舟有柁，無旁撓，無中阻，以專趨於國利民福之一途，中華民國庶有豸乎。㊸

一時表面中山先生與袁世凱之間相當融洽，而共和黨與國民黨雙方政見似趨一致也。

㊸ 民國元年九月二十九日上海申報。

(六) 政黨內閣與內閣政黨

民國元年七月底，陸徵祥既遭參議院彈劾，稱病不理政務，袁世凱乃命內務總長趙秉鈞代理總理職務。聲言繼任人選將俟中山先生、黃興北上之後共同商定，以留作轉圜之餘地。八月下旬，中山先生蒞臨北京，袁氏與商總理人選，中山先生首薦黃興，黃辭不受。復薦宋教仁；因宋氏素持責任內閣主張，袁氏陽表同意，而暗中反對。黃興爲調和計，建議總理人選由袁氏決定，惟總理及各部總長必須加入國民黨；始獲袁氏之同意，並得國民黨北京總部之贊成。於是宋教仁之政黨內閣主張，一變而爲內閣政黨矣。至黃興之提出內閣政黨主張，論者謂其原因不外下列三端：

有謂此爲黃君絕大政策者，謂可以聯袁，其利一也。從此可以打消人才主義之說（謂今袁總統之所謂人才內閣者已皆入黨，此後自不能再說祇問才不才不問黨不黨），則由假造的政黨內閣，可一變爲正式的政黨內閣，其利二也。因以利用社會薄弱之心理，表示國民黨內閣，已經成立，及國民黨勢力之大，足以炫耀一時，於國會選舉大有關係，其利三也。[44]

袁世凱初擬任命沈秉堃爲內閣總理。沈氏固國民黨參議，然與黨之關係薄弱，且國民黨表面

[44] 遠生遺著卷一，頁二四六。

仍張政黨内閣之幟，以國民黨員出任總理，而閣員仍多袁黨，處境自必困難，沈氏因之謙辭㊺。九月二十五日，袁氏乃改提趙秉鈞爲内閣總理。是時參議院國民黨議員佔三分之二以上，共和黨一向同情於政府，故趙氏及其所擬各總長遂得順利通過，所不同意者二票而已。

趙秉鈞原爲同盟會員，既受命組閣，同時加入國民黨。黃興乘勢游説各總長，一律加入國民黨。袁世凱復在國務會議中，提及此事㊻。於是除陸、海軍外，司法總長許世英、農林總長陳振先、工商總長劉揆一、交通總長朱啓鈐等均填寫加入國民黨志願書。教育總長范源濂本屬共和黨籍，宣稱與共和黨脱離關係，旋乃稱病辭職。獨財政總長周學熙態度强硬，堅不加入國民黨。世人稱爲國民黨之黃金時代。黃遠庸論其事曰：

臨時現湊的政黨内閣，不驢不馬，人多非笑之。謂此非政黨内閣，乃係内閣政黨。其實黃君設計雖差，立意可佩，彼之此來頗有誠心誠意調和黨見，利便國家。其見於表面者，則有若勸新聞記者以和平手段對待政府，有若爲袁總統運動沈秉堃通過，有若協定所謂八大政策，皆足以爲證據。茲之勸國務員加入國民黨，亦是此意。其樸直之熱誠與其簡率之政治思想，適以反比例而並見之。㊼

㊺ 據遠生遺著，謂黃興頗有意爲袁世凱在參議院運動通過沈秉堃爲國務總理。國民黨籍議員多表不滿，宋教仁反對尤力，乃不獲實現。

㊻ 遠生遺著卷一，頁二四七。

㊼ 遠生遺著卷一，頁二四六。

至於各總長加入國民黨後，因對國民黨無深刻之認識，其言論行動自不受黨紀之約束。茲舉一例以證之：

趙秉鈞常告記者曰：「我本不曉得什麼叫做黨的，不過有許多人勸我進黨，統一黨也送什麼黨證來，共和黨也送什麼黨證來，同盟會也送得來。我也有拆開來看看的，也有擱開不理的，我何曾曉得什麼黨來？」及至有人問以親見先生送往統一黨及同盟會的黨證，此事如何？趙先生則搖頭而答曰：「此恐怕不是我寫的吧？」以我所聞，同盟會確有趙先生黨證，其或非親筆不能作算，未可知耳！（其實即是親筆，趙等之入黨決不能算做一件事。）㊽

總理如此，各總長可想而知。十月四日，黃興以此行任務大致完成，將離京南返，乃宴請趙內閣全體閣員於六國飯店。國民黨籍議員，及國民黨總部各部正副主任亦應邀參加。黃興即席致詞，勗勉新加入國民黨之各總長曰：

現在臨時政府期限已迫，內政外交諸多棘手，將欲組織強有力之政府，必須強有力之政黨，然後足彰政府威信，鞏固國基，隱銷外患。本黨惟一宗旨願在扶助政府，然使

㊽ 遠生遺著卷一，頁二四八。

政府與政黨不相聯屬，扶助之責，容有未盡。嘗與袁總統一再熟商，請全體國務員加入國民黨，袁總統極表贊成；後又商諸國務員，亦均表同情。今於瀕行前夕，約各界諸君讌敍，並以代表本黨歡迎新加入本黨之國務員諸君。此次各國務員加入國民黨，實爲維持民國前途起見，深望諸同志此後同心協力，共濟時艱，俾成强有力之政府，各國早日承認。㊾

黃興等另有挽請袁世凱爲國民黨領袖之意，惟被袁氏所婉拒㊿。復欲介紹素持君憲主張之楊度加入國民黨，楊氏則提出取消政黨內閣爲交換條件。以楊氏方奔競於袁氏門下，欲以此取悅於袁氏也。黃興南下後，北京國民黨總部運動楊氏不稍止[51]，楊度特致書黃興表明態度曰：

㊾ 民國元年十月上海民立報。

㊿ 民國二年夏，袁世凱致書安徽都督柏文蔚，表明其加入國民黨之態度曰：「上年中山、克强諸公亦曾力勸，惟因入甲黨則乙黨爲敵，入乙黨則丙黨爲敵，實不敢以一己之便安，而起國中之紛擾。昔英國有女王終身不嫁，人問之，則曰：『吾以英國爲夫。』鄂人今日亦曰：『以中華民國爲黨，四海之內皆吾兄弟。』三人同行厥有我師，俟將來政黨真正穩固，或不能終守不黨主義，今則尚非其時也。」（袁大總書牘彙編卷五，頁三〇）。

[51] 黃遠庸記其事曰：「國民黨之拉攏黨員本領極大，魄力極雄。此次楊度入京，黃克强已力勸之於前，多數黨人又復慫恿之於後，楊皆不願。一日國民黨請客，楊在座，主人循環演說，大旨不外楊君不可不入國民黨，不能不入國民黨，千萬不可不入國民黨之意，楊乃大爲所窘。」（遠生遺著卷一，頁二四九）。

前承不遺，邀入國民黨，只以才識無似，未敢遽諾。近日京中貴黨幹部諸君，繼續招邀，議及黨略，度以爲貴黨以前之經過及以後之行動，皆不免於困難者，實爲「政黨內閣」四字所縛。雖云根據學理，然貴黨從前對於項城尚未充分信用，含有防閑政策，亦事實之昭然。度意此後貴黨對於民國，對於總統，宜求根本解決之方，若不信袁，則莫如去袁而改舉總統，度必勸隱，袁必樂從。若能信袁，則莫如助袁，而取消政黨內閣之議，宣布全國以求實際溝通，度方有可效力之處。若仍相挾相持，互生疑慮，實於國家大計有損，非上策也。度姑以黨外之人預爲建議，自分於貴黨黨員關係甚淺，不敢輕於投身。乞公據度此電，通電全國貴黨本部支部，徵集意見，若多數贊成鄙意，見諸實行，方敢追隨左右。不僅以此覘貴黨之方針，且以此卜一身之信用，進退所關，伏維裁察爲幸！52

楊氏另將此意商諸負責北京黨務之胡瑛，胡氏不敢應允，乃託請教育總長范源濂向黃興請示。黃興因致電楊度，陳論國民黨主張政黨內閣之真義曰：

政黨內閣制度創始於英，各共和國均採用之。即君主立憲如日本，近亦傾向此制。蓋欲使內閣得一大政黨之扶助，與國會多數議員成一統系，其平日所持政見大略相同，

---

52 民國經世文編，政治三，頁七〇。

一旦發表，國會乃容易通過，不致迭起紛爭，動搖內閣，陷國家於危險。對於內閣可令負完全責任，對於總統可永遠維持尊榮，而大致之計劃始能貫澈。國民黨主張此制純爲救國起見，亦不能反於各國先例，而輕爲嘗試。來電以爲與總統有妨，並指爲不信袁總統之證，於學理事實均屬誤會。國民黨於今日政府專取維持主義，袁總統經營國事，不辭勞怨，與在京親見，實所欽服。公前與興面談亦曾極力主張政黨內閣，今忽變更前議，並別生枝節，恐非出自本心，望始終贊同，勿爲浮言所動。53

並致函胡瑛，告以「本黨主張政黨內閣，專爲維持政府，使得負完全責任起見，與總統權限毫不相妨，晳子（按：楊度字晳子）誤會，已覆電說明。」於是楊度入黨之議，乃作罷論。黃興、宋教仁等另有勸請民主黨人士湯化龍、林長民等加入國民黨，因湯、林等主張接近共和黨，未能實現54。

趙秉鈞及其多數閣員既爲袁世凱之私黨，其所以加入國民黨無非偵伺國民黨之虛實；故其組閣之後，竟移國務會議於總統府，由袁氏所主持。國務院形式上雖有會議，然僅裁決較爲微細之事務，此亦民初政界之奇特現象也。上海民權報曾論其事曰：

---

53 民國元年十二月十七日上海民立報。
54 遠生遺著卷一，頁二四九。

趙秉鈞甫入同盟會，即爲此悖德亂道之舉，且荒謬尤甚於往昔。以國家言則爲違悖約法，以同盟會言則爲違悖政綱。噫！趙秉均蓋欲以破壞同盟會者，破壞中華民國乎！賊仁者賊，賊義者殘，殘賊之人，舉世共棄，吾願吾同志共棄之，吾更願吾國民共棄之，勿再留此害群之馬也。55

此乃內閣政黨之害，固爲國民黨之不幸，亦近代中國之不幸也。

(七) 梁啓超與民主黨

先是辛亥九月，清廷以袁世凱爲內閣總理大臣，與革命軍接洽議和。袁氏爲攏絡人心，以梁啓超爲法律副大臣；並屢電梁氏歸國就職。是爲梁氏與袁氏建立關係之始。民國成立後，梁氏與袁氏往返漸密。民國元年二月二十三日梁氏致書袁世凱，討論國內各政黨關係曰：

政黨之論，今騰喧於國中，以今日民智之穉，民德之漓，其於能產出健全之政黨與否，此當別論。要之既爲共和政體，則非有多數輿論之擁護，不能成爲有力之政治家，此殆不煩言而解也。……今國中出沒於政界人士，可略分爲三派：一曰舊官僚派，二曰舊立憲派，三曰舊革命派。舊官僚派，公之所素撫循也，除闒宂僉壬當淘汰外，其餘

55 宋漁父戴天仇文集合刊，單刀直入錄，頁三一。

佳士大率富於經驗，宜爲行政部之中堅。……舊革命派自今以往當分爲二，其純屬感情用事者，殆始終不能與我公合併，他日政府稍行整齊嚴肅之政，則詆議紛起。但此派人之性質，只宜于破壞，不且于建設。……政府所以對待彼輩者，不可威壓之。威壓之則反激，而其燄必大張。又不可阿順之，阿順之則長驕，而其燄亦大張。惟有利用健全之大黨，使爲公正之黨爭，彼自歸於劣敗，不足爲梗也。健全之大黨則必求之舊立憲黨，與舊革命黨中之有政治思想者矣。56

是梁氏已有組織大黨與同盟會對抗之計劃。迨共和黨、國民黨先後成立，梁氏幕後操縱之共和建設討論會諸領袖，湯化龍、林長民、胡瑞霖等，亦欲合併小黨組成大黨以爭取參議院之發言權，遂與國民協進會、共和統一黨、共和促進會、共和俱進會、民國新政社等六政黨，合併爲民主黨。同年八月二十五日上海申報刊載該六政黨合併之緣起曰：

國民協會與共和建設討論會，以中國政黨萌芽伊始，國民政治觀念，當形薄弱，如僅有二黨，恐黨爭日烈，國家異常危險，故決計發生第三黨，主張最公平之言論，不競爭政權，專注全力以普及政治智識，傳播政治信條。聞兩會在京代表已決議將兩會消

---

56 梁任公先生年譜長編初稿，中册，頁三八一。

滅，即以兩會舊有份子，並約多數健全份子發起一黨，定名民主黨，各省簽名發起者亦有數萬人，現各團體尚有願加入共同發起者。

九月二十七日民主黨舉行成立大會。對外發表宣言，以第三黨自居，說明其發生原因：㈠應於時勢之要求。㈡防止各小黨之分裂。指出其特質：㈠無權利心。㈡不爭政權。㈢不歧視他黨心。並摘舉其精神：㈠黨員之抉擇，純粹以政黨爲目的，無絲毫勢利之見。㈡支部設各省，分部設各州縣。㈢內部組織以嚴整之態度。認爲其目的，在於使國家廢除行省，劃定軍區，整理財政，統一國權，建設一强固有力之政府[57]。於是參議院中形成國民、共和、民主三大政黨鼎立之局，而黨爭益趨劇烈矣[58]。

是時國內輿論鑒於參議院內糾紛迭作，有主張國民、共和、民主三黨合併者[59]，有主張

---

[57] 民國經世文编，政治三，頁十三。

[58] 此外當時國內之小政團尚有共和憲政黨、公民急進黨、自由黨、政見商榷會、大同民黨、公濟總會、社會黨等。（見東方雜誌第九卷第七號中國政治通覽，第四篇「議會及政黨」頁二十六）。

[59] 黃遠庸嘗論其事曰：「吾亦知法治國，必有大黨之對立，三黨合併之説，不衷於理，雖然即事實上不能合併，而以合併之精神行，實做政敵，勿作私敵，實做政友，勿作比匪，實爲政黨，勿爲朋黨，則亦庶乎其可也。」（遠生遺著卷一頁四，原載民國元年十一月二十七日少年中國週刊）。

另組一大政黨以調和三黨黨見者⑥⓪。同年十月，梁啓超自日返國，反國民黨聲勢爲之一振，共和、民主兩黨聯合之跡象日著。十月十七日共和黨理事長黎元洪致電梁啓超曰：

聞先生到京，忻快無似。國勢杌隉，宿彥漂零，黯黮前途，可憂可懼。先生負經世之略，剔歷中外，通變識時，此行固將發揚國徽，宣示政見，匪惟吾黨之幸，實亦民國之光。⑥①

梁氏在共和黨歡迎會之演說，竟抹煞同盟會革命之成果，謬將民國之成立，歸功於共和黨人。其言略曰：

去年八月，其蹶起以摧破二千年君主專制政治，使無復痕跡者，共和黨黨首及黨員之

---

⑥⓪ 民主黨人張國淦書邀江蘇都督程德全加入民主黨，程氏因別發起政見商榷會，欲調停國是，覆書拒之，略曰：「黨勢已成，斷非區區之愚，所能轉旋，不得已而思其次。前乃有政見商榷會之組織，此其意蓋有兩端，一調和各黨之意見，一就各黨之政見互相商榷。立論務準以國家，繩於真理，冀於各黨對峙之中，收無黨討論之效。而以與者星散，一會之後難以賡續，然精衛之心不忘填海，將復以此意與海內同志剴切陳之。……承示民主黨提繫賤名一節，鄙意視今日各政黨有如俱樂部，即依違其間亦無不可。惟經營一獨立之政見商榷會，不標黨名，乃私衷絕嚮往之事。吾輩共以救國爲懷，攜手之道不妨多端，左右以爲何如？(民國經世文編，政治三，頁七二)。

⑥① 黎副總統政書卷一四，頁一四。

力也。去年八月十九以前，其間接鼓吹奔走思摧專制之燄者，誠不乏人。若夫直接實行，一蹴而倒彼魔王者，謂非共和黨黨首及黨員之功得乎？八月十九日以後，其被動響應協力以集事者尤不乏人，若夫主動首義，樹旗幟以爲天下先者謂非共和黨黨首及黨員之功得乎？62

民國二年二月十四日，梁氏遂正式加入共和黨。同日梁氏致書其女令嫻，說明其加入共和黨之原因，及當時參議院內各政黨形勢曰：

吾頃爲時勢所迫，今日已正式加入共和黨，此後眞躬臨前敵也。計議員以二百八十八人爲半數，吾黨頃得二百五十人，民主黨約三十人，統一黨約五十人，其餘則國民黨也。三黨提攜已決，總算多數。惟我斷不欲組織第一次內閣。……政局危險不可言狀，此時投身其中，自謀實拙，惟終不能袖手奈何！63

四月十四日，共和黨理事長黎元洪公讌該黨參、衆兩院（按：時正式國會已開幕）議員於北京萬牲園，與會者三百餘人。席間梁氏以「共和黨之地位與態度」爲題，發表演說，歷三小

62 民國經世文编，政治三，頁五六。
63 梁任公先生年譜長編初稿中册，頁四一四。

時之久。認爲今後共和黨人之態度：㈠黨員自身宜取强立鮮明之態度。㈡對於政府宜取强硬監督之態度。㈢對於主義相近之黨宜取融合態度。㈣對於主義相遠之黨宜取協商態度。關於黨人應注意之點：㈠忌黨內分黨。㈡萬事須公開。㈢黨員勿自居於客體。㈣黨員戒自由行動。㈤黨員勿爭小節[64]。是梁氏儼然居於共和黨指導之地位矣。茲表列民主黨成立後，參議院中各大黨形勢如下：

臨時參議院
- 同盟會聯合
  - 統一共和黨
  - 國民公黨
  - 國民共進會
  - 共和實進會
  - → 改組爲國民黨
- 反同盟會聯合
  - 統一黨 → 統一黨
  - 民社
  - 國民協進會
  - 國民黨
  - 國民公會
  - → 民社、國民協進會、國民黨、國民公會改組爲共和黨

[64] 民國經世文編，政治三，頁一八。

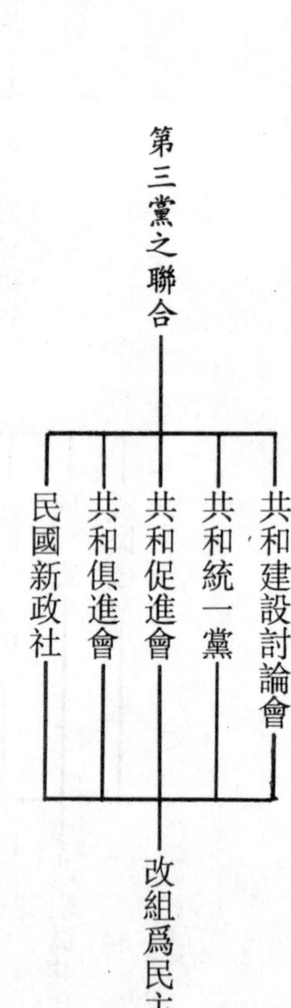

民主、共和兩黨既爲與黨，復得統一黨之合作，在參議院中漸居上游，國民黨反有不敵之勢。於是乃致力於地方參衆兩院議員之選舉，希望將來正式國會成立後，仍能取得多數黨領導之地位。

四、國會之召集與政黨之演變

(一) 國會議員之選舉

依照民國元年三月十一日南京臨時政府所公佈之臨時約法，規定自約法施行後，十個月內由臨時大總統召集國會，制定憲法，選舉正式大總統。政府北遷後，南方革命黨人自審實力不足與袁世凱抗衡，復鑒於參議院黨派之爭，思利用新興蓬勃之民氣，順應國人革新之要求，乃號召普選，組織正式國會，以造成一切取決於國會多數黨之局面❶。而袁氏爲大勢所趨，固不得不穩忍遷就，使國會得以順利召集。

民國元年八月十日，北京臨時政府公布由參議院通過之中華民國國會組織法，仿照美國議會，行參衆兩院制❷。同月十二日公佈衆議院議員選舉法及各省覆選區域表❸。九月五日公布衆議員選舉日期，規定初選於民國元年十二月初十日舉行，覆選於民國二年正月初十日舉行。依照規定以每八十萬人選出衆議員一人爲準，計奉天十六人，吉林、黑龍江各十人，直隸四十六人（熱河、察哈爾、北京在內），山東三十三人，河南三十二人，山西二十八人，陝西二十一人，甘肅十四人，新疆十人，四川三十五人，湖北二十四人，湖南二十七人，江西三十五人，安徽二十四人，江蘇四十人，浙江三十八人，福建二十四人，廣東三十人，廣西十九人，貴州十三人，雲南二十人，蒙古哲里木盟、卓索圖盟、昭烏達盟、錫林郭勒盟、烏蘭察布盟、伊克昭盟、土謝圖汗部、車臣汗部、三音諾顏部、札薩克圖汗部、烏梁海各二人，科布多及舊土爾扈特三人，阿拉善、額濟納各一人，青海三人，前後藏各五人，共計六百人，

---

❶ 民國元年夏，上海革命黨報紙民權報，曾以「議院問題之根本解決」爲題著論曰：「現在既已成立統一政府，則立法機關須立即建設，不能稍緩。雖有參議院及各省之省議會，然其成立，並非純由國民之正式選舉，而參議院之議員，尤不過一行政官之代表耳！夫以行政官之代表而組織議會，立於立法及監督機關之位置，在君主立憲國中尚無此法理，而況新建之共和國，不急打破之，組織共同民意之議會，不惟貽議萬國，亦且貽禍人民，何以對爲共和而死諸志士之雄魂也。」（宋漁父戴天仇文集合刊乙篇，頁一〇三）

❷ 東方雜誌第九卷第三號，中國大事記，頁一五。

❸ 東方雜誌第九卷第三號，中國大事記，頁二。

任期以三年爲限。初選以縣爲選舉區，或府直隸廳州之直轄地方。覆選合數初選舉區爲選舉區；由初選代表赴指定地點參加投票。惟蒙古、西藏、青海等地方，則別用單選舉法。

至於參議院議員，規定由各省省議會於同一期限選舉。每省十人，蒙古每盟二人，前後藏十人，青海三人，華僑六人，阿拉善、額濟納各一人，共計二百六十五人。候選人不以省議員爲限，任期六年，每年抽籤退去三分之一，以候補相遞。凡中華民國國籍之男子，年滿二十一歲以上，於編製選舉人名册以前，在選舉區內居住二年以上，年納直接稅兩元以上者，或有五百元以上之不動産者，或在小學堂以上畢業者，或有與小學堂以上畢業相當之資格者，均有選舉衆議院議員之權。又凡中華民國國籍之男子，年滿二十五歲以上者，得被選爲衆議院議員，滿三十歲以上者得被選爲參議院議員。所有選舉概用無記名投票法。

民國二年一月十日，北京臨時政府發布正式國會召集令，文曰：

正式國會召集之期，依照約法以十個月爲限。民國元年八月，業將國會組織法暨參議院衆議院議員選舉各法，公布施行在案。民國正式國會爲共和建設所關。本大總統躬承我國民付託之重，迭經飭由國務總理、內務總長，督令籌備國會事務局，及各該參議院議員選舉監督、衆議院議員選舉總監督、選舉監督等，分別妥速籌備，並先後制定參議院、衆議院議員各選舉日期令，俾各依限進行。

自約法施行以來，現已十個月屆滿。據國務總理內務長呈：據籌備國會事務局呈稱，衆議院議員覆選舉，除據報延期各省分外，餘均於民國二年一月十日遵令舉行，其參議院議員選舉亦將次第遵令舉行等語。本大總統深維我中華民國締造之艱難，夙夜競競，未敢以臨時期内稍涉遐逸。茲幸國會議員，已如法選出，亟應依照約法下令召集。自民國二年一月十日正式國會召集令發布之日起，限於民國三年二月以内，所有當選之參議院議員及衆議院議員，均需一律齊集北京。俟兩院各到有總議員過半數後，即行同時開會。至關於國會開會之籌備事項，應由國務總理、内務長督飭籌備國會事務局，速爲籌備完全。

共和政治之良否，政府固有完全之責任，而尤以正式國會爲莞樞。一德一心，共圖盛業，斯則本大總統代表我漢滿蒙回藏五大民族所馨香頌祝以求者也。❹

同年二月上旬，各地議員選舉告竣，國民黨利用其地方之雄厚勢力，獲得絕對之勝利。但以跨黨份子太多，各黨兩院議員之確實數目，實不能作一正確之統計❺。茲依楊幼炯「中國政黨史」一表列如左：

---

❹ 政府公報，民國二年元月份，命令門。

❺ 黃遠庸論其事曰：「國民黨則稱衆議院議員得三百六七十餘人，共和黨則稱得二百五十餘人，統一黨又稱得一百數十餘人，民主黨又稱得一百餘人，法定五百餘之衆議院議員，乃變爲七百餘人，抑何可笑？蓋今日雖有神算家，決不能算出何黨多數，非到決定大問題日，則暗幕中之影戲無從窺測。今日議員乃如孫猴子毫毛，七十二變，腳跟無線如蓬轉。梁任公告共和黨人曰：『今日係君等政治家第一次出場日，君等態度須明瞭，勿爲利誘，勿爲威劫。』嗚乎！此不獨爲共和黨人言者也，蓋道德廉恥至今掃地以盡矣。」（遠生遺著卷二，頁八八）

黨籍	議院名	人數	議院名	人數	合計
國民黨	眾議院	二六九	參議院	一二三	三九二
共和黨	同右	一二〇	同右	五五	一七五
統一黨	同右	一八	同右	六	二四
民主黨	同右	一六	同右	八	二四
跨黨者	同右	一七四	同右	三八	一八五
無所屬	同右	二六	同右	四四	七〇
總計	同右	五九六	同右	二七四	八七〇

❻

由上觀之，兩院議席，國民黨竟多達三百九十二人。即合共和、統一、民主三黨，尚不及其

---

❻ 楊幼炯「中國政黨史」，頁六一。

三分之二。國民黨對於國會之前途遂抱以無窮之希望❼。同年三月，國民黨領袖黃興、宋教仁、王寵惠等，乘議員北上之便，召集同黨議員於上海，討論未來本黨政治方針。少數激烈議員欲爭總統席位，並有選舉黃興爲副總統，組織國民黨內閣，以宋教仁爲總理之建議。最後作成決議如下：

一、總統之選舉，歸之地方上級團體，即以各省省會及蒙古、西藏、青海議會爲選舉機關。

二、組織政府採議院政府制，即國務總理由衆議院自行選定，由大總統任命。各部總長由國務總理推定，由大總統任命。

三、地方制略沿舊制，即存省制，列舉中央與地方之權限❽。

至於總統問題，如袁世凱能遵重民意，舉之亦未不可。但必須憲法制定以後，根據憲法而履

❼ 民國二年春，粵籍衆議院議員鄒魯離粵北上，出席國會。廣東都督胡漢民密約鄒魯談話，告之曰：「這次國會制憲法，選總統，競爭一定很熱烈，本黨要能取得一切的勝利，仍有賴於各方協助，凡是須要廣東協助的，你可便宜行事。至於本省所選出的議員，都是屬於本黨的，必須好好維持，這個責任千萬請你擔任。」鄒答曰：「責任是不敢辭的，我當時時請示。」（鄒魯「回顧錄」上册，頁五三）

❽ 鄒魯「澄廬文選」內「余之癸丑」，頁四一九。

行。彼此並互約：「勿爲武力屈，勿爲金錢靡，勿爲權位動❾。」宋教仁另撰有國民黨大政見一文，刊諸報端。其綱目，對於政體主張：㈠單一國制。㈡責任內閣制。㈢省行政長官由民選制，以進於委任制。㈣省爲自治團體，有列舉立法權。㈤國務總理由衆議院推出。對於政策主張：㈠整理軍政。㈡劃分中央地方行政。㈢整理財政。㈣整理行政。㈤開發產業。㈥振興民政。㈦興辦國有交通業。㈧振興教育。㈨統一司法。㈩運用外交❿。

袁世凱鑒於國民黨選舉之勝利，初欲誘惑兩院議員使爲己用。在上海、漢口、南京、天津、鄭州等交通要衝，派人招待入京議員，默識識其姓名，詳察其個性，爲之代選旅棧，購車船票，處處予以便利。及議員先後抵京，復利用八大胡同各清吟小班作爲連絡議員之所在。隔日一小聚，五日一大宴，極盡聲色之能事⓫。國民黨議員中雖不乏被其收買者，而潔身自好者仍居多數；宋教仁其尤著者也。袁氏嫌忌之餘，遂有刺殺之陰謀。

㈡ 國會之開幕

民國二年春，兩院議員選舉期間，南方革命黨人恐國會開會北京，重蹈去歲軍警干涉參議院之覆轍，有主張國會設立南方者。上海各界由何海鳴領導，因有歡迎國會團之組織。認

❾ 同上。
❿ 民國經世文編，政治一，頁四〇。
⓫ 議會雜誌，民國四十七年七月第十六期，文彥「民主政治在中國」。

爲第一屆國會應自行召集，自行指定會議地點。爲保持立法機關之獨立，宜開預備會於上海，開成立會於南京⑫。袁世凱嫌忌之餘，乃嗾使其黨羽加以阻撓。於是江蘇都督馮國璋首先通電反對⑬，四川都督胡景伊等繼之⑭。會多數國民黨籍議員亦認爲臨時政府之所在地，約法雖無明文規定，然國會與政府不同城，終屬不便。且參議院法第一條規定參議院設於臨時政府所在地，故國會應以設於北京較相宜。惟以宋案關係，一致認爲趙秉鈞之內閣必需推倒⑮。

民國二年三月十九日，北京臨時政府公佈民國國會開會日期爲同年四月八日⑯。屆期上午十一時，參衆兩院聯合開幕於北京象坊橋衆議院新建議場。是日出席參議院議員一百七十七人，衆議院議員五百零五人，其餘當選議員，以後陸續報到參加。茲表列其姓名如下：

一、參議院議員

⑫ 澄廬文選內「余之癸丑」，頁四一七。

⑬ 原電略謂：「將來各省選舉告成，國會議員當然由中央召集，以成立正式國會。是集會地點當然在中央政府所在地無疑。……如逆臆國會成立，北京軍警必將出而干涉，至欲變更國會地點以避之，豈南京遂無軍警，而必無行政干涉立法之事乎？抑以開國會於南京，而議員等遂有譸張國政之自由，且可箝制行政部，使不敢少動乎？吾有以知其必不然也。」（民國經世文編政治二，頁五三）

⑭ 胡景伊之電略謂：「說者欲設詞亂真，違法遷地，是蔑法律而拂人心，欲謬假憲法爲遷都之根據，濫置總統爲行法之傀儡，以法律爲兒戲，與人心相搏，雖無敵國外患，恐新造之民國，將自此而破壞，偶一念至，惴惴不寧」。（民國經世文編，政治二，頁五三）

⑮ 澄廬文選內「余之癸丑」頁四一八。

⑯ 政府公報，民國二年三月二十日第三一二號，命令門。

直隸	籍忠寅 劉彭壽 王法勤 郝耀 王文芹 王觀銘 張其密 張繼 宋楨 王試功
山東	丁世嶧 蕭承弼 唐仰懷 劉星楠 張錫昣 尹宏慶 王鳳翥 楊日訓 安舉賢 徐鏡心
河南	李槃 劉積學 陳銘鑑 謝鵬翰 黃佩蘭 毛印相 萬鴻圖 賈濟川 王靖方 段世垣
山西	王用賓 田應璜 張杜蘭 劉懋賞 張聯魁 段硯田 苗雨潤 班延獻 張瑞璣 陳敬棠
陝西	鍾允諧 焦易堂 陳佶 岳震韶 趙世鈺 竇應昌 李述膺 范樵 何毓璋 張蔚森
甘肅	王鑫潤 宋梓 馬良弼 萬寶成 范振緒 梁登瀛 王沚清 馬維麟 文登嬴 魏鴻翼
新疆	蔣舉清 李溶 廉炳華 孔憲瑞 宋國忠 哈德爾 閻光耀 何海濤 劉雋佺 何多才
四川	李國定 饒應銘 潘江 王湘 趙時欽 謝持 周擇 程瑩度 楊芬 吳炳臣
湖南	陳煥南 彭邦棟 李漢丞 周震麟 胡瑛 吳景鴻 田永正 盛時 黎尚雯 向乃祺

湖北	劉成禺　彭介石　韓玉辰　高仲和　張漢　鄭江灝　董昆瀛　蔣羲明　居正　胡秉柯
江西	蕭輝錦　鄒樹聲　周澤南　符鼎升　湯漪　朱念祖　燕喜達　盧式楷　蔡突靈　劉濂
安徽	李子幹　石德純　章兆鴻　汪律本　張我華　吳文幹　丁象謙　胡壁城　馬坤　高蔭藻
江蘇	陶遜　王立廷　蔣曾燠　秦錫圭　辛漢　解樹强　鄭斗南　朱甲昌　藍公武　楊擇
浙江	金兆棪　陳洪道　張烈　張嘈　許燊　童杭時　陸宗輿　鄭際平　王正廷　王家襄
福建	宋淵源　劉映奎　陳祖烈　黃樹榮　林森　李兆年　雷煥猷　方聖徵　楊家驤　潘祖彝
廣東	周廷勵　王鴻龐　溫雄飛　李茂之　何士果　李英銓　李自芳　黃錫銓　彭建標　楊永泰
廣西	馬君武　黃紹侃　曾彥　嚴恭　盧天游　郭椿森　梁士模　梁培　黃宏憲
貴州	徐承錦　張光煒　吳作蕊　李耀忠　黃元操　劉光旭　周學源　陳光燾　張金鑑　姚華

雲南	呂志伊 謝樹瓊 朱家寶 孫光庭 王人文 袁嘉穀 李文志 趙鯨 陳善 楊瓊
奉天	趙連琪 陳瀛洲 蘇毓芳 富元 謝書林 楊度 延榮 龔玉琨 李紹白 孫乃祥
吉林	婁鴻聲 蕭文彬 楊福洲 高鴻恩 齊忠甲 楊繩祖 金鼎勳 王洪身 趙成恩 趙學臣
黑龍江	蔡國沈 劉正堃 郭相維 金德馨 姚翰卿 楊崇山 鄭林皋 楊喜山 李伯荊 高家驥
內外蒙古	阿穆爾靈圭 色旺端噜布 金永昌 熙凌阿 德色賚托布 蘇珠格圖巴圖魯 羅布桑車珠爾 佈霖 旺楚克拉布坦 諾爾布三布 劉新桂 王鑾聲 祺誠武 鄂多臺 鄂伯噶臺 車林桑都布 祺克坦 榮厚 布爾格特 陸大坊 唐古色 曹汝霖 楊增炳 噶拉增 阿拉善塔旺布理甲拉 額濟納巴圖永東
前後藏	頓柱羅布 札布土噶 王賡 廈札噶布倫 孫毓筠 江贊桑布 傅諳 龔煥辰 廈仲阿旺益喜 程克

青海	三人（不詳）
華僑	唐瓊昌　朱兆華　謝良牧　吳湘　蔣報和　盧信

二、衆議院議員

直隸	
	鄧毓怡　恆鈞　韓增慶　馬文煥　李搢榮　金詒厚
	王吉言　李春榮　呂泮林　王玉樹　張雲閣　李保邦
	張滋大　谷芝瑞　劉景沂　王錫泉　張國浚　張官雲
	楊式震　耿兆棟　溫世霖　孫洪伊　馬英俊　李家楨
	張書元　賈睿熙　杜凱元　童啓曾　呂復　張秉文
	谷鍾秀　王保真　王振堯　崔懷灝　張士才　胡源匯
	張則林　呂金鏞　李景濂　陳純修　張敬之　李永聲
	王雙歧　常堉璋　張恩綬　趙金堂

山東	周慶恩	劉昨一	穆肇仁	閻與可	艾慶鏞	張玉庚
	袁景熙	張金蘭	王廣瀚	金承新	王謝家	盛際光
	王之籙	杜凱之	周祖瀾	侯延爽	管象頤	丁惟汾
	于洪起	于廷樟	董毓梅	于思波	于元芳	周樹標
	王　訥	郭廣恩	劍寇三	周廷弼	魏丹書	彭占元
	林元亮	曹　瀛	史澤咸			
河南	賀昇平	張錦芳	李載賡	胡汝麟	王　傑	任曜墀
	孫正宇	岳秀夫	丁廷謇	張協燦	王印川	王廷弼
	杜　潛	劉峰一	耿春宴	魏　毅	張善與	郭桂芬
	王敬芳	梁文淵	郭光麟	韓臚雲	張　坤	張嘉謀
	金　濤	陳景南	袁習聖	林英鍾	劉奇瑤	凌　鉞
	彭運斌	劉榮棠				
山西	常丕謙	冀鼎鉉	康慎徽	周克昌	裴清源	康佩珩
	谷思慎	梁善濟	趙良臣	穆　郇	羅　黼	張昇雲
	閻鴻舉	耿臻顯	李景泉	王定圻	賈鳴梧	郭德修
	侯元耀	石　璜	李慶芳	劉祖堯	劉志詹	景定成
	王國祐	景耀月	狄樓海	劉盥訓		

陝西	焦子靜　譚煥文　王鴻賓　白常潔　李含芳　茹欲立
	楊詩浙　馬驤　段大信　寇遐　尚鎮圭　劉治洲
	朱家訓　陳豫　高杞　姚守先　張樹森　錫銘源
	裴廷藩　高增融　王兆維
甘肅	李增穠　張國鈞　王定國　祁連元　郭自修　侯效儒
	李克明　賈纘緒　楊潤身　張廷弼　周之翰　段維新
	李發春　丁豐沛
新疆	文篤周　繼孚　劉寯倫　張萬齡　陳世祿　袁炳煌
	李式璠　羅潤業　張瑞　米家驥
四川	李爲綸　張治祥　曾銘　熊成章　張知兢　劉澤龍
	劉緯　廖希賢　袁弼臣　周澤　郭成炆　黃雲鵬
	蕭湘　楊霖　江椿　李肇甫　王安富　孫鏡清
	傅鴻銓　杜華　李文熙　秦肅三　蕭德明　張瑾雯
	蒲殿俊　唐玠　盧仲琳　王樞　蕭賢俊　黃璋
	張瀾　余紹琴　熊兆渭　黃汝鑑　楊肇基

湖南	湖北	江西
郭人漳 劉彥 李錡 石潤金 李積芳 陳家鼎	范熙壬 江巇鸞 胡祖舜 歐陽啓勳 覃壽恭 張大昕	張于潯 徐秀鈞 黃懋鑫 梅光遠 李國珍 王恆
陳家會 黃贊元 周大烈 彭允彝 鄭人康 羅永紹	田桐 石瑛 彭漢遺 湯化龍 陳邦燮 吳壽田	王有蘭 曾幹楨 曾有瀾 陳源鈞 葛莊 陳子斌
魏肇文 胡壽昺 程崇信 歐陽振聲 鍾才宏 陳九韶	張作烈 王篤成 白逾桓 查季華 廖宗北 胡鄂公	賴慶暉 劉景烈 黃裳吉 戴書雲 郭同 黃攻素
席綬 覃振 周澤苞 王恩博 李執中 張宏銓	鄭萬瞻 時功玖 駱繼漢 邱國翰 蕭萱 馮振驥	程鐸 黃格鷗 鄒繼龍 文群 潘學海 辛際唐
梁系登 彭施滌 禹瀛		盧元弼 吳宗慈 鄧元 王侃 黃象熙 邵陽沂
		羅家衡 邵陽成 彭學浚 邱冠棻 賀贊元

安徽	何雯　賀廷桂　陶鎔　丁秉炎　張塤　余棨　吳汝澄　唐理淮　凌毅　戴聲教　常恆芳　楊士驄　陳策　曹玉德　劉源慶　寧繼恭　湯松年　吳日法　汪建剛　江謙　陳光譜　汪彭年　王多輔　許植材　王源瀚　周學耀　彭昌福
江蘇	吳榮萃　陶保晉　方潛　汪秉忠　張鶴第　夏寅官　董曾儒　凌文淵　徐兆瑋　王紹鏊　張潤宇　蔣鳳梧　陳允中　徐蘭墅　姚文枏　孫熾昌　瞿啓甲　陳經鎔　胡兆沂　劉可均　孫光圻　茅祖權　石銘　孟森　陳義　高旭　朱溥恩　董繼昌　屠寬　楊廷棟　王汝沂　楊潤　陳士髦　胡應庚　謝翊元　邵長鎔　吳涑　張相文　王茂材　朱繼之
浙江	俞鳳韶　周珏　姚勇忱　褚輔成　杭辛齋　陳敬第　張世楨　胡翔青　謝國欽　張傳保　杜士珍　金尚詵　盧鐘嶽　朱文劭　周繼瀠　俞煒　傅家銓　韓藩　田稔　蔣著卿　陳燮樞　戚善謀　丁儁宣　金秉理　王烈　袁榮叟　邵瑞彭　蔡汝霖　傅夢豪　張浩　段汝驪　黃群　趙舒　虞廷愷　徐象先　林玉麒　陳黻宸　杜師業

福建	劉崇祐	林萬里	歐陽鈞	鄭得元	高登鯉	曾振懋
	丁超五	丁濟生	陳承箕	陳　堃	朱金紫	李堯年
	張　琴	黃肇河	楊樹璜	林鴻超	朱騰芬	黃　荃
	陳蓉光	林輅存	詹調元	連基賢	劉萬里	楊士鵬
廣東	伍朝樞	陳　垣	劉栽甫	伍漢持	譚瑞霖	葉夏聲
	馬小進	黃霄九	蘇祐慈	徐傅林	黃汝瀛	蕭鳳翥
	鄭懋修	鄒　魯	饒芙裳	郭寶慈	楊夢弼	梁仲則
	林伯和	梁夢元	司徒穎	易次乾	黃增耆	江　瑔
	許峭嵩	梁成久	林繩武	陳治安	林文英	陳發檀
廣西	蔣可成	黃寶銘	馬如飛	凌發彬	鍾業官	程大璋
	龔　政	陳繩虯	程修魯	陳太龍	趙炳麟	王水錫
	梁昌誥	王乃昌	蕭晉榮	翟當文	覃　超	羅增騏
貴州	陳國祥	唐瑞銅	陳廷策	金鑄昌	蹇念益	牟　琳
	符詩鎔	杜成鎔	劉顯治	孫世杰	萬賢臣	夏同龢
	劉尚衡					
雲南	李　增	王　楨	嚴天駿	張大義	由宗龍	張翼曾
	陳光勳	蕭瑞麟	李熠陽	何秉謙	陳時銓	陳祖基
	朱朝瑛	張華瀾	張聯芳	沈河清	段　雄	寸品昇
	李根元	趙　藩				

奉天	焉泮春　劉恩格　姜毓英　翁恩裕　楊大實　張嗣良 曾有翼　蔣宗周　吳景濂　李有忱　邴克莊　王蔭棠 劉興甲　李秉恕　仇玉濂　羅永慶
吉林	張雅南　李膺恩　齊耀珊　董耕雲　畢維垣　王玉琦 范殿棟　楊振州　莫德惠　徐清和
黑龍江	葉成玉　到振生　孟昭漢　秦廣禮　邵慶麟　楊榮春 陳耀先　闞文鐸　王文璞　田美峰
內外蒙古	富勒琿　阿昌阿　葉顯揚　張樹桐　樂　仙 鮑　喜　卜彥吉里郭勒　阿育勒烏責　蔡匯東　拉　什 唐寶鍔　吳　淵　孫　鍾　汪榮寶　熙　鈺 李景龢　金　還　林長民　克希克圖　易宗夔 恩和布林　張國溶　諾門達賴　烏澤聲　鄧　溶 莽哈賚　奇米子
青海	顒　彔　楞住布　花力旦
前後藏	一喜託美　王　弋　康大鐸　薛大可　羅桑班爵 方　貞　江天鐸　阿旺根敦　恩　華　蘇麻的 ⑰

⑰ 參照谷鍾秀「中華民國開國史」附錄。

大會首由籌備國會事務局委員長施愚報告參衆兩院成立經過，次推舉兩院議員中年齡最高雲南籍參議員楊瓊爲臨時主席，即由楊氏宣讀開會詞曰：

惟中華民國二年四月八日，爲我正式國會第一次開院之辰，參議院衆議院議員集禮堂，舉盛典，謹爲詞以致其忱曰：視聽自天，默定下民，億兆有與於天下，權輿不自於今人。帝制久敝，拂於民意，付託之重，乃及多士。衆好衆惡，多士赴之。衆志衆口，多士表之。張弛斂縱，爲天下鞚；緩急疾徐，爲天下樞。興歟廢歟，安歟危歟，禍福是共，功罪之尸，能無懼哉！於乎！多難興邦，惕勵蒙蝦，當茲締造，敢伸吾籲。願我一國制其中權，願我五族正其黨偏，大穰暘雨，農首稷先，士樂其業，賈安其廛。願無政不舉，無隱不宣。章皇發越，吾言洋洋，逖聽遠慕，四鄰我臧。舊邦新命，悠久無疆，凡百君子，孰敢怠荒。⑱

內閣總理及各部總長均到會觀禮，臨時大總統袁世凱特派秘書長梁士詒代表致頌詞曰：

中華民國二年四月八日，我中華民國第一次國會正式成立，實四千餘年歷史上莫大之光榮，四萬萬人億兆年之幸福，世凱亦國民一份子，當與諸君子同謀幸福。矚我共和

⑱ 衆議院公報第一期第一號。

國民，由於四萬萬人民之心理所締造之正式國會，亦本於四萬萬人民心理所結合，則國家主權當必歸之民國全體。但自民國成立迄今一年，所謂國民直接委任之機關事實上尚未完備。今者國會議員係由國民直接選舉，即係國民直接委任，從此共和國之實體藉以立，統治權之運用，亦賴以圖滿進行。諸君子皆識時俊傑，必能各紓議論，爲國忠謀，從此中華民國之邦基益加鞏固，五大族人民之幸福日見增進。同心協力以造成至强大之民國，使五色國旂，常照耀於神州大陸，是則世凱與諸君子所私心企禱也。⑲

同日午後三時，舊參議院行解散禮。其閉會辭述參議院一年來之成績，略曰：

中華民國二年四月八日，爲中華民國國會成立之期，臨時政府期內之參議院即於是日解散，遵約法也。景濂等竊本院自南京移設北京，迄將一載，而更溯元年一月二十八日本院正式開幕於南京之期，則已閱十有四月矣。此十有四月中，本院先後開會綜二百二十次，經議決者凡二百三十餘案，立國綱要，未始不於此稍稍植基礎也。而起視全國，民生凋敝，財政困難，國書之交換茫乎其無期，邊患之沸騰，紛然其日極也。益以內地伏莽時時蠢動，不逞之徒或更冒犯法紀，冀以達其破壞之目的。現象

---

⑲ 徐有朋編「袁大總統書牘彙編」，卷首，頁一二。

若此，誰與負此責者？毋亦國民代表應盡之天職，固未有饜人望，而重負全國父老子弟之委託者歟？

夫世界共和之國，大政方針，規畫而執行之者在政府，而贊助而敦促之者，則在議會。今幸國會成立，凡一切重要問題，所待維持而解決者，皆將於完全立法機關是賴。語所謂失之東隅，收之桑榆者也。⑳

於是國家之立法權乃正式移轉於國會。時參衆兩院民主、共和、統一諸黨，見國民黨勢盛，乃聯合以與對抗。衆議院內勢相若，而參議院內國民黨仍居優勢，故兩院議長之選舉爭執甚烈。

四月十二日，國民、民主、共和、統一四大黨各推舉代表，舉行兩院預備會，討論議事細則及議長選舉辦法。以四黨所推代表人數平均，國民黨遂爲其他三黨所制。兩院議長之選舉，國民黨主張採用記名投票法，其他三黨加以反對。後提出大會表決，國民黨獲得勝利，民主、共和、統一三黨議員乃拒絕出席以相抵制。因大會不足法定人數，開會多日均無結果㉑。

⑳ 引自王景濂、唐乃霈合編「中華民國法統遞嬗史」，頁一三。

㉑ 澄廬文選内「余之癸丑」，頁四二二。

袁世凱一面授意各省都督來電責難國會，以作威脅㉒；一面利誘兩院議員。至四月二十六日參議院卒用記名投票法選舉國民黨籍議員張繼爲正議長，王正廷爲副議長。二十八日、三十日衆議院亦用記名投票法分別選出民主黨之湯化龍爲正議長，共和黨之陳國祥爲副議長。距離國會之開幕已兩旬矣。國民黨在參議院雖完全勝利，在衆議院因共和、民主、統一三黨之聯合，則歸於失敗。此雖由於袁氏以金錢賄買議員之結果；而國民黨議員以宋案風潮益烈，大借款又將成立，各界對國會多有微辭，亦欲有所讓步也㉓。

(三) 進步黨內之糾紛

國民黨在國會議員選舉中既獲得空前勝利，大遭共和、民主、統一諸黨之嫉妒。民主黨領袖梁啓超氣憤之餘，態度頗爲消極。其四月十八日致其女令嫻信曰：

㉒ 四月二十一日臨時副總統兼湖北都督黎元洪之來電曰：「國會成立瞬屆浹旬，議席虛懸，群龍無首，中外人民期望至急。一日無議長即一日無國會，即一日不能行使人民之主權。政府無從發生，列強不能承認，時勢變遷，事機危迫。無論何種方法，總祈先舉定議長，俾得早日開會，以固邦本，而安人心。」（黎副總統政書卷十九，頁一二）

㉓ 時衆議院議長之選舉，每一票開盤初爲銀元五千元，旋改爲八千元，後增至一萬二千元。北京國民黨總部鑒於外黨收買本黨議員，曾以津貼維持爲他黨收買之議員，希望服從黨記，卒歸失敗。（澄廬文選內「余之癸丑」，頁四二七）另據鄒魯「回顧錄」記載，當時國民黨一切費用靠湘、皖、贛、粵四省負擔。湘、皖兩省因本身收入較少，故負擔不多。由贛省負擔一部分，其大部分，則由粵省負擔。皆由鄒魯經手，深爲袁世凱所注意。（上册，頁五三）

我黨敗矣（原注：敵人以暴力及金錢勝我耳！）吾心力俱瘁，無如此社會何？（原注：黨人多喪氣，我雖爲壯語解之，亦復不能自振。）吾甚悔吾歸也。吾復有他種刺心之事，不能爲汝告者。我心緒惡極，仍不能不作報中文字，（原注：報卻可作樂觀，已銷萬五千份矣，個人生計良得也。）爲苦乃不可狀，執筆兩小時仍不成一字（原注：催稿急於星火。）頃天將曙，冗冗枯坐而已。㉔

是時，內閣總理趙秉鈞因涉嫌宋案之故，大遭兩院之攻擊。而共和、民主、統一三黨議員仍持怛護政府之態度。梁啓超嘗論其事曰：「吾黨過去一年間，常取維持政府之態度。此誠事實，無所容諱也。然吾黨之維持政府絕非欲因以爲利，徒以現在大局決不能再容破壞，而暴民政治之禍，更甚於洪水猛獸，不可不思患而預防之。」並批評國民黨曰：

現在趙內閣固明明國民黨首領，黃興君入京時所斡旋組織。黃君日號於衆，指爲國民黨政黨內閣者也。而國民黨與共和黨世俗所指爲兩造對抗之政敵也，而現今之國民黨員乃日日攻擊其黨魁所手造之國民黨政黨內閣，不遺餘力，而共和黨反乃蒙政府黨之名，政府中無一人不占籍於國民黨，無一人占籍於共和黨，而政府有失，共和黨乃代

㉔ 梁任公先生年譜長編初稿中册，頁四一八。

爲受過，豈不怪哉！豈不冤哉！㉕

此乃黃興主張內閣政黨之弊端，而爲反對黨攻擊所藉口；於是共和、民主、統一三黨合併之議起。會袁世凱亦欲組織一政府之御用黨以與國民黨相抗衡㉖；而共和黨魁黎元洪亦有合併小黨爲大黨之計劃㉗，於是進步黨乃應運而產生。

民國二年五月中，先由三黨議員用懇親會方式商議進步黨之組織及政綱。同月二十九日乃召開成立大會於北京。到會者一千五百餘人。大會選舉黎元洪爲理事長，梁啓超、張謇、湯化龍、蒲殿俊、王印川等爲理事，張紹曾、馮國璋、周自齊、熊希齡、程德全等爲名譽理事㉘。其中頗多國民黨跨黨份子。對外發表宣言曰：

政黨政治以兩大黨對峙爲原則，必有一黨焉能以獨力制多數於國會，然後起而執政。失多數則引退以避賢路，而自立於監督之地位。兩黨嬗代，以多數民意之向背爲進退，則民視民聽之實克舉，而政象日即於良。若小黨林立，無論何黨皆不能以獨力制多數，

㉕ 民國經世文編政治三，頁二〇。

㉖ 袁世凱除以巨款補助三黨經費，及競爭議長費用外，三黨議員按月有二百元之津貼。（澄廬文選「余之癸丑」，頁四二四）

㉗ 黎副總統政書卷二十二，頁一。

㉘ 民國二年五月三十一日，上海申報，北京專電。

則必緣感情以生離合，運權術以行操縱。或遷就提攜，而政策不成系統，或要挾結合，而政局易起動搖。以法、奥諸國立憲如彼其久，今猶病此，我國云胡能免，此亦談政黨者所宜兢惕也。㉙

至其政綱如下：㈠採取國家主義，建設強善政府。㈡尊重人民公意，擁護法賦自由。㈢順應世界大勢，增進平和實利㉚。進步黨成立後，內部人事並不健全，黨人彼此傾軋日烈。同年六月二十一日黎元洪特致電北京進步黨總部調和黨內糾紛曰：

> 進步黨成立，元洪謬被推爲理事長，自維才力綿薄，常恐弗勝。惟國步方艱，諸待建設，非合穩健份子同心一德，不足以策進行。三黨主義素同，自應結爲一體……倘以鬩牆之釁，門户自分，同室操戈，授人以柄，匪特非元洪投身政黨之意，亦辜諸君組織政黨之心。㉛

至其分裂原因約有下列數端：㈠進步黨幹部人物之居重要位置者，如梁啓超、湯化龍、林長

㉙ 民國經世文編，政治三，頁六三。
㉚ 黎副總統政書卷二十，頁一。
㉛ 黎副總統政書卷二十二，頁六。

民、孫洪伊等皆屬舊民主黨籍，頗有壟斷之嫌。㈡舊共和黨所存黨費四萬元盡爲進步黨所提用。㈢三黨合併以前一二野心政客希望利用進步黨達成入閣之目的，合併之後大失所望。於是兩院議員舊共和黨中民社派之張伯烈、鄭萬瞻、彭介石、胡鄂公等，與統一黨中之黃雲鵬、吳宗慈、王湘等四十餘人，乃藉口下列三點理由宣言脫離進步黨：

一、少數黨之民主黨，違背合併前之協議，攫取多數職員。

二、共和黨當開最後三黨合併會議會時，出席人數不足，由少數黨員獨斷決定。

三、共和黨總部隱匿黎元洪及湖北共和黨支部請求履行合併原約之電報。

仍守舊共和黨名義，即所謂新共和黨是也。而進步黨之勢大減。黎元洪爲此曾致電北京共和黨總部促使彼此之團結，略曰：

三黨合併，原以內感於政見之相同，外迫於時勢之危險，始有此議。共和黨本爲大黨，易名改組甘自犧牲，使非實逼處此，何至降心相從。既犧牲於前矣，區區條件何難委曲磋商。乃於宣布合併之後，復行宣布獨立，試問能否恢復原狀？能否召集多數？能否在議界佔優勝？能否在政界圖自存？既有今日，何必當初？倏合倏離，徒爲他黨所喜，爲人所笑。㉜

㉜ 黎副總統政書卷二十二，頁三。

其內心之沉痛可知，而共和黨人之志不稍移。其後，民主黨中山西議員李慶芳等復以反對與共和黨、統一黨合併爲詞，別組織議員同志會，與總統府秘書長梁士詒日相接近，其言論主張惟袁世凱之命是從。迨梁氏組織公民黨時，議員同志會即其中堅份子也。

(四) 國民黨之分化

袁世凱除利用進步黨爲其政治工具外，復不擇手段，以破壞國民黨之團結，收買國民黨籍議員。一時傳聞某議員將出任某省長，某議員將出任某司長，某議員將出任某觀察使。並有國民黨議員投一票贊成一事可得報酬若干，或不出席減少反對票數可得酬若干之謠言。於是國民黨議員脫黨啓事日見於各報端。至於國民黨分裂之內在原因：

一、自宋教仁被刺後，其餘國民黨領袖不能來京主持，一切呈群龍無首之狀。而黨中領袖在上海之言論又往往與本部相左，使黨員無所適從。

二、國民黨雖係合五黨而成，而同盟會實居其中堅，平日主張較其他四黨爲激烈，使穩健分子易生向外之心。

三、袁黨每以國民黨暴烈相指摘，是非之辯難明，基於利害之心，另有小黨之組織㉝。據當時衆議院議員鄒魯所記，袁世凱曾授意軍政執法處長陸建章，派人與鄒氏接洽，擬撥四十萬元經費請鄒氏另組新黨，而被鄒氏所拒絕。其後袁氏見粵籍議員特多（按：因包括華僑

㉝ 澄盧文選內「余之癸丑」，頁四二六。

之故)，而又全屬國民黨籍，乃托廣東籍江姓紳士，專做運動粵籍議員工作㉞。茲摘舉民國二年夏，自國民黨分出之各小政黨如下：

一、**相友會**　由劉揆一所領導。劉氏原爲同盟會員，當陸徵祥內閣時代，曾被任爲工商總長，並作脫黨之宣言。及趙秉鈞組閣，劉氏復連任。國民黨既以內閣政黨相號召，劉氏乃以舊同盟會員資格加入國民黨。宋案發生後，劉氏以調停南北自任，集合議員同志二十餘人，組織相友會，自任會長，而由陳黻宸、孫鐘、黃贊元、張國裕等爲幹部。以擁護袁世凱爲宗旨，國民黨議員無不卑視之。

二、**政友會**　由山西國民黨籍衆議員景耀月，與曾任安徽都督之孫毓筠等所領導。成立於民國二年六月十九日，其會員國民黨籍佔五分之三，進步黨籍佔五分之二，總計約計六七十人。袁世凱曾支付籌備費五十萬元，按月並有補助，亦袁氏之御用黨也。

三、**集益社**　由朱兆辛等所領導，爲廣東籍議員之集團，有社員二十餘人，不啻袁世凱之工具。其後除朱氏本人外，餘皆併入梁士詒所領導之公民黨。

四、**癸丑同志會**　由湖南衆議員陳家鼎等所領導。陳氏因與吳景濂互爭衆議院議長而不得，憤而別組新黨。會員十餘人，以兩湖議員居多。若劉公、張我華、馬小進、韓玉辰等，其主張大致與國民黨相近。

五、**超然社**　由李增、郭人漳、夏同龢等所領導，有社員十餘人。乃憤於兩院內黨爭所

㉞ 鄒魯「回顧錄」頁五四。

組織者。

六、憲政公會　係蒙古籍議員之結社，不限於國民黨議員，進步黨議員，亦得參加。

茲依上述，表列進步黨成立後，兩院中政黨形勢如下：

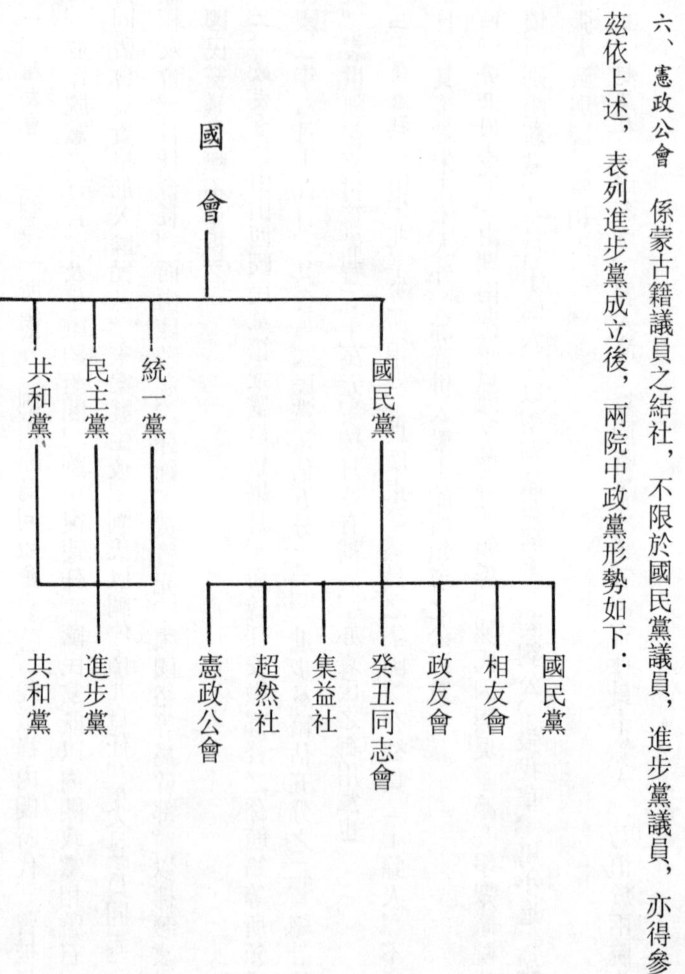

然此僅係一概括之說明。有國民黨議員已別組新黨，而乃兼國民黨籍者，有一人身跨爲多黨

黨員者，已盡失政黨政治之真意矣。鄒魯記其事曰：

> 其中某黨得巨款若干，某人得巨款若干，雖無實據不敢斷言。但側身於政友各黨者，月得津貼二百元，則固人所共知者也。而所有新生各黨員亦大都原隸國民黨者，至於入民主、共和、政友、相友、超然、癸丑同志各黨之國民黨員，或脫入之國民黨，或仍跨原入之國民黨，則各有不同。而潛社、集益社因未發表，故其黨員亦純未脫國民黨。其時議員中竟跨盡各黨者亦有其人，實世界政黨黨員之罕聞也。㉟

故一時輿論對於政黨國會不免有所指摘。認爲今日少數議員：㈠知有黨派，不知有國家。㈡知有權利，不知有義務。㈢知有小節，不知有大體。㈣知有理想，不知有時勢㊱。上海某報竟主張，當仿清季請願國會團之例，創設請願解散國會團者㊲。梁啓超曾以「國會之自殺」爲題，著論曰：

> 自肇建以來，聲光銷歇，日甚一日，未及三月，而天下之望殆已盡去。八百員顱，攢

㉟ 澄廬文選內「余之癸丑」，頁四二四。

㊱ 民國經世文編，政治二，頁三五。

㊲ 民國經世文編，政治二，頁四三。

動如蟻，洶洶擾擾莫知所事。兩旬不能舉一議長，一日不能定一院法。法定人數之缺日有所聞，休會逃席之舉，成爲故實。幸而開會，則村嫗罵鄰，頑童鬧學，推攘拉雜銷此半日之光陰，則相率鳥獸散而已。國家大計百不一及，而惟歲費六千實聞，此猶其章明者。㊳

宜乎鄒魯之言曰：「國民黨與非國民黨爭，國民黨決勝，國民黨與袁總統爭，國民黨恐不勝；國民黨與袁總統爭猶可勝，國民黨與金錢爭則萬難勝㊴。」要爲有感而發也。

五、袁世凱之蹂躪國會

(一) 所謂第一流人才內閣

自宋案發生以後，趙秉鈞因涉主使之嫌，稱病不視事，陸軍總長段祺瑞代理內閣總理職務達兩月之久，國會中國民黨議員之法律派則欲推進步黨領袖湯化龍組織內閣，其用意在破壞進步黨與袁世凱之關係，以孤袁之勢；並可離間梁啓超與進步黨之關係，以孤進步黨之

㊳ 民國經世文編，政治二，頁三五。
㊴ 澄盧文選內「余之癸丑」，頁四二六。

勢❶。進步黨議員對於組閣之態度則可分為下列四派：㈠維持現政府，從速制定憲法，選舉正式總統，組織正式內閣。㈡現政府有改組之必要，但進步黨人不應出而組織或加入。㈢組織進步黨內閣。㈣組織多黨混合內閣。至於袁世凱之主張，則又不同於進步黨。

一、以維持臨時政府現狀為原則，由段祺瑞代理總理，不足閣員一一補充之。

二、如國會一定要求改組內閣，則總理一席或徐世昌，或熊希齡，或張謇，其思想決不能過於激進。

三、各政黨分配之閣員不外教育、工商、農林、司法等部，若進步黨之孫洪伊，若國民黨之吳景濂等，性格平穩，可以操縱者❷。

同年七月初，袁氏宣布其對於組閣之態度曰：

今日大衆皆視行政官為畏途，又挨駡，國務員錢少，又須賠錢。衆人心理以為我亦係國民一分子，為何受苦，且被你們惡駡。今日祗有立法機關神聖高尚巍巍獨尊。中國人有幾個視公事如私事的，有幾個公爾忘私的。雖不能說沒有，但是少罷了。他們都不肯來，就是熊秉三(希齡)也不肯來，徐菊老(世昌)也不肯來。我亦何嘗願做總統，有人做得下，願意做的，我就馬上奉讓，求之不得。至內閣總理一席，也不能隨便提

❶ 遠生遺著卷二，頁一〇二。
❷ 遠生遺著卷二，頁一二四。

出，也要外國人曉得名字的才好，如是議會不肯通過他們，也未必願意國家陷於無政府的地位罷。❸

袁氏初擬提名張謇組織內閣，被張氏所拒絕❹；乃屬意於徐世昌❺。以國會同意權之故，不得不假手進步黨，而進步黨則藉口國民黨反對徐世昌；故袁氏復以改提熊希齡以換取進步黨之支持❻。一時論者認爲無論徐、熊先提出者必難通過，袁氏乃欲以熊氏爲犧牲，再提徐氏以爲最後之同意。六月三十一日遂提出熊希齡於國會，兩院以六百十九票表決，同意票高達五百九十八人，竟獲通過，大出袁氏之意外。蓋是時國會中國民、進步兩大黨對立，國民黨既無組織內閣之希望，故願讓於進步黨。或比熊氏之通過，若偷關漏稅，秘密輸入之貨品焉。黃遠庸則謂熊氏通過之主因在於二次革命戰局之故。其言曰：

---

❸ 遠生遺著卷二，頁一四三。

❹ 張孝若「南通張季直先生傳記」，頁一七九。

❺ 據遠生遺著記載：「袁世凱雖極欲徐世昌氏復出，然其歷次與徐交涉皆被拒絕。有一次與徐密談至四時之久，皆殷殷勸駕之詞，徐絕不爲動。蓋此公飽受政界波瀾，其於民國成立之初，特以一身支持宮廷之間，了其殘局，自此以後，即絕意政治，袁、徐交密，袁豈有不知徐之理。此次之擬及徐者，實以政友會人頗有贊成徐不贊成熊之說，故袁之心情一動。」(卷二，頁一四七)

❻ 南通張季直先生傳說，則謂熊之組閣由張謇推薦。袁徵求熊之同意電報有「東海高臥，南通倦勤，默揣衆意，非公莫屬。」等句。

熊之經兩院通過者，卻因此次戰局之故，不然在衆院則新共和黨必不贊成，在參院則國民黨少數同意之票亦未可驟得。蓋戰局既起，政客心理一變。㈠則視內閣問題無甚重要。㈡則置熊人物不論，總較之軍人內閣差勝也。❼

熊希齡既被任爲內閣總理，辭意甚堅；梁啓超致函力勸之，始允接受。時熊氏方任職熱河都統，不在北京，而袁世凱已有任命孫寶琦任外交總長，周自齊任財政總長之決定。袁氏電熊氏徵求同意，熊氏大爲不滿，電覆暫緩發表。遲至八月二十八日熊氏始抵京就職，宣稱將組成第一流人才內閣。以閣員中陸、海軍不能變動，乃專注意其他七部，尤著重於財政、交通。初欲以財政任梁啓超，因袁世凱早有任用周自齊之決定，乃由熊氏兼任以作抵制。交通爲財政命脈，非由進步黨人擔任則內閣基礎不固。以袁氏之堅持，仍由前交通總長周自齊連任。九月十一日熊內閣正式成立，其名單如下：

內閣總理　熊希齡
外交總長　孫寶琦
內務總長　朱啓鈐

---

❼ 遠生遺著卷二，頁一四六。

財政總長　熊希齡兼任
陸軍總長　段祺瑞
海軍總長　劉冠雄
教育總長　汪大燮
司法總長　梁啓超
農商總長　張　謇
交通總長　周自齊

除熊氏自兼之財政及教育、司法、農商外，餘皆非進步黨人。即以張謇、汪大燮而言，論者尚謂含有別項性質❽。故真正能與熊氏攜手者，惟司法總長梁啓超一人而已，所謂第一流人

❽ 張孝若「南通張季直先生傳記」記載張謇之所以出任農商總長曰：「熊公應允組閣以後，就和袁氏疊電我父擔任工商農林部長，認爲我父不願組閣，就是怕當衝繁之任，假使找我父幫忙，擔任農商部分，還不離我父本行，或者可以通融，所以幾次三番的硬要我父擔任，情詞迫切，毫無商量退卻的餘地。我父一來怕個人的堅執，影響到組閣不成，二來很想拿建立民國以後的工商法令訂定公佈，所以也就答應了。」（頁一七九）

才內閣之命運不卜可知矣❾。惟其時國會中各黨派對熊氏尚加支持，故熊氏就任之初頗有一往無前之氣概。

㈡國民進步兩黨之對立

正式國會開幕後，國民，進步兩黨之主要爭議凡三：一爲宋案，一爲大借款案，一爲中俄協約。自民國二年三月宋案發生後，國民黨議員分爲穩健激烈兩派。穩健派主張早日依據約法制成完善憲法，以束縛袁世凱之行動。激烈派則以空文無補於實際，相率南下準備舉兵以討袁。進步黨議員則認爲宋案純爲法律問題，當前要務在向青島德政府交涉引渡洪述祖，一切應循法律途徑而解決。以國民、進步兩黨觀點之不同，而國民黨內意見復不一致，故宋案未能提出於國會。迨大借款案發生，兩黨各持極端贊成與反對之態度，雙方鬥爭始形擴大。同年四月二十六日，袁世凱命內閣總理趙秉鈞、外交總長陸徵祥、財政總長周學熙，與

---

❾ 關於梁啓超之入閣，進步黨內意見亦極不一致，黃遠庸記其事曰：「進步黨人對於任公之出處，確分兩派。第一肯定派，湯化龍、劉崇佑、林長民等主之，諸君皆向持大家幹一幹之說者也。其說亦有至理，大略謂自民國成立以來，立憲黨人對於國家並無十分之盡力，而徒處於監督及旁觀的地位，於大義有所不安，故認任公之出，爲一絕好犧牲的時會。而第二之否定派，則理由甚多：㈠黨勢未固，任公入閣則黨益散漫，若謂愛黨者即非愛國，則根本上須將黨取消。㈡既爲政黨，須組織政黨內閣，黨員加入雖係個人自由，然任公非普通黨員，在彼自身未決意加入，黨中尤不宜慫恿之。㈢該黨前此雖無確定之黨義，但亦曾表示重要黨員最好不加入混合內閣之意。㈣就令犧牲之說果正當，然熊氏先不應以周自齊、孫寶琦分配重要之部，而將此閒部位置彼意中之所謂人才，雖在國務會議同一發言，而實行之權究在各部。要部據於官僚之手，人才僅可發言，則任公即不入閣，亦何不可獻策陳詞爲政府重。」（遠生遺著卷二，頁一六三）

英國匯豐、法國東方匯理、德國德華、日本橫濱正金、俄國道勝五國銀行團，簽訂二千五百萬鎊善後借款合同。依法當交國會同意始爲有效，而袁世凱認爲此案早經臨時參議院表決，僅咨請國會備查，於是遂發生違法問題⑩。

四月二十五日下午一時，國民黨籍參議院正副議長張繼、王正廷，得悉借款合同將於明日簽字，以時間倉促不及召集會議，乃以議長、副議長資格往晤袁氏，袁氏託故不見。次日上午，始派總統府秘書長梁士詒回拜張、王二人，反覆陳說借款之刻不容緩。張、王知簽字地點在匯豐銀行，乃於午後分別向各銀行交涉，請求停止簽字付款。部分國民黨籍議員且守候東交民巷口，阻止政府代表進入。而合同竟於是日晚簽字。政府代表於翌晨二時自銀行後門逸去⑪。參議院乃於四月二十九日通過議員馬君武、王正廷所提出之反對大借款案，並咨文政府，認爲借款合同未經國會議決，違法簽約，當屬無效。

五月五日衆議院開會討論大借款案，代理內閣總理段祺瑞率兵出席備咨詢。告以「木已成舟，毋庸再議」。經國民黨籍議員鄒魯等詰問，段氏詞窮，始承認「手續不完」⑫。衆議院乃以二百十九票對一百五十三票，多數表決：「借款並不反對，惟政府違法簽約咨送本院查

---

⑩ 民國元年九月十六日，財政總長周學熙曾開列借款辦法及外人要求條件報告於參議院。參議院以該條件係政府報告之件，並非政府提出討論之件，特鄭重聲明，無會議之必要。同年十二月二十七日周氏之報告，與前項之報告相等。如借款合同締結，當然仍應用正式公文將合同全文提交參議院議決始爲有效。

⑪ 鄒魯「回顧錄」，頁五七。

⑫ 同上。

照備案，本院決不承認，應將合同咨還政府。」

此次衆議院會議，因事先未作準備，而國民黨利用會場情緒，作成此一決議案。故散會後進步黨議員紛責議長湯化龍不應將此案提出表決。湯氏窘甚，遂借口一個月前之祖母喪，不到院視事。（按：是時進步黨團結已成，尚未正式成立。）此後，每逢參衆兩院開會，進步黨籍議員以不出席相抵制。而衆議院且不照表決將政府咨文及借款合同退還政府。國民黨籍議員大憤，院中時有激列之爭，甚至演成毆打事件⑬。國會因此輟議者多日，各省都督交互通電，議論囂然。江西都督李烈鈞、安徽都督柏文蔚、廣東都督胡漢民、湖南都督譚延闓，不惟認借款合同不交國會表決爲違法，並摘舉合同内嚴酷之條文通電全國，以引起各界之注意。五月五日四省聯合之通電語且牽及宋案。略曰：

以前清專暴所未敢出者，竟見諸民國之政府，海内外烈士前仆後繼，躬冒萬死締茲民國，而政府甘以斷送於借款之下，凡有血氣孰不髮指眦裂。況宋案證據宣布，詞連政府，有以鉅金資助兇手之語，全國洶洶，方虞震動，今復不經院議，違法借款，人心一失，竊恐雖有大力，無以善其後，應請大總統立罷前議。⑭

⑬ 鄒魯「澄廬文選」内「余之癸丑」，頁四五三。
⑭ 民國二年五月八日上海民立報。

四人皆隸國民黨籍，素不滿意袁世凱之措施也。而進步黨籍各都督，則認爲借款合同無交議之必要，至於條文之苛刻，乃迫於國勢之不得已，固非政府所樂願，五月三十日進步黨領袖臨時副總統兼湖北都督黎元洪聯合熱河都統熊希齡之通電曰：

一年以來，議院之談論，政黨之主持，報章之紀載，無不冀借款成熟，稍有轉機，雖明知飲鴆止渴之危，亦勉懷亡羊補牢之念。政府以借償標準徵議院之同意，議院無異詞也。國會爲繼續機關，斷不能自蔑尊嚴，輕於變易。前此悉爲虛誣耶？則參議院紀事錄固尚秩然可稽。謂現在猶有疑問耶？則國務院答覆書亦已持之有故，是亦不可以已乎。……諸公對於借款認爲必要，亦可見維持大局，顧恤宗邦，然猶且齗齗抗辨者，不過以會議之時，事前未列日程，事後未具咨覆，在政府狃於先例，忽於後防，以是責言，何難加罪。然手續未周，應由議院與政府共尸其咎，寬議院失職之過，既似未平，苛政府違法之名，亦恐不受。⑮

六月十五日，北京進步黨人大會，梁啓超發表演說，特別著重宋案及大借款二事。謂宋案純爲法律問題，爲今之計，首在與青島德人交涉，引渡兇犯洪述祖，一切不難解決。至於大借款，應將此二千五百萬鎊存放於代理國庫之中國銀行內，作爲準備金，由國會監督其用途。

⑮ 黎副總統政書卷二十頁二十九。

經大會付諸表決，作爲該黨之主張⑯。

國民、進步兩黨因借款事既相持不決，於是國會中有所謂「國事維持會」，以第三者之姿態出現，乃袁世凱授意孫毓筠等組織者。促請兩黨各舉十人共研國是。經數次磋商，雙方爭執之焦點，國民黨僅願政府仍將借款合同依法交議，即一字不改亦可通過。進步黨則以借款既成事實，但應改組內閣，使其負措施失當之責，惟恐交議仍遭國民黨所否決。國民黨籍衆議員鄒魯爲參予協商之一員，曾記其事曰：

> 協商之時，進步黨某君曾揚言曰：「進步黨袒袁總統，袁總統助進步黨，事實上不可掩。但袁總統何愛於進步黨而助之，不過欲借以抵抗國民黨耳！一旦有數省地盤之國民黨消滅，進步黨又寧幸免？故兩黨實有利害共同之點，特愚者不察，專認國民黨爲敵」。⑰

是進步黨內並非無遠見之士也。故當七月初國會發現政府四月二十日違法擅借奧款三百五十萬鎊，不惟不交議，且不令議員與聞。經國會再三質詢，始承認確有此事。於是一部分進步黨議員亦不能忍受。七月四日遂由衆議院議員鄒魯等連署，對政府提出彈劾案，列舉失職七

---

⑯ 民國二年六月十九日上海申報。

⑰ 澄廬文選內「余之癸丑」，頁四五六。

事，違法四事，最後結論曰：

夫國基初定，風雨飄搖，政府即守法奉公，力謀國利民福，猶恐千鈞一髮，任重維艱；矧使一己之私圖，置國家於度外。奉個人之意旨，視法律為弁髦，值承平全盛之時，綆短汲深，尚虞弗濟；處國步艱難之日，水深火熱，安望不危？磋乎！莽乾坤容此濁流，蒼生何託；好河山等諸孤注，赤縣將沉。苟非急起更張，決難返亂為治。用是臚陳政府失職違法之犖犖大者，謹依臨時約法第十九條第十二項提出彈劾，俾國務員全體一律罷職。⑱

袁世凱為緩和輿論，准內閣總理趙秉鈞、財政總理周學熙辭職，暗中則利用借款收買議員，購置軍械，欲對反對大借款之國民黨籍四省都督有所行動也。

同年五月三十日，外交總長陸徵祥與駐京俄使議定解決蒙古懸案協定六款，無異承認外蒙與中國脫離關係，而置於俄人保護之下。國會中討論此案時，進步黨主張同意，其理由謂外蒙已被俄人勢力所包圍，我實力既不足以收復外蒙，欲求取勝於樽俎之間，固大難事。且蒙匪南侵，沿邊征調，疲於奔命，而內地秩序未復，猶須休養以生息，何若忍一時之痛，冀收桑榆於將來。國民黨則持相反之態度，以為中國早被列强劃分為勢力範圍，設我應俄之要

⑱ 眾議院公報第一期第二十六號。

求，則英之於西藏，日之於南滿，將皆援例以染指，德法諸國亦必乘勢相要脅。

雙方辯論甚爲激烈，月餘不得要領。進步黨乃在衆議院聯合其他小黨派，以多數票於七月八日將此案通過⑲。而參議院以國民黨籍議員居多數，則於七月十一日將此案加以否決。會俄使於同日十三日照會中國政府，亦不承認前協定，並另提條件四款以爲重行磋商之根據，兩國交涉乃陷於停頓之狀態。

(三) 國民黨議員之困境

---

⑲ 事後衆議院國民黨籍議員爲謀補救起見，提出質問，要求政府答覆。略曰：「中國在前清與各國多結有無條件最惠國待遇之條約，現在中國與俄國結此條約，許俄國以種種權利，則各國援無條件最惠國待遇之條約相求，自在意中。斯時中國如不允也，則各國豈肯放棄此既得之條約上權利，由俄國獨張權力，破壞均勢之局面？如其允也，則中國之權利有限，列强之慾望無窮，恐彈指即至之瓜分，不在兵戈，而在樽俎，政府將何以應付？此其一。此次條約之結，原爲取消庫倫獨立，不能取消，則政府當以武力取消之，此段代總理出席本院時答覆議員質問之言也。夫中國政府允以和平辦法及依照條約，保護俄人在蒙古之權利，載在條約第四條，而第五條復載俄國政府允使外蒙古承認中國在該境內重行設立官署，及派員駐紮有華僑各地之權。味第四條之意，所謂和平辦法者，係不許中國用武力於蒙古也。味第五條之意，祇規定其他中國向來在蒙古之權利，而不及軍隊者，是貫澈前項要求不派兵至蒙古之精神也。此次條約已結之後，庫倫不取消獨立，即我能出武力，俄國根據此次第四第五條之規定，其能許我用武乎？夫未有此條約，政府尚藉口防俄國干涉，不敢用武，不能用武。有此條約，則俄國之根據益實，我國之置詞益窮，尚能用武，尚敢用武乎？不能用武，不敢用武，則此約之結徒許俄國以權利，而庫倫之獨立依然如故，且恐因此而生出關於朝鮮之中日事件，則尤所痛心疾首。將來政府究用何種方法，可以擔保確能取消庫倫獨立，而不生他變？此其(二)。」（回顧錄頁五九）

民國二年七月中，二次革命軍既起，國民黨籍激烈派議員張繼、鄒魯、李根源、白逾恆等，先後南下參加討袁軍事行動，加以人心不安，兩院開會時常不足法定人數⑳。先是袁世凱鑒於國民黨之處處製肘，不能大行其志，已屢有不滿之表示。同年五月底上海各報刊載北京專電，謂袁總統曾傳語國民黨人曰：

現在看透孫、黃，除搗亂外無本領，左又是搗亂，右又是搗亂，我受四萬萬人民付託之重，不能以四萬萬人之財產生命聽人搗亂，自信政治軍事經驗，外交信用，不下於人，若彼等能力能代我，我亦未嘗不願，然今日誠未敢多讓。彼等若敢另行組織政府，我即敢舉兵征伐之。國民黨誠非盡是莠人，然其莠者，吾力未嘗不能平之。語時有梁士詒、段芝貴、曾彝進三人在座。梁囑曾以個人資格往告國民黨人，袁謂即說是袁慰亭說的，我當負責任云。㉑

其言雖未必可信，亦非捕風捉影之詞也。其後袁氏之派兵南下，仍以維護共和尊重國會爲掩

---

⑳ 黃遠庸記其事曰：「並非因議員多數南下，蓋或因疏懶之老脾氣，或因某種議案不便開議。赴院而不出席以爲抵制。蓋至今參議員南下者最多不過三十人，衆議員南下者雖無確報，以至多之數計之亦不出四十以外，且此等因戰後而出者，除一部分因與孫、黃有密切關係者外，其他亦因故鄉有變回鄉省視者，或以恐慌流言而去者，固多數不因聞鼓鼙之聲雀躍而去也。」（遠生遺著卷二，頁一四九）

㉑ 引自白焦「袁世凱與中華民國」，頁四九。

飾，故其通告國人曰：

共和民國以人民爲主體，而人民代表以國會爲機關，政治不善國會有監督之責，政府不良國會有彈劾之例。大總統由國會選舉，與君主時代子孫帝王萬世之業不相同。今國會早開，人民代表咸集都下，憲法未定，約法尚存，非經國會自無發生監督之權，更無擅自立法之理，豈少數人所能自由起滅，亦豈能因少數人權利之爭，掩盡天下人民代表之耳目。㉒

會傳言上海各省省議會聯合會，醞釀改變爲非常國會，袁氏恐正式總統選舉無期，七月二十七日復明令軍警保護國會議員。令曰：

近因軍情緊急，國會爲立法最高機關，理應尊重，著軍警各管官，隨時認眞保護，議員除內亂罪及現行犯外，均得受約法上之保障，該管官切勿疏虞，以遵法權。㉓

二次革命期間，北京國民黨總部，由議員吳景濂代理總理職務，袁氏命軍警檢察處致函

㉒引自谷鍾秀「中華民國開國史」，頁一四四。

㉓東方雜誌第十卷第三號，中國大事記，頁四。

國民黨總部，要求開除黃興、李烈鈞、柏文蔚、陳其美等人黨籍，吳氏從命，始得無事。

是時國會中國民黨議員之穩健派，認爲南方起兵由於袁氏失職違法所激成，故應一面促請袁氏退位，一面勸導雙方停戰，乃推浙江籍衆議員褚輔成向進步黨試行接洽。進步黨則持相反之態度，甚至在衆議院提出征討案。國民黨爲抵制計，由韓玉辰領銜在參議院提出袁氏退位案，連名者數十人，以雙方掣肘，兩案均不能成立㉔。

七月二十五日，袁軍侵陷湖口，八月十三日上海革命軍攻製造局不利，棄吳淞砲臺逃散。八月十八日袁軍佔領南昌，九月一日袁軍佔領南京。革命軍既節節失利，袁氏更無所顧忌，遂有捕殺囚禁國民黨議員之舉。八月初袁氏曾通令全國曰：

政黨行動，首重法律，近來贛、粵、滬、寧兇徒構亂，逆首黃興、陳其美、李烈鈞、陳炯明、柏文蔚皆國民黨幹事，從逆者亦多國民黨黨員，究竟該黨是否通謀，抑僅黃、陳、李、柏等私人行動，態度不明，人言嘖嘖。現值戒嚴時期，著警備地域司令官傳訊該黨幹事人員，如果不預逆謀，限三日內自行宣布，並將籍該黨叛逆一律除名，政府自當照常保護，若其聲言助亂，或藉詞搪塞，是以政黨名義爲內亂機關，法律具在，決不能爲該黨假借也。㉕

㉔ 遠生遺著卷二，頁一五〇。

㉕ 民國二年八月二日上海時報。

公開與國民黨爲敵。於是國民黨籍議員王以文（按：前上海民立報駐北京特派員）、蔣舉清（按：憲法起草委員）等行動被軍警所監視，居正、胡秉柯、楊時傑、田桐、白逾恆、劉英等議員資格被取消，勳位軍職被褫奪，並依照內亂罪由治安機關拿辦嚴懲㉖。

八月中，江西宣撫使段芝貴致袁世凱及軍事會議處密電，謂在江西拿獲革命黨人供稱：「當湖口倡亂時，有王有蘭、文群居中助逆，又有王侃、徐秀鈞（按：憲法起草委員）二人，係李匪（按：指李烈鈞）住京坐探，躬與逆謀。皆爲亂黨至要之人，確鑿有據。現應逮捕解往九江歸案詢辦，以成信讞。」袁氏乃手令將徐秀鈞逮捕，不顧衆議院保釋，於九月一日解至九江，爲段芝貴所槍決㉗。

八月二十二日國民黨籍議員伍漢持被天津戒嚴司令部所槍殺。八月二十七日國民黨籍參議員丁象謙、趙世鈺（按：憲法起草委員）、張我華（按：憲法起草委員），高蔭藻、朱念祖，衆議員常恆芳、褚輔成（按：憲法起草委員）、劉恩格（按：憲法起草委員）等八人，被北京軍政執法處所拘禁。兩院用電話各處探問，始得其蹤跡。乃派員至軍政執法處保釋，處長陸建章托故不見，數日後一律解往天津。嗣將褚輔成、朱念祖，押至宿縣，交雷震春看管。常恆芳押至安慶，交倪嗣沖看管，其餘五人仍囚禁天津，直至國會解散後始釋放。其後褚、朱二人又由雷震春轉解至倪嗣沖處，迨至民國五年國會復活，始與常恆芳同時出獄。

㉖ 東方雜誌第十卷第三號，中國大事記，頁七。

㉗ 東方雜誌第十卷第四號，中國大事記，頁二。

民國二年十一月國會停閉後，國民黨籍議員徐鏡心被捕於北京順天時報館，袁氏誣稱私藏炸彈意圖暗殺，命軍政執法處執行槍決。議員之法律保障，蓋已破壞無餘矣。

至於各地國民黨主辦之報紙，因持論偏袒於南方，多數遭受封閉，僅存者惟大同報、大中華日報、民國日報等數家，以其措辭不甚激烈故也㉘。於是國民黨之衰象日漸顯著。九月三日參議院補選議長，國民黨推王正廷，進步黨推王家襄，王家襄卒以一百十一票對王正廷九十三票而當選。是參議院內國民黨亦有不敵進步黨之勢矣。

六、國會之解散與政黨之末路

(一) 天壇制憲之進行

依照臨時約法第五十四條，中華民國之憲法應由國會所制定。國會開幕前，全國各黨派對於憲法起草問題意見頗不一致。歸納言之可分爲三派：(一)共和、統一、民主各黨，主張政府發起組織憲法起草機構，其份子由參議院、各省都督、各政黨，及總統府所派之代表合成之。將來所制定之憲法草案，應提出國會表決。(二)國民黨主張憲法之起草及制定應在國會成立以後，由國會產生之起草委員會爲之，非外人所得干預。(三)袁世凱左右之官僚政客，則藉

㉘ 遠生遺著卷二，頁一五五。

口各政黨意見之不一致，應由大總統直接頒布憲法起草之命令❶。及國會開幕，國民黨因議員人數佔優勢，其主張卒獲勝利。於是憲法乃由國會單獨所制定。

國會既開幕，袁世凱於民國二年五月二日咨文參衆兩院，請即選舉正式大總統❷。因之先舉總統與先定憲法成爲各黨派論爭之焦點。主張先舉總統者爲共和黨、民主黨、統一黨，以及國民黨中舊統一共和黨派。所持理由，認爲憲法之制定非短期間所能竣事，總統一日地位不定，增各國之疑惑，遺軍民之惴憂。明知將來勢必仍推袁世凱，何若先舉之以遂其願。主張先定憲法者，爲國民黨中舊同盟會派，所持理由，認爲正式總統之性質地位權限本於憲法，若先舉總統則本末倒置，必爲輿論所不容。惟就當時大勢而論，實以先舉總統後定憲法之說佔優勢❸。

進步黨成立後，其中革新分子亦多主張先定憲法後舉總統。六月十五日進步黨開會討論時局，由梁啓超任主席。梁氏發表演說，大意曰：

---

❶ 參照中國議壇雜誌第一卷第八期，楊幼炯「民初國會與反國會之爭」。

❷ 咨文略曰：「中華民國既由中華人民組織而成，其主權當然屬於國民全體，而國民依法選舉之國會，實國民直接委任之機關。今正式國會完全成立，自此以往，臨時之事業將終，正式之時代開始，深望國民代表迅速選舉正式大總統，以謀全國人民之福利，而固民國新造之宏基，無任企禱。」（徐有朋：「袁大總統書牘彙編」卷一，頁十一）

❸ 黃遠庸「遠生遺著」卷二，頁八〇。

現今時局所亟應研究者爲總統與憲法之問題，鄙見對於總統問題主張仍推袁世凱，惟內閣則大半請假，幾等虛設，勢非改組不可。對於憲法問題，則主張先定憲法後舉總統。❹

經大會表決，即以梁氏之主張作爲該黨之主張。於是國民、進步兩黨之意見趨於一致。而先定憲法後舉總統之主張獲得勝利。六月底，由參議院決定，經衆議院同意，兩院各舉三十人爲憲法起草委員，組織憲法起草委員會。選舉結果，國民黨仍居多數❺。茲表列各委員黨籍姓名如下：

一、參議院

黨籍	憲法起草委員姓名
國民黨	湯漪　楊永泰　宋淵源　朱兆辛　高家驥　蔣曾煥 段世垣　金永昌　張我華　蔣舉清　呂志伊　向乃祺 金兆棪　王鑫潤

❹ 民國二年六月十九日上海申報，進步黨大會記。

❺ 時各黨對憲法起草委員之選舉競爭甚烈，進步黨議員人數本可與國民黨相抗。惟因內部分裂，舊共和黨中民社一派不願與舊民主、統一兩黨合作，故憲法起草委員之選舉，國民黨竟佔多數。

進步黨	王家襄　丁世嶧　藍公武　曹汝霖　陸宗輿　王揖唐 解樹强　陳銘鑑　阿穆爾靈圭　陳　善
政友會	趙世鈺　王用賓　石德純　金鼎勳
共和黨	饒應銘　車林桑多布

二、衆議院

黨籍	憲法起草委員姓名
國民黨	張耀曾　李肇甫　伍朝樞　易宗夔　褚輔成　彭允彝 谷鍾秀　孫潤宇　孫　鐘　楊銘源　徐秀鈞　劉恩格 陳景南　李　芳
進步黨	汪榮寶　劉崇佑　王印川　李國珍　汪彭年　王敬芳 李慶芳　孟　森　張國溶
政友會	史澤成
超然社	夏同龢

上列六十委員中，反對袁世凱者爲國民黨、政友會、超然社之委員，共計三十四人。擁護袁世凱者爲進步黨、新共和黨兩派之委員，共計二十六人。七月二日又選舉參議員十五名衆議

員十八名爲候補委員，國民黨復佔半數以上。同月十二日，憲法起草委員會在衆議院開成立會，討論議事規則。十九日復開職員選舉會，互選結果，湯漪當選爲委員長，蔣舉清、楊銘源、楊永泰、王家襄、黃雲鵬、夏同龢等當選爲理事。七人中國民黨竟居其四。乃擇定天壇祈年殿爲議場。會二次革命事起，國民黨方發動南方討袁軍事，兩院議員多有南下者。因此憲法起草委員會，每以不足法定人數而流會。加以進步黨委員主張中央集權，國民黨委員主張地方分權，憲法草案之討論未能按步而進行❻。袁世凱以憲法起草委員會反對黨仍佔多數，恐所制憲法不利於己，八月十九日乃以其御用之憲法研究會所制定之憲法草案大綱二十四條，提出於憲法起草委員會，用作參考。引起國民黨委員之猛烈抨擊，且令政府代表退席，雙方之衝突始趨表面化。袁氏竟不擇手段拘捕槍殺國民黨籍國會議員（已詳第五節第三目）。是爲袁氏破壞憲法之開端。八月底進步黨領袖梁啓超爲憲法國會問題致書袁氏曰：

> 前日因公餘俱樂部所逮捕之人，有數議員在內，國民黨中大起恐慌，其議員紛紛出京，其黨中魁桀之主持陰謀者，即思利用此時機，以消極的手段破壞國會。前日參議院表決，專議憲法，擱置他案，即將以此爲休會地步。一休會則紛紛散歸者多，國會不足法定人數，而彼輩破壞之目的達矣。重以政府以嚴厲態度臨之，彼輩益得肆其簧鼓。啓超之意，以爲彼黨中與聞逆謀之人，誠不能不繩以法律，然與聞之人實十不得一二，

❻ 民國四十六年八月第五期，議會雜誌，曾彥「中華民國第一屆國會述要」。

其餘大率供陰謀者之機械而已。但使此輩不散至四方，則將來吸收之，使歸正軌，爲道正多。今最要者，乘此時機，使內閣通過，憲法制定，總統選出，然後國本始固。而欲達此目的，則以維持三分之二以上爲第一義。❼

對於國民黨多屬誣衊之詞，其欲見好袁氏之心表露無遺。九月底梁氏復致函袁氏曰：

古之成大業者，挾天子以令諸侯，今欲戡亂圖治，惟當挾國會以號召天下，名正言順，然後所向莫與敵也。數日以前，國民黨之黨略一面在南昌叛亂，一面仍欲盤踞國會以搗亂。一兩日來見大勢不利，又一變其方針，專務煽動議員四散，使國會不能開。憲法起草委員會前擇定天壇爲會場，已設備一切，昨王正廷竟命將電燈拆毀，其意可見，蓋欲使起草永不成立也。而彼黨議員正懷恐怖，故少數陰謀家益得利用之，以售其術。今吾黨目的，在設法維持議員，使留京者在總額三分之二以上，現用種種方法或吸收使入本黨，或別設小團以容納之，取得亦已百餘人矣。又與彼輩約言，苟非有附逆實據，政府必不妄逮捕，脫有誤捕，本黨任爲保結，藉此以安其心，勿使作鳥獸散。❽

---

❼ 引自丁文江編「梁任公先生年譜長編初稿」中册，頁四二二。
❽ 同上書，頁四二四。

公開以袁氏之御用黨自居。先是八月初袁氏曾授意進步黨魁副總統兼湖北都督黎元洪，領銜致電國會，要求從速選舉總統，略曰：「爲今日計，應請將一切議案概從緩議，同心協力編制憲法，先將選舉總統之一則，即從選舉總統入手，或將憲法全部從速制定，即行選舉總統，兩月之內一氣呵成，國本既定，人心遂安❾。」並致電進步黨首要粱啓超、湯化龍曰：

> 戰禍雖紓，亂源未弭，揆察現狀，似須先舉總統方足以定人心固國本。且憲法千條萬緒，若概須急就成章，反致有扞格難行之患，俟其就緒，然後再徐議選舉，恐內外交訌，中央敷衍，國事益不可爲。公意如以爲然，即請急力主持，權衡乎輕重緩急之序，藉救危亡國之禍也。❿

於是形勢再變，進步黨復主張先舉總統後定憲法。會二次革命失敗，國會中國民黨之穩健派亦誤認袁氏之最大野心僅在於取得正式總統，而當前除袁氏外實無適當之人選，何若先行選出，既稱袁氏心願，亦且有利於民國。九月五日衆議院乃以二百一十三票對一百二十六票通過先舉總統案。翌日復得參議院之同意。同月十二日兩院聯合會中決議咨請憲法起草委員會，將關於選舉總統之必要部分從速於五日內制定，再由兩院通過施行。

❾ 黎副總統政書卷二十五，頁一一。
❿ 黎副總統政書卷二十七，頁一六。

㈡ 公民黨與總統之選舉

二次革命後，國會中進步黨人既有與國民黨之穩健派合衷共濟之勢（已詳本節第一目），袁世凱恐不利於己，乃示意總統府秘書長梁士詒別組御用黨以壓抑之。梁氏遂糾集與其接近之議員，若山西議員李慶芳等領導之議員同志會，粵籍議員司徒穎等領導之潛社⑪，朱兆辛等領導之集益社諸小政黨，於民國二年九月十八日合組為公民黨。梁氏於該黨成立大會中，特發表演說，謂該黨之宗旨在於擴張國家權力，實現政治統一，增進人民幸福；故其政策首在擁護袁世凱為正式大總統。梁氏在清季曾任郵傳部參議，掌握該部實權垂十餘年，民國以後復兼交通銀行總辦，至是交通系乃結合為一有力之政治團體，而梁氏儼然黨魁矣。

民國二年九月中，國會既決定先舉總統後定憲法，由兩院咨請憲法起草委員會，將關於憲法中選舉總統之必要部分從速制定。憲法起草委員會則以事體重大，必須慎重討論。國民黨籍委員持之尤力。袁世凱乃授意進步黨魁臨時副總統兼湖北都督黎元洪聯合各省都督發電力爭。略謂：

側聞憲法起草會已決議先舉總統，採美洲之先例，察中國之現情，崇論所傳，海隅懽舞。乃遲之數日，而闃寂如故，遲之數旬，而闃寂乃如故。在兩院諸賢豈不以天下莫

---

⑪ 潛社產生於正式國會成立之後，以廣東議員司徒穎、黃宵九等為領袖，乃梁士詒之私黨也。

安無妨稍緩須臾，從容磋商；庸詎知耽耽者之伺其側，方惟日不足也。俟河之清，人壽幾何？再或遷延，人豈我待。元洪與諸公寧尚有相見之日乎？⑫

復盡其賄賂之能事以收買議員。黃遠庸記其事曰：

某君一日在廣座中大言曰：今日共和賣國的價錢比從前便宜得多了，衆多不解其語，爭前問之，則云：「從前前清時某外人云：『我們並不須與中國打仗，乃能將中國土地利權占盡，祇須匯豐一家銀行足矣。今清朝只須有八千銀兩，便能捐得一大八成知縣，將天下州縣缺買盡，至多亦不過千萬餘元。』今中華民國之選舉總統，以三分之二計算，祇須四五百票，每票萬元，亦不過四五百萬。以四五百萬元可買得一國之主權者之資格，較之從前捐買天下知縣便宜得多。」此君之語係因其時某偉人有出價萬元買總統一票之說而發。（按：當指袁世凱而言）然今日議員中之存發財心者，至少亦十有四五覬覦此萬元一票之發財票矣。⑬

九月底，北京公民黨總部分電各省，請一致擁護袁世凱爲正式大總統，並擁護黎元洪爲

⑫ 民國經世文編，政治一，頁四九。
⑬ 遠生遺著卷二，頁一三二。

正式副總統，各省都督民政長遙相呼應⑭。憲法起草委員會不得已乃於十月四日將全案制定宣布，即所謂大總統選舉法是也，其條文如下：

第一條　中華民國人民，完全享有公權。年滿四十歲以上，並在國內滿十年以上者，得被選爲大總統。

第二條　大總統由國會議員組織總統選舉會選舉之。前項選舉，以選舉人總數三分之二以上之列席，用無記名投票行之。得票滿投票人數四分之三者爲當選。但兩次投票無人當選時，就第二次得票較多者二名決選之，以得票過投票人數之半者爲當選。

第三條　大總統任期五年，如再被選，得連任一次。大總統任滿前三個月，國會議員須自行集會，組織總統選舉會，行次任大總統之選舉。

第四條　大總統就職時，須爲左列之宣誓：「余誓以至誠，遵守憲法，執行大總統之職務。謹誓。」

第五條　大總統缺位時，由副總統繼任，至本任大總統期滿之日止。大總統因故不能

⑭民國二年十月五日黎元洪覆北京公民黨總部電曰：「承示支電，敬佩公忠。袁公當選大總統，公民心理一致，元洪尤素所主張，爲國得人，至堪慶幸。惟副總統一席，元洪德薄能鮮，深懼弗勝，極思退讓名賢，未敢久尸顯位，敬謝高誼，希鑒拳拳。」（黎副總統政書卷三十一，頁八）

執行職務時，以副總統代表之。副總統同時缺位，由國務院攝行其職務。同時國會議員於三個月內自行集會，組織總統選舉會，行次任大總統之選舉。

第六條　大總統應於任滿之日解職，如居期次任大大總統尚未選出，或選出後尚未就職，次任副總統亦不能代理時，由國務院攝行其職務。

第七條　副總統之選舉，依選舉大總統之規定，與大總統之選舉同時行之。但副總統缺位時應行補選。

附則

大總統之職權，當憲法制定以前，暫適用臨時約法關於臨時大總統職權之規定。⑮

並定於十月六日由兩院聯合會假眾議院議場舉行大總統之選舉。居期兩院議員出席者共計七百零三人，第一、二兩次投票袁世凱所得票數均不滿投票人之四分之三之多數，乃就第二次得票較多之兩名實行決選，袁氏乃以五百零七票當選爲正式大總統⑯。自上午八時開始選舉，至下午十時始畢事。由公民黨所操縱之「公民團」，及公民黨收買之乞丐無賴數千人，層層包圍議場，要求非即日選出所屬望之總統，否則議員不得離開議場一步。直至袁世凱當選之聲

⑮ 政府公報，民國二年十月份，法令門。
⑯ 東方雜誌第十卷第五號，中國大事記，頁一一。

傳出，包圍者始歡呼大總統萬歲散去。國民黨籍參議員曾彥追憶當時選擧情形曰：

選擧之日，突有乞丐無賴數千圍困會場，議員們終日滴水不進，投票數次均無結果，選票至爲分散；甚至有梅蘭芳一票。日暮時，議員枵腹雷鳴，又無門可出，困憊可想而知。嗣有兩位太太，送一擔饅頭來，並勸各議員隨機應變，犧牲成見，以挽危局。於是大家搖頭投票，散會時已二鼓矣。⑰

可見袁氏之當選，全係威迫而來。十月七日兩院議員仍假衆議院議場選擧副總統，出席議員七百十九人，無「公民團」出現，第一次投票黎元洪遂以六百十一票當選爲正式副總統⑱。十月十日袁氏行正式就職典禮於淸宮之太和殿，觀禮議員四百餘人，屬國民黨籍者甚多。咸欲袁氏今後能領導國家步入憲政正規也⑲。袁氏之宣言書聲稱：「欲以道德爲體，法律爲用以治國，並以忠信篤敬勉勵於國人⑳。」觀其日後之行事，純係昧心之論也。

㈢增修臨時約法案與憲法草案

⑰ 民國四十六年八月，議會雜誌第五期，曾彥「中華民國第一屆國會述要」。
⑱ 東方雜誌第十卷第五號，中國大事紀，頁一一。
⑲ 遠生遺著卷二，頁一八一。
⑳ 袁大總統書牘彙編，頁五。

民國二年七月，憲法起草委員會開始研擬憲法，傳聞將來憲法草案，最不利於總統之條文凡三：㈠總統任期六年，不得連任。㈡總理之任命須衆議院之同意。㈢總統解職後須受刑事之追訴㉑。袁世凱將待於正式總統之選舉，表面不加反對。而不瞭解眞象者，誤認袁氏能遵守法治精神，不干涉國會之制憲工作。黃遠庸記其事曰：

有客言於總統，告以外間揣測之言。及總統但求此後政治上有偉大之設施，令海内之人心悅誠服，不在區區與法律書生爲文字上之研究者。且各國承認在即，若於總統選舉以前，或因政界小小揣摩，遂生出無聊之變故者，尤非總統維持大局之本心。總統深避其說。故日來傳出消息，謂總統頗戒飭左右，對於現在法律上之爭衡，須概持不干涉主義，千萬不可爲無聊之舉動。㉒

同年八、九月間，變更國體之說甚熾，袁氏正告其左右曰：「我袁某在任一日，盡吾能力所及，必能維持一日，決不致有意外之發生㉓。」袁氏當選正式總統後，有恃無恐，鑒於臨時約

㉑ 遠生遺著卷二，頁一六九。
㉒ 遠生遺著卷二，頁一七〇。
㉓ 遠生遺著卷二，頁一六八。

法之約束其行動，不能違法妄爲㉔。遂藉口兩年以來政治上受約法之障礙，而前參議員干涉太甚㉕，於十月十六日提出增修約法案於衆議院㉖。除反覆說明增修之理由外，認爲臨時約法應行修正者三條：

一、原文第三十三條：臨時大總統得制定官制官規，但須提交參議院議決。應修正爲：「大總統制定官制官規。」

二、原文第三十四條：臨時大總統任命文武職員。但任命國務員及外交大使，須由參議院之同意。應修正爲：「大總統任免文武職員。」

三、原文第三十五條：臨時大總統經參議院之同意，得宣戰媾和，及締結條約。應修正爲：「大總統宣戰媾和，及締結條約。」

㉔ 袁世凱致章太炎論政見書曰：「今之從政諸君，不獨國民未必推崇，即鄙人亦何嘗滿意。惟以臨時政府期內，一髮牽而全身皆動，不得不維持暫局，以待賢能。而約法同意權，又苦於束縛。上焉者去之若浼，其以感情維繫者，祇得求之於向有關係之人；然一有辭職，即曠數月而不能通過。一有否決，即其人向著名譽，亦既蹶不可復振。其幸而在位者日受罵詈威逼，至庸奴廝養之不如，凡爲吾所師事友事之人，安所得登諸政樞之地，以展其才乎？此皆鄙人受事以來所獨嘗之苦，而欲與公同聲一哭者也。」（袁大總統書牘彙編卷七，頁三）

㉕ 袁大總統書牘彙編卷一頁一一。

㉖ 依照憲法起草委員會十月四日所公布之大總統選舉法附則：「大總統之職權，當憲法制定以前，暫適用臨時約法關於臨時大總統職權之規定。」而臨時約法第五十五條規定：「本約法由參議院議員三分之二以上或臨時大總統之提議，經參議員五分之四以上之出席，出席議員四分之三之可決，得增修之。」

臨時約法第四十條應增加二條。全文如下：

一、大總統爲保持公安，防禦災患，於國會閉會時，得制定與法律同效力之教令。前項教令，至次期國會開會十日內，須提出兩院，求其承認。

二、大總統爲保持公安，防禦災患，有緊急之需用不及召集國會時，得以教令爲臨時財政處分。

前項處分至次期國會開會十日內，須提出衆議院求其承諾。㉗

各省都督受袁氏嗾使，紛紛通電響應。副總統兼湖北都督黎元洪之通電略曰：

夫同意彈劾，兩不相容，徵諸法理，尤難强合。晚近以來，宦途愈靡，二三豪傑，每超然於政黨潮流之外，或蟄屈窮巷，或退處閑草，或辱充下僚，或側在遠地，弢光歛曜，惜羽珍毛，誰肯呈身於國會之前，以供其否決。而闒茸柔靡者，乃得以拔茅連茹，旅進旅退，上承總統之頤，中伺國會之息，下迎司員之心，國家大計，墮諸冥漠，賢俊日遯，政治愈頹。迨其失職，國會不敢彈劾也；彈劾則無解於前日之贊成。政府不敢罷斥也；罷斥則最難於後人之繼任。卒至勢不相安，決然舍去，一總長堅辭，而全

㉗ 東方雜誌第十卷第六號，中國大事記，頁七。

部停矣。一總理潛逃，而全院停矣。……尤願兩院諸賢，詳定憲法，俾各部總長悉聽政府之自擇，而一切棼亂捍攘之制，皆所當刪。信之也專，則責之也重，善無顧慮，意無遁詞，其爲裨益，豈有涯矣。㉘

果國會接受袁氏之要求，則袁氏之權力無異於獨裁之君主。故國會置而不議，袁氏乃大恨之。先是大總統選舉法之制定，憲法起草委員會循各國通例，逕以憲法起草委員會議名義直接宣佈。袁氏雖不滿意，若遽加爭議，恐總統未必當選，故夷然而受之。至是乃於同月十八日咨文憲法起草委員會，對該會所宣布之大總統選舉法，認爲與現行法律及立法先例俱有未妥，請作答覆㉙。憲法起草委員會以憲法草案尚未通過，無暇討論政府咨文，不作答覆。十月二十二日，袁氏竟派施愚、顧鼇、饒孟任、黎淵、方樞、程樹德、孔昭焱、余棨昌等八委員，攜帶咨文，列席憲法起草委員會，陳述意見。咨文略曰：

大總統既爲代表政府總攬政務之國家元首，於關係國家治亂興亡之大法，若不能有一定之意思表示，使議法者得所折衷，則由國家根本大法所發生之危險，勢必醞釀於無形，甚或補救之無術，是豈國家制定根本大法之本意哉？……今既承國民推舉此重任，

㉘ 民國經世文編政治一，頁四十七。黎元洪「與全國商榷國事書」。
㉙ 袁大總統書牘彙編卷一，頁十八。

而對於民國根本組織之憲法大典，設有所知而不言，或言之不盡，殊非忠於民國之素志。……嗣後貴會開議時，或開憲法起草委員會，或開憲法審議會，均希先期知照國務院，以便該委員等隨時出席陳述。㉚

總統爲國民之一份子，法律之前無優越之特權，袁氏蹂躪國會之用心於此可見。是時憲法草案大旨已粗定，計十一章一百十三條，正舉行三讀會。憲法起草委員會以會章所限，僅許國會議員傍聽，其他無論何人皆不得入場，遑言陳述意見；故對袁氏所遣八委員拒絕其列席。袁氏憤極，十月二十五日竟通電全國，公開反對憲法草案。略曰：

制定憲法，關係民國存亡，應如何審議精詳，力求完善；乃國民黨人破壞者多，始則託名政黨，爲虎作倀，危害國家，顚覆政府，事實具在，無可諱言。此次憲法起草委員會，該黨議員居其多數，閱其所擬憲法草案，妨害國家者甚多，特舉其最要者先約略言之。……草案內謬點甚多，一面已約集中外法家公同討論，仍當隨時續告。各該文武長官同爲國民一分子，且各負保衛治安之責，對於國家根本大法，利害與共，亦未便告而不言。務望逐條研究討論，於電到五日內迅速條陳電覆。㉛

㉚ 袁大總統書牘彙編卷一，頁十六。
㉛ 東方雜誌第十卷第六號，中國大事記，頁八。

於是各省都督、民政長、鎮守使、師長、旅長等素無法律常識之輩，皆攘臂瞋目而議憲法。大抵於憲法草案內容略而不言，惟主張解散國民黨，撤消國民黨議員次格，廢止憲法草案，解散憲法起草委員會，停止國會職權等辦法，以爲根本推翻之計。副總統兼湖北都督黎元洪之通電曰：

我國正式政府甫告成立，法律造端實爲憲法，稍有不善，則民國前途非常危險。務望兩院諸公，共體時艱，顧全大局，將憲法起草委員會所擬憲法草案，詳加討論，重行釐定，務期與我國歷史習慣現時情勢適合，以怯流弊，而鞏邦基。㉜

江西都督李純之通電，建議袁氏「力維大局，俯順民情，立將國會宣布解散，另行組織；並將曾隸國民黨籍素有暴烈行爲者，通令各省查明，不准再有選充議員情事，以絕禍胎而固邦本㉝。」四川都督胡景伊之通電則主張乘勢解散國民黨。謂：「（憲法）起草諸人多隸國民黨籍。該黨驅於私利，不顧國家，弄兵潢池，挫敗之餘，乃轉移鋒鏑，假借立法機關，爲顛覆民國之具……與其咬文嚼字，徒作口舌之爭，毋寧矢毒蛇在手，壯士斷腕之心，並此輩禍國

㉜ 黎副總統政書卷三十三，頁一。
㉝ 黎副總統政書卷三十三，頁五。

殃民者，一舉而廓清之㉞。」廣東都督龍濟光之通電，竟請求袁氏考慮廢止國會。謂：「大總統以救國爲前提，行最後解決。或解散議員另行選擧，或執行國民總投票以求真正輿論㉟。」盡屬迎合袁氏意旨所發也。

(四) 民憲黨之曇現

袁世凱當選正式大總統後，公民黨之聲勢大張。以其既無群衆之基礎，復無遠大之目標，徒爲袁氏之政治工具而已。黃遠庸記其事曰：

梁士詒、葉恭綽之公民黨，在今日大有兒童爆竹滿地歡騰氣象。據該黨報所稱：則該黨已鬱鬱勃勃大有邀吾輩吃開張喜酒之意。然吾詢之該黨人，則亦僅作悄語曰：「現在辦黨，辦辦看而已。」㊱

國民、進步兩黨深受刺激，始有進一步謀求合作之計劃。會袁氏咨請國會增修臨時約法，爭取憲法公佈權（已詳本節第三目），叛國跡象日漸顯。國民黨議員行動，多被監視，甚有潛逃

㉞ 同上。
㉟ 黎副總統政書卷三十三，頁八。
㊱ 遠生遺著卷二，頁一八七。

出京者㊲。於是國民黨內急進議員張耀曾、谷鍾秀、湯漪、孫潤宇、楊永泰、張治祥、曹玉德、鍾才宏等，及進步黨開明議員丁世嶧、李國珍、藍公武、劉崇佑、汪澎年、解樹强等，於十月二十日分別發表脱離本黨聲明，並於二十一日舉行民憲黨成立大會。對外發表宣言，以擁護憲法草案相號召。略曰：

世睹民國政爭之激烈，遂唱政黨無用之論調，此實大惑而莫解者。從來政黨組織，根本陷於謬誤，既帶私黨之色彩過多，又以黨爲圖私利之具。今者吾黨以群策群力相集合，貫澈民主精神，勵行立憲政治，對於國家負忠誠之義務。有搖撼民主國體者，則竭全力以維持而保護之。對於政治，先之以培養國力，繼之以發揚國光，政府而有逸出憲政常軌者，則吾黨認爲公敵。不爲阿附，不事攻擊，務以公平之態度，爲完密之監督。㊳

國會中國民黨議員有主張解散國民黨悉合併於民憲黨者，有不忍拋棄國民黨之光榮歷史者。最後依照吳景濂、李肇甫諸人意見，維持國民黨名義，而與民憲黨相聯絡。至於進步黨，名

㊲ 國民黨廣西籍參議員曾彥，當袁氏就職正式總統後進京，欲赴天壇探詢憲法起草情形，友人告之曰：「閣下不宜來京。」至衆議院，警衛長厲色問住址。後有密探至平樂會館曾氏住所查問，曾氏乃悄然於數日後離京南下。（民國四十六年八月，第五期議會雜誌，曾彥「中華民國第一屆國會述要」）。

㊳ 民國二年十月二十二日，上海申報。

義依然存在，多數黨人對袁氏仍保持友好之態度。茲表列民憲黨成立後，國會政黨形勢分合如下：

國會

國會各團體	分合後
國民黨	國民黨
政友會、進步黨	民憲黨
進步黨	進步黨
共和黨	
潛社、議員同志會、集益社	公民黨
相友會、超然社	大中黨

此時政黨已有日暮途遠之慨，國會中形成公民黨、進步黨、大中黨，與民憲黨、國民黨對立之局面。十月三十日憲法草案三讀通過，十一月三日提出憲法起草委員會。袁世凱以憲法草案公布在即，刻不容緩，爲先發制人計，藉口二次革命，於十一月四日由內閣總理熊希

齡副署，頒布解散國民黨，撤消國民黨國會議員資格之命令。令曰：

據警備司令官彙呈：查獲亂黨首魁李烈鈞等與亂黨議員徐秀鈞等往來密電數十件，本大總統逐加披閱，震駭殊深。此次內亂，該國民黨本部與該國民黨國會議員潛相構煽，李烈鈞、黃興等乃敢據地稱兵，蹂躪及於東南各省。我國民生命財產，橫遭屠掠，種種慘酷情事，事後追思，猶覺心悸。而推原禍始，實覺罪有攸歸。……本大總統受國民付託之重，既據發現該國民黨本部與該黨議員勾結爲亂各重情，爲挽救國家之危亡，減輕國民之痛苦計，已飭北京警備地域司令官，將該國民黨京師本部立予解散，仍通行各戒嚴地域司令官，各都督民政長，轉飭各該地警察廳長，及該管地方，凡國民黨所設機關，不拘爲支部、分部、交通部，及其他名稱，凡現未解散者，限令到三日內一律勒令解散。嗣後再有以國民黨名義發布印刷品，公開演說，或秘密集會者，均屬亂黨，應即一體拏辦，毋稍寬縱。[39]

袁氏不解散國民黨於二次革命期間，而解散於當選正式總統後憲法草案公布前夕，其蓄謀可知。是日午後四時，北京軍警開始執行命令，徹夜不絕，至翌晨八時始畢事。初被追繳議員證書徽章三百五十餘人，兩院猶足法定人數，尚有開會之希望，繼又補行追繳八十餘人，

---

[39] 東方雜誌第十卷第六號，中國大事記，頁一一。

共計四百三十八人。計參議院議員追繳證書徽章者九十八人，無從追繳而註銷資格者三十四人。衆議院議員追繳證書徽章者二百五十二人，無從追繳而註銷資格者五十四人㊵。即二次革命前已脫黨者亦無一倖免。凡國民黨籍國會議員住所均被搜查，議員因受驚，有兩夜不敢回宿者。

十一月五日參衆兩院開會，因不足法定人數未能開議。十一月十二日袁世凱下令取消各省縣議會國民黨籍議員資格，於是全國民意代意機關，皆陷入停頓狀態。

(五) 國會之停閉

國民黨既遭解散，參衆兩院迭次集會，均以不足法定人數，不能開議。民國二年十一月十三日，殘餘議員一百八十餘人商談結果，自即日起終止議事。十四日乃由參議院議長王家襄、衆議院議長湯化龍會銜發出通告，停發議事日程。在殘餘之國會議員中，有不屬於任何黨派，平昔以敵視國民黨爲能事，至是亦異口同聲不承認袁世凱之亂命。因進步黨內閣總理熊希齡副署解散國民黨之命令，成爲輿論攻擊之對象；而梁啓超居進步黨領袖之地位，時人多歸罪之。進步黨籍衆議員劉偉爲此事特致書梁氏曰：

> 先生以黨魁入佐國務，以救亡爲大政方針，不審爲名乎？爲實乎？爲名則全國生命財

㊵ 東方雜誌第十卷第六號，中國大事記，頁二一。

產豈堪再試，爲實則自公等入閣，何爲以破壞國會爲其政策也。共和國不可無國會，夫人而知之矣。共和國之無國會自中華民國始，中華民國之無國會，自十一月四號始。四號之事孰實爲之，命令出自總統，副署出自總理，形式所在，責有攸歸，宜若與司法總長進步黨理事之任公先生風馬牛不相及。然而道路之人，愛國之士，不問形式而苛求底蘊，不信謠詠而好察邇言。窮源探本，人有恆情。圖窮而匕首自見，事久而黑幕益張，雖有知者無如之何？衆口鑠金，竊爲高明危之。……國民黨之不利於國，雖蘇張之舌不能爲之辯護，然平心論之，其中豈乏忠憤瑰瑋之人，好教學步邯鄲，螳螂捕蟬尚有黃雀在後，十餘年如錦如荼之政治家，甘爲豎子之孤注，於國何有焉！㊶

國會既不能開議，乃改爲茶話會討論進止。一時議員激於義憤，全體辭職之說甚熾。後恐袁世凱用作停閉國會之藉口，始作罷論。乃由兩院分別向政府提出嚴重之質問書，要求限期答覆。參議院之質問書於十二月三日送達政府，略曰：

前月四日政府忽有追繳議員證書徽章之命令，並以暴力禁阻議員到院，其數多至四百餘人。令下之日，舉國惶駭，人心騷動，兩院至因此不足法定人數，一月以來不得開會。此事與民國國體政體有莫大關係，大總統令出府中，用意或別有所在，而法有明

㊶　丁文江編：「梁任公先生年譜長編初稿」中册，頁四二一。

令，國務員輔弼總統，列名副署於此命令，不能不負責任。茲謹依約法第十九條第九款，議院法第四十條，提出質問書於國務員，並依議院法第四十條，限政府三日內答覆。㊷

衆議院之質問書亦於同月十七日送達政府，詞意略同。袁氏遲至十二月二十三日，始命內閣總理熊希齡，避重就輕致函兩院議長曰：

議員迭次依議院法而提出質問書，均於議院有國會組織法第十五條所定總議員過半數之出席，得以開議時，由議長於開議日期報告文件之際提出報告，此執行國會組織法暨議院法之通例，實爲兩院所現行，斷未有不經此項手續而可以濫行質問者也。茲來咨既稱兩院不足法定人數，不能開會，則議院所有之質問權，當然因不能開會之結果，而不能提出。……查兩院議長業於十一月十三日以兩院議員不足法定人數不能開議，不得已於十一月十四起，停發議事日程等語，通告有案。此次質問書之提出，在議院議長通告停發議事日程之後，既已停發議事日程，何能提出質問書。且查當日提出質問書之情形，係發生於兩院現有議員之談話會，以法律規定所無之談話會，而提出屬

㊷ 政府公報，民國二年十一月五日，第五百四十一號，法令門。

於法律上議院職權之質問書，實爲約法、國會組織法、議院法規定所未特許。㊸

於是各省都督、民政長由副總統兼湖北都督黎元洪領銜，通電全國，要求明令解散國會，遣散殘餘國會議員。略曰：

民國初創，以參議院爲立法機關，而成立年餘，制定法案寥寥無幾，惟以黨爭聞於天下，適爲建設之障礙，決無進行之計劃。中外士庶，乃移易其渴望之心屬之國會。以爲國會既成，必可將各項法治依次制定，不意開會七閱月，糜帑數百萬，而立法一事，寂然無聞，欲僅如前參議院尚能立東鱗西爪之法而亦不可得，民國前途豈堪久待。蓋因各議員被舉之初，別有來由，多非人民公意之所推定，謂爲代表，夫將誰欺？其有愛國思想者固不乏人，而爭權利徇黨見，置國家存亡人民死活於不顧者，反佔優勢。……賴我大總統以救國爲己任，毅然剛斷，將亂黨議員資格一律取消，令候補當選人以次遞補如額。候補人員與前次人員資格相同，無論一時斷難如額，即使如額，而八百餘人築室道謀，仍恐議論多而成功少。……文明國議員無論何黨，皆與噲伍，憤欲辭職，雖欲回絕，已屬無從。留此少數人之，既無成立之希望，應請大總統給資回籍，另候召集。各議員皆明達廉潔，決不戀戀於五千元歲俸，而浮沉不生不滅之間，以誤

㊸ 政府公報，民國二年十一月二十五日，第五百六十一號，法令門。

國家大計。㊹黎氏身爲進步黨魁，而甘爲袁氏所利用，妄自菲薄，至堪痛惜也。

袁氏既下令解散國民黨，十一月二十六日通電各省，每省選派有政治經驗人員二人來京，另由總統府所派人員八人，國務院所派人員四人，每部所派人員一人，組織政治會議。十二月十五日政治會議假北海團城子之承光殿開幕，選舉李經羲爲議長，張國淦爲副議長，藉作代行民意之機構。十二月十八日袁氏將黎元洪要求解散國會之來電，批交政治會議迅速討論。民國三年一月十日政治會議議覆，認爲：「兩院現有議員既與國會組織法第十五條所載總議員過半數之規定不符，應毋庸再爲現行國會組織法第二條暨第三條之組織。㊺」同日袁氏即以命令宣布停止國會議員職務。略曰：

國會常會四閱月，一法未經議決，延長會期以後，遲遲至於上年九月，始議決一議院法案，其餘應有職權則悉爲挾持黨見者所蹂躪，幾釀成暴民專制之局。而議員中之穩健主義者，率相與太息痛恨，而無可如何！因此結果，立法機關既無法之可議，行政機關亦無法之可行，本大總統之負咎於我國民者乃愈重。然本大總統則以爲共和國家

㊹ 民國經世文編政治二，頁五四。

㊺ 政府公報，民國三年一月十一日，第六〇三號，法令門。

究重國會，故始終以維持調護爲懷，凡可以委曲求全之處，決不欲國會自損其法律上之尊嚴。豈意天禍吾國，事與心違，而國會議員之隸籍國民黨者，竟不幸而蒙亂黨之嫌疑。上年十一月四日，本大總統乃不得已，而下追繳該黨國會議員證書之令，惟國會爲國家機關，議員乃個人資格，與亂者雖應取消，合法者乃須遞補，是以令飭內務總長，從速行令查取侯補當選人之合法者，遞補如額，無非求所以宣眞正之民意，鞏固眞正之共和。[46]

是將民國以來政治之不安定，盡委過於政黨國會。至其遞補議員之說，則純係欺人之談。同日政治會議另請袁氏別設造法機關。修改臨時約法，略曰：

本案已經會議一再討論，兩度審查，僉謂臨時約法成立於南京臨時參議院，彼時兵事甫息，民氣不伸，且起草各員倉卒竣事，故實行以來，障礙叢生。又依臨時約法之規定，大總統有提議增修約法之權，現國事日棘，非刷新政治無以救國家之危，非增修約法無以立刷新政治之本。本會議以爲約法之應行增修，與增修案之得由大總統提出，揆之法理事實，均屬毫無疑義。至議決此項增修案之機關，本會依據法理，參之時勢，僉以爲宜於現在之諮詢機關及普通立法機關外，特設造法機關，以改造民國國家之根

---

46 袁大總統書牘彙編卷二，頁七四。

本法，既可示天下以尊重約法之意，且與前兼領都督黎元洪等電以時勢造法律之意相符。且有此一造法機關，將來約法修定後，凡附屬於約法之各種重要法案，即可由之制定。本會討論至再，全體議決，並希望此種造法機關如果設立，應請召集各地方官於學識經驗聲望素著之員妥慎組織，以符尊重造法機關之本旨焉。㊼

同月二十六日，袁氏下令組織「約法會議」，計劃修改臨時約法。於是國會廢止；雖一向依附袁氏之進步黨亦與國民黨遭遇同一之命運。此後政黨之鬥爭暫息，而帝制醞釀以起，國步更加艱難矣！

（臺北，中國現代史叢刊（第五冊），民國五十三年十一月，頁八一至二一二。）

㊼ 政府公報，民國三年一月十一日，第六〇三號，法令門。